没有爱就没有教育，
没有兴趣就没有学习；
教书育人在细微处，
学生成长在活动中。

顾明远书

顾明远

教育思想研究

王英杰／主编

Study of Gu Mingyuan's Educational Thought

教育科学出版社
·北京·

序　一

王英杰*

2018年是如此不同凡响的一年，是我国改革开放40周年，是我国继往开来进入建设具有中国特色社会主义的新时代之年，是我国教育步入改革深水区之年。2018年也是我们敬爱的顾明远先生在学校辛勤耕耘、无私奉献70周年。2018年，顾先生在耄耋之年，不辞辛劳结集出版了12卷的《顾明远文集》。文集反映了顾先生“崇教爱生，求真育人”的终身追求，展现了他教育思想形成和发展的历程，闪烁着他深邃教育思想的火花。我们作为顾先生的学生本应隆重庆贺，但是顾先生坚决反对。他一生谦虚谨慎，行事低调，从不愿意宣扬自己的成就，且自称“教育老兵”。但是我们知道，他不仅是我们可敬可爱的先生，更是对教育改革开放40年有重要影响的教育家。因此，作为他的学生，我们有责任、有义务研究顾先生的思想，发扬光大顾先生的为人、为学精神。因此，虽然自知我们的研究还很肤浅，才仅仅涉及顾先生巨大思想宝库的一部分，我们仍然策划出版了这本论文集，以开拓对顾明远教育思想的研究，学习顾先生的思想和智慧，铭记顾先生的光荣和梦想，以研究向我们尊敬的顾先生致庆致贺。

* 王英杰，北京师范大学国际与比较教育研究院教授，兼任世界比较教育学会联合会副会长、中国教育学会比较教育分会理事长等职。主要从事比较教育、高等教育、教育政策研究。

顾先生从1948年任小学教师开始，先后做过中学教师、中等师范学校教师、中学校长，师范大学教师、系主任、学院院长、研究生院院长以及副校长乃至中国教育学会会长等，顾先生的教育实践跨越了教育的各个领域，既有教学实践，又有行政工作，既有学术研究的累累硕果，又有桃李满天下的芬芳。改革开放40年来，顾先生更是走在教育改革的前沿，领导了多项攸关国家教育发展的重大课题研究。顾先生不仅是知名的教育学者和专家，更是"立足中国、走向世界"的教育活动家和实践者。他走遍了中国大江南北，足迹遍布世界五大洲，访问和指导过的学校不计其数，参与了几乎全部中国教育法规的制定。他与国际著名教育学者开展深度对话，成为连通中国教育与世界的桥梁。先生90岁高龄，依然在为中国教育的明天不停奔走，依然在为中国教育的长远发展不倦努力。数十年的基层教育实践是其教育思想的源头活水，他的教育思想源自实践，又在实践中不断发展和完善。

顾明远教育思想的第一个理论源泉是马克思主义。顾先生是新中国培养的教育思想家，新中国为他提供了思想形成和发展的沃土。改革开放之初，顾先生以其深厚的马克思主义理论功底和灵敏的政治嗅觉捕捉到当时影响中国教育发展的重大理论问题，他以极大的理论勇气突破了当时存在的理论禁区，提出了"现代教育是现代生产的产物""教育与劳动生产相结合是现代教育普遍的规律"，教育发展史的分期可以按照生产力发展水平分为"原始形态的教育、古代学校教育和现代教育"的观点。他的观点在教育与生产力发展之间建立了联系。从这一观点出发，他检讨了新中国成立以后教育工作中出现的偏差。例如，一段时间内，我国教育政策只强调教育的阶级性，把教育仅仅看作阶级斗争的工具，影响了教育的发展，严重降低了教育质量；把教育事业单纯地看作消费性投资，没有把教育放到国民经济发展中其应有的地位，从而使教育落后于经济建设的需要。在我国发展的新的历史时期，教育不再是阶级斗争的工具，而具备了生产力的性质，“作为潜在的生产力在起作用”。在我国现代化建设中，发展是硬道理，发展必须得到现代教育所培养的现代人力资源的支持，而现代教育也只有适应现代生产发展的需要才能得到普及和发展。他的这一系列观点为构建我国新时期教育发展的理论基础做出了重要贡献。(李敏谊，2007) [95-96]

顾明远教育思想的第二个理论源泉是唯物辩证法。顾先生善于运用唯物辩证法来探讨研究复杂的教育问题。早在 1981 年他就提出了“学生既是教育的客体，也是教育的主体”的观点，引发了教育界乃至社会的大讨论。不管赞同还是反对他的观点，这样的讨论对于青少年身心的健康成长和教育质量的根本提高大有裨益。我国几千年的教育传统把教师放在教育的中心位置，新中国成立以后，对苏联教育经验的全盘照搬更加强化了教师的中心地位，把学生视作被动接受教育的对象，看不到学生的积极主动性，也不注意培养学生的独立思考和创造能力，从而使得学生学习负担过重，学习状态消极被动，学习方法死记硬背，这已经成为中国教育的痼疾。20 世纪 90 年代初，顾先生在充分讨论和小心求证的基础上，更准确地阐述了自己的思想，论述了教师主导作用与学生主体作用之间的辩证关系，提出“主体作用并非主体，主导作用更非主体，它只是表明教师和学生两者在教育过程中的相互关系”(李敏谊，2007) [100]。他特别强调要发挥学生的主体作用，充分发挥学生的学习积极性和主动性。他在这个问题上的研究和思考基本上解决了教育理论界长期争论不休的问题，为教育理论界多数人所接受，同时还促进了教师教育观念的转换。

顾明远教育思想的第三个理论源泉是“以人为本”的教育信条。顾先生是当之无愧的人民教育家，他的思想的出发点和归宿就是对学生的挚爱。他反复强调，“没有爱就没有教育”。他认为爱学生主要体现在以下两个方面。(1)爱的全面性。"教师要面向全体学生。所谓面向全体学生，就是相信每个学生都能成才，不放弃任何一个学生。"(顾明远，2011)[6]要热爱每一个学生，相信每一个学生。办好每一所学校，上好每一堂课，教好每一个学生。办好每一所学校，教好每一个学生，是教育公平的最好体现，是办好让人民满意的教育的具体体现，是新时期推进素质教育、提高教育质量的要求。(2)爱的无私性。"教师对教育事业的爱，对学生的爱，不同于父母对子女的爱，这种爱是体现了对人类的爱，对民族的爱，对未来的爱，是不求回报的无私的爱。"(顾明远，2007)[1]他认为："教师的职业不同于其他职业，教师职业的对象是青少年，教师不是用什么劳动工具去塑造产品，而是要用自己的心灵、自己的高尚品质去塑造一代新人，是用自己的人格去影响学生。"(顾明远，1998)[511]他反对把教师比作"红烛"以及"照亮了别人，毁灭了自己"的隐喻。他认为，教师在"敬业爱生"、照亮别人的时候，也照亮了自己，教师的人生价值就体现在把青少年培养成才上。看到自己的学生一个一个成才，教师就会有一种成就感；受到社会的尊重，教师就会有一种荣誉感：这就是教师的人生价值。(顾明远，2004a)

顾明远教育思想的第四个理论源泉是中国传统文化与广阔国际视野的有机结合。顾先生深刻地指出，中国教育家需要两个根基：既要有中国文化的根，还要有国际文化视野。这可以从两方面来理解：一是教育家必须有中国文化的底蕴，坚持中华优秀文化的精神，如在教育上应该"学为人师，行为世范"，应当注重"教学相长"，重视人格素养，以自己的道德文章教化学生；二是教育家要有开放的心态，吸收世界一切优秀文化成果和先进教育经验，讲民主，讲科学，尊重学生，重视学生的个性发展。

顾先生深刻思考中国教育现代化大潮中出现的问题，在历史中寻找根源，在文化中寻找对策。他学贯中西，通晓古今，引领构建了教育研究的文化范式，开拓了一个崭新的重要研究领域——民族文化传统与教育现代化关系研究。他在研究了世界不同文化圈中民族文化传统与教育现代化的关系之后，高度概括地指出：教育发展与变革离不开文化传统，教育传统是民族文化传统的组成部分；教育既受文化传统的影响，同时又是继承、选择、传递、创造文化的主要途径；民族文化传统与国家的现代化存在着相矛盾、相对立的一面；教育传统的现代转化是一个艰难的过程；教育传统的现代转化的关键是教育观念的转化，而教育观念的转化比教育制度、教育内容的转化更困难。顾先生在对民族文化传统与教育现代化关系的一般规律进行深入研究的基础上，又对中国教育的文化基础进行了透彻深入的研究。他认为中国现代教育传统不是孤立产生的，而是在继承和改造历史上的教育传统并吸收外来教育传统的基础上逐步形成的。它大致包含五种因素：（1）几千年中国传统文化，包括传统教育的影响，其中包含着优秀的教育思想和封建陈腐的教育思想；（2）五四运动以来科学和民主的优秀教育思想；（3）老解放区的教育传统，包括教育思想和制度，特别是干部教育的思想和制度，对新中国成立以后的教育有很大的影响；（4）一百多年来，特别是近几十年来西方教育思想、制度和方法的影响；（5）新中国成立以后学习苏联教育的影响。他辩证地指出，这些因素并非孤立地存在，而是互相联系、互相影响、互相冲突，在冲突中达到融合。在这些因素中包含着优秀的教育思想，也包含着陈旧的教育思想。（顾明远，2004b）[303] 作为一个具有广阔国际视野的教育学家，他告诫我们要正确对待外国的教育思想和经验，反对西方中心主义，主张学习外国先进的教育制度和经验必须与我国的教育传统结合起来。他也不赞成东方主义，认为在当今时代，西方文化霸权主义猖獗，让一些东方学者极为反感，于是产生了狭隘的东方主义思潮。实际上，西方中心主义和东方主义都是殖民文化影响的结果，东方主义只是对西方殖民文化的消极抵制，是对自我民族文化缺乏自信心的表现。正确的态度应该是，积极吸收人类文明的一切优秀成果，借鉴世界上先进的办学经验和管理经验，并和我国自己的经验结合，实现教育传统的本土化。（顾明远，2004b）[310]

我们作为顾先生的学生，每日学习和生活在顾先生周围，却愧感自己对顾明远教育思想的研究还非常皮毛，但是我们可以深刻地感知顾先生的思维方法和研究态度。

顾先生的批判性思维令我们无比敬佩，他在中国广阔的教育改革场域中纵马由缰，敏感地捕捉教育问题。他首先提出取消三好学生的评选，这需要极大的勇气。评选三好学生是政府的一项重要教育政策，已经在我国坚持几十年。它在学校工作中有着重要的导向作用，不仅对教师的教育思想有重大影响，也影响着学生的行为模式，同时通过对学生升学的影响而影响着整个社会。顾先生提出，基础教育就是为人一生的发展打基础的教育，打好少年儿童身心健康发展的基础是基础教育中最重要的任务，是基础的基础。他坚决反对把学生分成三六九等，主张对学生要同等尊重，对学生的自尊心要倍加呵护，“自尊心是一个人的基本品质，丧失了自尊心，也就丧失了人格”（李敏谊，2007）[135]。他以广阔的国际视野，通过跨国比较指出，我国精英文化传统的不断强化使得学校不能平等对待每个学生，评选三好学生就是这种精英文化的典型反映。评选三好学生激励了少部分学生，而伤害了大多数学生的自尊心。在我国当前特定的教育环境中，评选三好学生违背了实施这项政策的初衷——使学生德智体得到全面发展，而变得愈来愈片面化了。由于在升入上一级优质学校的激烈竞争中，给三好学生加分，这实际上就把评选纳入应试教育的轨道，在这里，考试成绩成为无法挑剔的硬指标，于是“三好”成了“一好”。更不要说，由于评选三好学生对学生未来的影响举足轻重，使得其成为教师手中的有力工具，“听话”成为评选的重要指标，这样的评选只会扼杀学生的首创精神和独立思考能力。更有甚者，家长为了孩子能入选三好学生而贿赂教师或向教师施压，甚至学生也学会贿选，严重影响了学生人格的养成，扭曲了学生的心灵。显然，评选三好学生既不符合教育规律，也不利于学生人格养成。顾先生首先提出这一问题，由此可见他的批判精神，他对中国教育问题的深刻洞察力，对教育本质的深刻理解，以及作为一名“人本”教育家内心的激荡与责任心。

顾先生的创造性思维令我们自叹弗如，近 90 岁高龄的他毫不保守，不断探索新的知识领域。如果说，由于顾先生毕生从事比较教育研究而对比较教育学科发展做出重大贡献是“理所当然”的话，那么他对教育技术学的发展也做出卓越的贡献，却真有一点“匪夷所思”了。他 70 岁才开始学电脑，始终认为自己是教育技术学的外行。但是，他有教育学家对教育深刻的理解，有比较教育学家广阔的视野，所以他能非常敏锐地意识到一旦教育与技术结合起来，会对教育产生什么样的深刻而广泛的影响。他认为：“在这个新的网络世界里，教育工作者需要帮助新一代‘数字国民’做好更加充分的准备，应对现有数字技术乃至今后更新技术的伦理和社会问题。”（顾明远，2016a）“教师应利用互联网的特点为每个学生设计适合他们的学习环境，同时指导学生收集处理信息的正确策略和方法，帮助学生解决学习中的困难，与学生共同学习。因此，教师应该是学生学习的设计者、指导者、帮助者以及和学生共同学习的伙伴。”（顾明远，2016b）他还创造性地指出，教育技术学要从文化学的角度研究网络文化对教育的影响。他的这些观点深刻影响和改造了我国教育技术学，使得教育技术学具有了哲学的意义、文化的内涵，把“人”置于“技术”之上，使一门传统偏“技术”的学科成为一门“人本”的学科。

顾先生是终生学习的典范，“活到老，学到老”，从不间断学习，不断发展、修订和完善自己的思想，使顾明远教育思想具有了发展性、开放性、创新性、批判性和现代性。

顾先生严于解剖自己，他在1974年参加了联合国教科文组织的会议，时隔多年之后，他仍然在严厉地批评自己："学习研究了20年教育，却不知道什么叫终身教育。问问周围的学教育的人，也说不知道。于是当时就认为，既然都是发达的资本主义国家提出来的，肯定是资产阶级教育思想，我们不能支持。等到表决立项时，凡是扫盲、普及初等教育的项目，我都举手赞成；凡是终身教育的提案，我都投了弃权票。""当时觉得立场很坚定，现在想起来都感到脸红。"（顾明远，2001）[304-305]

2015年11月25日，联合国教科文组织发布了题为《反思教育：向"全球共同利益"的理念转变？》的报告，顾先生认真研读了报告，并解读了报告所提出的对教育本质的新认识，体现了他对教育本质认识的进一步丰富与深化。顾先生曾指出教育要促进人的发展，以前更多地或者更重视从人适应社会发展需要的角度谈人的发展。正如顾先生所说，过去人们总是用工具理论来解释教育，缺乏对教育作为人的生存和发展的权利、教育对人的本体发展的重要性的认识。"报告强调教育是人的生存和发展的权利，教育要尊重生命、尊重公正、平等，使人们过上有尊严和幸福的生活。""教育不仅关系到学习技能，还涉及尊重生命和人格尊严的价值观，而这在多样化世界中是实现社会和谐的必要条件。"因此，"维护和增强个人在其他人和自然面前的尊严、能力和福祉，应是二十一世纪教育的根本宗旨"。（顾明远，2016a）

顾先生在学术上无愧人师，在德行上堪为世范，他是新中国改革沃土中长出的人民教育家，是教育科学的探索者、百科全书式的教育学者。顾先生老骥伏枥，笃学不倦，"为天地立心，为生民立命，为往圣继绝学，为万世开太平"。我们后来者对顾先生是"高山仰止，景行行止，虽不能往，心向往之”。我们谨以本书献给我们尊敬的顾先生，也求教于全国教育界同仁。由于受水平所限，也由于顾明远教育思想的博大精深，我们的研究还很肤浅，肯定有对顾明远教育思想的理解不甚准确的地方，我们希望再次听到顾先生的教诲和读者的批评指正。

参考文献

顾明远，1998. 我的教育探索：顾明远教育论文选 [M]. 北京：教育科学出版社 .

顾明远，2001. 杂草集：顾明远教育随笔 [M]. 福州：福建教育出版社 .

顾明远，2004a. 教师的职业特点与教师专业化 [J]. 教师教育研究，16（6）：3–6.

顾明远，2004b. 中国教育的文化基础 [M]. 太原：山西教育出版社 .

顾明远，2007. 敬业爱生　严谨笃学：纪念第 23 个教师节 [J]. 中国教育学刊（9）：1–2，6.

顾明远，2011. 个性化教育与人才培养模式创新 [J]. 中国教育学刊（10）：5–8.

顾明远，2016a. 对教育本质的新认识 [N]. 光明日报，2016–01–05（14）.

顾明远，2016b. 教育观念现代化是教育现代化的灵魂 [N]. 人民日报，2016–01–31（05）.

李敏谊，2007. 顾明远教育口述史 [M]. 北京：北京师范大学出版社 .

序　二

顾明远与中国的比较教育

许美德*

2016年8月，北京师范大学主办了第十六届世界比较教育大会。这是该会首次在中国召开。对于被誉为“中国比较教育之父”的顾明远先生来说，这是一个具有象征意义的事件。62年前，也就是1956年，顾先生结束了在莫斯科的几年学习后，归国开始了他的学术生涯，以其深厚的学术造诣非常卓越地展示了比较教育如何服务于一个国家教育体系的转型。

1965年，时任北京师范大学教育系副主任的顾先生在该校成立了中国第一个外国教育研究中心。1978年，在“文革”结束后不久，当邓小平宣布中国面向世界开放之后，顾先生召集了东北师范大学、华东师范大学、华南师范大学和河北大学的一批研究日本、北美洲和欧洲教育的学者，决定成立中国比较教育学会，并于1979年在华南师范大学举行了学会的第一次会议。三年后，即1982年，他与朱勃、王承旭合作撰写了新中国成立以后的第一本比较教育教科书。在整个改革开放时期，他对于该领域的领导对中国的教育发展产生了巨大的影响。

---

* 许美德（Ruth Hayhoe），国际著名比较高等教育专家、中国高等教育研究专家，出版学术著作数十部。曾任香港教育学院校长、加拿大安大略教育研究院院长、国际比较教育协会会长、加拿大驻华大使馆教育科技和文化参赞。现为加拿大安大略教育研究院教授、香港教育学院名誉校长。

中国比较教育学会于 20 世纪 80 年代初加入了世界比较教育学会联合会，并准备于 1991 年在北京主办第九届世界比较教育大会。出于一些原因，中国中途退出了世界比较教育学会联合会，直至 2012 年才重新加入，并于同年成功申下了第十六届世界比较教育大会的主办权。与此同时，在整个改革开放时期，中国的教育发生了转变，促进了经济的快速发展和广泛的社会变革。

鉴于中国学生近年来在国际学生测评项目（PISA）中的优异表现，加之其他许多现象表明教育的发展对中国的崛起做出了重要贡献，来自世界各地的学者在 2016 年 8 月赴北京参加第十六届世界比较教育大会时，对于中国的学校表现出了浓厚的兴趣。而顾先生则早已前瞻性地为此做好了准备——组织学者于同年出版了《中国学校》一书，并提供给所有与会人士。该书分析了中国几十年来的教育法律、政策文件，调研了来自全国的 2903 名家长、896 名教师和 440 名校长，深度访谈了 28 名学生、38 名教师和 14 名校长，并进行了课堂观察，生动地描绘了中国教育的政策演变、学校和课堂管理，以及课程和教学改革。在书中，滕珺概要性地介绍了这一广泛研究的主要发现，包括中国学校当前的一些显著特征，以及围绕考试压力、教育公平持续存在的问题。该书总结道，对于中国的中小学来说，这是一个最好的时代，不论是其规模之大（义务教育的普及、学校的设施设备），还是其教育质量，都达到了世界先进水平；这也是一个最坏的时代，对于学校批评指责之严厉也是世所罕见的。中国学校的未来是什么样的？不管批评的声浪有多高，中国学校的发展蓝图依然会是一幅色彩斑斓、若隐若现的画卷。但是，它一定是充满生机的，它一定不会辜负它的时代。

在思考我们能从中国学校当前的这些特征中学到什么之前，我认为可能需要先概述一下顾先生在 1978—2004 年，也就是改革开放之后的 25

年间的研究工作。或许首先应该提到的便是《现代教育与现代生产》一文，这是他在改革开放之后发表的第一篇论文，并在中国学界引发了一场关于人力资本概念的全国性辩论。在该文中，顾先生基于自己在莫斯科求学期间仔细阅读过的卡尔·马克思的全部著作，追溯资本主义欧洲伴随经济发展而发生的教育的历史性变革（并反过来刺激经济发展），对欧洲的教育与经济发展之间的关系做出了经典分析。他强调现代生产不断发生着日新月异的变化，因此需要人的全面发展，以使他们能够了解现代生产整个过程的科学基础，并且认为这一规律对于资本主义社会和社会主义社会均适用。（Gu Mingyuan，2001a）

然后，他概述了美国、英国、法国、联邦德国、日本和苏联六国的现代教育发展历程，重点关注了它们在 1960—1976 年，也即中国的"文革"时期的教育发展情况。他从基础阶段的义务教育，到能使人们为现代生产日益加快的变革步伐及就业市场不断变化的需求做好准备的终身学习，分析了现代教育系统的诸多维度。在结论部分，他总结了为支持邓小平制定的雄心勃勃的经济现代化计划，中国在开展教育改革时应学习的经验。

顾先生提出的第一条也是最重要的经验便是加大对教育的投入，以培养未来 20 年所需的劳动力。他在文中列出了上述六国在 1965—1976 年的教育支出占国民生产总值和公共支出的百分比，以促使中国的领导层仔细研究他们对于教育所做的承诺（当时中国的教育财政投入水平与六国相差甚远）。他还提出了一系列改革建议，包括在基础教育阶段加强科学教育和外语教学，加强技术教育，扩充高等教育课程，此外，他还强调了让学生获得成为终身学习者所需的自学技能的重要性。

通过这篇至关重要的文章，顾先生建议中国领导层开展一系列聚焦于实现农业、工业、科技和国防现代化所需的人力资本投资的教育改革。这对于在“文革”时期占据了主导地位的阶级斗争教育而言是一种巨大的转变。他认为中国是一个“后发展的现代化者”，因而强调学习其他国家的现代化经验的可能性，这其中包括在 20 世纪 50 年代对中国产生过巨大影响的苏联，与中国拥有共同文化遗产的近邻日本，以及美国和欧洲一些国家。随后，顾先生又发表了大量的比较研究的论文，阐述了各个国家和地区给中国教育发展带来的一系列经验与启示。

由于在莫斯科求学多年，顾先生对苏联教育有着特别深刻的了解，在两篇主要的论文中指出了中国可以从苏联学习的经验。其一是中等教育要重视在普通学历教育与适应不断变化的劳动力市场的职业教育之间取得平衡。就这一问题，他强调了中等教育的多元化，不同程度地强调了基础学术知识和职业导向学习的重要性，以使学生可以为不断变化的就业市场和高等教育机会做好准备。他还特别关注了苏联的教师质量和中学课程改革。（Gu Mingyuan，2001b）

其二，重视在传统与变革、继承与发展之间取得平衡。中国的文化与教育传统因 20 世纪 50 年代有意识地追随苏联社会主义模式而被淹没，而后又遭到了十年“文革”的冲击。顾先生指出，苏联保留了自己在革命之前的一些有价值的传统，并建议中国也这样做。（Gu Mingyuan，2001b）

至于日本教育，顾先生指出了中日两国在儒家传统方面的共同文化根源，如强调道德发展，奉献国家的价值观、严己宽人的精神，以及“己所不欲，勿施于人”的黄金法则。但他也发现了两国之间的一个微妙差异，即日本强调礼貌教育，而中国则更多地关注意识形态教育。他认为日本对于“可观察行为”的强调值得中国学习，中国也应当鼓励人们培养谦恭有礼、处处为他人着想的品质，并将之视作公共生活教育的一部分。

在一篇比较中美师生关系的论文中，顾先生指出了美国教师对学生的自由放任态度，他们给予学生很大的自由，鼓励学生积极参与各种学习，认为这有益于学生的智力、创造力和灵活性发展。但与此同时，他认为美国学生往往也会因此得不到在基础知识学科中建立良好基础所需的严格训练，而这恰好是中国以教师为中心、以考试为主导的教育体系的优势所在。就中国教育如何融入美国那种更多以儿童为中心的教育经验这一问题，顾先生提出了一个比较性的历史论点。

顾先生首先介绍了德国教育家赫尔巴特，论述了他如何强调教师权威和严格纪律在学生管理中的重要性。这种思想反映了德国在 18 世纪末 19 世纪初的历史状况，当时资产阶级对于工业发展带来的革命性变革表现得犹豫不决，希望维持当时的社会秩序不变。然后，顾先生将赫尔巴特的教师观与约翰·杜威的观点进行了比较，认为杜威的思想充满了现代精神。顾先生指出，杜威非常强调师生平等，以及教师有责任了解儿童的能力和兴趣，并为他们创造通过活动和经验进行学习的机会。他将杜威的实用主义哲学视为工业革命以及竞争日益激烈的世界形势的自然产物。

接着，他分析了这两种关于教师在学习中的作用的相反观点如何在世界范围内产生巨大影响：赫尔巴特的思想在苏联尤其具有影响力，而杜威以儿童为中心的教育观则在苏联受到了激烈的批评。鉴于苏联在 20 世纪 50 年代对中国教育的影响，这种相当传统的教师角色观在中国占据主导地位并不稀奇。而且，它也契合了中国自身文化传统的诸多方面，如强调教师权威及教师在维护传统社会秩序中的重要作用。

顾先生在这篇文章中提供的一个有趣转折是，他描述了历史上的孔子与其弟子之间那种非正式的、充满温情的人际关系，孔子还鼓励弟子质疑孔子的教学，探索不同的观点，从而发展自己对于未来的愿景。直到公元前 3 世纪的荀子所开展的教学活动，教师的角色才开始融入传统社会秩序之中。教师所具有的权威可与皇权相提并论，且被期望传达一套正统的教义，以确保所有人都服从于统治当局。

顾先生在文章的结论部分指出，思想的转变是相对缓慢的，中国长期以来是一个基于农业经济的封闭社会，要走出这样的历史境况，迈向真正开放和现代化的社会是需要时间的。他还指出，中国在学习美国教师对于学生独立性、创造性和灵活性的培养方式的同时，保持自身的某些传统优势也是非常重要的。中国教师应该保留自己的某些传统，如对学生的严格要求、对系统知识的关注以及促进学生认识的累积式发展，同时也不要为捍卫自己的权威而过度焦虑，而应转向更具互动性和开放性的教学形式。(Gu Mingyuan，2001c) 后来，一位更年轻的学者吴宗杰教授在《课程研究期刊》的两期特刊中发展了这一观点，强调了《论语》中所展现的教学活力。

因此，顾先生对中国教育和经济转型的第一个重要贡献，就是其对于西方教育与现代化间的关系及其给改革开放时期的中国带来的启示的分析。他的第二个甚至可以说是更重要的贡献，就是强调了中国自己的文化、社会遗产能支持新的教育改革，并有效激活现代化所需的各种竞争力和创造力的元素。1991—2000 年，即中国的第八和第九个五年计划期间，顾先生领导了一项关于文化传统和教育发展的重大研究项目。在该研究中，顾先生发掘出了儒家文化中能够支持中国现代化建设，可以为实施有效的教育改革奠定基石的成分。

首先是儒家文化在容纳其他文化并吸收其最好元素方面的卓越能力。在漫漫历史长河中，一个最好的例子就是印度佛教的传入，儒家文化不仅敞开胸怀接纳吸收佛教文化，而且对其进行相应的改造，佛教也随即成为中国一个具有广泛影响的宗教。顾先生发掘出的中国文化的第二个方面是中国认识论的高度整合——将各种思想融合成一个有机整体。他认为这可能有助于人类下一阶段的发展。随着中国走向知识社会，中国的哲学传统特别适合应对新出现的问题和需求。(Gu Mingyuan，2001d)

著名比较教育学者、顾先生培养的中国第一位比较教育学博士王英杰教授在一篇关于未来大学的论文中创造性地阐述了以下观点：作为20世纪后期主导模式的美国研究型大学，就像一座房间与房间之间没有联系的屋子。这源自其与工业化进程的密切历史联系，导致了专业学科的分离，研究和教学的分离，知识传播和品格培养的分离，以及大学与社会的分离。在一些儒家哲学原则的支撑下，王英杰认为有可能在大学发展的下一阶段加强这些相互分离的元素之间的整合：天人合一，人、社会和自然环境的平衡；学习与生活合一，个人目标与国家、全球目标的平衡；道德与知识合一；知行合一；以对话方法实现教学合一。（Wang Yingjie，2003）

顾先生对中国传统文化做出的重新反思也使人们意识到儒家思想中个人发展的可能性。这一点在他对前文提到的历史上孔子的教学风格和师生关系的描述中表现得很明显。这也是儒家思想中由明代学者王阳明进一步发展的最明显的一个方面。王阳明与其门徒探讨了主观心灵的力量，并指出知识源于行动，而不仅仅是源自对积累下来的学术文本的系统研究。（Julia Ching，1976）

基于对中国文化传统和教育现代化长达十年的研究，顾先生促进了中国教育界选择性重振儒家文化传统以支持中国现代化的目标。2004年，他出版了自己在中国教育的文化基础方面的主要研究成果，2014年又出版了该书的英文版。（Gu Mingyuan，2014）这一具有里程碑意义的著作展现了文化路径在比较教育研究中的优势。该书首先对教育与文化的关系做出了人类学视角的思考，然后分析了中国传统文化中的教育，认为中国与西方世界的互动和对西方一系列教育模式的学习运用，其背后更重要的应该是不同教育价值观的交流和碰撞。通过这种研究和写作，顾先生鼓励中国教育学者探索他们自己的教育模式的文化基础，并学会发掘和阐明他们自己的文化遗产的优势。随着中国现在越来越多地融入全球舞台，并在国际上引起越来越多的关注，人们越来越迫切地希望能从文化视角解释这个国家的成就与抱负。当今世界渴望了解中国学校所展现出的蓬勃活力背后的深层根源，而顾先生毕生致力于培养年轻一代学者了解自己的根源，将自己的文化介绍给这个世界。我们从《中国学校》一书后半部分的讨论中便能看出这一点。

参考文献

CHING J,1976. To acquire wisdom: the way of Wang Yangming [M].New York and London: Columbia University Press.

GU Mingyuan, 2001a. Modern production and modern education[M]// Gu Mingyuan. Education in China and abroad: perspectives from a lifetime in comparative education. Hong Kong: Comparative Education Research Centre, University of Hong Kong: 27–51.

GU Mingyuan, 2001b.Basic education reforms in the USSR[M]// Gu Mingyuan. Education in China and abroad: perspectives from a lifetime in comparative education. Hong Kong: Comparative Education Research Centre, University of Hong Kong: 119–141.

GU Mingyuan, 2001c. Cultural differences and perspectives on the roles of teachers and students in China and the United States[M]// Gu Mingyuan. Education in China and abroad: perspectives from a lifetime in comparative education. Hong Kong: Comparative Education Research Centre, University of Hong Kong: 182–198.

GU Mingyuan, 2001d. Modernization and education in China's cultural traditions[M]// Gu Mingyuan. Education in China and abroad: perspectives from a lifetime in comparative education. Hong Kong: Comparative Education Research Centre, University of Hong Kong: 101–110.

GU Mingyuan, 2014. Cultural foundations of Chinese education[M]. Leiden and Boston: Brill.

WANG Yingjie, 2003. A new university model for the new century: from perspectives of Chinese philosophy[C]// Paper prepared for the Learning Conference 2003 organized by the Institute of Education. London: University of London.

目 录

CONTENTS

第一章

教育的本质、价值与目的

石中英*

* 石中英，清华大学教育研究院教授、博士生导师，兼任全国教育哲学专业委员会主任委员、中国教育学会中青年教育理论工作者分会理事长。主要研究领域为教育基本理论与教育哲学、基础教育、教育改革等，主要著作有《教育学的文化性格》《知识转型与教育改革》《教育哲学导论》《教育哲学》等，发表学术论文多篇。

教育的本质问题是教育学的一个根本性问题，它要回答“教育是什么”。教育学者对这个问题的回答，直接影响着他们对其他教育问题的回答。不同的教育学者在对教育具体问题的看法上有这样或那样的不同，根本原因是他们持有不同的教育本质观。教育的价值问题要回答“教育有什么用”，力图阐明教育活动对于个人、社会、国家、人类等相关利益主体的意义。有时候，人们也从教育价值的角度来阐明自己的教育本质观，教育价值观与教育本质观之间有一定的交叉。教育目的问题也是一个比较重大的教育问题，它要回答“教育培养什么样的人”，对教育活动所意欲培养的人的规格和素质结构有一个预先的认识或规划。一般而言，教育学者对教育目的的认识，离不开他们对于教育本质和教育价值的认识。不同的教育本质观、教育价值观会导致教育目的认识上的差异。因此，可以说，教育本质问题、教育价值问题和教育目的问题在理论上具有高度的内在一致性。顾明远先生在长期的教育实践和教育研究生涯中，以马克思主义思想为指导，立足中国教育改革和创新的实践，在批判性地汲取中外教育思想遗产的基础上，对于教育的这三个基本理论问题都做了大量的论述，提出了自己独特的、兼具理论价值和实践价值的学术主张。

第一节　论教育的本质

作为当代中国著名的教育家和教育学家，顾先生非常关注教育本质问题，在这个问题上发表了大量的论述。总的来说包括三个部分：一是对于教育本质问题重要性的认识，这相当于教育本质问题的元研究；二是对于教育思想史上已有教育本质观的分析，这是历史的分析与研究；三是他自己有关教育本质问题的正面论述，并基于这些论述对当代教育实践中的一些反教育行为进行的批评。下面分别从这三个方面分析顾先生的教育本质观。

一、教育本质问题的重要性

教育是什么？这个问题就是教育的本质问题。一般而言，从事教育工作的人在遇到教育的困难或挫折时就会产生这样的问题。这就好比“人生的意义是什么”这样的问题，总是在人生遭遇挫折、失败或背叛时才会提出来一样。在此意义上，我们可以说，教育本质问题首先是一个实践的问题，是教育工作者或早或晚都会提出来的问题。当然，从学术上说，教育本质问题也是一个非常重要的教育理论问题，是教育学者构建教育理论大厦不可不回答的一个基础性问题。

尽管“教育是什么”这样的本质问题无论对教育实践工作者还是对教育理论工作者都非常重要，但是许多教育实践工作者和理论工作者并不能在思想上充分地认识到它的重要性。正如顾先生所说：“教育是什么？问这样的问题似乎有点可笑。但是，即使是教育理论界，对什么是教育也是众说纷纭，至今没有统一的定义。”（顾明远，2003）[5]提出教育的本质问题，之所以会让有些人发笑，可能是因为在他们看来，这是一个无须思考的问题。在他们看来，“教育是什么”根本不成其为一个问题。他们可能会说：“教育不就在那儿吗？这里有什么可思考的问题吗？”但是，以“教育”之名开展的行动未必符合“教育”之实，客观上存在着一些“伪教育”“坏教育”甚至“反教育”的现象。所以，顾先生认为，辨明教育的本质至关重要，这项工作关系到正确教育观的建立，关系到教育行为的正确方向。

教育本质问题很重要，但是正如顾先生所说，人们要想在此问题上得出一个令人信服的结论并不容易。在教育本质问题上，经常是仁者见仁，智者见智，不同时代、不同社会里不同的人，看法都很不一致。这其中的缘由在于，教育现象是一类比较复杂的社会现象，既包含一些生理、心理的活动，也离不开一些社会文化的因素。顾先生认为，虽然自从有了人类社会就存在教育，人人都受过一定的教育，但要对教育下一个科学的定义却不是件容易的事情。对教育的本质属性有各种不同的解释，这是因为，教育既具有永恒性，又具有历史性。他进一步指出："历史包括两个方面：一是纵向的，不同时代对教育有不同的要求，不同时代、不同利益集团的人群又对教育有不同的认识；二是横向的，不同的民族、不同的国家的历史变迁、文化背景不同，从而对教育也就有不同的认识。以上这些还只是就对教育的理解而言，至于对教育的目的、内容、方法，对教育各要素及其相互关系的理解更因为时代的变迁，民族文化的不同而很不相同。也即每个国家或民族都有自己的教育传统，每一个时代，这种教育传统又会有所变化。教育之复杂就在于此。它不像生理学或者医学那样，他们也是研究人的生长发育、疾病的治疗的。但各民族人体之间的差异不大，有共同规律可循。教育却复杂得多，虽然也有共同规律，但各国各民族的教育传统差异很大。这是因为，教育是人类的一种社会活动，它受人类的其他活动的影响很大，特别是不同文化的影响。"（顾明远，2003）[7] 顾先生的这些论述，深刻说明了教育本质问题难以形得共识的客观原因，也为他提出自己的教育本质观奠定了方法论基础。这个方法论基础就是：对教育本质问题的探索不能孤立、抽象地进行，必须深入教育实践所赖以展开的历史和社会背景中去探求。

二、对已有教育本质论述和论争的分析

教育本质的问题是一个古老的问题，可以说，自从有教育实践活动以来，人们就在思考这个问题。教育学科独立以后，这个问题更是成为教育学的一个基本问题。顾先生对已有的教育本质论述和论争做了比较系统的

梳理和比较公允的评价，为提出自己的教育本质观夯实了思想基础。

2003 年，顾先生发表《对教育定义的思考》一文，比较系统地梳理了中外教育思想史上有关教育本质的若干认识，并对它们进行了分析评论，提出可以从教育的基本要素和教育的价值功能来认识教育的本质特征。在该文中，他既分析了西方教育思想史上扬·阿姆斯·夸美纽斯、约翰·洛克、约翰·弗里德里希·赫尔巴特、乌申斯基、杜威、加里宁、凯洛夫等人的教育本质论述，也分析了我国教育思想史上孟子、韩愈等人的论述，特别是 1978 年以来我国教育理论界有关教育本质的大讨论。在顾先生看来，“历史上不同教育家对教育的理解和诠释都是不相同的。他们都是在不同的历史背景下，根据自己的哲学观提出对教育的理解和诠释。他们都没有给教育下完整的定义，主要是从教育的作用和教育的目的这个角度提出教育是什么。这里面还包涵着对人的本质、人的先天素质与后天获得的不同认识等”（顾明远，2003）[6]。在这段话中，顾先生除了分析历史背景外，还指出了包括人的本质观等在内的“哲学观”对教育定义的影响。在回顾和总结 1978 年以来我国教育理论界有关教育本质大讨论的过程及相关观点后，顾先生指出：“争论的焦点主要集中在教育的本质属性上，教育是上层建筑，还是生产力，还是有多种属性。争论后并没有统一的结论。”（顾明远，2003）[6] 虽然最后没有形成统一的结论，但争论本身起到了解放思想、丰富认识、促进教育改革与发展的巨大作用。时隔 15 年之后，顾先生再次撰文指出，“教育的本质是什么，争论了几十年，至今大家仍然在喊：‘教育要回到原点’。为什么？原点在哪里？一方面是对于教育本质的认识在理论上没有讨论透彻；另一方面是在教育实践中受到各种价值观的干扰，不能按照教育规律进行。因此，今天对教育本质仍有深入讨论的必要”（顾明远，2018）[4]。

在综述和分析古今中外各种各样的教育定义之后，顾先生发现，这些定义有一个共同的不足之处，那就是忽视了从教育对象即学生的立场来看待教育和教育的作用，“很少讲到受教育者本人在教育过程中的作用，他们的自我发展”（顾明远，2003）[6]。这一发现具有重要的学术价值，揭示了传统教育本质研究中的一个重大理论缺陷——忽视本体的研究。正是沿着这一理论路向，顾先生逐渐形成了自己的教育本质观。

三、教育的本质在于提高生命的质量与提升生命的价值

顾先生认为，教育是培养人的活动，人的成长固然要靠教育，但教育只是一种外力，因此，教育要遵循人的内在发展规律。人们常常讲，教育要遵循儿童成长发展的规律，遵循教育规律。遵循儿童成长发展的规律，就要了解儿童，以儿童为主体，了解他们的需要，站在儿童的视角来设计教育。他在《“水仙花”教育学》一文中写道：“我在想，我们的教育是不是也应该像养水仙花一样，把儿童固有的潜在能力像嫩芽似的挖掘出来，让他自由地发展。儿童的好奇性是天生的，儿童的情感是丰富的，但又是很脆弱的。我们对待儿童要像对待水仙花的嫩芽一下，小心谨慎，不能碰伤他。我们要放手让他自由发展，自由成长，不需要大人的过多干预，不需要过多的雕琢。但今天，我们的教育往往违背这个规律，常常把儿童关在温室里，天天去雕琢他（种种教训和要求），结果开不出成功的花来。”（顾明远，2016a）[5]

正是基于这种儿童立场，顾先生认为，“如果从生命发展的视角来说，教育的本质可以概括为：提高生命的质量和提升生命的价值。教育对个体来说，提高生命的质量，就是使个体通过教育，提高生存能力，从而能够生活得有尊严和幸福；提升生命价值，就是使个体通过教育，提高思想品德和才能，从而能够为社会、为他人作出有价值的贡献。人都要实现人生价值。人生价值就是要对社会、对人类、对自然作出一点

贡献。人的价值总是体现在与他人、他事的关系中。在人类社会中孤立的自我价值是不存在的。"(顾明远，2018)[5]正是基于这种教育本质观，他对于教育生活中种种不尊重儿童、压制儿童、用一把尺子来衡量所有儿童的学习和成长的做法非常反感，认为这些现象违反了教育的本质，属于"反教育行为"。在2011年发表的《要与反教育行为作斗争》一文中，顾先生一共列举了五种反教育行为：一是把学生分成三六九等，特别歧视所谓"差生""后进生"；二是用暴力对待"后进生"；三是用非人性的标语口号来督促学生拼命学习；四是在学生之间片面提倡竞争，鼓励相互保密、相互歧视；五是拔苗助长，对学生实施过度的教育。顾先生认为："反教育行为，学校中存在，也反映在社会、家庭中。陶行知先生说过，好教育培养出好人，坏教育培养出坏人。反教育就是一种坏教育，学校、家庭、社会都要与之斗争，特别是学校，作为专门育人的阵地，更要坚决与之斗争。"(顾明远，2011)[3]从上述论述可以看出，儿童或者学生的权利、潜能、发展、个性等在顾先生的教育本质观中占据核心的位置。

受这种教育本质观的影响，顾先生在阅读清华大学钱颖一教授的著作《大学的改革》后写道："首先拜读的是他的引言。其中一句话点出了他对大学的认识，他说：'我的办学理念可以概括为一个目的，就是'大学为学生'。多么鲜明，多么准确！"顾先生指出："大学在中世纪初创时期，就是一批学者自由组织起来研究学术、培育人才的场所。虽然随着社会的发展，大学承担了科研、教学、社会服务等多种职能，但培育人才却仍是大学最根本的任务，是大学区别于其他社会机构的主要特点。当然，大学不能没有科研。创新知识也是大学的任务，但大学教师从事科研也还是为学生，用创造的新知识、新思维来培育学生。因此，大学要重视教学，特别是本科生的教学。有了高质量的本科生，才能有高质量的研究生，才能有高峰人才的出现。现在许多大学轻视教学，特别是不重视本科教学，这等于杀鸡取卵，本末到（倒）置。”（顾明远，2016b）他明确提出，大学的本质就是“求真育人”。“大学的本质是研究学术，追求真理，创造知识，创新价值观，培育人才，就是求真育人。求真是大学文化的核心价值取向。”（顾明远 等，2016）[165] 由这种大学的本质观出发，他对当下大学的一些价值取向进行了严厉的批评：“近些年来，大学浮躁，为了排名，为了获奖，不惜粗制滥造，抄袭之风盛行。大学的失真是当前大学文化的腐蚀剂。要建设大学文化，就要还大学求真的本真。”（顾明远 等，2016）[165] 顾先生从自己的教育本质观出发，批评了基础教育中的反教育行为以及高等教育中存在的一些问题，可谓入木三分，振聋发聩。

最近几年，受联合国教科文组织报告《反思教育：向“全球共同利益”的理念转变？》中提出的人文主义教育观的启示，顾先生明确指出：“长期以来，我们对教育本质的认识是片面的。过去往往把教育作为阶级斗争、政治斗争的工具。后来，国家明确提出要以经济建设为中心。但回归到教育本质上，教育首先还应回归到人的发展，让每一个孩子的潜能得到挖掘。过去，我们总是用工具理性来认识教育的本质，最近几年，特别是党的十八大提出‘立德树人’是教育的根本任务后，大家慢慢理解教育是一个人发展的权利，也是社会公平的基础，因此对教育本质的认识应该有所提高。”（顾明远，2016c）顾先生这里提出的“教育是一个人发展的权利”的思想，彰显了教育本质问题上的价值理性，是对他乃至整个中国教育理论界此前有关教育本质认识的一个新发展。

第二节 论教育的价值

教育价值问题对于教育实践的重要性不言而喻，它要回答的是“教育有什么用”，或者“为谁办教育”。不同的教育价值取向，当然会产生不同的教育实践模式。顾先生在大量的教育论述中，对教育价值问题也有比较丰富的论述。这些论述主要包括两个部分：一是对教育价值复杂性和全面性的正面论述，二是对当下教育实践中的价值取向及其根源进行的批评。下面就从这两个方面来叙述和分析顾先生的教育价值观。

一、教育价值的复杂性和全面性

在教育价值问题上，顾先生始终强调教育价值的复杂性和全面性。所谓教育价值的复杂性，就是不同社会、不同群体都有不同的教育价值观，如何平衡这些不同的教育价值观并将其统一到教育本体上来，是一个十分复杂的问题。所谓教育价值的全面性，是指教育价值的丰富性、完整性和辩证性，不能片面地、孤立地和抽象地看待教育价值，窄化教育的价值，以某一种教育价值取向来取代其他的教育价值选择。

首先，顾先生承认教育具有政治价值。他明确指出：“教育确实是有政治的功能，我们不能脱离政治，任何一个国家的教育都不能脱离政治。美国的教育口口声声强调美国的利益，日本的教育也强调日本的利益，每个国家的教育都要强调对本国的利益，教育确实离不开政治，要为政治服务。”（顾明远，2014）[166] 顾先生认为，这种教育的政治功能或者价值取向，在中国有很长的历史，自古及今，一脉相承。中国历代都重视教育，把教育作为立国之本。在《中国教育的文化基础》一书中，他详细考察了这种教育政治功能的历史嬗变，从尧舜禹时代直到当代。他认为，这种重视教育政治功能的价值取向，已经构成了我国教育文化传统的一部分。不过，他同时指出："这种（传统的）教育价值观中也隐含着消极的一面，即把教育作为改变个人地位的手段。在今天的社会，这种观念本也无可厚非。但由此派生出来的'学而优则仕'、'读书做官'的观念则使学生鄙视劳动，追求虚荣，严重影响了学生身心健康。同时，这种教育观念严重地歪曲了现代社会的人才观，不利于当今社会多元人才结构的培养和素质教育的推行。"（顾明远，2004）[133]

其次，顾先生认为教育也具有经济价值。在这方面，他受马克思主义经典作家的思想影响比较大，比较系统地阐明了现代经济生产与现代教育之间的关系。在改革开放之初，他就提出来："现代教育是现代生产的产物。现代生产是建立在现代科学技术基础上的。生产的需要和科学技术的发展互相促进，科学技术一旦有突破，生产就会几十倍，甚至成百倍地提高。"（顾明远 等，2016）[3]这种思想贯穿在他几十年来教育论述的始终，他先后讨论了市场经济、知识经济与第三次工业革命对于教育的需求和影响。以第三次工业革命与教育的关系为例，他认为第三次工业革命对教育提出的需求呈现出许多新的特征，如要求人才培养的多样化、个性化，要求培养创新人才、国际化人才。正是基于这种客观的经济基础，顾先生明确提出："教育当然也要为经济服务。我们经济增长靠什么？靠人才。特别是现在，科学技术迅猛发展，国际竞争十分激烈，说到底这是人才的竞争，是创新精神的竞争，所以要靠教育，经济的发展要靠教育。"（顾明远，2014）[166]

再次，顾先生强调教育的文化价值。在他看来，教育与文化的关系相比教育与政治、教育与经济的关系，具有更加内在的和相互生成的性质。一方面，如果没有文化，就没有教育，教育是文化的一部分；另一方面，教育又是文化传承的手段，文化传承是教育最本质的功能。他说："教育是传承文化的一个手段，而且教育传承文化应该是它最本质的功能。如果没有文化，我们就不会有教育。人类产生以后即有文化，人类之所以与其他动物不同，就是人类有文化。人类要发展，就要传承文化。所以，传承文化是教育最本质的功能。”（顾明远，2014）[167] 在教育的文化价值维度上，他不仅强调教育对于文化传承所起到的关键作用，同时还认为教育具有选择和创新文化的作用，是文化选择和创新的关键机制。“教育应该起到传承文化、选择文化、创新文化的作用。教育要选择民族优秀传统文化中的优秀内容传授给下一代，同时又要根据时代的精神，吸收世界一切文明的优秀成果来充实我们的民族文化，创造新的文化。”（顾明远，2014）[287]

最后，顾先生强调教育的育人价值，这与他前面有关教育本质的认识是一致的。2009 年，他在澳门教育工作者联合会主办的报告会上提出，“教育的本质应该是传承文化、创造知识、促进人的发展的活动”（顾明远，2014）[201]。2010 年，他在浙江省永康中学所做的演讲中也明确提到：“学校要‘育人为本’，学校本来是育人的地方，不育人还干什么？但是有些学校没有做到，不是育人为本，而是升学为本，分数为本。”（顾明远，2014）[233] 在此意义上，他进一步提出，教育是发展人自身，实现人自身再生产、再发展的一个途径。人类要发展，就要靠教育。“教育是人发展的必要途径，是人的权利。”（顾明远，2014）[267] 更进一步，顾先生不仅将人的发展看成是教育的目的，而且将其看成是整个社会政治、经济和文化活动的目的，是人类一切活动的终极目的。2011 年 6 月 12 日，他在华中师范大学国际教育论坛上指出：“知识经济使人们看到了人的价值、知识的价值。知识经济使人们认识到，人不是简单创造资本的机器，人是社会的主人，又是自然的一员。人的发展、人类的发展是第一位的。人的创造、科学技术的创造、经济的发展，归根到底是为了人类自身的发展。知识经济时代由于对人的价值的认识，从而对教育有了进一步的认识和理解。教育的本质是育人，是提高人的素质，促进人的全面发展。教育确实离不开政治和经济的发展，离不开社会的发展。但教育不是就消极地适应社会政治和经济的发展，教育要促进社会的进步和发展，而最终的目的是促进人类自身的发展。”（顾明远，2014）[287]

二、对错误教育价值观的批评

在顾先生关于教育价值的论述中，一个非常重要的组成部分就是对历史上特别是现实中一些错误教育价值观的批评。这些论述展现了一位教育学家、教育家的思想勇气和学术担当，具有鲜明的实践指向性。他一针见血地指出：“目前的问题是，许多学校和家长的教育价值取向偏离了核心教育价值观，个人主义、功利主义以及经济主义等教育价值观占了上风，结果受伤害的首先是受教育者，长远来说，社会的进步、民族的振兴以及人类的和平与发展也会受到消极的影响。”（顾明远，2018）[6]顾先生对三好学生评选以及“奥数现象”“反教育行为”“教育悖论”等的批评，都可以说是对这些现象背后的某种错误教育价值观的批评。

从顾先生大量关于教育价值的论述来看，他对错误教育价值观批评最多的，一是教育功利主义，二是教育工具主义，三是教育西方中心主义。教育功利主义的主要表现是教育工作违背儿童身心发展规律，急于求成，追求短期利益；教育工具主义的主要表现是把教育和儿童当成追求外在目的实现的工具，看不到或者忽视教育的人文性；教育西方中心主义的主要表现是在教育改革与发展过程中，盲目地以西方教育理论和实践为标准，不注重汲取我国优秀的教育文化传统，犯历史虚无主义的错误。应当说，顾先生对教育实践中广泛存在的这三种错误教育价值取向的批评，对于我国教育改革与发展进一步明确方向、树立正确的教育价值观具有重要的意义。

关于教育功利主义，顾先生认为："我们现在的功利主义太厉害，我们现在的大学也好，科研单位也好，老是想得奖。这种功利主义对我们学科的建设、科学的发展没有好处。"（顾明远，2014）[171] 这个评论，对于当下的高等教育来说，真可谓一针见血。当然，顾先生并非一味地反对高等教育追求某些价值目标的达成，他只是反对以功利为价值取向，而遗忘了大学本来的目的在于求真育人，遗忘了科学的本来目的在于创新知识。2008 年，他在陕西师范大学发表的演讲中语重心长地说："我刚才讲诺贝尔奖获得者不是学校培养出来的，但要靠学校打基础。打什么基础？打好学习的基础，打好专业兴趣的基础，就是我们要培养学生对科学的兴趣。"（顾明远，2014）[269] 在他看来，如果我们整个的教育，不注重培养学生对知识的热爱和浓厚的兴趣，一味地追求所谓的成功、获奖，则无异于舍本逐末、杀鸡取卵。

教育工具主义与教育功利主义是一对孪生兄弟。教育工具主义是教育功利主义在具体教育领域的表现，两者共同的特征就是忽视教育的内涵和青少年身心发展的规律，忽视教育活动中人的尊严以及教育活动本身丰富的人文性。顾先生对教育工具主义持强烈的批评态度。他说："我觉得我们要回到教育的原点。现在都把教育当工具：家长把教育当作考上好的大学、找到好的工作的敲门砖；学校把教育作为提升高升学的敲门砖；地方政府把教育作为自己政绩的敲门砖，升学率高了，政绩就有了。我们的校外辅导机构，当然不是说都不好，但有很多校外辅导机构把教育作为赚钱的工具。"（顾明远，2014）[330] 由此可见教育工具主义或工具理性在当前我国教育管理和实践中的支配性地位，对此应当予以全面而深刻的批判。顾先生十分强调教育的人文主义，将其看作工具主义的对立面。这一点是从其儿童主体思想中发展起来的，并深受联合国教科文组织《学会生存——教育世界的今天和明天》《教育——财富蕴藏其中》以及《反思教育：向

“全球共同利益”的理念转变？》这三部报告的影响。他强调指出：“工具主义认为，教育要为诸多方面服务，现在，教育要以人文主义为基础培养人尊重生命、尊重人类尊严、尊重和平，要对人类的持续发展负责。”（顾明远，2016c）

教育西方中心主义是西方文化中心主义在教育领域的表现。20 世纪 60 年代以来，有一种现代化理论认为，非西方发展中国家要想实现现代化，唯一途径就是西方化和照搬西方模式，输入西方社会现代化的因素。这种理论对近几十年来发展中国家的现代化建设产生了广泛影响，后来虽然在理论上和实践上受到了批判，但是其影响依然存在。这种影响在中国思想领域的实际表现就是不同历史时期出现的“全盘西化”主张，与此相伴随的就是对中国独特文化、制度、发展道路等的否定，也就是所谓的“历史虚无主义”。教育领域同样存在这两种错误的价值主张。对此，顾先生明确指出，民族性是教育的基本特性。“一个民族（国家）的教育传统与一个民族的文化传统一样，有本身的特质。它适合于该民族（国家）的政治、经济、科技制度和发展水平，适合于民族的文化传统，是受本民族的文化传统的影响而形成的。”（顾明远，2004）[32] 正是基于对教育民族性的这种深刻认识，他反复告诫说：“教育国际化不能排斥教育的民族性。教育要吸收世界文明的一切优秀成果，但又必须结合本国的实际。我们在学习别国的教育理念和经验时必须了解别国的历史背景和文化传统，这样才能了解别国的教育理念和经验的精粹。同样在借鉴别国理念和经验时不要忘记我们自己的优秀教育传统，这样才能从别国的理念和经验中吸取有利于发展我国教育的有益的东西，并内化为我们自己的观念形态，这就是本土化。”（顾明远，2014）[287] 针对一些青年学者在学习和借鉴西方教育理论时缺少文化自信和批判性思考的现象，他谆谆劝导说：“现在教育界有些年轻学者在撰写论文时往往开口是海德格尔，闭口是哈贝马斯，动不动就是建构主义、后现代主义。且不说这些思潮和主义是不是放之四海而皆准的真理，即使是真理，也不能简单搬运到中国来，需要考虑如何与中国的教育实际相结合，考虑中国广大教师如何接受它。”（顾明远，2014）[287]

至于在教育实践中为什么会出现上述教育价值取向的偏差，顾先生认为这其中既有历史的因素，也有现实的因素；既有教育外部的原因，也有教育自身的原因。在《中国教育路在何方——顾明远教育漫谈》这部著作中，他对此做了比较系统和深刻的分析。就历史的和教育外部的影响因素而言，他谈到了“学而优则仕”的文化传统，认为“学而优则仕”明显存在功利主义思想；谈到了重学术轻技术的传统思想，认为这阻滞了中国古代科学技术的进步和近现代职业技术教育的发展；谈到了社会上的攀比文化，认为其助长了学生之间、家长之间和学校之间过度的教育竞争；谈到了社会用人制度中的学历主义取向，认为这进一步强化了升入名牌大学的高考竞争。此外，他还谈到了评价考试制度、地方政府的教育政绩观、社会诚信因素以及校外培训机构的推波助澜作用等。就内部的和教育自身的因素而言，他谈到了长期以来对教育本质认识的缺乏，人才观、质量关、学生观上存在的误区，对职业教育制度设计的轻视，学校发展的不均衡，以及陈旧的人才培养模式问题等。综合来看，顾先生认为，教育价值取向问题是一个综合性的问题，有其社会根源，也有其教育的成因，因此在治理上需要标本兼治、综合施策。

第三节　论教育的目的

如上所述，教育目的问题要回答的是“教育培养什么样的人”。从作用上说，教育目的直接规范着、指导着现实的教育实践活动。顾先生对教育目的的论述也非常丰富，从大的方面说包括两个方面：一是对马克思主义经典作家有关人的全面发展思想的继承和发展，二是结合当下我国经济社会发展需求对教育所要培养的人的素质及其结构的论述，尤其是对一些人才关键素质的论述。

一、对人的全面发展学说的继承和发展

人的全面发展或和谐发展是一个古老的教育理想，西方古代思想家和中国古代思想家都有此主张，历史上它也一直是进步教育家们的目的追求。但是，在马克思主义诞生之前，这些有关人的全面发展或和谐发展的思想都只是一种教育的理想而已，没有找到客观的社会基础以及可行的实现道路。马克思、恩格斯在创立科学社会主义的过程中，首次将人的发展问题与社会发展问题结合起来考察，不仅阐明了人的全面发展的必要性，而且论述了人的全面发展的可能性，这就是教育与现代化生产劳动的紧密结合。正如顾先生所说，“人类很早就萌发了对人的完美、和谐发展的追求。……马克思、恩格斯继承和发展了前人关于人的全面发展的思想，做出了科学的历史分析，指出人的发展与社会发展的一致性，现代化大工业生产决定了需要以全面发展的个人来代替只能承担局部职能的局部个人”（顾明远 等，2016）[25]。

在准确把握马克思主义经典作家关于人的全面发展的思想基础上，顾先生运用历史唯物主义的方法论，结合人类经济、科技发展的新形势，精辟地指出：“今天我们所处的知识经济的时代与马克思、恩格斯所处的工业革命初期的时代有很大的不同。新时代的生产不仅要求工人全面发展去适应大工业生产，而且要求劳动者创新知识，创新技术，把这种知识和技术的创新当作社会生产的必要条件，去推动社会生产。过去的劳动者主要指从事体力劳动的工人，现在的劳动者包括参加生产的所有人员。因此，新的时代要求所有劳动者不断地学习，终身学习，在学习中创造新的知

识、新的技术。”（顾明远 等，2016）[27] 这里，顾先生立足于知识经济的新阶段、新特点，将“创新知识”“创新技术”“终身学习”的要求纳入“人的全面发展”范畴之中，同时扩大了“劳动者”的外延，创造性地发展了马克思、恩格斯关于人的全面发展的思想。

不仅如此，顾先生还进一步指出，知识经济时代的另一个特征就是教育的民主化，人人都有受教育的权利。在此意义上，“人的全面发展已经不只是为了大工业生产的可持续发展，而是人类对自身完善的追求”（顾明远 等，2016）[27–28]。这个思想，则是马克思、恩格斯当时论述人的全面发展时完全没有的，可以看作是顾先生对人的全面发展思想的一个新论述，彰显了人的全面发展在现时代的人文意义。与此同时，顾先生非常明确地提出：“今天提出的人的全面发展无论在内涵上还是在外延上都有扩展，它不仅是指生产者的体力和脑力的充分发展，而且指所有人的体魄、智力、精神、兴趣、爱好、人格得到圆满的发展，也就是指人的素质的全面提高。”（顾明远 等，2016）[28] 在实现人的全面发展的路径上，顾先生也结合时代特点，特别是教育改革与发展的新特点，在经典作家提出的教育与生产劳动相结合之外，还提出了“全民教育”“终身教育”“学习型社会”等主张，认为“全民教育是现代社会人的全面发展的基础”，“终身教育是促进人的全面发展、可持续发展的唯一途径”，学习型社会“为人的全面发展创造了条件，最终达到人类追求的最高目标”。（顾明远 等，2016）[28–32]

二、对人的素质结构及关键素质的论述

1. 对人的素质的内涵及其结构的论述

众所周知，教育的目的包括两个有机的组成部分：一个是人才培养的总体规格，如“劳动者”“建设者与接班人”等，这是人才培养的社会性质的总体规定；另一个是所培养的人才的素质结构，这是对不同规格人才

所应当具备的具体知识、态度、能力和品格要求。在顾先生的教育目的论述中，也会涉及这两个部分，对前一个部分，他一般遵循党的教育方针中的有关表述，后一个部分则突出表现了他作为一名教育学家、教育家的深刻见解与实践智慧。

人的素质究竟包含哪些内容？顾先生认为："人的素质可以分为遗传素质和后天获得的素质。素质教育主要是指一个人在遗传素质的基础上，通过教育而后天获得较好的素质，一般包括思想道德素质、科学文化素质、身体心理素质。知识不等于素质，知识是会遗忘的，素质是永远不会消失的。"（顾明远，2014）[94]

以这个一般性的定义为基础，顾先生对人的素质进行了划分，包含五个维度，分别是：（1）健全的体魄；（2）高尚的思想品德；（3）强烈的学习愿望和较高的文化科学素养；（4）较高的审美能力和高尚的情操；（5）开朗的心态、丰富的生活、幸福的童年。这五个维度，比起传统的德智体美四分法而言，多了一个维度，即"开朗的心态、丰富的生活、幸福的童年"。这是非常值得注意的地方，体现了顾先生对当前儿童青少年实际发展状况和生活体验的深刻洞察。

在谈到健全的体魄时，顾先生认为："身体是一个人生存和活动的基础，学生是长身体的时期，要把学生的健康放在第一位。"（顾明远 等，2016）[76] 在谈到高尚的思想品德时，他指出："把社会主义核心价值观贯穿到教育全过程，使学生能够做到：正确对待自然、正确对待社会、正确对待他人、正确对待自己。"（顾明远 等，2016）[76] 进而言之，在正确对待自然方面，他认为主要是要引导儿童青少年保护自然，节约资源；在正确对待社会方面，他认为要教育儿童青少年热爱祖国，尽职尽责；在正确对待他人方面，他强调尊重他人，和谐相处；在正确对待自己方面，他强调知己则明，荣辱不惊。在第三个维度上，他强调要指导学生在掌握基本知识的基础上，着重培养学习能力、创新精神和实践能力，形成正确地认识和运用信息技术的能力。在第四、第五个维度上，他也提出了自己的独到理解。概言之顾先生对人的素质五个维度的划分及具体论述，是基于教育立场对马克思主义有关人的全面发展学说的具体化，有助于教育者更好地把握党的教育方针中有关人的全面发展的具体要求，从而更好地指导实践中的教育行为。

2. 关于人人成才的思想

人人成才是顾先生在教育目的上的一个重要主张，反映了他的人才观，对于其教育观起着统领作用。教育的目的当然是培养人才，但是究竟什么样的人才算得上是人才？对此，历史上以及现实社会生活中，人们有不同的看法。在各种各样的看法中，有一种看法是比较典型的，即人才就是那些达到某种标准、做出某种程度的贡献甚至是取得了较大社会成就的人，只有这样的人才算是人才，其他的人都算不上是人才。针对这种带有精英性、区隔性和排斥性的人才观，顾先生认为："我们不能把人才观等同于天才观，或者把人才等同于天才。凡是有社会责任感、勤奋学习、努力工作、为社会做出贡献的人都可以称得上是人才，而且应当相信只要努力人人都可以成才。"（顾明远，2014）[271] 他认为："人人成才的观念是一个非常重要的新观念。以往我们更多关注一些拔尖人才，而忽视教育中的大多数。其实，不适合只有科学家、政治家才是人才，只要有社会责任心，有一定工作能力，勤奋努力，为社会做出一定贡献的都是人才。"（顾明远，2014）[224] 人人成才的观念也就意味着多样化的人才观，不是用一把尺子衡量不同的人才。由此出发，他认为，一所学校如果能够把每一个学生都培养成有品德的好公民，就是一所好学校。他批评一些学校眼里只有杰出校友，没有普通劳动者，认为杰出校友固然值得学校骄傲，但普通劳动者才是学校的主要成果。

当然，顾先生强调人人成才，并非意味着他在人才观方面持机械的平等主义立场，更不是反对精英人才的培养，而只是针对教育领域忽视大多数普通学生包括一些后进生的现象而言的。事实上，在人才观和成才观上，他反复强调指出："要有一批拔尖人才。所以现在我们讲教育公平。教育公平并不等于是平均主义，教育公平主要指教育机会的公平、教育过程的公平，不是指教育结果的公平。如果说教育结果公平的话，就是说教育要使每个学生的潜力得到充分发展。"（顾明远，2014）[172] 站在创新性国家建设的高度，他更是大声疾呼："我们要建设人才强国就必须有一批拔尖人才、国际性的人才、能在国际上竞争的人才。不能搞平均主义，我们要注意儿童存在的差异，承认差异，培养差异。"（顾明远，2014）[172–173]

3. 关于关键素质及其培养的思想

在人的各种素质中，有一些素质处于关键的位置，是不同时代的经济社会发展状况在人的素质结构中的反映。今天人们所说的核心素养究其实质，也是个体或群体应对未来经济社会发展所必须具备的关键素质。对关键素质的分析论述，构成了顾先生教育目的论的重要内容。

在人应当具备的关键素质中，顾先生首先论述了学习兴趣。他有一句名言——"没有兴趣就没有学习"，非常强调兴趣在学习行为和个人成长中的奠基性作用。他说："纵观历史上的大科学家、大学问家，小时候并非是如我们现在认为的好学生，往往一般功课都不算好，但总有自己的兴趣和爱好。兴趣是学习的最大动力。人的行为总是有一种动力在驱动。动力有外部动力和内部动力之争。学生的学习也有动力在驱动。父母、老师的奖励和惩罚，是一种外部驱动。但这种动力是短暂的。只有内部动力才是持久的，内部动力就是对学习本身的兴趣。"（顾明远 等，2016）[96] 他对当前中小学校一部分学生缺少内在学习兴趣的状况非常担忧，尤其是他注意到这部分学生是为了达到父母、教师的期望和完成学习任务而学习，处于一种“被学习”“被教育”的状态。他认为，这样的学生，即便将来考上了大学（包括名牌大学），也不会有什么大的出息，更不会在科学研究或其他专业性实践中做出什么创造性的贡献。联系到前面谈到的顾先生对教育价值取向中的功利主义、工具主义的批评，我们可以更加深刻地领会他对学生学习兴趣重要性的认识：学习兴趣不仅关系到学习主体性的发挥，而且关系到学生未来的可持续发展与创造力的迸发。

在重视学生学习兴趣培养的同时，顾先生高度重视学生创新精神和能力的培养。他比较了工业社会和信息社会对人才培养素质的不同要求，得出一个明确的结论，那就是信息社会要求更加重视学生的创新精神和能力的培养。他说：“工业社会强调标准化、统一化，个性不能得到充分的发展；信息社会强调个性化、多样性，信息网络化为个别学习提供了可能，也为个性发展提供了条件。个性的核心就是创造性，科学技术迅猛发展，要求教育培养具有创新能力的人才，同时激烈的社会竞争需要人才有个性，有开拓、创造的精神能力。”（顾明远，2014）[214] 这一认识，与 20 世纪 70 年代末以来西方未来学家如托弗勒、奈斯比特、贝尔等人的认识高度一致，在相当程度上反映了世界各地的学者关于信息社会人的关键素质的共识。顾先生不仅从这种社会发展的大趋势来论述培养学生创新精神和能力的重要性，而且立足于中国社会改革发展的实际来展开相关论述。他明确指出：“像我们这样一个发展中国家，只有培养创新人才，努力创新，实现技术的超越，才能摆脱对发达国家的技术依赖。我国现在的情况是，许多产品都是利用人家的技术来料加工，还很少有自己的品牌。例如汽车工业，奥迪、桑塔纳、菲亚特等都是外国公司的牌子，很少有我们自己的牌子。这样下去，我们永远是发达国家的加工厂。只有创造自己的品牌，才能摆脱依赖。”（顾明远，2014）[284–285] 联系到 2018 年以来美国对中国发起的贸易战，其实质就是在一些关键技术创新方面延缓中国的步伐，永远保持美国在技术创新方面的国际领导地位并由此追求高昂的创新利润。在这个意义上，从小培养学生的创新精神和能力就具有了战略意义。顾先生认为："要在科学技术上创新，就要从小培养学生的创新精神和创新能力，而这恰恰是我国教育的弱点。当前我国教育遇到应试教育的严重挑战，学生学业负担过重，推进素质教育困难，学生没有时间思考问题，没有精力参加社会实践和个人喜爱的科技文体活动，学生的创新精神被压抑了。因此急需深化教育改革，更新教育观念，实行人才培养模式的创新。"（顾明远，2014）[285]

在突出学习兴趣、创新精神与能力之外，顾先生比较看重的一个关键素养就是终身学习。前面在论述顾先生对马克思、恩格斯关于人的全面发展学说的发展时，已经对此做过简略说明，这里再稍加展开。顾先生对于终身学习重要性的认识也是以当代社会经济发展以及技术进步为基础的，可以说是对保罗·朗格朗 20 世纪 70 年代提出的终身教育思想的进一步发展，以及对联合国教科文组织《教育——财富蕴藏其中》报告中"学会学习"思想的时代阐述。他认为，20 世纪五六十年代开始的科学技术革命不仅仅使现代生产发生了革命性变革，而且改变了教育和学习的意义。教育与学习不再是工作的预备，而成为贯穿人一生的生活方式。到了 21 世纪，终身教育的理念正在逐渐被终身学习的理念所代替，"终身学习强调学习者的主动性和主体性，更体现学习化社会的特征。……人只有终身学习，才能适应不断变化的社会发展，人的脑力也才能不断发展，人的全面发展也才能从一个高度向另一个高度发展"（顾明远 等，2016）[29]。在实践层面，他从多个方面论述了指向终身学习意识和能力培养的教育变革，如把整个教育体系纳入终身教育体系之中，建立社区教育的新体系，尊重学生学习的主体地位，把学习的选择权还给学生，增加课程与教学的多样性与可选择性，改变教学的方式，减轻学生的学业负担，教师要成为终身学习的典范等。这些观点和建议，对于切实培养学生的终身学习意识和能力具有非常重要的意义，也具有实践上的可操作性。

最后，让我们看看顾先生有关个性发展的论述。个性或个体的独特性，在顾先生的教育目的论述中占据核心的位置。他在许多文章和演讲中论述过这个问题。在他看来，人与人是不同的，不仅天生的生物学遗传特性有所不同，而且后天的学习和发展环境以及个人的兴趣、爱好、理想、抱负等都有差别。在此意义上，他认为用一个模式来培养所有的学生是不合适的，用一把尺子来衡量所有的学生也是不合适的。进而言之，他认为只有发展学生的个性，才能够培养学生的创造力。从社会基础来说，他认为第三次工业革命要求人才培养个性化。“第三次工业革命带来的是个性化的消费时代，现在的生产方式是大规模、标准化的机器生产，而新的生产方式是以互联网为支撑的智能化大规模定制的方式，根据消费者需要进行生产，需要什么生产什么。甚至提供体验式的生产、参与式的生产，满足个性化需求的消费。人才的培养更应该注重个性的发展。”（顾明远，2014）[368] 基于这种观点，他辩证地阐明了教育公平与因材施教、个性发展与全面发展之间的关系，认为促进教育公平不等于没有差异、不承认差异。顾先生认为，对于教育而言，没有差异的公平不是真正的公平，也是不存在的。因为人的天赋有差异，环境有差异，个人努力的程度有差异。如果用一个模式来培养学生，用一个标准评价学生，那么对一部分天赋好的学生、努力的学生是最大的不公平。最公平的教育就是为每一个孩子提供最合适他们的教育，使他们的个性、特长得到充分的、可持续的发展。

总的来看，顾先生对教育本质、教育价值和教育目的的论述彼此之间具有高度的相关性、一致性，构成了顾先生全部教育思想的理论基础。从方法论来看，他的这些论述具有下列特点。

第一，坚持马克思主义的指导地位，体现了马克思主义在教育本质、教育价值和教育目的问题上的基本立场、观点和方法，并结合时代的发展和中国经济社会发展包括教育发展的实际情况加以创造性地应用，自始至终贯穿着历史的逻辑、实践的逻辑和辩证法的精神。例如，在教育本质论述中，顾先生既强调教育对于提高生命质量（本体性）的意义，又强调教育要提升生命价值（工具性）；在讨论教育价值观时，顾先生对于民主主义和精英主义，知识主义和能力主义、技术主义，以及功利主义和人文主义等各种不同的教育价值取向都进行了客观的、历史的和中肯的评价，同时从实际出发指出了它们未来变化的主要趋势。在此意义上，我们可以将顾先生在教育本质、教育价值和教育目的问题上的丰富论述看成是马克思主义教育思想在当下中国的新发展与新成就。

第二，坚持理论联系实际的原则。一般而言，教育本质观、教育价值观、教育目的观都是比较抽象的，论述起来很容易从概念到概念，从文本到文本，一定程度上会出现脱离教育实践的弊端。但是，顾先生在论述这些问题时，并没有出现这种理论脱离实践的现象，而是努力从实践出发，加以理论论述，最后又反过来观察、分析和指导实践。这其中的原因在于，顾先生在论述这些理论性的主题时坚持了从实际出发的认识论。顾先生自己也说，他有关"反教育现象""教育腐败""水仙花教育学""瓜裂裂"（比喻揠苗助长式的教育）等涉及教育价值、教育本质和教育目的的论述都来源于教育实践，来源于他自己每年进行的大量的中小学考察。

第三，坚持继承与发展相结合的原则。在讨论教育本质时，顾先生对历史上的教育本质论述进行了比较系统的回顾与分析，找出其中的共同点和不足的地方，然后由此确立自己论述的路径；在讨论教育价值取向时，他也非常善于深入历史，寻求一些教育价值取向的历史根据，并从现实出发加以批判性地讨论，在此基础上提出自己的学术主张；在讨论教育目的时，他也是努力做到继承与发展相结合，对于马克思、恩格斯有关人的全面发展的学说，在准确把握其思想内涵的基础上，结合时代发展的特点予以创造性地发展。正是坚持了这种继承与发展相结合的原则，顾先生在教育本质、教育价值和教育目的问题上的论述既给人以深邃的历史感和学术感，同时也给人以鲜明的时代感和实践感，向读者呈现了广阔的思想图景。

第四，坚持本土性与国际性相结合的原则。作为一位比较教育专家，顾先生在论述教育本质、教育价值和教育目的这三个基本教育理论问题时，一方面具有比较广阔的国际视野，注重反映国际组织和其他国家学者在这些问题上的认识，另一方面不忘自己的本土立场，注重从中国的文化传统、经济社会发展实际和教育实际出发，批判性地汲取国际的和传统的思想资源，既防止陷入西方中心主义的窠臼，也防止出现中国中心主义的自负，努力融中西两种思想资源于自己的学术论述之中，具有一种开放、包容的胸襟，同时也具有鲜明的中国立场、中国特色和中国风格。这对于新时代建设有中国特色、国际水平的社会主义教育理论体系极具启示和指导意义。

参考文献

顾明远，2003. 对教育定义的思考 [J]. 北京大学教育评论，1（1）：5–9.

顾明远，2004. 中国教育的文化基础 [M]. 太原：山西教育出版社 .

顾明远，2011. 要与反教育行为作斗争 [J]. 中国教育学刊（9）：卷首语 .

顾明远，2014. 顾明远教育演讲录 [M]. 北京：人民教育出版社 .

顾明远，2016a.“水仙花”教育学 [J]. 中国教师（2）：5.

顾明远，2016b. 大学教育的本质是为学生：读《大学的改革》[N]. 中国青年报，2016-12-26（07）.

顾明远，2016c. 重新认识教育的本质 [N]. 中国教师报，2016-05-04（14）.

顾明远，2018. 再论教育本质和教育价值观：纪念改革开放四十周年 [J]. 教育研究（5）：4-8.

顾明远，鲍东明，刘晨元，2016. 顾明远教育论述精要 [M]. 福州：福建教育出版社 .

第二章

现代教育与教育现代化

褚宏启*

* 褚宏启，北京开放大学校长，北京师范大学教授、博士生导师，国家督学。先后任北京师范大学教育管理学院院长、教育部小学校长培训中心主任等职务。主要从事教育政策、教育管理等领域的教学与研究工作。

顾明远教育思想与教育实践的灵魂，就是对“现代精神”的不懈追求，就是力图推进中国教育的现代化，使中国教育从传统教育转变为现代教育。可以说，顾明远教育思想的主线与主脉，就是倡导现代教育与教育现代化，就是为现代教育与教育现代化“鼓与呼”，顾明远教育思想洋溢着浓郁的现代精神。

顾先生见证了新中国教育改革与发展、中国教育现代化的整个历史进程，他率先开展关于现代教育与教育现代化的研究，引领学术界，如同池田大作所评价的，“提倡中国教育的现代化”是“顾明远先生的先见之明”（池田大作 等，2014）[1]。顾先生的现代教育与教育现代化思想，与时俱进，时间跨度大，且内容非常丰富，涉及各级各类教育。

在我国，“教育现代化”作为公共政策话语肇始于邓小平同志提出的“三个面向”。1983 年，邓小平同志为北京景山学校题词，提出“教育要面向现代化，面向世界，面向未来”。1985 年发布的《中共中央关于教育体制改革的决定》再一次提到，教育必须面向现代化，面向世界，面向未来。《国家中长期教育改革和发展规划纲要（2010—2020 年）》（以下简称《教育规划纲要》）把 2020 年我国教育发展的战略目标确定为：基本实现教育现代化，基本形成学习型社会，进入人力资源强国行列。“基本实现教育现代化”是首要战略目标。从 20 世纪 80 年代至今，我国学术界对教育现代化的研究一直没有中断。顾先生是我国教育现代化研究的引领者。

顾先生 1980 年发表《现代生产与现代教育》一文，1984 年发表《新的科技革命与教育的现代化》一文，其后又有多篇关于现代教育与教育现代化的论文问世，前后持续几十年，对教育现代化的认识不断深化、细化。

顾先生著作宏丰，其中《比较教育导论——教育与国家发展》《民族文化传统与教育现代化》《教育：传统与变革》《中国教育的文化基础》《世界教育发展的启示》等著作，都重点论及现代教育与教育现代化。其与薛理银合著的《比较教育导论——教育与国家发展》，是一部集中论述教育现代化问题的专著，其中第一章为教育现代化与比较教育的制度化，第七至第十五章依次为发展学与发展教育学、发展理论综论、教育与国家发展、教育传统与教育现代化、教育人口与教育发展、教育结构与教育发展、课程改革与教育质量、教育资金经费筹措与分配、师资培训和教育发展。该书把现代教育和教育现代化置于国际教育比较的大视野中，置于发展理论的学术框架中，比较全面、系统、深入地论述了关于教育现代化的理论主张。

本章对于顾先生现代教育和教育现代化思想的梳理，就是以上述论文与著作为基础的。

第一节　现代社会与现代教育

顾先生是在现代化和现代社会的宏观视野下，讨论教育现代化和现代教育问题的。教育现代化是社会整体现代化的组成部分，社会进步必然要求教育实现由传统向现代的转型。

一、现代化及其历史进程

顾先生认为，所谓现代化，就是人类认识自然、利用自然和控制自然（包括人类自身）的能力空前提高的历史过程，以及由此引起的政治、经济、文化等社会各领域广泛而深刻的变革，其目标是创造高度的物质文明和精神文明。

现代化的客观历史进程始于西方，它大体上包括从农业社会向工业社会转变和从工业社会向信息社会转变这两大阶段。现代化的最初萌芽约在1500年前后就已产生。1492年，哥伦布发现美洲新大陆；1500年前后，文艺复兴从意大利开始；1517年，发生了马丁·路德倡导的宗教改革运动；1543 年，哥白尼的《天体运行论》出版；1640 年，英国资产阶级革命爆发；等等。这些都是现代化开始的先兆。

18 世纪 70 年代发生于英国的产业革命，可以看作现代化的正式开端。产业革命打破了保守的生产技术基础，把科学技术与生产结合起来，使大工业机器生产代替了手工业小生产，使人类利用、控制自然界的能力有了空前的提高，为人类创造了巨大的物质财富。这一深刻的变化为人类带来的文明与进步，是整个工业社会以前的历史所无法比拟的。因此，尽管在漫长的农业社会，人类文明的演进始终未曾间断，但它不能被称作“现代化”，而只有英国产业革命以来的巨大的社会变迁才被看作现代化进程。这一阶段的现代化在世界各国都表现出如下特点。第一，工业化。其最重要的特征是资本的集中和大企业的形成，大企业的活动成为工业的正常形式。第二，城市化。英国在 19 世纪上半叶成为世界上第一个进入都市化社会的国家，其城市人口占比由五分之一激增到五分之四，后来其他国家的经济起飞也与城市化相伴随。第三，社会结构的分化与集中化。一方面，个人角色和社会角色趋于专门化，社会资源的配置渠道趋于多样化；另一方面，社会协作与流动不断深入和加强。第四，世俗化和理性化。人们更加关注现世的世俗利益，更加追求效率最大化和程序合理化，神秘主义的精神寄托被理性主义的实际行动所取代。

现代化是一个不断发展的动态过程，它的第二阶段是从工业社会向信息社会转变的阶段。1956 年，美国白领工人的数量在历史上第一次超过了蓝领工人。1957 年，苏联发射了第一颗人造卫星，这两件事成为世界由工业社会向信息社会转变的标志。美国社会预测学家约翰·奈斯比特认为信息社会具有以下特点：第一，信息是经济社会的驱动力；第二，信息和知识在经济增长因素中起着举足轻重的作用；第三，人们的时间和生活观念总是倾向未来；第四，人与人相互交往的增多，使竞争和对抗成为人们相互作用的主要表现形式；等等（奈斯比特，1984）[3-6]。其中，“智力工业”“知识工业”是信息社会的核心工业，这是信息社会最重要的特点。如果说，在产业革命时代现代化的主要特征是机器代替了人的体力，那么20世纪中叶以来的现代化的主要特征则是计算机代替了人的部分脑力，社会生产趋于智能化。

教育现代化的进程与社会的总体发展紧密相关。按照现代化的历史进程，以生产力的发展来划分，整个社会的发展大体上经过了农业社会、工业社会和信息社会三大阶段，这里暂且避开离现代化较为遥远的狩猎社会。教育作为社会发展的组成部分，在这三大阶段也表现出不同的特征。从根本上说，教育的特征是由整个社会的发展所规定和制约的，因此，我们首先要对人类社会在三个不同历史阶段表现出的特征进行考察。我们可以从人类的经济活动、社会系统和思想观念这三个方面来分析（参见表1）。

表1 三种社会的基本特征

		农业社会	工业社会	信息社会
经济活动	生产力特征	土地生产力（手工工具）	机器生产力（蒸汽机）	信息生产力（计算机）
	主导产业	农业和手工业	制造业和服务业	信息业和知识业
	资源	土地	能源	信息
社会系统	社会特征	人被束缚在土地上，闭关自守的乡村社会	人被限制在生产场所集中的都市化社会	人被规范于社会系统分散的网络社会
	政治结构	服从长官意志的专制制度	体现工业理性的科层制度	尊重普遍人权的民主制度
	统治方式	运用武力维持统治	通过经济影响政治	引进科技参与决策

续表

		农业社会	工业社会	信息社会
思想观念	主导思想	朴素的人文思想 虚幻的宗教哲学	激进的人本主义 理性的科学精神	人道的科学理念 科学主义与人文主义的融合
	方法论	运用常识与思辨哲学	注重实验与归纳论证	设立模型与抽象理论
	价值取向	崇尚政治和宗教权威	崇尚经济权威 重视物质文明	崇尚知识权威 重视精神文明

首先，工业社会的经济活动发生了根本性变革。农业社会的生产基本上是在土地上进行的，农业和严重依赖农业的手工业是主导产业，整个社会的生产依赖于土地上的植物资源，所以工业社会以前的生产力是土地生产力。到了工业社会，生产场所由土地转向工厂，生产工具由手工工具转变为以蒸汽机为代表的大机器。社会的主导产业由农业和手工业转变为制造业和服务业，生产所需的资源由植物原料转变为煤炭、石油、天然气、水力、电力等能源，从而，以土地生产力为特征的农业社会生产转变为以机器生产力为主的工业社会生产。

其次，工业社会的社会系统也与农业社会大相径庭。在农业社会，人类主要被束缚在土地上，呈现一种闭关自守的社会风貌。在政治上，专制政体为绝对服从长官意志提供保障，人民的权益遭到蔑视和践踏。充当统治阶级的奴隶主阶级和地主阶级直接控制着军事力量，武力是其最重要的统治工具。而在工业社会，大部分成年人被集中在工厂，形成了集中的都市化社会。整个政治结构也反映了工业生产的要求，形成了贯彻理性精神的程序化的科层制度。占据统治地位的资产阶级也采取了不同于以往的统治方式，主要通过经济手段间接影响政治，而把武力作为最后的保证。因此，农业社会中存在的人对人绝对依赖与依附的状况得到了改善，人在相当的程度上获得了自由和独立性。

最后，工业社会的思想观念也实现了飞跃。在整个农业社会，朴素的人文思想和虚幻的宗教哲学是当时社会的主导思想。朴素的人文思想虽然在人类和自然的关系上采取重视人类社会的态度，但它对自然和人类本身的认识还极为肤浅和不精确。到了中世纪，欧洲的宗教思想占据了统治地位。虚幻的宗教哲学是人类认识自然、控制自然能力低下所导致的必然结果，它的极端发展使人丧失了主人的地位而沦为上帝的奴隶，同时也为现实社会中阶级的不平等提供了理论根据。进入工业社会，人本主义思想迅速发展起来，它蔑视神权，高扬人性，构筑了现代社会人道主义理论大厦。同时，科学的理性精神渗透到社会的各个领域，注重实验与归纳论证的方法论成为科学进步的重要支柱。它不仅在自然科学中得到应用，而且被广泛运用于人文学科和社会学科之中，而农业社会运用常识、经验与思辨哲学来认识客观世界的方法论，则受到了人们的批判。工业社会经济发展水平的迅速提高，也使人们的价值观发生了重大转变，农业社会中那种崇尚政治权威（君权）和崇尚宗教权威（神权）的价值观念被崇尚经济权威（金钱和金钱的拥有者）的价值取向所代替。

20 世纪 50 年代末，美国率先进入后工业社会，即信息社会，标志着人类社会的发展进入了一个新的时代。信息社会虽然是工业社会的继续发展，但已表现出与工业社会许多质的不同。第一，信息社会的生产力越来越需要信息和知识的介入，智力工业成为信息社会的核心工业，信息成为经济活动的重要资源，而计算机的普遍运用则为知识和信息参与生产过程提供了物质保障。第二，人类虽然仍被规范在社会系统之中，但由于交通和通信的便利，人们已不再受到空间的严格限制，他们可以通过网络系统在不同的地点从事科研和生产活动，因此社会呈现出分散的网络化特征。而在政治上，民主制度得到进一步完善，人道主义福利制度也得到大力推行。科学技术越来越深刻地影响着现代国家的政府决策，科学家和技术人员拥有越来越多的发言权。第三，在思想观念方面，科学主义和人文主义两大哲学思潮开始趋于融合，科学的发展充分考虑人的权利的保障，而对人权理念的追求也以科学为基础。

工业社会和信息社会是现代社会的两大阶段，当然在这两个阶段中又有资本主义和社会主义两种不同的社会制度，它们在政治系统和观念形态上存在着质的差别。这两大阶段都是现代教育赖以生存和发展的土壤，它们规定了现代教育的基本特征。

二、社会现代化进程中的教育变迁

教育在不同的社会表现出不同的特征，它们都是人类社会不同阶段的生产力水平和社会状况在教育上的反映。顾先生在《比较教育导论——教育与国家发展》一书中，从多个维度详细阐述了三种社会之教育的不同特征。本章主要从顾先生的论述中抽取教育目标、教育体系结构、教育内容、教育人力资源保障、教育财物条件保障等方面的论述予以简要说明。

在教育目标方面，古代教育是为统治阶级培养统治人才，教育具有等级性，它发挥的是教育的政治功能、军事功能与宗教功能。现代教育强调教育的生产功能或经济功能，强调教育与经济的密切联系。工业时代的现代教育特别强调人本价值取向。现代教育不像传统教育，在人之外还树立上帝的权威，现代教育强调人性的解放和人的充分自由的发展，从而使教育思想脱离了虚幻的彼岸世界，回到了理性的现实之中。工业社会的受教育者具有广泛性与平等性，这与农业社会受教育者的非广泛性和不平等性形成了鲜明的对照。在农业社会，教育的发展水平不高，还没有形成一个完整的体系，因此受教育者只是整个社会成员中数量很少的一部分。这种非广泛性与不平等性紧密相连，即少数的受教育者主要是贵族和富人子弟，而最广大的劳动人民及其子弟则被排除在学校教育之外。教育中存在性别歧视，妇女被剥夺了受教育的权利。而在工业社会，这种状况得到了根本改变，其中最具革命性的措施就是义务教育的实施与普及。义务教育最重要的意义是使全社会的成员，不分民族、种族、宗教信仰、性别、家庭状况、财产和文化背景，都享有受教育的权利，从而在相当的程度上实现了受教育者的广泛性与平等性。

在教育体系结构方面，工业社会的教育也发生了重大变革。农业社会还没有建立起各级各类教育体系，初等教育虽有一定的发展，高等教育也早在中世纪的欧洲就已建立起来，但中等教育尚未占据重要的地位，完整的学校制度尚未形成。到了工业社会，由于大机器工业对技术工人的需求，培养中等技术人才成为教育的重要任务，中等教育开始发挥重要作用。就普通教育和职业教育的结构而言，农业社会只有普通教育而没有职业教育，而在工业社会，教育的生产性凸显出来。社会要求教育为工厂输送熟练的劳动者，职业教育成为现代教育的重要组成部分。

在教育内容方面，现代教育中科学成为课程的重要组成部分，古代教育那种把协调社会关系的封建道德和统治阶级哲学作为教育主要内容的状况一去不复返。古代的教育内容多为文史哲以及政治、军事等知识，这与古代社会科学技术不发达的状况紧密相关。

在教育人力资源保障方面，在工业社会，教师由非特定性职业发展成为特定性职业。在农业社会，教师通常不是一个固定的职业。如在欧洲的古希腊时期，以智者为师；到了中世纪，则以教士为师。而在中国，“好师”为官和“好官”为师都是封建社会长期存在的普遍现象。工业社会以后，教师开始成为一个相对独立的阶层，而且需要具备一定的资格，尽管开始的时候教师资格制度并不严格，但这种资格制度已经将教师职业和其他职业区别开来，同时培养教师的专门机构也建立了起来，教师职业逐渐走向专门化。

在教育财物条件保障方面，工业社会的教育也显示出它的进步性。就经费而言，由于社会生产力的巨大发展，社会财富总量的增加，工业社会教育经费的投入远远超过农业社会，并在整个政府预算中占有特殊地位。在经费分配上，农业社会的教育投入是很有限的，并且主要集中于贵族和富人子弟能够就读的少数教育机构。工业社会由于实行免费义务教育，因此教育经费首先投向初等教育，其他各阶段的教育则基本上采取公私并举的方针，充分调动社会各界的力量，开辟多种资金渠道。在教学条件上，工业社会一改过去校舍破旧简陋、杂乱不一的状况，在保持各校建筑特色的同时，国家对学校的基本设施通常都有统一的规定或可供参照的标准。工业社会的教育还在教学活动中运用了现代化的教学手段。这些都是农业社会的教育所无法比拟的。

到了 20 世纪中叶，随着人类社会向信息时代迈进，现代教育也有了新的进展。

从教育目标上看，在知识与能力的关系上，更加重视学生能力尤其是创新能力的发展。教育的生产性功能进一步增强，教育对于经济发展的促进作用更为彰显。在大力普及基础教育的基础上，一些国家的高等教育出现了大众化的趋势，在更高程度上实现了教育机会均等的理想，受教育者的广泛性和平等性进一步彰显。高等教育的大众化使整个社会显现出高学历的特征，为建立学习化社会创造了条件。

在教育体系结构上，信息社会的教育表现出延展性、多样性和分散性。延展性的具体表现就是终身教育思想的提出和终身教育体制的建立。1965 年 12 月，联合国教科文组织国际成人教育促进委员会讨论了法国教育家保罗·郎格朗关于终身教育的提案，决定把终身教育作为全部教育工作的主要指导思想。终身教育要求教育不仅面向少年儿童，而且面向中老年人；不仅要举办学校教育，而且要发展社会教育。它力图使教育的年限得到最大限度的延伸，使教育的空间得到最大程度的扩展。这一思想提出以后，受到许多国家的认同，建立终身教育体系已经成为一个国际性目标。教育的终身化也带来了教育的多样化，它要求充分调动全社会的各种力量，采取各种形式，利用各种途径，建立全民学习的社会，而单一的教育显然不能适应这种要求。因此，在办学体制和专业结构等方面，教育呈现出多元发展的趋势。

在教育内容方面，随着信息社会科学研究的深入开展和技术革新的不断加快，人类知识的总量迅猛增加，从而大大加剧了“生也有涯，知也无涯”的矛盾。在这种大的背景下，世界各国的课程改革都抓住了两个中心。第一，强调知识的基础性和系统性，企图让学生掌握最核心的知识以应对未来社会的需要；第二，强调发展学生的能力，使学生能在毕业以后基于原有知识水平更新知识。

在教育人力资源保障方面，关于教师职业性质的争论也开始明朗化。1966 年，国际劳工组织和联合国教科文组织联合发表了《关于教师地位的建议》，正式宣布教师不是一般的职业（occupation），而是一种专门职业（profession）。为实现教师职业专门化的目标，1974 年，经济合作与发展组织（以下简称“经合组织”）在巴黎召开了关于教师政策的专家会议和政府间会议。1975 年，联合国教科文组织在日内瓦召开第 35 届国际教育会议，通过了《关于教师作用的变化及其对于教师职业的准备教育、在职教育的影响的建议》，要求提高教师的学术水平和教育能力，为教师教育的改革提供了指针。

信息社会的来临也使教育的财物条件方面发生了变化。各国越来越重视教育的作用，各级各类教育经费增长很快。由于科学技术在信息社会的生产中日趋占有重要地位，因此各国的教育投资开始较多地投向高等教育，如1960—1975年，法国的高等教育经费增加了3倍，美国和英国增加了4倍，联邦德国增加了6倍，日本则增加了10倍（国家教育委员会教育发展与政策研究中心，1988）[3]。在物质条件上，一些高度精密的仪器参与到教学活动中来。大众传播媒体如无线电广播、电视大量运用于教育，卫星通信系统也在教学中发挥重要作用，其他教育技术如录音技术、录像技术、幻灯机、电影机、投影仪、多相放映系统、电化黑板等陆续进入学校课堂。近年来，计算机网络已在校园中建立起来。计算机网络在教育中的运用具有革命性意义，信息社会教育的许多变化都是由计算机网络的运用引起的。

在简要地回顾了教育发展的三个基本阶段之后，顾先生对整个教育现代化的过程做了如下描述：教育现代化的过程，就是教育获得和深化现代性的过程。当教育通过变革而具备了工业社会教育的基本特征时，就表明它获得了现代性；当教育改革使它具备了信息社会教育的基本特征时，就表明它完成了现代性的深化。这两个过程没有空间的制约，只有时间的相序。各国教育的发展都有其各自的特点，但都是这两个过程的现实的、具体的表现。

三、教育现代化的本质与教育传统的现代转型

现代性是教育现代化与现代教育的本质。

“教育现代化”（educational modernization）一词就词义看，就是“转变成为现代教育”（to become modern education）。教育现代化就是指传统教育转变为“现代教育”的过程与结果。可见，现代教育与教育现代化是两个有着内在联系的、不可分割的概念。本章之所以把现代教育与教育现代化一并论述，缘由就在于此。

从学理上讲，教育现代化是指与教育形态的变迁相伴的教育现代性不

断增长和实现的过程。教育现代性是现代教育一些特征的集中反映，它体现了教育现代化过程中教育呈现出的一些新特点和新性质，是现代教育区别于非现代教育的本质属性。教育现代性的增长和实现是教育现代化进程的根本特征。本章第二节将阐述顾先生关于教育现代性的思想。

教育形态是指教育这一社会现象在不同时空背景下存在的形式和状态，是人类的教育行为、教育实践活动。教育资源保障（人、财、物的提供）、教育体系构建、教育教学实施、教育管理等都属于重要的教育实践活动，都属于教育现代化实践进程不能回避的重要维度。对于教育形态的外延，学界还有一种更为宽泛的观点，把教育观念（教育思想）、教育结果都纳入其中，因为教育观念是教育行为与实践的先导，教育结果（所培养人的素质）是教育行为的产物。教育现代化首先要求教育观念的现代化，教育现代化的目标是促进人的现代化。本章第三节将阐述顾先生对现代教育形态的分析。

此处重点讨论教育“现代性”与教育“传统”的关系。教育现代化过程是传统社会的教育向现代社会的教育转变的过程。传统性或传统（tradition）和现代性（modernity）就成为区分传统社会与现代社会的两个核心概念，在传统社会中传统占主导地位，而在现代社会里现代性占主导地位。一个社会的教育是传统教育还是现代教育，要看教育的传统与现代性的比重分配。这样，教育的传统与教育的现代性之间的关系就成为教育现代化理论的一个重要问题。

顾先生认为，目前世界各国教育发展的主题都统一于现代化的进程中：发达国家注重的是如何使教育更加适应信息社会发展的要求；而对广大发展中国家来说，如何使本国教育全方位地获得现代性仍是其主要任务。在世界各国教育现代化的进程中，传统作为一种“社会遗传”，发挥着极其重要的影响。在民族文化传统的影响下，各国都形成了自己的教育传统。因此，需要分析教育传统的形成以及它与教育现代化的关系。

顾先生在《论教育的传统与变革》《现代化与中国文化传统教育》《民族文化传统与教育的现代转化》《论中国传统文化对中国教育的影响》等文章以及《比较教育导论——教育与国家发展》一书中，对教育传统与教育现代化的关系进行了深入细致的论述。

顾先生认为，所谓教育传统（或者叫传统教育）是指经过长期的历史积淀而形成并继承下来的教育思想、制度、内容和方法。教育传统是受当时的政治经济以及文化的影响而形成的，同时也是对过去的教育传统的继承和发展。我们在审视教育传统时应该明确如下几点。

首先，一个国家的教育传统有其自身的特点及其存在的基础，不能简单地肯定或否定。就本国而言，教育传统中有好的优秀的传统，也有不好的或者已经过时的传统。有些教育思想、制度和方法符合人的发展规律，符合教育发展规律，就是优秀的教育传统，就会世代传下来。例如我国古代"因材施教""教学相长"等教育思想，夸美纽斯、卢梭等思想家的许多先进教育学说，是世界教育的宝贵遗产，今天仍应继承和发扬。教育传统中有些教育思想、制度和方法是落后的、腐朽的，或者在当时的历史条件下是进步的、可取的，但随着时代的发展而变得落后了，今天就应该摒弃它。

其次，教育传统是动态的，不是静止的，是不断发展的，处于不断传递、选择、发现和创造的过程中。每一个历史时期都有不同的教育传统。例如中国当代的教育传统就是在继承、批判古代中国教育传统，以及吸收西方教育思想、制度和方法过程中逐步形成的，当前，它还在随着我国政治、经济的发展不断地发展和变化。

最后，教育传统有相对的稳定性和凝固性，教育传统是不断发展的，但在一个时期又有相对的稳定性，甚至凝固性。教育传统可以分为物质层面、制度层面和思想层面。物质层面的教育传统表现在教育手段、教育设备和教具等方面；制度层面的教育传统表现在学校制度、管理制度、考试制度等方面；思想层面的教育传统表现在教育的价值观、人才观、教学观、师生观等教育观念方面。教育制度的改变虽然也要经过激烈的冲突和斗争，但比起教育思想的改变要容易得多。例如中国科举制度早已被废弃，但科举思想的影响在今天的教育传统中仍可看到，学历主义就是其中之一。正因为教育传统有相对的稳定性和凝固性，才会在现代化过程中遇到冲突和选择的问题。

教育现代化的过程，就是优化旧的教育传统和创造新的教育传统的过程。如何促使教育传统适应现代社会，使其完成由旧质向新质的转换，是教育现代化的主要课题。

教育传统的现代转化可以在多个层面上进行。但是最根本的应是教育观念或者教育思想的转化。因为教育传统的物质层面和制度层面无不受教育观念层面的影响。（顾明远 等，1996）[226]

在我国，由于封建社会统治的时间比较长，因此，教育传统中封建主义教育思想的影响很深，有些思想至今仍然可能在某些人的头脑中起作用。与我国现代化建设不相适应的陈腐的教育思想可以说是一种封闭式的教育思想，大致表现在以下几个方面。

第一，狭隘的教育价值观。我国封建社会的政治体制和以儒家伦理纲常为核心的思想体系，使教育紧紧地依附于它们并为其服务，使得由此形成的狭隘的教育价值观更加凝固。教育的目的是培养封建社会的官吏，教育的内容是维护封建统治的伦理道德。教育方法是呆读死记，排斥教育的生产性和教育促进经济发展的功能。那时教育是与生产劳动相脱离的，因为自然经济和手工劳动还没有摆脱对经验知识和手工技艺的依赖，还没有达到迫切需要利用科学技术的水平。

当然，在任何一个社会发展阶段、任何一个国家，教育都是不能脱离政治的。社会主义教育也不例外，它必须为无产阶级政治服务。但是这只是它的一个社会职能。教育还应该有其他的社会职能，就是为发展社会物质生产服务。这种社会职能随着现代生产的发展显得越来越重要，特别是在当代，科学技术渗透到生产的各个部门，已经成为直接的生产力。没有科学技术的参与，现代生产就难以发展。在这种情况下，一个人如果不掌握科学文化知识，就不能成为现代生产的合格劳动者。教育是培养具有一定科学文化水平和熟练劳动技能的劳动者的重要手段，如果今天还认识不到教育的这种社会职能，社会生产力就不能得到发展，社会主义制度就不能得到巩固，教育为无产阶级政治服务的要求也会落空。

第二，因循守旧的人才观。在封建社会，自然经济占统治地位。这种封闭式的经济活动，只要求受教育者恪守传统的知识和技艺，守住祖宗家业，而不重视启迪受教育者去开辟新的知识领域，禁锢了他们的创新精神。这种人才观和狭隘的教育价值观是相联系的。几千年来封建社会统治阶级需要培养的是听话的奴仆，要求其对主人绝对服从，不需要有自己的独立见解。

这种教育思想显然与现代社会是格格不入的。在现代社会，科学技术和生产的结合，使得现代生产的技术基础不断发生变革，这就造成了劳动的变换、职能的更动和工人的流动。现代社会这种不断变革的特点要求教育培养出来的人才不仅有丰富的知识，而且有独立思考的能力和不断追求新知、勇于创新的科学精神。如果没有这种精神，我们就会落在时代的后面，就会贻误社会主义现代化建设大业。

第三，轻视实践、轻视技术的观念。在我国漫长的封建社会里，学校教育制度和人才选拔制度是紧密结合在一起的。学习是为了做官，要做官就要参加科举考试。学子们寒窗苦读，不接触社会，不接触生产，鄙视一切技艺性的职业和劳动。“万般皆下品，唯有读书高”就是这种状况的写照。读书之所以“高”，就是因为读书人最后有可能做官。当然，选拔读书人做官，比起让不读书的人做官略胜一筹。但是问题在于当时读的书是宣扬三纲五常的封建伦理道德的书，很少读或者根本不读有益于社会生产的科学技术方面的书，读书的目的不是发展社会生产，而是从政和入仕，即做官。这种思想在我国历史上有着广泛而深远的影响。

这种思想在当前的一种表现是重视普通教育，轻视职业技术教育。职业技术教育在我国不发达，除有物质基础（生产力水平）方面的原因外，也有思想观念方面的原因。历来的观念是“学而优则仕”，没有说学而优则工、学而优则农或者学而优则商。因此学习好的总要追求上普通中学、上大学，不愿意学习职业技术。这种观念不改变，职业技术教育就很难在人们心目中占有重要的地位，职业技术教育就很难发展，导致的后果是劳动人民的文化素质和技术素质得不到提高。

第四，僵化的教学模式。我国长期以来的教育传统都是把教师放在中心位置。虽然20世纪二三十年代以杜威为代表的进步主义教育学派的儿童中心主义思想曾经一度在我国流行，但很快就烟消云散。新中国成立后学习苏联教育经验，强调教师的主导作用和权威，仍然是把教师放在教育的中心，把学生视作被动接受教育的对象，看不到学生的主观能动性，也不注意培养学生的主动精神和独立能力。受陈腐的传统教育思想束缚的人们认为，循规蹈矩，善于死记硬背，考试能得高分就是好学生。但是这种学生往往缺乏创造性和进取精神，将来在事业上难有出色的成绩。是教育学生呆读死记、因循守旧，还是培养学生生动活泼、勇于创新，这是两种对立的教育观。使学生生动活泼地主动地发展是时代的要求。时代需要有理想、有献身精神和创新精神的人才，而不是缺乏理想和抱负、无所作为的平庸之辈。（顾明远，1987）[134]

教育现代化就是要把传统教育转变为现代教育，使教育具有现代精神，即现代性。那么，教育的现代性有哪些具体内容？对此下一节将集中展开论述。

第二节　现代教育与教育现代化的基本特征

在历史长河中，现代教育只是教育的一个阶段，是现代社会才有的一种教育形态。它除了具有所有历史阶段的教育都具备的共同特征外，还具有与之前的教育不同的本质特性，即教育的现代性。教育现代性、教育现代化概念中的“现代”，不是一个时间概念，而是一个性质概念，其本质是现代精神。现代教育或教育现代化的本质，则是教育的现代性，或者说，是教育之所以是现代教育的本质规定性。

教育现代性包括哪些方面？或者说，现代教育与教育现代化具有哪些特征？顾先生先后在《关于教育现代化的几个问题》《教育现代化与教师专业化》《实现教育现代化的宏伟蓝图——学习贯彻〈国家中长期教育改革和发展规划纲要〉》《试论教育现代化的基本特征》等多篇文章中对比进行了比较集中的论述。尽管具体观点前后略有不同，但基本观点一脉相承且不断完善。顾先生 2012 年发表的《试论教育现代化的基本特征》一文，对教育现代性、现代教育和教育现代化的特征，进行了全面深入的论述，是顾先生关于该问题的最新观点。顾先生把教育现代化的基本特征归纳为八个方面。

一、教育的民主性和公平性

普及教育是现代工业的产物，随着社会的发展，普及教育的程度逐渐提升。各国宪法都规定受教育是每个公民的权利。1990 年在泰国宗滴恩举行的，由联合国教科文组织、儿童基金会、开发计划署与世界银行联合发起和赞助的世界全民教育大会，更是把教育民主化推向新的高度。会议讨论并通过了《世界全民教育宣言》和《满足基本学习需要的行动纲领》。这两份纲领性文件提出积极消除性别、民族和地区差别，普及儿童基础教育，以及成人扫盲等目标、措施和具体计划。大会响亮地提出“满足所有人基本的学习需要”的口号，以“实现一个更安全、更健康、更繁荣而且生态更加良好的世界，同时促进社会、经济和文化的进步，倡导宽宏精神和目标上的合作”（顾明远，2000a）[1535–1536]。

教育公平是社会公平的基石。教育公平包含教育机会的公平、教育过程的公平、教育结果的公平等几个层次。教育公平主要指教育机会的公平。国家必须从法律上保障全体公民，不论其经济地位、种族、性别和宗教信仰，都有机会接受教育。教育过程的公平，包括教育条件、教师质量、教育各种资源的配置也应该基本上是公平的。至于教育结果，取决于每个人的遗传素质、环境条件（如家庭的经济、文化环境）以及个人努力的程度。但教育要为每个学生提供适合的教育，使每个受教育者的潜能都得到充分发挥，获得成功，达到教育结果的公平。

教育公平还应包括对不同的群体和个人施以不同的教育。例如：如果要求农村的孩子和城市的孩子接受一样的教育，对农村孩子来讲就不太公平；如果一个孩子对艺术有天赋才能，而且有兴趣，而我们硬要他学科学，这对他而言也是最大的不公平。当然，一些基础学科，作为培养基本素质的基础还是要学习的，但不应规定门门功课都达到优秀。因此，公平而有差异是最好的选择。为所有儿童提供的教育机会是平等的，但所提供的教育服务要因人而异，这样才能真正使学生的潜能得到充分的发挥，实现结果的公平。

实际上，顾先生倡导的是三种教育公平：关于教育机会的平等性（均等性）公平，基于学生经济社会背景差距的补偿性公平，以及基于学生个体禀赋与兴趣等不同的差异性公平。三种公平中，平等性公平是最为基础的教育公平。

二、教育的终身性和全时空性

终身教育思潮是20世纪最重要的思潮，终身教育是教育现代化最基本的特征之一。终身教育的思想形成于20世纪50年代末60年代初的欧洲，它强调教育应该贯穿于人的整个一生，主张学校教育、社会教育和家庭教育相互沟通，相互促进。终身教育不是只搞一个单独的系统，而是把一切教育都纳入终身教育体系。

随着社会的进步和发展，几十年来，终身教育已经从理想走向现实，各国都在建设终身教育制度，终身教育也逐渐转变为社会全体成员的终身学习。终身教育刚开始出现的时候，主要与成人教育、职业培训联系在一起，后来逐渐扩展到所有教育，而且逐渐向终身学习的概念转化。终身学习已经不限于满足谋生需要，而是成为人们生活的一部分，成为文明社会的生活方式。关于终身教育的理念，联合国教科文组织的报告《学会生存——教育世界的今天和明天》中讲得很全面，很深刻。所谓学习型社会，就是以学习求发展的社会，就是创新的社会，就是全民素质达到高水平的社会。形成学习型社会离不开终身教育。

所谓教育的全时空性，是指教育已经不限于学校，也没有年龄的限制，逐步实现全民学习，时时能学，处处可学。特别是随着现代传播技术的发展，人们可以从多种渠道获得信息。因此，教育现代化需要有全时空的大教育观的视野，把正规教育与非正规教育、正式教育与非正式教育统一起来，把学校教育、家庭教育、社会教育、自我教育有机地结合起来。

三、教育的生产性和社会性

教育与生产劳动和社会生活相结合是现代教育的普遍规律。大工业生产要求与科学技术相结合，要求教育为其培养掌握科学技术的人才，在信息社会尤其如此。人力资源是社会发展的第一资源，知识经济以人的知识创新为第一要素。因此，现代教育只有打开大门，与企业和各种社会团体相联系，为社会经济发展服务，才能适应社会的需要，同时教育自身也才能得到发展。

对高等学校而言，固守过去的学术象牙塔已经不可能了，工业革命以后，大学封闭的传统就被打破了。曾经，英国牛津大学、剑桥大学是最保守的，于是英国不得不另建新大学以适应时代的要求，后来牛津大学、剑桥大学也不得不进行改革。美国从 1862 年颁布《赠地法案》开始，大学就蓬勃发展起来。此后，教学、科研、服务逐渐成为大学的三大职能。“二战”后，大学的产学研结合得到强化。当然，大学有自身发展的规律，加强基础研究，创造新的知识，仍然是高等学校的基本任务。我国高校要牢固树立主动为社会服务的意识，全方位开展服务，推进产学研结合，加快科技成果转化。

四、教育的个性和创造性

人的发展既有共性，又有个性。共性更多地体现社会的要求，个性则较多地体现个体的要求。工业社会强调标准化、统一化，个性不能得到充分的发展。信息社会强调个性化、多样化，信息网络化也为个别学习提供了可能，为个性发展提供了条件。个性的核心是创造性，创造性既是人的天性，也是现代社会发展的需要。科学技术的迅猛发展要求教育培养具有创造能力的人才，同时社会上的激烈竞争也需要人才有个性、有创造能力和开拓精神。

培养个性和创造性，首先要承认学生的个性差异。教育学上常常讲两大规律：一是外部规律，即教育与社会政治、经济、文化的关系；二是内部规律，指教育要遵循儿童青少年发展的规律。儿童青少年的发展既有年龄特征，又有个性特征。年龄特征容易认识，现代生理学、心理学都有研究。儿童青少年的个性特征就难以捉摸，但从种种外显的表现可以认识到他们的差异。因此，自古以来我国教育就提倡因材施教。

许多学者认为，我国基础教育最大的问题是没有注意发展不同学生的天赋特长和兴趣爱好。我们经常说，没有兴趣就没有学习。我们要关注我们的孩子今天是为兴趣而学习还是为分数而学习。苏霍姆林斯基曾经说过：如果一个孩子到十二三岁的时候还没有自己的兴趣爱好，老师就应该为他担忧。担什么忧？担心他将来成为平平庸庸的人。在美国的一些优质中学，学生到高中时就有了志向，而且不断为之努力；而我国的高中毕业生还要由爸爸妈妈填志愿。这就是我们与他们的差距。

因此，我们要把全面发展与个性发展统一起来，要关心每个学生，促进每个学生生动活泼地主动地发展，尊重教育规律和学生身心发展规律，为每个学生提供适合的教育。

五、教育的多样性和差异性

教育的多样性表现为教育目标的复杂性和多样化、教育结构的多样性、办学模式的多样性、人才培养模式的多样性。现代社会的人才结构是复杂而多样的，不仅要有一批高水平的管理者，而且要有一大批科学技术和文化艺术的专业人才，有高素质的熟练技术工人和掌握现代技术的农民。

从个体来讲，人是有差异的。教育要为每一个人的发展提供条件，重视差异教育，培养特殊人才。随着经济社会的发展和教育的普及，教育已经发展到大众教育阶段。大众教育的标志是普及高中阶段的教育，高等教育毛入学率超过15%。我国高中教育的普及率已超过80%，高等教育毛入学率已达到27.3%，超出了大众教育的要求。教育发展到大众教育阶段就必然要求教育结构多样化，以培养社会所需要的各级各类人才。

从学生个体来讲，每个学生的天赋不同、兴趣爱好不同，要充分发挥每个学生的潜在能力，也需要办学模式的多样化、人才培养模式的多样化、课程结构的多样化。为此，要改革人才培养体制，从小学开始培养学生的兴趣爱好，发展学生的个性和创造性，及早发现优秀人才，为每个学生提供适合的教育。要树立多样化人才观念，尊重学生个人选择，鼓励学生个性发展，不拘一格培养人才。

六、教育的信息化和创新性

信息化已经成为现代社会的基本特征。教育信息化是教育现代化的特征之一。信息技术在教育中的应用正在引起一场教育革命，引发了教育观念、教育过程、教育模式、教师角色等一系列变革。

教育已经冲破了学校的藩篱，学生可以随时随地获得信息。学校教育不能不考虑对多渠道信息的控制和利用问题。教师已经不是知识的唯一载体，因此，人才培养方式要彻底改变。教师进行知识传授是必要的，特别是对低年级学生来说，但更重要的是要培养学生的能力。这就要求学生自己探索，学思结合，知行统一。教师的作用更多应该是设计教学，激发学生的主动性和积极性，引导学生选择正确的学习路线和策略，教会学生正确处理信息，使他们在信息的海洋中不至于迷失方向。要加快教育信息化进程，强化信息技术应用：提高教师应用信息技术水平，促使他们更新教学观念，改进教学方法，提高教学效果；鼓励学生利用信息手段主动学习、自主学习，增强他们运用信息技术分析解决问题的能力。信息技术在教育领域的应用不仅改变了教育教学模式，而且为继续教育、终身学习创造了条件。

教育要不断变革和创新。社会在变革，教育也必须不断革新才能适应形势的发展。教育创新与理论创新、制度创新、科技创新一样重要。教育创新包括五个方面，即教育思想创新，健全和完善教育体制，改革教学内容、方法和手段，充分利用现代科学技术手段，加大教育开放力度。

七、教育的国际性和开放性

现代教育制度是国际化的产物，是各国之间相互学习与借鉴的结果。全球化更是强化了教育国际化。随着科学技术的发展，国家间的交通越来越便捷，信息交流越来越快捷。地球变得越来越小，某一国家的某项教育改革会迅速传遍全世界。

教育的国际性和开放性表现为国际间的人员交流、财力支援、信息交换，包括教育观念和教育内容、学分学历互认、教育机构的国际合作和跨国的教育活动等方面。只有坚持开放，才能更好地吸收一切优秀文化，充实和丰富我国的教育。

过去我们只讲经济全球化，不讲文化全球化、教育全球化。但是毋庸讳言，全球化不仅影响到经济，也影响到文化和教育。全球化并非一体化，而是指不可避免地互相交往、互相联系、互相影响，因此，必须将教育纳入全球化的轨道。只有加大开放力度，才能了解世界上的先进科学技术，吸收世界优秀文化成果，为我所用。

教育国际化的另一个重要内涵是培养具有国际视野、关心和了解国际形势与发展、了解多元文化、懂得国际游戏规则、具有国际交往能力的人才。没有这种人才，我们很难与别国竞争。

八、教育的科学性和法治性

现代教育是建立在高度理性基础上的，反映了社会发展和个体发展的规律。现代教育不是凭经验的，而是更多地依赖于科学的决策，教育行为的理性由此得到加强。科学决策的失误往往会影响整个教育的发展，甚至社会的发展。因此，现代教育必须重视教育研究，重视教育政策的科学决策。

教育决策的科学性和民主性是分不开的。教育是一种社会现象，教育科学研究不能只是待在图书馆里或研究室里，必须走向实际、走向群众。一项教育改革和教育决策能否符合客观实际，需要听取各界人士和广大群众的意见。

教育的科学性还包含了教育的法治性。现代社会是法治社会，现代教育也是法治教育，教育行为都要由国家的立法来规范。教育的法治性当然不同于科学性，但是一国的教育法律法规的制定需要符合教育发展的规律，因此教育的法治性中也包含了教育的科学性。

以上是顾先生所理解的教育现代化的基本特征。教育现代化的内容很广泛，包括教育观念的现代化、教育体系的现代化、教育内容的现代化、教育方法的现代化、教育管理的现代化、教育设备和手段的现代化。其中教育观念，也即教育思想的现代化是关键，是灵魂。

此处所讲的八个方面的教育现代性，实为教育观念或者教育思想的现代性表征。观念或思想是行为或实践的先导，没有教育观念、教育思想的现代化，就不会有教育目标、教育体系、教育内容、教育方法、教育管理的现代化。

第三节　现代教育的形态表现（基本内容）

一个国家的教育现代化程度的高低主要体现在教育现代性的增长方面。教育现代性的增长从教育形态的变迁中体现出来。本节将从教育目标、教育结构、课程与教学、教育管理等方面阐释顾先生关于教育现代性的具体表现的论述。

一、现代教育目标

“教育现代化是社会现代化发展的必然要求，也是社会现代化的组成部分。社会现代化和教育现代化是一个相伴发展的历史过程。”（顾明远，2012a）[4] 教育以育人为本，通过培养现代人，亦即通过促进人的现代化来间接应对社会现代化的必然要求。人的现代化是连通教育现代化与社会现代化的桥梁，人的现代性是连通教育现代性与社会现代性的桥梁。

现代教育的目标是促进人的现代化，培养现代人。具体而言，就是促进学生的全面发展与个性发展，提升学生的主体性（即积极性、自主性与创造性）。

人的全面发展是人类对自身发展的最高追求。但是在进入现代社会之前，由于等级制的存在和社会分工的限制，难以实现全面发展的目标，充其量只有极少数人才能受到比较全面的教育，接近全面发展的目标。马克思、恩格斯继承和发展了前人关于人的全面发展的思想，指出了人的发展与社会发展的一致性，阐明了人的全面发展的本质及其发展的物质基础和条件。马克思认为，人区别于动物的主要标志是劳动，是意识和创造性的劳动。只有创造性的劳动，才使人与动物区别开来。现代大工业生产不仅要求工人全面发展，而且为人的全面发展创造了条件。

随着科学技术的迅猛发展，生产过程发生了深刻的变化。旧式的分工正在逐渐被打破，蓝领工人正在与白领工人相融合。18 世纪的产业革命是用机器代替和加强人类的机体功能。20 世纪中期的新的科技革命是用智能机器代替和加强人类的脑的功能。特别是 20 世纪 90 年代以后，随着知识经济的到来，知识成为生产的第一要素，这就更加要求人的体力和脑力的全面发展。信息技术的发展和应用，远程教育、互联网的普及给世界带来了无穷的变化，也为人们进行学习提供了多种多样的形式和极大的便利，为人的全面发展创造了条件。

因此，今天提出的人的全面发展，无论在内涵上还是外延上都有所扩展。它不仅指生产者的体力和脑力的充分发展，而且指所有人的体魄、智力、精神、兴趣、爱好、人格等得到圆满的发展，也就是指人的素质的全面提高。全面发展并不只是针对在校学生的，而是针对全体人民的。党的十六大提出的形成全民学习、终身学习的学习型社会，促进人的全面发展指的是全体人民通过不断学习达到全面发展，其外延更为广大，意义更为深远。如何才能促进人的全面发展？只能通过教育与学习。教育和学习已经不限于学校，而是学校教育与社会教育结合、正规教育与非正规教育结合的多种形式。信息技术的发展、远程教育、互联网都给学习者提供了随时随处学习的条件。（顾明远，2008a）[9]

在我国，促进学生全面发展与推进素质教育是完全一致的。长期以来，我国教育被片面追求升学率的现象严重困扰。为了追求升学率，一些学校和教师迫使学生死读书、读死书，学生课业负担繁重，损害了他们的身心健康，而且有愈演愈烈之势。素质教育并不排斥考试。考试是一种教育手段，是评价、检查学习效果的一种方法，也是选拔人才的方法，运用得法可以促进、激励学生学习。但是如果把考试这种手段当作目的，或者把它作为教育评价的唯一手段，则其消极影响是非常大的。应试教育就是颠倒了这种方法与目的的关系。实施素质教育首先需要转变教育观念，树立正确的教育观、人才观、学生观、质量观。素质教育把立德树人作为教育的根本任务，坚持文化知识学习与思想品德修养的统一、理论学习与社会实践的统一、全面发展与个性发展的统一。素质教育不仅是基础教育的重要任务，各级各类教育都要加强素质教育。素质教育要贯穿幼儿教育、中小学教育、职业教育、成人教育、高等教育各个阶段。

在我国，强调全面发展、推进素质教育，有助于克服由于片面追求升学率导致的学生片面发展的弊端，具有深刻的现实意义。但是，人的发展既有共性又有差异，在促进学生全面发展的总要求下，还要促进学生的个性发展。关于个性发展，本章上一节已有论述，此处不再赘言。

全面发展、个性发展、素质教育都属于原则性的要求，也需要与时俱进。在21世纪的今天，学生的哪些素养最为重要？针对这一问题，国际社会兴起了“核心素养”（key competencies，也可译为“关键能力”）研究热潮，旨在确定21世纪最为关键的能力或素养。国内一个研究团队梳理了全球29个核心素养框架中的素养条目，提出了三类超越特定领域的通用素养。（1）高阶认知：批判性思维、创造性与问题解决、学会学习与终身学习。（2）个人成长：自我认识与自我调控、人生规划与幸福生活。（3）社会性发展：沟通与合作、领导力、跨文化与国际理解、公民责任与社会参与。（师曼 等，2016）[33]

顾先生在《教育改革与发展的战略思想——纪念“三个面向”发表30周年》一文中提出，要认真借鉴国际上关于核心素养的政策与实践。他指出，“2012年3月，经合组织（OECD）发布了题为《为21世纪培育教师　提升学校领导力：来自世界的经验》的报告，指出21世纪学生必须掌握四方面的技能——思维方式：创造性，批判性思维，问题解决，决策和学习能力；工作方式：沟通和合作能力；工作工具：信息技术和信息处理能力；生活技能：公民、生活和职业，以及个人和社会责任。值得我们认真地借鉴”（顾明远，2014a）[3]。

有学者在比较研究的基础上，结合我国国情，认为我国学生的核心素养包括创新能力、批判性思维、公民素养、合作与交流能力、自我发展素养、信息素养，并进一步将核心素养提炼为两个“超级素养”，即创新能力与合作能力。前者体现聪明的脑，后者体现温暖的心，两者都是21世纪最为关键的素养。而创新能力是“核心素养的核心”，是我国学生素质和国民素质的短板，是我国现代化发展与中华民族实现伟大复兴最为需要的素养。（褚宏启，2016）[17]

进入21世纪，我国把立德树人作为教育的根本任务，非常强调培养学生的“社会责任感、创新精神和实践能力”。顾先生对于立德树人，对于学生社会责任感、创新精神和实践能力的发展多有论述，其中，他尤为重视学生创新精神与创新能力的培养。

1981年，顾先生在《总结历史经验　认识教育规律》一文中指出，“学生的能力中很重要的是想象力和创造力。一个人如果想象力不丰富、创造力不强烈是很难做出优异成绩的，他只能成为照章办事的人，不能成为出类拔萃的人才。但在实际生活中，往往忽视这种能力的培养”（顾明远，1981）[25]。2014年，他在《教育领域综合改革的宏观视野》一文中指出：“我国基础教育有优势，重视学生的基本知识、基本技能的掌握。但我们的缺点是，缺乏思维方式和创新能力的培养，特别是受‘应试教育’的干扰，学生处于‘被教育’、‘被学习’的状态。”（顾明远，2014b）[8]

2002年，顾先生在《培养创造型人才：不能模仿和灌输》一文中指出，创造性无疑是21世纪人才必须具备的品质。教育肩负着培养人才的重任，我们的教育是否能够适应培养21世纪人才特别是创造性人才的需要，是需要教育界回答的重大问题，也是全社会关注的核心问题。近年来，来自教育内部和外部的种种批评使我们看到，我们还没有建立起一套比较成熟的培养创造性人才的机制。如何全面推进素质教育，激发所有学生和整个民族的创造力，并不是一个简单的问题。关于培养创造性人才的问题，首先是促进学生主动发展的问题。当培养创新精神和实践能力的问题提出以后，便有人提出由教知识变为教能力、由练知识变为练能力、由考知识变为考能力的观点。必须指出，这仍然是一种旧的思维方式的延续。我们不仅要让学生全面发展，还要促进他们主动发展。因为创造性是内在于人的潜在素质，它不靠外在的灌输而获得。相反，模仿与掌握外在灌输和训练的东西，虽然有时有助于创造性的发挥，但它本身并不是创造性。任何创造都是主动的，我们的教育就是要创造宽松的环境，让受教育者自由、主动地进行自我发展，使他们身上内隐的创造性素质外显出来。其次是面向全体的问题。有人认为创造性只是少数人特有的素质，总是把眼光投向少数尖子，热衷于进行所谓的精英教育。实际上，这正是窒息创造性的教育。创造性的培养需要一定的外部环境和条件，如果整个社会的氛围是循规蹈矩的，如果大多数人的思维是因循守旧的，那么特立独行的人也很难脱颖而出，精英队伍也只能是无源之水和无本之木。相反，只有真正激发每个人的创造力，整个民族的活力才能真正地焕发出来。要培养创造性人才，教育本身就应该具有创造性，就应该具有自我革新的内在活力。（顾明远，2002a）

二、现代教育结构

教育结构就是教育系统各个部分的比例关系及组合方式，具有多层次性和多方面性，可以从多种角度来研究。联合国教科文组织把教育分成三个等级：第一级教育即初等教育，第二级教育即中等教育，第三级教育即高等教育。还有一种是教育的类型结构，将教育分为普通教育、职业教育。第三种结构是办学形式的结构，将教育分为正规教育、非正规教育，包括全日制、业余制、部分时间制，或刊授、广播、电视教育等形式。只有教育结构合理才有利于经济发展和社会发展，同时教育自身也才能健康地发展。

现代教育结构当然与传统教育结构有天壤之别。我们从教育结构体系的演进历程中可以明显看到教育现代化的发展过程，看到教育结构体系的现代性是如何逐渐增加的，即教育体系如何从等级性的、宗教性的、割裂性的、封闭性的形式逐步向人道性、多样性、终身性的方向发展，从而最终建立起基本适应人的现代化和社会现代化要求的现代教育结构体系。19世纪世界主要国家相继建立起完备的国民教育体系。进入20世纪以后，世界教育体系发展迅速：在普通教育中，基础教育逐渐由双轨制转向单轨制，高等教育由大众化发展为普及化；职业教育更加完善，各国各具特色与优势；终身教育体系的建设成为各国教育发展的趋势。总体而言，在世界范围内，现代教育体系最终得以确立，各国教育体系的现代性特征更加丰富和充实。

顾先生非常关注教育结构问题。早在20世纪80年代，他就撰写了长文《论中等教育的任务和结构》《从各国中等教育的结构看我国中等教育结构的改革》，对中等教育结构问题进行了深入论述。其后，他在《论发展和加强职业技术教育》《现代高等教育的发展与我国高教改革》《关于高等教育发展战略的几点思考》《高等教育如何应对加入世贸组织》等论文中，对于我国职业教育结构、高等教育结构的优化提出了诸多建设性意见。

顾先生认为，终身教育是20世纪最重要的教育思潮，现代教育结构与体系的完善，必须以终身教育思想为指导。（顾明远，2001）[36] 20世纪60年代，西方世界出现了终身教育思想，主张教育应该贯穿人的一生中的各个年龄阶段，而不只是儿童和青少年时期。1972 年，联合国教科文组织发布报告《学会生存——教育世界的今天和明天》，深刻分析了新的科学技术革命对人类活动的影响，认为人类正在走向学习化社会，每个人必须终身持续不断地学习，才能适应科学技术的发展和社会的变革，终身教育是学习型社会的基石。

教育不是少数人的特权，而是人民大众的权利。教育不是一次性完成的，人的一生要不断受教育。现代科学技术革命使生产过程不断变革，造成了劳动的变换、职能的更动和工人的全面流动。现代工业使得许多传统职业在社会上消失，同时新的职业不断涌现，一个人一辈子固定在一个工作岗位上已变得不可能。如果不继续学习，他很快就会被抛出现代生产以外。而且，知识的爆炸和不断更新，使得一个人不可能在短短的学龄期间（一般指 6~24 岁）掌握人类创造的全部知识，而是要不断学习、终身学习才能适应这种变革。正如终身教育理论的创始人保罗·郎格朗所说：把人的一生分为两半，前半生用于学习，后半生用于工作，是没有科学依据的。终身教育要为每个社会成员在他需要的时候给他提供学习机会。

顾先生提出，终身教育是信息时代、学习型社会的产物，是现代教育的基本特征，要把终身教育思想纳入整个教育体系之中。学校教育的目的不只是升学，而是为终身学习打好基础。教育是为了人类的生存，为了个体的发展。以往人们把教育分为正规教育和非正规教育，普通教育和职业教育，认为终身教育只是非正规教育的任务，或者是成人职工教育的任务，属于正规教育以后的继续教育。这是很大的误解。终身教育是一种教育思想，体现这种思想的教育体系就是终身教育体系。它贯穿人的一生。普通中小学教育是打基础的教育。这种基础就包括了终身教育的基础。为了使中小学毕业生有终身学习的基础，就不能只传授现存的书本上的死的知识，更重要的是教会学生学习，使他们具有自学的能力，走出校门以后有自己获取新知识的能力。高等学校不能只传授现存的知识，更重要的是培养学生的能力，要以终身教育思想来设计课程和学习。

为了将整个教育系统纳入终身教育体系，必须改革现在的教育制度，研究各级各类学校的衔接和转换问题。终身教育思想是要使每一个人不断学习、终身学习。因此无论哪一类教育都要给毕业生以继续学习的出路和机会。教育结构的多样化是必然的。只有教育结构的多样化才能满足社会生产和社会生活多样化的要求，才能适应不同学生不同的要求。但是社会的需求和个人的需要也是不断变化的，因此我们的教育体系就要适应这种变化，使各级各类学校相互贯通，能够相互转换。

除上述思想外，顾先生对于现代教育结构还提出了以下三点建议。

第一，在正规教育与非正规教育的关系上，要加强非正规教育。“二战”后科学技术的发展和教育民主化的要求，要求教育扩大范围。传统的教育模式已经不能满足不同年龄阶段和不同需求的学习者的要求。需要建立一个能满足广大人民群众需要的教育体系，打破正规教育和非正规教育的界限，大力发展非正规教育，从而扩大教育民主。非正规教育更多的是部分时间制的、时间较短的学习计划，内容大都是应用性比较强的、学习者能够很快掌握和使用的知识与技能，办学形式和学习内容具有较大的灵活性。

非正规教育在20世纪70年代以后有了很大发展。但是持传统教育观念的人看不惯此类教育，认为它们不能传授系统的科学知识，或者害怕它们侵蚀正规教育的资源，损害正规教育的利益。事实上，非正规教育是正规教育的一个有力的补充，它可以减轻教育需求对正规教育的压力。而且，因为非正规教育所需要的办学条件较低，所以它们的价格较低，而办学的效益较高。当然，情况总会有例外，也有花了许多钱而效益甚低的。但有一点是肯定的，那就是非正规教育可以多渠道集资，可以调动多方面的积极性。

非正规教育的对象主要是成年人，因此，它往往成为成人教育的同义词。但是有些国家受学历主义教育的影响，正在把成人教育正规化。成人教育要满足就业者和失业者的学习需要，它的教育目标如何确定，课程如何设置？这些都是值得研究的问题。如果成人教育总是跟着正规教育的影子走，则它就不能满足大部分成年人紧迫的学习需要。许多案例证明，在世界范围内，成人教育办得生气勃勃的，总是采用非正规教育的形式。发展中国家尤其需要非正规教育。

非正规教育的办学形式丰富多样，有函授学校、广播电视大学（开放大学）、职业培训班、补习学校、扫盲班、老年大学等。开放大学是 20 世纪 70 年代新兴的非正规高等学校，起源于英国。英国的开放大学于 1969 年 6 月获皇家特许状，1971 年 1 月正式开学，招收 2.5 万人，采用广播、电视、函授与暑期学校相结合的方式进行远距离教育。设置该校的目的是为所有因各种原因未能接受高等教育者提供学习本科生和研究生课程的机会。此后，许多国家效仿英国开放大学的做法，设立此类学校，但名称有所不同。总之，非正规教育的种类繁多，难以一一描述。非正规教育是教育普及，特别是中等教育普及的必然产物，它能满足青年和成人的各种不同要求。此外，科学技术进步带来的产业结构的变化以及职业变换，也是非正规教育发展的动力，未来非正规教育还会有更大的发展。

第二，在职业教育与普通教育的关系上，要加强职业教育。职业教育与经济发展、产业结构有更为直接的关系。发展职业教育是教育的生产性的直接要求。许多国家采取在义务教育后分流的制度，在中学第二阶段，即高中阶段发展各种类型的中等职业教育。各国实施中等职业技术教育的学校类型极不相同。例如：日本、法国、德国采取职业高中或职业学校的方式；美国和英国采取综合中学的方式；我国当前则有职业高中、中等职业学校、技工学校三种类型。尽管类型不同，但有一点是相同的，即职业技术教育得到加强。在中等职业教育的基础上，高等职业教育也得到了长足发展。我国的高职高专教育已经与普通高等教育平分秋色。

职业教育的发展，使中等教育和高等教育的结构呈现出多样化趋势。在高等教育发展历史上，大学和学院是高等教育的主要学校类型，一般需要四年或以上才能完成学业。但“二战”后出现了短期技术大学或学院。例如：法国在20世纪60年代建立了短期技术大学；德国在60年代建立了高等专科学校；美国的社区学院在五六十年代有了较大的发展；日本在“二战”后初期只有单一的新制大学，但到60年代相继建立了专门学校、短期大学、专修学校等属于职业技术性质的学校。

职业教育与普通教育不是泾渭分明、互不相干的。普职融通即“普通教育职业化，职业教育普通化”，是现代教育结构体系的重要特征，显示出普通教育与职业技术教育融合发展的趋势。单一的以升学为目的的普通教育显然不符合现代化发展的多方面要求，普通教育需要渗透职业技术教育元素。美国在20世纪70年代曾经提出“生计教育”的主张，认为从幼儿园到大学都要让学生了解他们最终要从事一种职业，从小培养职业意识。普通学校应该增设职业课程，让学生根据自己的意愿选学。职业技术学校不能局限于狭窄的职业训练，应该放眼科学技术发展，重视普通文化科学知识的教育，使学生在就业以后的必要时刻能继续学习。

第三，在教育与经济的关系上，强调产学合作、校企合作。“二战”后，高等教育和职业教育除了在类型上更趋多样化以外，还有一项重要的变化就是实行产学合作、校企合作。产学合作的形式多种多样，在高等教育领域主要是大学与工业的合作，如建立科学园、大学—工业合作中心、工程研究中心等。这些园区或中心一般是围绕某所大学，以该大学的技术为依托，集中建立某种工业区。

产学合作的另一种形式是合作教育，实际上是校企合作。合作教育始于1905年赫尔曼·施奈德在俄亥俄州辛辛那提大学创立的工程合作教育计划。该计划是由学校和工业企业共同为学生提供职业技术教育。学生在校内学习学术课程和职业基础理论课，在工业企业学习实际的职业技能，通常每周不少于15小时，由雇主付给他们一定的报酬。通过合作教育，企业可以获得合格的工作人员；学校可以更加明确职业教育的目标，改进课程设置和教学方法；学生可以将学习的理论和实际相结合，掌握就业所需的知识和技能，增加就业机会。合作教育是科技进步和生产发展对教育提出的要求，是教育与生产劳动相结合的一种形式。

三、现代课程与现代教学

课程是指为实现培养目标而选择的教育内容及其进程的总和，狭义的课程是指各门学科所构成的知识体系。如果说课程关注的是“教什么”的问题，教学关注的则是“怎么教”的问题。教学是教师的教和学生的学所组成的一种人类特有的认识活动。通过这种活动，教师有目的、有计划、有组织地引导学生积极自觉地学习和加速掌握知识与技能，促进学生多方面素质的全面提高。促进学生发展的途径有很多，如课堂教学、课外活动，各种形式的劳动、学生集体组织的活动、社会公益活动、家庭活动，等等，但主渠道是课堂教学。

顾先生认为，教育发展不仅表现在数量上，更重要的是表现在质量上。教育质量的提高是人们最关心的问题。影响教育质量的因素有很多，其中课程内容的安排和处理是至关重要的一项。课程内容属于教育系统的信息要素，在教学过程中处于核心地位。所谓教学过程，实际上就是一个信息传输和变换的过程。在教学过程中，教师要善于把人类积累的关于自然和社会的科学知识（信息），由信息的储存状态变换成信息的传输状态并加以输出，使学生能有效地接受、处理和储存这些信息，并且反馈给教师，由教师对信息传输进行最优化的控制。在这个过程中，学生要在接受和处理信息的同时，发展智力，提高能力，完成自身的社会化。

现代课程与教学就是体现现代精神的课程与教学。顾先生对于现代课程与教学有很多论述。他特别强调课程要适应现代科学技术的挑战。他认为，“二战”以后，科学技术有了惊人的发展。新的科技革命要求改变陈旧的课程内容和方法，传统的学校教育传授的是死的知识，有些是过时的知识，学校教育的方法是把这些死的知识记忆下来。正如《学会生存——教育世界的今天和明天》所抨击的那样，“那种学院模式至今还受到高度重视……但是今天看来……这种模式已经过时和陈旧了。它顽固地维持着前几代人的怪癖。它过分地依赖理论和记忆。它给予传统的、书面的、叙述的表达方式以特殊地位，损害了口语的表达、自发精神和创造性的神究”，“最后，这种模式的严重缺点还有：它只为少数有限的专业培养人才，并使这些毕业生，在工作职位缺少时，也不可能（即使是临时性的）转向某些技术性和实用的工作，因为他们的教师曾教他们藐视这类工作”（联合国教科文组织国际教育发展委员会，1979）[14-15]。因此，必须推进课程内容的改革。

科学技术进步引起的知识爆炸也对教育产生了深远的影响。学校教育不可能，也没有必要把人类的知识全部教给学生。这就要求彻底改革教育内容，把最基本的、最先进的知识教给学生；同时要改革教育方法，注意培养学生的能力，使他们能够独立思考，举一反三，探索和获取新的知识。如果说旧式的教育是教学生学会记忆，把现有的知识接受过来，那么新的教育则要求学生“学会发现”，学会利用已有的知识开动脑筋去获得新的知识。（顾明远 等，1996）[285]

在《新的科技革命和教育的现代化》一文中，顾先生对教学内容改革

（重点是基础教育阶段的课程改革）提出了三点意见。

第一，加强基础知识的教学，因为基础知识是教学内容中相对稳定的、不易老化的部分。基础知识学得扎实，就容易接受新的知识，易于适应因科技进步而产生的职业的更动。在基础知识中，文理知识都须加强，特别是语文、数学、外语这三门课要加强，科学教育要从小抓起。但不需要门门课程都让学生死记硬背，而应让学生掌握最基本的原理和科学的思维方法。教材内容要删去陈旧的、次要的东西，突出主要的基本知识。

高等学校发展的趋势是加强基础理论的教学，把专业教育推迟到研究生阶段。例如美国历来在本科生阶段进行“通才教育”，现在更强调基础教育。苏联原来强调在本科就进行专业教育，但 20 世纪 70 年代以来，也提出要培养“具有广泛专业知识的专家”，大学本科前三年为基础教育，四年级以后才开始专业教育。

第二，增设新的、有发展前景的课程。如在中小学逐步普及计算机知识，推广信息技术，开设环境保护、人口学等课程。设置综合课程也是近年来各国教育改革的内容之一。科学技术一体化的发展，要求人们掌握多种的综合性知识。课程的“综合化”“一体化”在高等教育和中等教育中都有体现。例如日本广岛大学设立了综合科学部进行课程一体化的试验。许多国家初中阶段自然科学的课程都是综合设置的。英国试验“社会科技教育”（Science、Technology and Society，STS）课程计划，运用政治学、经济学等学科知识，系统地分析科学技术发展给社会带来的各种问题，不仅把自然界作为整体来认识，而且把自然界与社会现象统一起来认识。

第三，增设选修课，以适应不同学生的兴趣和能力。使用一套教学计划、一套教学大纲、一套教材的做法，不利于因材施教，不利于发挥学生的不同才能。中学里应开设选修课，使学生能根据自己的爱好和特长进行选择。正如苏霍姆林斯基所说的，如果一个学生没有专门的爱好，老师就要感到不安，因为他长大了就不会有什么创造才能，就会成为平平庸庸的人。小学也可以设选修课，如外语、音乐、美术课等，课程不仅要有选修课，教材也应编写几套。有人主张编写有弹性的教材，便于不同地区、不同水平的学生使用。（顾明远，1984）[17]

顾先生还进一步指出，教育的现代化包括对教学方法的改革。既然科学技术不断革新，新的知识层出不穷，教学就不能仅向学生传授知识，更重要的是要培养学生的能力。要培养学生的能力，就要改变传统的以教师讲授为主的方法，要让学生更多地自己学习，自己动脑筋，自己动手。要减少教师讲课的时间，增加学生课外活动的时间，提高学生的学习兴趣和积极性。许多教育家都主张从实际生活出发，让学生了解所学的知识在生活中的实际价值，制造问题情境，以引起学生的学习兴趣和内在动机。

顾先生认为，教学内容和教学方法的改革不是单纯的技术、方法问题，同样涉及教育观念的转变。现代的教学观应该树立以下观念。

其一，教学不是把现存的结论教给学生，而是要引导学生自己探索，寻找事物发生发展的起因，探讨它与其他事物的联系，从中找出规律，形成概念。经过自己努力探索而获取的知识，理解得深刻，记忆得牢固。当然，这种探索不是让学生盲目重复科学发现的过程，而是在教师引导之下让学生自己动脑、动手。教育家叶圣陶先生所说的“教是为了不教”讲的就是这个道理，也就是要注意培养学生的自学能力。

其二，教学应提倡教师和学生之间、学生和学生之间双向或多向地交流信息。传统的教学方法是教师滔滔不绝地讲，学生静静地听，学生在教学过程中处于被动状态，单向地接收信息。至于信息是否被接受和理解，没有任何反馈。教师得不到学生学习的信息，不能根据学生理解的程度来调节和改造教学。同时学生只接受单向的信息，由于信息源太少，无法对信息加以比较，思路就不开阔。如果师生互相讨论，学生的思维处于积极的状态，信息来自多个方面，学生为了接受它就要加以分析和比较，这就能发展他的思维能力，同时他对概念也会理解得更深刻、更全面。

其三，教学应在发展学生求同思维的同时，发展求异思维。求同和求异是两种密切联系而又各有特点的思维方式。二者无论对于发展科学、文化还是对于寻求知识、解决问题都是不可缺少的。没有求同思维就不会有继承，没有求异思维就谈不上发展。传统的教学只求同，不求异。书上怎么写，教师怎么讲，学生就怎么答，不允许存在不同意见。这样的教育实践抑制学生的创造性思维，挫伤学生的积极主动性。现代教育必须重视启发学生的积极思维，鼓励学生提出不同见解，这样才有利于学生创造性的发展，有利于科学的发展。

其四，教学须注意因材施教。结合每个学生不同的特点进行不同的教育，是现代教育发展的共同趋势。班级授课制是教育发展史上一大进步，它改变了教学的手工业方式，提高了教学的效率。但是它的不足之处在于用一个标准要求全班学生，容易忽视学生的个性特点。要发展学生的个性，就要注意因材施教。现代科学技术手段在教学中的应用也为教师进行个别指导和学生独立自学创造了条件。（顾明远，1987）[135]

四、现代教育管理

在顾明远教育思想体系中，与对教育目标、各级各类教育、教育内容、教育教学方法、教师、教育信息化等问题的论述相比，对教育管理的集中论述在数量与篇幅上相对较少，散见于对其他教育问题的论述中。从另一种意义上讲，顾先生对于教育目标、课程、教学、教师等的论述，无不涉及教育管理。顾先生对于教育管理的论述是其教育思想的有机组成部分，给我们以丰富的启示。

教育管理是指在特定的环境中，对教育事务进行计划、决策、领导、组织和评价等活动，以促进教育目标实现的过程。教育管理既涉及宏观管理，又涉及微观管理，包括国家和地方各级政府的教育行政管理和各级各类学校的内部管理。现代教育管理是指具有现代精神、反映教育现代性要求的教育管理。人们一般把教育管理的科学化、民主化、法治化作为现代教育管理的基本特征。

教育管理的科学化是指教育管理的理性化或者合理性，要求合理规划人力、财力、物力等教育管理资源的分配与使用，用尽量少的消耗，更好、更快地开展更多的工作，以促进教育目标的充分实现。教育管理科学化与教育管理的主观性、随意性相对立，是以科学精神、理性精神开展管理活动。管理活动以事实为依据，深入了解实际情况，尊重研究部门和专家的意见，简言之，就是要实事求是。教育管理科学化的前提是科学认识。这要求决策者或管理者对于社会发展、人的发展、教育发展以及教育发展与人的发展的内在机理等，对于教育管理的目的、内容和方式等，都有系统而深刻的认识。

对于教育管理的科学化，顾先生少有直接论述。但其一生的研究活动和丰硕的研究成果，都是为了促进包括教育管理在内的教育的科学发展、理性发展。他反复倡导、多次要求树立正确的教育价值观、人才观、学生观、教学质量观、教学观、师生观，这实际上是对教育的目标管理、质量管理、教学过程管理，以及学生管理的科学化和理性化的要求。此外，顾先生非常重视教育科学研究对于教育实践的推动作用，主张教育要走向现代化，教育科学研究必须首先走向现代化，为教育改革与发展提供智力支持。在《中国教育科学走向现代化之路纪实——纪念共和国建国60周年》一文中，顾先生认为，改革开放30年来中国教育科研的一个首要特点是，教育科研走出了书斋，结合我国教育改革和发展中的重大问题开展理论研究，为国家的教育决策服务，为学校提高教育质量服务。改革开放以前，我国教育科研不仅局限于师范院校的少数教学、科研人员，而且只研究中小学的教育教学等微观教育问题，很少研究教育与国家发展的宏观教育问题。改革开放以后，教育科研界开始对教育的本质、教育与市场经济的关系、教育与社会发展、建立世界一流大学等重大问题进行讨论；同时引进国际教育新理念、新经验，研究学校教育、课程内容、教学方法和技术手段的改革。许多科研人员还走出学校，走到基层，开展了各种实验研究。（顾明远，2009）[16]

在教育管理的科学化、民主化、法治化三者中，顾先生对于民主化着墨较多。

教育管理的民主化有三层含义。一是在整体社会层面，教育管理的民主化既要将更丰富、更优质的教育带给更多的人，更要鼓励、支持更多的人参与到教育事业的管理中来。二是在政府及其教育行政部门与学校关系层面，政府和教育行政部门要尊重、确立并维护学校管理的自主权，促进管办评的分离，避免简单依赖行政权威的外控式管理。三是在教育管理机构内部，上级要尊重、信任下级，建立健全师生参与教育管理的渠道和途径。（褚宏启，2013）[256–257] 政府简政放权、师生参与管理都是教育管理民主化的体现，有利于调动地方、学校、师生的积极性、主动性与创造性。

在《解放思想是深化教育改革的金钥匙》一文中，顾先生指出，改革开放 30 年来的教育成就离不开改革，教育体制改革和创新取得重大突破，有力地促进了教育持续发展。教育改革可以分为宏观的领导体制改革和学校内部体制改革两个层面。教育领导体制改革主要是确立了“统一领导，分级管理”的体制，实行简政放权，扩大学校的办学自主权。这一体制的确立，调动了各级办学的积极性。在基础教育方面，中央把发展基础教育的责任交给地方，建立了“地方负责，分级管理”的新体制，在学校内部

实行了校长负责制度、教师聘任制度，建立了教职工代表大会制度，加强民主管理和民主监督。（顾明远，2008b）[5]

顾先生认为，国家治理体系和治理能力现代化的重要目的，是建立社会参与机制，充分发挥人民群众积极性、主动性、创造性。在教育领域，推进教育治理的现代化，要求进一步推进管办评分离，扩大省级政府教育统筹权和学校办学自主权，完善学校内部治理结构；要求简政放权，政府加强宏观调控和管理，扩大学校的办学自主权，使学校办出特色。（顾明远，2014b）[7]

在学校层面，要建立民主的学校管理制度。学校的民主管理是为了调动广大师生的积极性，使他们积极热情地参与学校管理。高等学校应该在党委统一领导下建立教授会或者教授评议制度；校务委员会中应该有学生代表和家长代表。目前在我国的学校中，许多学校都建有教代会制度，但教代会更多关心的是职工的福利，事实上，对教学、科研最有发言权的应该是教师。学生和家长在某种意义上是教育服务的消费者，他们有权了解教育服务的情况和质量。学校应该建立健全家长委员会制度，充分利用好家长这一重要的社会资源，这就可以帮助学校解决许多难以解决的问题。（顾明远，2002b）[34]

在学校管理中，顾先生尤为重视教学管理，认为学校管理应以教学管理为中心，因为学校的中心任务是教学。学校教学管理首先要解决培养什么样的人以及怎样培养人的问题。这个问题解决了，教学管理就有了方向，有了目标。如果学校的办学目标是培养有创新精神和实践能力的人才，教学管理就会鼓励教师在教学中改革创新；如果学校的办学目标是追求升学率，教学管理就会限制教师在教学中改革创新，处处用考试的要求来束缚师生的手脚。教学管理的制度建设要营造一个让师生感到充满生气、积极向上、愉悦舒畅的教与学的环境。当前课堂教学管理中有一个误区，即只强调规范，不提倡自由创新；只重视统一要求，不重视个性发展。有些学校对教师备课上课的要求很严格，教案写得越详细越好，上课要严格按照教案执行。这种把本来具有教师鲜活行为的教学活动束缚在一种形式中的做法，必然会压制教师的创造性。教学既是科学，又是艺术。教学当然要遵循教学的规律，但更重要的是创新。因为教学的主体和对象都是人，都是鲜活的不断变化着的人。每堂课都会有不同的情境，教师的艺术就在于教师能对不同的教学情境灵活应对。教师有不同的性格气质，每个教师都有自己的教学风格。教学管理者要鼓励教师开展创新，创造自己的风格。因此，教学管理要克服形式化、模式化，在规范中有自由，在统一中有个性。（顾明远，2008c）[1] 也就是说，在教学管理中，对教师发扬民主，不要管得过死，要让教师在教学中充分发挥创造性。

在教学中，不仅要发挥教师的积极性、主动性、创造性，还要发挥学生的积极性、主动性、创造性。而这就需要教师发扬教学民主，与学生建立民主、平等的师生关系。顾先生认为，良好的师生关系是一股巨大的教育力量。师生关系融洽，教育就有成效；师生关系紧张，学生对教师的教导就会产生一种对抗情绪，对教师讲的课也没有心思听。要建立什么样的师生关系呢？过去讲的民主、平等的师生关系，在顾先生看来还不够，他认为应该建立一种民主、平等、和谐的伙伴关系。师生之间应该是一种最亲密的关系，仅次于父母和孩子的血缘关系。教师应该成为学生的伙伴，双方能互相交心。这种关系的基础是理解和信赖。教师在学生心目中是很有权威的。这种权威可能产生两种不同的结果：一种是敬爱、信赖；一种则是惧怕、疏远。教师要让学生敬爱、信赖自己，首先就要了解学生，理解学生，信赖学生。教师的爱主要体现在理解学生、相信学生上。但是，有的教师往往由于不了解学生，提出的要求不切合实际，不能为学生所接受。有的教师就会使出教师的权威，说什么“都是为你们好”，学生却并不领情。有的教师甚至用“都是为你们好”的词藻来掩盖错误的教育方法。有的教师教学水平很高，可是因为师生关系处理得不够好，教学效果也不好。

父母和子女之间也应该建立一种民主、平等、和谐的伙伴关系。不能总是借口“都是为你好”而把要求强加于孩子。即使是合理的要求，也应让孩子理解。有些父母虽然对孩子不那么严厉，但关怀得过多，使孩子感到一种无形的心理压力，这也容易出问题。（顾明远，2000b）[6]

教育管理的法治化即依法治教。依法管理是法治国家对于教育管理的基本要求。法治反对人治，反对个人专制，反对“一言堂”，要求教育管理以规则为依据，尊重程序，避免长官意志所带来的随意性与情绪化。教育法治化是教育秩序的基本保证，没有法制和法治，必然产生教育混乱。法治化是科学化和民主化的基石。科学管理的经验和做法、民主管理的规则和程序，必须通过法律才能具有强制力，才能成为约束管理行为的强制性规范。因此，通过法律手段推进教育发展与教育现代化是世界各国的普遍做法和共同经验。教育管理法治化的具体要求是有法可依、有法必依、违法必究、执法必严。（褚宏启，2013）[257–258]

顾先生在《教育现代化离不开依法治教》一文中指出，在全面依法治国的大背景下，需要在教育领域努力完善依法治教。加强教育法治、全面推进依法治教，这是促进教育公平、提高教育质量的有力保障，也是实现教育现代化的必经之路。做到依法治教，首先要加强现有教育法律、法规的执行力度。我国已经出台了《教育法》《教师法》《义务教育法》《高等教育法》等一系列法律法规。各级政府应当认真执法，各级人大应该建立监督和问责制度。例如，《义务教育法》等许多法律法规都规定，各级各类学校要贯彻国家的教育方针，实施素质教育，提高教育质量，促进学生全面发展。但许多地方仍然以升学率评价学校和教师。因此，依法治教，首先要提高各级政府依法治理的认识水平，提高执法力度，同时要有监督问责制度。当然，教育领域中所遇到的许多难题，并不完全是教育本身的问题，大多是社会矛盾在教育上的反映，需要学校、社会以及政府共同承担。例如校车问题、治安问题，都不是学校就能解决的。因此，需要通过立法来明确政府和学校的关系，不能把所有关于学生的问题都推给学校。为了让学校与学生、学校与家长、学校与教师能够更加和谐、健康地发展，制定“学校法”以明确学校权责很有必要。关于教育的均衡发展，也亟须通过法律法规加以明确。顾先生建议制定“教育投入法”，或者规定全国教育投入的底线。现在的教育投入是省级统筹，不足全国平均数的薄弱地区，应该由中央政府加强转移支付，中央政府要加大对国家级贫困县、中西部农村地区的投入力度。（顾明远，2015）

现代教育目标的实现、现代教育体系的完善、现代课程的构建与现代教学的实践、现代管理的开展，都需要资源做保障，否则教育现代化的进程展开、教育现代性的充分实现会受到限制，甚至难以为继。

教育资源是指教育服务生产过程中所投入的各种生产要素，也就是一般理解的人力资源、财力资源和物力资源。现代教育的资源保障问题的实质是：应该怎样提供，应该提供什么样的人力资源、财力资源、物力资源保障，才能有效推进教育现代化，实现教育的现代性。在 21 世纪信息化社会，现代教育的资源保障还涉及不能回避的教育信息化问题。

顾先生在《比较教育导论——教育与国家发展》一书中，列专章分别讨论了财力资源保障问题（第十四章“教育资金经费筹措与分配”）和人力资源保障问题（第十五章“师资培训和教育发展”）。另外，在多篇文章中，顾先生对于教育信息化问题和教师问题做了论述。特别是对教师专业化问题，他在《教育变革中的教师专业化》一文中有集中论述。由于本书列专章分别详细阐述了顾先生关于教师教育和教育信息化的思想，本章不再赘述。

顾先生在其口述史中，曾专门列出一个专题《关于教育现代化的讨论》，言及他研究教育现代化的一些片段。他讲道："早在 20 世纪 80 年代初我在研究现代生产和现代教育时，就对现代化的概念和特征作了一些研究。我总认为，现代化是一个过程，是向现代性发展的过程，最基本的特征是科学技术与生产的结合，从而引起的不断变革。这在我 1980 年写的《现代生产与现代教育》论文中已经提到。……90 年代中期这场全国性的讨论，促使我进一步思考这个问题。于是在 1995 年和高益民合写的《现代化与中国文化传统教育》一文中，重新对现代化的概念作了描述。……1997 年在全国热烈讨论教育现代化的热潮中，中国教育学会在无锡召开了第十一次年会，专门讨论了教育现代化问题。我写了《关于教育现代化的几个问题》一文，并在会上作了主题发言。除了重申关于现代化的上述概括外，提出了现代教育的 8 个特征，……此外，我还特别强调，从教育观念来讲，教育现代化首先要求教育思想的现代转化。"（李敏谊 等，2012b）[124]

实际上，顾先生对于现代教育和教育现代化的理论探索，远远超过其口述史所言及的范围。而且，他对于现代教育和教育现代化的研究，绝不是为研究而研究，其拳拳之心、其追求与使命不仅仅在于解释世界，更在于改造世界，在于推进我国教育现代化的实践进程。尽管他从事的是理论研究，但是绝不为理论而理论，而是最后落到实践上，通过多种方式极力影响实践进程；尽管他的研究方向是比较教育即外国教育，但是绝不只是研究外国教育，而是最后落在我国教育上。顾先生的《中国教育路在何方——顾明远教育漫谈》一书，集中体现了其对中国教育实践魂牵梦绕的拳拳之心。

顾先生关于现代教育和教育现代化的思想，来源于他宽阔的国际视野，来源于他对于世界教育发展现状与趋势的把握，来源于他对祖国的热爱与对中国现代化的强烈追求，来源于他长期的学术积淀和实践积淀，来源于他对于教育、对于孩子的炽热的人道主义精神。

顾先生关于现代教育和教育现代化的思想，还来源于鲁迅先生。顾先生对于鲁迅有精深研究，著有《鲁迅的教育思想和实践》一书，深得鲁迅精神真传。鲁迅先生对于国民性有深入批判，其内心深处最大的期待是改造国民性，把传统人变成现代人。而教育现代化最终的追求就是培养现代人。鲁迅先生和顾先生的教育呐喊，都有一个共同的声音，那就是“救救孩子”。现代教育、教育现代化的使命就是“救救孩子”，把孩子从传统教育的牢笼中解放出来，把他们培养成富有现代精神的现代国民，进而建设一个富强、民主、文明的现代化中国。这是鲁迅先生和顾先生的共同追求。

参考文献

池田大作，顾明远，2014. 和平之桥：畅谈“人间教育”[M]. 北京：教育科学出版社 .

褚宏启，2013. 教育现代化的路径：现代教育导论 [M]. 2 版 . 北京：教育科学出版社 .

褚宏启，2016. 核心素养的国际视野与中国立场：21 世纪中国的国民素质提升与教育目标转型 [J]. 教育研究（11）：8–18.

顾明远，1981. 总结历史经验　认识教育规律 [J]. 北京成人教育通讯（1）：13–25，5.

顾明远，1984. 新的科技革命和教育的现代化 [J]. 北京师范大学学报（社会科学版）(5)：8–18.

顾明远，1987. 论教育的传统与变革 [J]. 中国社会科学（4）：123–138.

顾明远，2000a. 世界教育大事典 [M]. 南京：江苏教育出版社 .

顾明远，2000b. 解放思想　转变观念 [J]. 中国教育学刊（2）：3–6.
顾明远，2001. 终身教育：20 世纪最重要的教育思潮 [J]. 职业技术教育（教科版），22（1）：5–7.
顾明远，2002a. 培养创造型人才：不能模仿和灌输 [N]. 辽宁日报，2002–02–22（C02）.
顾明远，2002b. 试论教育思想和教育制度的创新 [J]. 北京师范大学学报（人文社会科学版）（6）：30–35.
顾明远，2008a. 终身学习与人的全面发展 [J]. 北京师范大学学报（社会科学版）（6）：5–12.
顾明远，2008b. 解放思想是深化教育改革的金钥匙 [J]. 教育学报，4（3）：3–9.
顾明远，2008c. 学校教学管理要以校风学风建设为统帅 [J]. 基础教育参考（7）：1.
顾明远，2009. 中国教育科学走向现代化之路纪实：纪念共和国建国 60 周年 [J]. 北京师范大学学报（社会科学版）（4）：119–122.
顾明远，2012a. 试论教育现代化的基本特征 [J]. 教育研究（9）：4–10，26.
顾明远，2014a. 教育改革与发展的战略思想：纪念“三个面向”发表 30 周年 [J]. 教师教育学报，1（1）：1–4.
顾明远，2014b. 教育领域综合改革的宏观视野 [J]. 教育研究（6）：4–9.
顾明远，2015. 教育现代化离不开依法治教 [N]. 光明日报，2015–03–08（06）.
顾明远，薛理银，1996. 比较教育导论：教育与国家发展 [M]. 北京：人民教育出版社.
国家教育委员会教育发展与政策研究中心，1988. 当代国际高等教育改革的趋向 [M]. 北京：高等教育出版社.
李敏谊，滕珺，2012b. 顾明远教育口述史（增订）[M]. 北京：北京师范大学出版社.
联合国教科文组织国际教育发展委员会，1979. 学会生存：教育世界的今天和明天 [M]. 上海：上海译文出版社.
师曼，刘晟，刘霞，等，2016. 21 世纪核心素养的框架及要素研究 [J]. 华东师范大学学报（教育科学版）（3）：29–37.
奈斯比特，1984. 大趋势：改变我们生活的十个新方向 [M]. 梅艳，译. 北京：中国社会科学出版社.

第三章

教师专业性与学生主体性

滕　珺*

* 滕珺，北京师范大学国际与比较教育研究院副教授、副院长，世界比较教育学会联合会大会执委会联合主席，亚洲比较教育学会助理秘书长，曾任美国哥伦比亚大学师范学院兼职副教授，世界银行全球教育合作伙伴顾问，长期从事比较教育研究，主要研究领域包括国际组织教育政策、全球教育治理、国际教育和发展教育。

学校教育通常由人员（包括校长、教师、学生、家长等）、财物（包括校舍、办学经费、基础设施等）、信息（包括课程、教材等）、结构（包括制度、文化等）等要素组成。作为学校教育中最为重要的人员要素，教师和学生最受顾明远先生关注。他呼吁社会尊师重教，多次坦言一生最为欣慰之事，当属为一线教师争取到专业硕士学位；他积极参与国家决策，为推动教师发展献言献策，耄耋之年依然深入全国各地的学校，为一线教师传经送宝。同时，顾先生也非常关心学生成长，大至倡导废除三好学生评选、取消奥数班，小至亲自给全国各地的小朋友回信。但凡是关乎学生成长，无论何人求教，顾先生从不拒绝。顾先生心系教师发展和学生成长，基于多年实践深度思考，形成了诸多论述。其中，最重要的观点即强调教师的专业性和学生的主体性，以及基于此而形成的现代师生关系。

第一节　教师的专业性

"百年大计，教育为本"，"教育大计，教师为本"，顾先生一贯重视教师队伍的建设，强调教师的专业性是顾先生对中国教师队伍建设最为重要的理论贡献之一。经历新中国近 70 年的发展变革，顾先生对于教师专业性的理解也随着时代的发展而不断发展。从最早意识到教师职业的不可替代性，到随后深入分析教师的职业特性和专业发展路径，积极推动建立教师专业标准，再到后来深入一线，将教师专业发展的理论深入浅出地传播给广大一线教师，顾先生对教师专业性的论述系统、丰富，实现了理论和实践的融通。

一、必须使教师职业具有不可替代性

顾先生对教师专业性的思考源于改革开放初期我国教育事业发展面临

的现实困境。“文革”结束后百废待兴，但当时的师资状况不仅数量不足，质量也有很大的差异，远远不能满足国家“四化”建设的要求。1985 年，陈云同志曾题词“四化需要人才，人才需要教育，教育需要教师”。尽管中国历来有尊师重教的传统，然而现实状况却是大家不愿当老师，社会上甚至对教师职业还存在固有的偏见。“1980 年我为了编写中师学生用的《教育学》教材，和靳希斌、赵敏成同志到四川、湖北、湖南、浙江、上海等地调查。在湖北武汉时住在省委招待所，同屋住的是一位劳动人事部的干部。茶余饭后聊天时就讲到知识分子的待遇太低，体脑倒挂，我说我们教师的待遇也很低，特别是农村小学教师的待遇太低。他忽然说：‘小学教师怎么能算是知识分子？’我说：‘小学教师是教书的，有知识的人，怎么就不是知识分子呢？’他说：‘你没有看到吗？农村小学教师大多是半文盲，怎么能称为知识分子呢？’”（李敏谊 等，2012）[129] 这件事情使顾先生深受触动。

教师的社会地位低下是多种原因造成的结果。20 世纪 50 年代以后，历次政治运动总是把不能在机关当干部的人“下放”到教师队伍中，这就造成了一种教师在政治上似乎“不纯洁”的社会印象。特别是在农村学校，教师的形象发生了变化，从以往受村民尊重的有学问的人，变成了“右派”“反革命”。特别是在“文革”期间，“知识越多越反动”，教师的地位更是一落千丈。同时，教师队伍本身的素质也在下降，“60 年代以来，我国的教育事业发展很快。这本来是件好事，但教师跟不上，于是就有一批不合格的人进入了教师队伍。小学毕业教小学，初中毕业教初中的现象比较普遍。在农村甚至有的干部把识字不多的三亲六故派到学校当民办教师。社会上包括一些领导干部，头脑中有一种错误的观念，似乎只要识点字，人人都可以当教师”（顾明远，1989a）[9]。

事实上，当时社会上对于教师是不是一个专业化的职业一直有争议。

一种意见认为，教师并非专业化的职业，只能称为半专业化的职业，有学识的人就可以当教师，并不需要多少专业化的知识。但顾先生始终强调教师是一种专门性很强的社会职业，必须经过专门训练才能当教师。因为教育是一种复杂的社会现象。要把一个无知的少年儿童培养成为对社会有用的人才，教师必须懂得少年儿童身心发展的规律和个性差异，懂得教育规律和教育方法，善于巧妙地运用教育机智和技巧，使少年儿童获得知识，增长才智。因此，有人称教育不仅是一门科学，而且是一门艺术，只有掌握这门科学和艺术，才能成为一名优秀的教师。（顾明远，1989b）

此外，就教师职业与社会其他职业的关系而言，"任何一项职业，越具有很强的不可替代的职业性，它的社会地位才越高。可以认为，一项人人都可以干的职业，是不会受到社会的重视和尊重的"（顾明远，1989a）[9]。这是社会发展的铁的规律。认识到这一点后，顾先生一再强调要提高教师的社会地位：一方面，要尽快提高教师的工资待遇，使教师职业在社会上有一定的吸引力；另一方面，更为重要的就是要提高教师队伍的素质，加强教师队伍建设，使之成为一支训练有素的、不可替代的专业队伍。而要加强教师队伍建设，首先要建立教师资格证书制度。"教育要立法。要从法律上规定什么人能够当教师。汽车司机领取了执照才能开车，否则难免造成人身伤亡的车祸。教师亦然。不合格的教师教书会耽误一代又一代人。"（顾明远，1985）[9]随后，顾先生多次援引1966年联合国教科文组织在《关于教师地位的建议》中的倡议，认为应该把教学工作视为一种专门职业，认为它是一种要求教师具备经过严格和持续不断的研究才能获得，并要维持专业知识及专门技能的公共业务。顾先生呼吁建立教师资格证书制度，强调只有经过专门训练并考试合格，取得教师资格证书的人才能当教师。这样就能确保教师队伍的纯洁性和职业性，把不合格的人挡在门外。

到了20世纪80年代末90年代初，随着时代的发展变化，知识的快速更新换代，有人认为教师教授的知识很快就要过时了，而且很多电化教学的手段可以替代教师的作用。顾先生坚定地否定了这一质疑，他认为教师的作用是无可替代的，即使有最完善的教材、最先进的教学设备，最终也要依靠教师来设计、使用。如果没有教师，就没有人编写教材。教材不是任何人都能够编写的。编教材的人必须懂得学生的认知规律，懂得学生的年龄特征和不同的心理特征，懂教育的方法，有丰富的教学经验。更何况，教育不是单纯地使学生获取知识，教育还要培养学生具有完善的人格，这只有依靠教师的循循善诱才能办到。为了培养学生的独立思考和独立工作能力，教师固然要改变旧的教育观念，不能越俎代庖，同时也需要加强引导和指导，只有这样学生才不至于走弯路。（顾明远，1994）[21]

进入21世纪后，随着信息技术的加速发展，顾先生更加确定了这一点。特别是近年来随着人工智能的快速发展，社会对未来教育进行了各种憧憬，对此，顾先生冷静而清醒地强调，虽然信息技术、互联网改变了教育环境和教育方式，但教育的本质不变。教育传承文化、创新知识和培养人才的本质不会变，立德树人的根本目的不会变。不能迷信信息技术，要认识它的局限性，并且运用恰当，才能真正发挥信息技术的优势。人是要靠人来培养的，这是所有机器代替不了的。教师的活动蕴含着人的感情、人文精神，师生的情感交流是一种不可或缺的教育力量。（顾明远，2016a）正如2015年11月联合国教科文组织发布的报告《反思教育：向"全球共同利益"的理念转变？》所言："学习不应只是个人的事情，作为一种社会经验，需要与他人共同学习，以及通过与同伴和老师进行讨论及辩论的方式来学习。"（联合国教科文组织，2015）[48] 因此，教师的专业地位非但不会被信息技术所取代，反而会更加凸显，更加难以替代。

因为坚信教师职业的不可替代性，顾先生一直致力于推动教师的专业发展，从 20 世纪 90 年代初就开始努力为教师创造进修和提高的条件。其中最让顾先生欣慰的是他发起了为中学教师设置教育硕士专业学位的倡议，并参与了相关筹备工作。经过多年努力，1996 年国务院学位委员会第 14 次会议终于通过设置方案，批准在我国设置教育专业硕士学位，为 1000 多万中小学教师创造进修的机会。强调教师职业的不可替代性，其实质是处理教师职业与社会的关系，从社会运行宏观机制的角度为教师的社会地位奠定学理基础，因此这也成了顾先生关于教师专业化理论的逻辑起点。

二、既做经师，更做人师

既然教师具有不可替代性，那么教师究竟应该扮演什么专业角色，又应达到什么样的专业标准？顾先生认为，要想研究教师是一种什么样的职业，首先需要认识教师职业的特质。第一，从职业的对象来说，教师的劳动对象是学生，是生动、活泼、主动发展的少年儿童。他们有思想、有感情，教师只有用自己的思想和感情才能培养学生的思想和感情。（顾明远，1991a）[7] 第二，从职业的内容和任务来讲，教师的工作不仅要教书，而且要育人。顾先生指出，所谓“教书育人”，实际上教书和育人是分不开的，教书必然育人。问题是用什么思想感情去育人，是不是自觉地育人。教师对学生的影响是全面的，不仅在课堂上影响学生，课堂外、日常生活中也在影响学生；不仅有直接的影响，还有间接的影响，有人叫作显性的影响和隐性的影响。有时隐性的影响更深刻，作用更大。因此作为教师要时时刻刻想到自己是学生的榜样，是少年儿童心灵的塑造者，要严格要求自己，一丝不苟，持之以恒。（顾明远，1991a）[7] 第三，教师的工作方式也与其他社会职业不同，其区别于其他职业的最大特点是教育者与教育工具或教育手段是融为一体的。教师要用自己的智慧去启迪学生，用自己的知识去武装学生，用自己的心灵去塑造学生，用自己的人格去熏陶学生。教师在教育过程中的作用，是任何工具都不可替代的。（顾明远，1996）[5]因此，顾先生常说，教师是知识的传播者、智慧的启迪者、情操的陶冶者、心灵的铸造者。（李敏谊 等，2012）[132]教师的职业也因此具有以下特点：复杂的脑力劳动、极大的创造性和灵活性、鲜明的示范性以及长期性和有效性。（顾明远，2004a）[3]

2014 年 9 月 9 日，在第 30 个教师节来临之际，习近平总书记视察了北京师范大学，他在同师生代表座谈时指出："唐代韩愈说：'师者，所以传道授业解惑也。''传道'是第一位的。一个老师，如果只知道'授业'、'解惑'而不'传道'，不能说这个老师是完全称职的，充其量只能是'经师'、'句读之师'，而非'人师'了。古人云：'经师易求，人师难得。'"教师"既要精于'授业'、'解惑'，更要以'传道'为责任和使命"。这给了顾先生很大的启发，他在 2014 年 9 月 27 日的《中国教育报》上撰文总结道，一名好老师，既要是经师，更要是人师。（顾明远，2014a）

作为经师，教师要有扎实的学识。所谓学识，就是学问和见识。教师的责任是传授知识，培养能力，因此教师要有扎实的知识、开阔的视野、深邃的智慧。好教师不仅要有扎实的学科专业知识，要给学生一杯水，自己应有一潭水，而且要懂得教育规律。（顾明远，2014a）"专业知识只是教师必须具备的一个条件，但不是唯一的条件。不能把教师专业知识水平的高低和师资质量的高低等同起来。作为一名合格教师，除了要有比较渊博的知识以外，还需要掌握教育科学的理论，懂得教育规律，善于把自己的知识教给学生，启发学生创造性思维，发展学生的能力，并且要用自己的高尚品质和崇高的精神境界去影响学生，使他们成为优秀的社会主义公民。"（顾明远，1988）[2-3]信息技术的快速发展对教师的专业能力，特别是教学能力，提出了更高的要求。首先，教师不是知识的唯一载体。教师的职责主要是为学生的学习设计适合的环境；指导学生掌握在信息海洋中选择信息、处理信息的策略和方法，使他们不至于迷失方向；帮助学生解决一些疑难问题。因此，教师的角色必须由传统教育中的知识传授者转变为教育的设计者、指导者、帮助者和共同学习的伙伴。其次，除了要教授学生最基本的、不易老化的知识，更重要的是要教会学生学习，使他们自己能够获取知识。（顾明远，2012a）[5] 经合组织指出，21 世纪学生要掌握四方面的技能：（1）批判创新的思维方式，（2）团队合作的工作方式，（3）信息技术的工作工具，（4）个人生活与社会角色相平衡的生活技能。其中，掌握无定式的复杂思维方式和工作方式最为重要，这些能力都是计算机无法轻易替代的。（OECD，2012）[35] 因此，顾先生反复强调，教育的本质从某种意义上说，就是要改变人的思维方式。过去教师引导学生从未知到知，从知之甚少到知之甚多。而现代教育是要引导学生从已知世界到未知世界，去创造美好的未来。因此，现代课堂要提倡学生参与教学过程，采用探究学习方式，培养学生发现问题、提出问题的能力，去探索未知世界。（顾明远，2017）[24]

作为人师，教师首先要有理想信念。“作为教师的理想信念应该有两个方面：一是坚持中国特色社会主义道路，担负中华民族伟大复兴的历史使命；二是热爱教育事业、热爱学生，把学生培养成为国家的栋梁。”（顾明远，2014a）有了这样的事业心，教师才能认真地钻研业务，认真负责地对待每个学生。（顾明远，1994）[21] 其次要有师德。顾先生一直特别强调师德的重要性，他认为教师的师德可以归纳为“勤业爱生”四个字，勤业爱生是师德的最高境界。所谓勤业，就是忠诚于人民的教育事业，不断钻研教育教学业务，提高业务能力和水平，提升教育质量。所谓爱生，就是用满腔热情来对待学生，热爱每个学生，不能只爱学习成绩好的学生和听话的学生。其实每个学生都有优点，都有发展的潜能，问题在于教师能

不能发现它们，激发它们。（顾明远，2002）[3]

这一点在信息技术快速发展的21世纪显得尤为重要，教师的理想信念、勤业爱生的精神和积极健康的社会情绪能力本身就是强大的教育力量，是计算机永远无法替代的，且对学生的健康成长起着潜移默化的示范作用。正如习近平总书记所强调的，教师要做学生锤炼品格的引路人。对于做好这样的引路人，顾先生一再强调，作为教师，不论教什么专业，都需要提高人文科学的素养。人文科学能够帮助人们了解世界，了解自己，了解人对社会的责任心，从而提高自己的文化素养、思想情操和行为风貌。（顾明远，1995）[41] 这与联合国教科文组织发布的报告《反思教育：向"全球共同利益"的理念转变?》不谋而合。"人文主义方法让教育辩论超越了经济发展中的功利主义作用，着重关注包容性和不会产生排斥及边缘化的教育。人文主义方法可以指导人们应对全球学习格局的变化，教师和其他教育工作者依然是促进学习的核心力量，以实现所有人的可持续发展。"（联合国教科文组织，2015）[37] 因此，"教师需要接受培训，学会促进学习、理解多样性、做到包容、培养与他人共存的能力以及保护和改善环境的能力。教师必须促进尊重他人和安全的课堂环境，鼓励自尊和自主，并且运用多种多样的教学和辅导策略。教师必须与家长和社区进行有效的沟通。教师应与其他教师开展团队合作，维护学校的整体利益。教师应了解自己的学生及其家庭，并能够根据学生的具体情况施教。教师应能够选择适当的教学内容，并有效地利用这些内容来培养学生的能力。教师应运用技术和其他材料，以此作为促进学习的工具"（联合国教科文组织，2015）[55]。总之，教师永远是教育过程中的灵魂，是教育方针的执行者，是教育过程的设计者，是学生心灵的塑造者。

2012年，教育部先后颁布了幼儿园、中小学教师专业标准，以政策的形式明确了教师的专业角色和专业能力。以《小学教师专业标准（试行）》为例，该标准强调以学生为本，倡导师德为先，注重教师能力的提升，践行终身学习的理念。标准在“专业理念与师德”“专业知识”“专业能力”三个维度下，共包括 13 个领域，每一个领域又有具体的要求，充分吸纳了顾先生关于教师专业角色和标准的意见。比如：在专业理念与师德方面，强调了教师职业的专业性和特殊性，强调了时代发展对教师的要求，并特别强调了敬业爱生的师德；在专业知识方面，强调了专业学科知识、教育教学知识、通识性知识同等重要；在专业能力方面，强调了教师的教学设计能力、沟通与合作能力、反思与发展能力等。顾先生不仅积极参与教师专业标准的政策制定过程，为其建言献策，而且多次深入学校，为一线教师讲解现代教师专业角色转变，为他们答疑解惑，帮助他们更好地理解现代教师专业标准的内涵和价值。

三、人间词话

明晰了教师的专业角色和标准后，如何才能帮助教师实现自己的专业角色，达到教师的专业标准？顾先生对此有诸多论述。他认为教育是实践应用性职业，经过较长时期的专门职业训练，教师需要掌握教育学科的知识和技能，并需要经过“临床”实习，通识教育、学科教育、教师专业教育、实习这四大模块对于专业化教师的培养不可或缺。（顾明远，2004a）[5] 由于本书有专门的章节讨论师范教育与教师培养的问题，在此不再重复讨论。关于教师专业发展的基本阶段，顾先生借用王国维的《人间词话》，提出了扎根中国文化话语体系的教师专业发展三重境界。王国维在《人间词话》中说道，做学问有三重境界：昨夜西风凋碧树，独上高楼，望尽天涯路；衣带渐宽终不悔，为伊消得人憔悴；众里寻他千百度，蓦然回首，那人却在，灯火阑珊处。顾先生认为教师的成长也需要经过这三重境界。

第一个境界是对教育、对教师职业的认识。教师要认识到这一职业的重要性，以强烈的使命感，全身心地投入教书育人的工作。教师要像苏霍姆林斯基说的那样，“把整个心灵献给孩子”。教师只有有了这样的认识和信念，才能不断成长。第二个境界是修炼。教师要不断学习，努力钻研，不断反思自己的教育行为，总结经验教训；要逐步认识学生成长的规律、认知的规律，逐渐掌握教育规律，不断提升自己教书育人的专业水平。第三个境界是收获。教师的成长和学生的成长是同步的。教师在教育教学中引导、帮助学生成长，自己也就成长了起来。正如于漪老师所说，教师的生命是在学生身上延续的，教师的价值是在学生身上实现的。

顾先生认为这三重境界的关键词归纳起来包括“理想信念”“实践反思”“学习提高”。所谓“理想信念”就是对教育事业的认识和热爱。“教师不是一般谋生的职业，是培养人的心灵的职业，是关系到儿童的成长、家庭的幸福、民族的未来的事业。教师责任重大，对儿童个体来讲，关系到他的一生；对家庭来讲，一个孩子的成功，关系到一个家庭的幸福；对中华民族来讲，只有我们年轻一代茁壮成长，才能实现中华民族伟大复兴的梦想。因此，传承文化，培养人才，使我们下一代健康成长，是教师的天职。教师要有奉献的精神，要用高尚的品德、博学的知识去感染学生。”（顾明远，2016b）[123]“实践反思”是教师专业发展的重要行动策略。顾先生常说，教师的成长就在教育实践中，在日常的教育教学中。一方面，“有些品质是在学校课堂上所学习不到的，只有到教育实际中去，与孩子们接触，才能体验到那种师生的感情和教育的能力的重要性。教育实习会使你领会到教师职业的魅力，责任的重大；也能使你感到教会的宽深，而你学到的知识又是多么的贫乏”（顾明远，1998a）。另一方面，顾先生倡导要为教师的专业发展创造各种形式的平台，特别是基于日常教育教学活动的理论与实践相结合的平台。他认为，“一名教师，热爱教育事业，长期从事教育工作，做出了优异成绩，并且对教育有研究，有自己的教育思想和先进理念，形成了自己的教育风格，在教育界有一定影响的，就可以称为教育家”（顾明远，2010a）[58]。但教育家不是随着教龄的增长自然诞生的，必须在日常教育教学实践的基础上，不断学习钻研，不断反思自己的教育行为，总结提炼，上升为理性认识，如此才能形成成熟的经验和理论，才能形成自己的教育风格。这是教育家成长的必由之路。（顾明远，2010b）[3]

另外，顾先生一再强调教师要注重“学习提高”，强调学习是教师成长的必修课。教师要树立终身学习的意识，向书本学习，向别的教师学习，更要向学生学习。向书本学习指的是不仅学自己所教的专业书籍，即便不一定要博览群书，但也需要读点有别于自己专业的书。顾先生常常鼓励理科教师读点文艺的书，文科教师也可以读点科普作品，以提高自己的学识和素养。向别的教师学习指的是要学习他人的长处，比照自己的不足，不断改进。此外，当今是信息时代，教师不是知识的唯一载体，更不是知识的权威，学生知道的可能比教师还要多。因此教师要放下架子，与学生共同学习，双方组成一个“学习共同体”，在学习中不断成长。这就是顾先生所说的向学生学习。顾先生非常敬重的教育家吕型伟先生曾言：“教育是事业，其意义在于奉献；教育是科学，其价值在于求真；教育是艺术，其生命在于创新。”因此，要想成为一名好教师，就要有奉献精神、求真精神和通过不断学习而习得的创新精神。（顾明远，2014a）

四、没有爱就没有教育

顾先生常说，没有爱就没有教育，这是教师专业性实践的价值选择。但是我们对教育实践活动中的爱常常缺乏理性、深度的理解。在日常生活中，我们常常以爱之名做出很多违背教育规律的行为。比如在家庭中，我们可能存在溺爱和酷爱这两种错误的倾向。溺爱就是无节制地满足孩子的需要，容易养成孩子唯我独尊、极端个人主义的个性；酷爱则是动辄打骂，认为“棍棒底下出孝子”，比如虎妈和狼爸，这样培养出来的孩子表面上唯唯诺诺，心里却充满了怨恨，甚至会产生暴力行为。在学校里，也可能出现两种倾向：一是以“爱学生之名”把过分的要求强加给学生；二是放任学生，对学生的错位不予理睬。这两种态度都会造成不良的后果。（顾明远，2002a）[3]

真正的爱是建立在信任和理解基础之上的。它表现在以下方面。第一，爱每一个学生，不只是爱听话的、学习好的学生。教师要相信每个学生都愿意学习，都有发展的潜能，都能成才，不要把学生分成三六九等。只有教师信任学生，学生才能信任教师，信任本身就是非常重要的教育力量。现代社会的人才结构是多层次、多样化的，各行各业都有人才，只要为社会做出贡献，都是社会需要的人才。因此，在评价一个学生时不要只看一面，也不要只看表面。好教师总是用放大镜去发现学生的亮点，而不是用显微镜去寻找学生的缺点。（顾明远，2014a）

第二，除了信任，还要理解孩子。学生也和成人一样有各种需要，休息的需要、娱乐的需要、交友的需要，特别是保持人格尊严的需要。不能满足他们的这些需要，教育就达不到应有的效果。（顾明远，2003a）[45] 同时，学生也有他们的时代特征，有自己的爱好、偶像、语言和思维方式。有些也许是错误的，但如果要改变学生，首先要理解学生。理解是信任的基础，只有充分理解了学生的内心世界，教师才能信任学生。同样，学生知道教师理解自己，才会主动理解教师、信任教师。因此，顾先生非常认可北京实验二小华应龙老师所倡导的融错教育。“融者，不是排斥错误，把错误和成功对立起来，而是把出错作为一种学习的资源、成功的资源，融入到成功之中。这是一种理念境界，也是一种教育艺术。……融‘错’，就是允许孩子犯错误，错误是成功之母，每个人都会有错误。”（顾明远，2012b）师生关系是一种互动的关系，不是教师单方面的爱，而是师生之间相互的爱。

第三，善于和学生沟通，与学生平等相待，耐心地倾听学生的话，学生觉得平等了，才能对教师讲心里话。（顾明远，2014b）[521] 顾先生在反思自己在北师大二附中从教的经历时曾说，当时因为不懂得如何与学生沟通，每次与学生谈话总是不欢而散，因此学生送了他一个“凶主任”的绰号。他还特别反对教师讽刺挖苦学生，如辱骂学生资质愚笨。他多次援引《中国教育报》曾经刊登的一张名为“差生伺候优等生吃饭”的照片：在某地的夏令营活动中，学生被分为了“上士、中士、下士”三等，“上士”吃午饭时可以享受三菜一汤，同时还有一杯象征身份的红酒，“中士”是两菜一汤，“下士”只能在一旁“伺候”上士“酒足饭饱”之后才能用餐。顾先生称其为“反教育行为”，号召教师要与“反教育行为”做斗争。同时顾先生指出，学生其实不讨厌对自己要求严苛的教师，但最讨厌对待学生不公平、讽刺挖苦学生的教师。“教师不会教，尤其是不会教学生做人。教师不理解学生，不能和学生沟通，不能解决学生需要解决的问题；师生关系紧张，教学引起不了学生学习兴趣；更有甚者，有的教师歧视学生，用语言伤害学生，甚至体罚学生。这一切都说明教师缺乏教育的专业知识和专门的技能。”（顾明远，2004b）[23] 当然，要与学生平等沟通，本质上还是要将学生放在主体地位。这一点后文将详细讨论。

总之，没有爱就没有教育，教育中的爱不同于父母的爱，甚于父母的爱。它是对民族的爱，对我们未来的爱，是不求回报的爱。正因为有这种大爱，教师才能在日常教育教学工作中孜孜以求，不断追求教育科学与教育艺术的高峰。

五、教书育人在细微处

如果说“没有爱就没有教育”是教师专业性实践的价值选择，那么“教书育人在细微处”便是教师专业性实践的行动策略。顾先生曾说，教育必须大处着眼，小处入手。（顾明远，2010a）[59] 他多次强调，“少年儿童的心理是很娇嫩的，稍有差池，容易受到伤害”（顾明远，1997）[6]。顾先生常常举例：为什么小朋友出门总要家长抱，因为孩子希望看到更高更远的世界；为什么有的小朋友不愿意去幼儿园，可能是幼儿园老师一个不经意的动作或不经意的眼神伤害了孩子幼小的心灵。因此，顾先生常常鼓励教师蹲下来与学生说话，鼓励教师从小培养学生的自信心、自尊心和自强心。顾先生特别欣赏苏霍姆林斯基的做法，比如他不等学生真正学会了不给学生打分数，也不轻易地给学生打不及格的分数等。（肖甦 等，2018）[5]

2017 年 10 月，顾先生与苏霍姆林斯基的女儿卡娅女士进行了对话。对话中卡娅提及：“苏霍姆林斯基说‘看到’孩子，不应只是像看到一件乐器一样，作为老师‘看到’孩子并不困难，但要‘看见’孩子是不容易的。因为‘看见’还包括了孩子的内心，而不仅仅是外表。苏霍姆林斯基在他的作品里举了一个例子，一个小男孩上课的时候看着没有精神，一定是没睡好，他没睡好背后一定有原因，这个时候我们不要贸然打扰他，不要用问所有孩子的问题去提问这个孩子，而是应该针对他当时的状况专门设计问题，这应当就是苏霍姆林斯基眼中的‘看见’了。”（肖甦 等，2018）[5] 对此，顾先生深表认同。“就像刚才卡娅所说的那样，我们的老师们看到孩子的一些表面现象很容易，但是我们还要看到这些现象背后的原因。我觉得师生关系非常微妙，有时甚至一个眼神、一个举动都能够体现老师对学生的一种态度。我们在课堂上要关注到每一个孩子的表现，要真正看见每个孩子的变化。”（肖甦 等，2018）[5]然而，“要做到精心，就要了解儿童，了解每一个儿童的思想、感情、兴趣、爱好、经历和家庭的文化背景。可以通过观察、谈话，或从他的同伴那里了解，访问他的家庭从家庭中了解。但是我认为最重要的是要和学生交朋友，直接从他本人那里了解他。只有与学生交友，建立相互信任的基础，学生才会向老师说心里话，才能了解到学生内心深处的思想和情感”（顾明远，2001）[125]，此外，了解学生的情况，还需要有正确的分析和认识。要懂得学生的年龄特点和个性特点，并在教育教学过程中运用这些特点。例如，低年级的儿童注意力是不持久的，教师就要注意上课时间不要太长，课中间做做操，活动活动，让学生的脑子得到休息。又例如，十四五岁的少年最基本的心理特点是，独立活动的要求很强烈，不愿意依附家长和老师，愿意单独行动；他的好奇心很强，许多事情都想试一试。但是另一方面他们的认识能力又很低，不能正确地判断是非。这个时期的心理是处于愿望和能力不相适应的矛盾状态中，对这个时期的教育特别要注意诱导，不能强迫命令。（顾明远，1981）[14]由此可见，要采取“教书育人在细微处”的行为策略，其实本质上还是要认可“没有爱就没有教育”的价值选择，认可和理解什么是教育中真正的“爱”。

当然，“教书育人在细微处”并不只是外显的行为，在顾先生看来，“培养人是一项十分精细深入的工程，需要在教育内容（课程）、培养方式（方法）上下功夫，不能追求表面的热闹”（顾明远，2016c）。因此，近年来他特别强调课堂教学的质量。顾先生到学校听课时，特别在意教师是否关注到每一个学生，是否注意在言语上鼓励学生，激发学生的兴趣和深度思考。例如，在与卡娅对话时，顾先生提及，“最近我听了一些课，就发现我们的老师其实对孩子关心还不是很充分，往往只关心那几个聪明的孩子，能够回答对问题的孩子。两个多月前，我听过一堂语文课，任课老师对同一个孩子提问了 8 次，但是坐在我边上的孩子既不举手回答问题，也不提问，老师也根本不关注他，好像他不存在似的。我觉得这堂课就很不成功，老师要关心到课堂中的每个孩子”（肖甦 等，2018）[5]。他倡导“办好每一所学校，上好每一堂课，教好每一个学生”。教好每一个学生，并不是要让每个学生平均发展，而是根据学生的天赋因材施教，使每一个学生的潜在能力得到充分的发展和健康的成长。每一个学生都获得学习的成功，就是最大的公平。（顾明远，2010c）正如顾先生所言，“给每一个学生提供最适合的教育，就是最好的教育”（顾明远，2010c）。

第二节　学生的主体性

一、学生既是教育的客体，又是教育的主体

我国是个有着师道尊严传统的国家，学生长期以来仅仅被视为教育的对象，学生的主观能动性被忽视，这使得学生不能生动活泼地主动地发展。1964 年 3 月 10 日，毛泽东同志在对北京市一位中学校长的来信批示中，批评了当时课程太多，教授不甚得法，考试方法以学生为敌人等现象，主张要使年轻一代在德智体诸方面得到发展，不能有所偏废。“他主张让学生学得主动，学得生动活泼，反对读死书，死读书，要把他们培养成有生气、有能力、有创造精神，并能自觉遵守纪律、有主人翁责任感的一代新人。”（顾明远，1983）[2]这给了顾先生很大的启发，在苏联巴拉诺夫、沃利科娃、斯拉斯捷宁等编写的《教育学》中，也有专门一章讨论“儿童是教育的客体和主体”，这同样引起了顾先生的注意。当时顾先生的想法很简单，认为“60 年代提出的‘教育不仅是传授知识，而且要发展学生的能力’的命题是很重要。但如何才能发展学生的能力呢？首先要从教育观念上加以改变，把儿童看作是教育的主体就是一种教育观念的改

变”（顾明远，1991b）[69]。

“把儿童看作是教育的主体”也是基于当时科学技术快速发展的时代背景和对学习本质的深入理解提出来的。顾先生说：“让学生生动活泼地主动地得到发展，这是时代的要求。现代科学技术的发展日新月异，……我们的时代需要培养越来越多的视野开阔、具有广博的知识、有创造能力、勇于探索科学奥秘的新人。为此，必须要进行一系列的教育改革，尤其要改革传统的注入式的教学方法，采取启发式的教学方法，把学生从频繁的考试和分数的压力下解放出来，使他们有自由支配的时间，主动地学习，充分发挥他们的才能和特长。”（顾明远，1983）[3] 而学习本身就是一种积极紧张的脑力活动。神经细胞要对新的信息加以识别，引起联想，从旧的贮存（记忆）着的信息中迅速地检索，看有没有类似的信息，并加以比较、分析、综合、归纳；把新的信息与有关信息相联系，思索它们之间的关系等，也就是我们通常讲的思维活动。顾先生说：“在积极的思维活动中，必然会产生矛盾，从而引起不少疑问。因此在学习中提出问题，是积极思维的结果。学问学问，就是学习一定要问，问了才能有学问。我曾经说过，不会提问的学生不能算是好学生。因此，老师要鼓励学生发现问题、提出问题。启发式教学与注入式教学的区别就在于能不能启发学生的思维。”（顾明远，2005b）[39]

1981 年，顾先生在《学生既是教育的客体，又是教育的主体》一文中首次提出了学生主体说。他认为，“学生是教育的对象，正像生产过程中的生产对象一样，将来要成为一定规格的产品。但是教育对象与生产对象不同：第一，他是活生生的人，每个人的素质不相同；第二，学生不是被动接受教育的，他具有主观的能动作用，一切教育影响都要通过学生自身的活动，才能被学生所接受……教师的职责就在于善于发挥学生的主观能动性，使他们很好地接受自己施加的影响。过去教育学教科书中只讲教师怎样教，很少讲学生怎样学；只讲教师的活动，很少讲学生的活动；只讲教的方法，不大讲学习方法。就是说，过去只把学生看作是教育的客体，不把他也看作是教育的主体；只把学生看作是被动的接受教育，不把学生看作是能动的，对教师所施加的影响是有选择性的。这样教育的效果就不显著，就会事倍功半。如果我们把学生的积极性调动起来，让他一起参加到教育活动中去，就会事半功倍，取得较高的教育效果。"（顾明远，1981）[14]

1982 年，顾先生又在与黄济先生等共同编写的中等师范教材《教育学》一书中对这一命题进行了专节论述，引起了学术界的讨论。赞成者有之，反对者亦有之。反对者认为，认识事物只能有一个主体，教师在教育过程中起主导作用，因此教师才是教育的主体。针对这个观点，顾先生在 1987 年发表的《论教育的传统与变革》一文中又一次阐述了学生是教育的主体的观点，明确说明"教师主导作用"一词是由俄文翻译过来的，意思是先导、引导作用，并无主体的含义。（顾明远，1991b）[69] 同时，顾先生还强调把学生既看作是教育的对象，又看作是教育的主体，二者并不矛盾。在教育过程中，学生是教育的对象，教师遵照教育方针，有目的、有计划地对学生施加影响。但要让教育有成效，让学生生动活泼地主动地发展，就必须充分发挥他们的主观能动性，使他们真正成为学习的主人。（顾明远，1983）[3]

如何把学生当作学习的主体？顾先生一再强调其核心就是尊重学生，具体表现为爱学生、爱孩子，培养孩子健全的人格，理解孩子、相信孩子、尊重孩子，尊重孩子的意愿，尊重孩子的需要。（顾明远，2012b）[3] 特别是要尊重孩子的好奇心，相信学生的潜力。此外，"要把学生看作教育的主体，就要努力贯彻因材施教的原则。……教师只有全面、深入地了解每个学生的个性特点和个别差异，因材施教，调动他们的积极性，发展他们的才能，才能取得预期的教育效果”（顾明远，1983）[3]。顾先生将学生的能力大致分为以下几类：（1）接受信息的能力，包括注意力和观察力；（2）处理和储存信息的能力，包括思维力和记忆力，具体而言就是对信息进行分析、比较、综合、抽象、推导、判断，最后得出结论的能力；（3）输出信息的能力，包括想象力和创造力。除此之外，还有意志、情感等心理品质需要培养。发展学生的这些能力不仅要注重广度，而且要注意深度，要根据学生的实际情况，设计学习环境，引导学生参与学习。同时，还要指导学生自我活动，使他们在活动中学到知识，发展能力，建立信念。只有通过学生自己的实践，通过他们自身的矛盾斗争，即知与不知的矛盾、能与不能的矛盾、是与非的矛盾等的斗争，才能使他们真正获得知识，发展能力，建立信念。（顾明远，2001）[122]

二、废“三好”，停奥数

出于对学生主体性的认同，顾先生总是站在孩子的角度来思考教育问题，为教育决策进言献策。其中影响最大的当属废“三好”和停奥数。2004 年，顾先生在上海教育论坛上提出废除三好学生评选的建议，引起了社会各界的争论。其实早在 1998 年，顾先生就在《不要把学生分成三六九等》一文中提出，评选三好学生过去也许曾经起到鼓励优秀的作用，但近年来已流于形式，而且又与升学挂钩，产生了诸多弊端。这样的弊端在社会各种因素的助推下愈加明显，如“给教师送礼者有之，用权力施加压力者有之，学生中贿选者有之，这些社会上的恶劣习气对学生的成长产生极大的负面影响”（顾明远，2011）[22]，不利于学生的身心健康发展。2000 年，顾先生在中央人民广播电台“中午一小时”节目中与一位三好学生和她的班主任座谈。这个学生说评了三好学生以后，就能够约束自己的行为。这引发了顾先生很多的思考，但这种所谓的行为约束，无非就是听话，表现出教师期待的好行为，又何谈培养学生的创新精神呢？为此，顾先生愈发觉得有必要呼吁废除三好学生评选。

为什么要废除三好学生评选，首先要从基础教育阶段的任务说起。基础教育要打好学生发展的三个基础：一是青少年身心健康的基础，二是终身学习的基础，三是走向社会的基础。（顾明远，2005a）[4]评选三好学生是把成人中评先进的办法运用到少年儿童身上，这是不符合教育规律的。儿童的发展不是线性的，有时会犯这样或者那样的错误。认为好学生永远是好学生，坏学生永远是坏学生，这既不符合学生发展的规律，也不利于对学生的教育。此外，评选三好学生让小部分学生受到了鼓励，但却伤害了大多数学生，我们的教育方针恰恰是让每一个学生都得到全面发展，而不只是一部分学生。（顾明远，2005a）[5]

顾先生的这一倡议实质上反映了他对学生主体性，特别是每一个学生内在潜力的认同。他曾多次援引《报刊文摘》上刊登的一个小故事，大意是讲美国盐湖城举办冬奥会期间，我国奥委会代表团参观一所学校，带去了两个熊猫玩具。团长对校长说，一个送给你们学校最优秀的男生，一个送给你们学校最优秀的女生。这下为难了校长。他说，我们学校每个学生都很优秀，没有最优秀的。有的学生学习优秀，有的学生运动优秀，有的学生做义工优秀。最后，校长只好把两个熊猫玩具放在展览柜里，写着送给“学校最优秀的男生们”和“学校最优秀的女生们”。（顾明远，2005a）[4]顾先生还谈到了广东省中山市杨仙逸中学的做法。这是一所薄弱学校，校长为激励每个学生特别设立了许多奖项，有“学习进步奖”，有“学雷锋精神奖”，还有其他各种奖，每个月发一次。很多所谓的差生，到这所学校以后能得到各种各样的奖，从此走上进步之路。此外，顾先生建议学生干部民主选举，实行轮换制，让每一个学生都有机会承担为他人服务的责任。（顾明远，2005a）[5]顾先生的这些倡议得到了不少学校的认可，尽管评选三好学生的政策并未被废除，但在学校生活中的影响越来越小，越来越多的学校开始采用类似于杨仙逸中学的做法并不断创新，也有越来越多的地区取消了在升学过程中给三好学生加分的政策。

无独有偶，顾先生呼吁叫停奥数班也同样源于一个孩子的故事。2007年11月，顾先生在成都市青羊区参加小学生减负座谈会。顾先生说，要减轻学生过重的课业负担，首先教师要把每一节课上好，让每个学生听懂学会，这样就可以少布置课外作业。其次学校减轻了学生课业负担，家长切不要再增加学生的额外学业负担，不要上那么多补习班。顾先生说，他最讨厌奥数班，奥数班摧残人才。谁想到话音刚落，一位小学生举手发言，他说："顾爷爷，你说不要上奥数班。但是，不上奥数班就上不了好的初中；上不了好的初中就考不上好的高中；上不了好的高中就考不上好的大学；上不了好的大学，将来毕业就找不到好的工作。我怎么养家糊口啊？"这段看似可笑的童言，却让顾先生思考良久。

谈及奥数在中国的缘起，顾先生还是"始作俑者"之一。1988年，我国决定参加国际奥林匹克竞赛，北师大附属实验中学负责数学的集训队。当时顾先生担任北师大副校长，为落实此事，从各地高中学生中挑选了十几名在数学上有天赋的学生来到实验中学集训。1989年，他们前去参加国际奥林匹克竞赛，取得了很好的成绩，其中数学队获得了4枚金牌。回来以后，得奖的学生就被清华、北大等高校免试录取了。此后，越来越多的学校为了获取更多的保送指标，开办了奥数班，随后又延伸到小升初的选拔中，再加上校外培训机构的推波助澜，便逐渐演变成了今天"人人学奥数"的格局。为什么要取消奥数班？并不是奥数本身不好，而是人人学奥数不好，把奥数作为升学的敲门砖更不好。奥数只是少数人的舞台，不是所有人都适合的舞台。许多学生上奥数班并非出于天赋或者兴趣爱好，这样的学习不仅增加了学生的学业负担，而且给学生造成很大的心理压力，实在是对学生的一种摧残，不利于人才培养。（顾明远，2009）当然，奥数班要停办，需要社会各界的理解和支持。顾先生认为，各地政府首先要负起责任，明令禁止学校招生附加奥数班及其他各种竞赛的加分条款，消除奥数班的选拔功能，当然家长和社会也应充分理解和支持。

三、没有兴趣就没有学习

倡导学生主体性给教育实践带来的最大转变之一就是教育观念的转变，即从教师的教转向学生的学。而学生学习是一个极其复杂的过程，这一过程的原点便是解决学习动力问题。顾先生认为，学习动机有两种：一种叫外部动机，一种叫内部动机。来自外部的压力和奖励能产生外部动力，但这种动力不能持久，外部压力或奖励取消了，动机也就消失了。内部动机是对学习本身的兴趣，发自内心，具有长久性。当然外部动机也有可能转化为内部动机，比如学生可能因为教师的一次鼓励而激发了兴趣。（顾明远，2005b）[38]

兴趣从何而来？顾先生认为一是来自儿童的天性。儿童生来就有好奇心，对外部世界充满了新鲜感，随着知识的增长，问题会更多。教师要积极诱导，培养他们学习的兴趣。二是来自活动。儿童在活动中会产生很多疑问，总想寻找答案。所以教师要组织学生活动，激发学生的思维，激发他们的兴趣。积极的思维活动必然产生矛盾，引发问题，因此教师在学习中要鼓励学生多提问，在教学过程中要让学生学习活的知识，"活的知识应该知道它的源头在哪里，怎样流过来的，还将流到哪里去。也就是让学生了解知识产生的过程，思考知识未来的发展。……这就需要给学生留有思考的空间"（顾明远，2005b）[39]，而不是只把死的结论告诉学生就完了。没有兴趣就没有学习，这也是历史的经验。历史上众多科学家的发明都源于自己内心强烈的兴趣。兴趣是学习的动力、成功的基础。（顾明远，2003a）[45] 正如苏霍姆林斯基所言，如果一个学生到十二三岁还没有自己的爱好和兴趣，教师就要为他担忧，担心他将来成为一个平平庸庸的人。

四、学生成长在活动中

正因为认同“没有兴趣就没有学习”，顾先生反复强调要保护孩子的好奇心，更要为孩子的成长创设各种活动环境。早在20世纪80年代，顾先生就说：“要为学生创造一种条件和环境，使他们自己在矛盾中决策，那样获得的观念才巩固，才会变成他自己的坚定信念。在学生犯了错误的时候，不能光靠单纯的说教，而是要给学生组织一些活动，使他在活动中用自身的力量去克服自己的缺点和错误。”（顾明远，1981）[14] 同时，他还鼓励“要大力开展课外活动，使学生的课余生活丰富多彩。把青少年的精力引导到爱科学、学科学、用科学方面来，并吸引他们参加各种有益于身心健康的文体活动，使学生在这些活动中充分发挥自己的特长和聪明才智，同时使他们增长知识，增强体质，了解祖国，认识世界，开阔眼界”（顾明远，1983）[3]。

近年来，不少学校和社会机构对活动教育的理解有些偏差，课外活动热热闹闹，而课堂活动作为学校教育的主渠道却忽视了学生兴趣的培养。因此顾先生特别撰文，强调“学生活动并非指学生的肢体动作，更重要的是学生的思维活动。有些课堂搞得很热闹，学生讨论得热烈，甚至又唱又跳，但据我观察，总有少数学生并没有积极参与，似乎是旁观者，没有积极的思维活动。另一方面，也不要误解认为讲解课就没有学生的活动。如果老师的精辟讲解能够启发学生的积极思维，讲解课也是一堂好课。当然学生的活动不是学生自发的，需要有教师来引导、指导和帮助”（顾明远，2016b）[169]。课堂教学要以学生为主体，让学生积极参与教学过程。所谓参与，就是让学生积极思维，融入教学过程。

当然，家庭教育也要让孩子活动，要让孩子参与家务劳动，从小养成良好习惯，将习惯转化为观念、信念。此外，学校是学龄儿童学习的主要场所，但不能把学生关在校园或课堂中。学校要组织学生参加社会实践活动，让学生了解世界、了解社会，并在活动中体验人生，学会与人交往、沟通、合作。（顾明远，2016b）[172] 因此，活动教育的教育学基础是学生主体论，活动教育的宗旨是让学生在活动中生动活泼地主动成长。活动教育的内涵是以学生为主体，让学生自主地参与各种活动，让学生在活动中获取知识和智慧、能力和技巧，体悟人生，形成正确的世界观、人生观、价值观，养成高尚的品质和完善的人格。（顾明远，2016b）[169]

第三节　现代学校的师生关系

一、现代学校生活中民主平等的师生关系

顾先生认为，师生关系一般可以归纳为两种：一种是传统教育的师生观，一种是现代教育的师生观。（顾明远，1998b）[385] 传统教育的师生观以德国教育家赫尔巴特的观点为代表。赫尔巴特强调，在进行教学之前，首先必须对学生进行管理。管理的目的是“造成一种守秩序的精神”，强调“权威与爱”的力量。“爱依赖于情感的和谐，同时依赖于习惯。”这种爱一经获得会极大地减轻管理工作的困难。（顾明远，1998b）[386] 现代教育的师生观以美国教育家杜威的观点为代表。杜威强调，要把儿童现在的生活经验作为课程的中心，并提出了“教育即生活”“教育即社会”“从生活中学习”“从经验中学习”“教育是儿童现在生活的过程，而不是将来生活的准备”等教育信条。（顾明远，1998b）[390] 因此，在教育过程中师生的

关系是平等的。教师和儿童要共同参与，相互合作，并且双方都是作为平等者和学习者来参与的。这种亲密的关系会使儿童得到教师更多的指导。（顾明远，1998b）[389]

顾先生倡导的现代师生观显然更倾向于后者，如顾先生多次强调建立融洽的师生关系的基础是相互信赖、民主平等。顾先生也特别强调尊重，“要把学生看作教育的主体，就要尊重、信任学生，尊重他们的人格，不可伤害他们的自尊心。教师对待学生要持平等的态度，耐心听取他们的意见。在教学中，要启发学生积极思维，鼓励他们提出不同的意见”（顾明远，1983）[3]。通过这些方式，培养他们的创新思维和创新精神。

有趣的是，顾先生的这一观点并非直接源自杜威，而是受苏联学者的影响，他多次援引苏霍姆林斯基的实践案例。如为了从小培养学生的自尊心和自信心，苏霍姆林斯基不等学生学会了不给学生打分数，也不轻易给学生不及格的分数。他说：如果是学生不会做，那么教师就应该教会学生；如果是学生没有用心做，那么教师就应该要求学生重新用心做。这样来帮助学生获得优良的成绩。再如，一年级的小学生进校以后往往要经过几个月以后才能得到第一次分数，要使学生认识到分数是很重要的，要经过一定的努力才能取得好的分数，从而培养他们克服困难的精神，获得胜利的喜悦。一个人从小有了这种心理品质，长大以后对于工作就会有事业心、进取心。相反，如果学生对自己的学习好坏淡漠无情，将来要求他对工作有事业心和责任心就很困难了。

同时，顾先生对现代师生关系中平等与尊重的强调，也受到中国文化传统的影响。正如顾先生所分析的，春秋战国时期师生关系还是比较平等的。孔子曾率领弟子周游列国，与学生共患难，师生结成了亲密的关系。（顾明远，1998b）[391] 孔子一生诲人不倦，提倡师生在教学中共同切磋学问，砥砺品行，互相学习。他承认而且鼓励学生超过教师，不愿学生唯唯诺诺，做教师的应声虫，希望学生能够提出不同的意见。他主张“后生可畏，焉知来者不如今也？当仁，不让于师”。他教导学生，在“仁”面前不分师生，一律平等。（顾明远，1998b）[392]再如唐代的韩愈对于师生关系，提出了“弟子不必不如师，师不必贤于弟子，闻道有先后，术业有专攻”，师生可以互相学习，发扬古代“教学相长”的民主性。（顾明远，1998b）[395]五四运动时期，在科学和民主的口号下，民主平等的师生关系进一步得到了提倡。对此，顾先生认为：“中国‘师道尊严’的传统，如果去掉了封建主义的‘道’的内容，去掉了绝对权威的内涵，从强调教师的作用，尊重教师的一面来讲，也还是可以继承和发扬的。”（顾明远，1998b）[403]但教师的权威不是建立在以势压人，而是建立在教师自身的道德品行上的，所谓“为人师表”“以身作则”。教师的权威还建立在教师广博的知识、优美的教育艺术之上，建立在教师对学生的理解和信赖之上。优良的师生关系有一种无形的、巨大的教育力量。师生关系和谐，学生学习积极性就高涨。（顾明远，2001）[222]

二、现代学校教学中教师主导、学生主体的师生关系

顾先生倡导学生的主体地位，这必然带来一个问题：教师究竟处于什么地位？这引起了学界热烈的讨论。有人主张教师是主体，学生是客体；有人主张教师和学生双主体。顾先生援引马克思的观点，强调教育过程是人的一种特殊的认识过程，它既有认识的一般规律，又有教育的特殊规律。一般规律在于人是认识的主体，认识的客体就是这个客观世界，人在与客观世界相互作用的实践过程中形成自己的认识。特殊规律在于：“第一是学生的认识过程不是学生通过自身（主体）对客观世界（客体）的直接的实践去认识世界的，而是通过教师和教材的中介，学生以学习书本知识、间接经验为主，是走的一条捷径。……教育过程就是科学知识的再生

产过程。第二是教育过程不象一般认识过程那样只有主客体二者的关系，还增加了指导主体去认识客体的教师这个第三个角色。也就是说，一般认识过程只有主体和客体二个要素；而教育过程则有三个要素：教师、学生和认识对象（主要体现在教材上）。”（顾明远，1991b）[70]

教师、学生和认识对象这三要素在教育过程中是什么关系呢？第一，教师在教育过程中既是主体，又是客体。对于客观世界而言，教师是认识的主体，他首先要对客观世界有一个认识的过程，形成自己的知识后，才能传授给学生。教师不光要认识客观世界，还要认识教育的对象——学生，深入地了解学生的背景、爱好、兴趣、特长等。但同时对学生而言，教师也是认识的客体。教师一方面是知识的载体，另一方面更是学生人格、品德的榜样。“但是，教师在教育过程中不是被动地为学生所认识，而是处于积极主动的地位，他是通过自己的活动有计划有组织地把知识传授给学生，而且帮助学生发展能力，形成一定的世界观。”（顾明远，1991b）[71] 第二，学生在教育过程中既是主体，也是客体。学生是教育过程的主体，他所要学习的知识是他认识的客体，只是这种客体不是客观世界本身，而是前人经过实践总结的经验，是间接经验。学生通过学习教材等多种途径来认识客观世界。学生同时又是教育的对象、教育的客体。因为教育是有目的、有意义的社会活动，是教师根据一定的社会要求，有意识、有目的地把学生塑造成一定社会成员的过程。但学生也不是被动地接受教育的，他有主观能动性。他是否愿意积极主动地接纳教师对他的影响，这直接影响到教育过程本身的效果。另外，学生不仅通过教师和教材学习知识，而且通过外部世界，通过自身的社会实践获得学校课堂内获取不到的知识和经验。（顾明远，1991b）[71]

具体到教学活动本身，顾先生一贯强调教师发挥的是主导作用，学生发挥的是主体作用。他说：“我是赞成在教育过程中提‘教师的主导作用和学生的主体作用'的。但这里先要说明，主体作用并非主体，主导作用更非主体，它只是表明教师和学生两者在教育过程中的相互关系，当然这种关系是由两者的地位所决定的，但论争者往往把这种关系和主客体两者实体混合起来，这就得出两者不能相容的结论。"（顾明远，1991b）[72] 他还专门针对"教师的主导作用"一词进行解释，因为"教师主导作用"这个名词是从苏联教育学中翻译过来的，原意是引导、先导作用，丝毫没有以教师为主的意思。

在教育过程中，教师起主导作用，这是因为："第一，教师是教育方针的执行者，他根据一定的教育目的，按照一定的教育计划对学生施加有目的有计划有组织的影响；第二，教师闻道在先，具有比学生多得多的知识，而且具有较完美的人格，无时无刻不在影响着学生；第三，学生还处于不成熟的生长时期，他们的德智体诸方面都要在教师指导下发展。"（顾明远，1991b）[72] 正如杜威所指出的，教师不应该采取"放手"政策。教师对儿童既不应该压抑，也不应该放任，而是要加以引导，把儿童的兴趣和需要转变成他们自己发展的手段和使能力进一步发展的工具。（顾明远，1998b）[388] 此外，教师在教学中不仅传播知识，而且启发学生的智慧。教师是学生最信赖的人，是学生的榜样。（顾明远，1998b）[402]

学生起主体作用，这是因为："第一，学生是活生生的社会人，学生是教育活动的重要参加者，是在与其认识客体（教师和教材）的交往中获得知识和发展能力的；第二，学生不是被动地接受教育的，他具有主观能动性，学生决不是一张白纸，能够随意画出所想画的图画；也决不是一架录音机和录像机，能够把教师的一言一行都记录下来。不是的，学生在接受教育影响时要受到自己的已有认识和情感、意志的支配，他的认识具有选择性；第三，一切教育影响都要通过学生的自身的实践活动，经过他的内在矛盾斗争才能被他所接受。……因此，我们强调在教育过程中要发挥学生的主体作用。其实这里所说的主体作用，指的是充分发挥学生的学习积极性和主动性，有主人翁感，使他主动地接受教师的教导。”（顾明远，1991b）[72]

因此，教师的主导作用和学生的主体作用不是相互排斥的，而是辩证统一的。“主张学生的主体作用并不排斥教师的主导作用、相反对教师的主导作用提出了更高的要求。……要启发学生的积极主动性，使学生学得生动活泼。”（顾明远，1991b）[73] 正如顾先生所言，这一命题已经超越了教师中心还是学生中心的历史争论，而是在20世纪60年代以来科技迅速发展、知识爆炸的今天向新的认识跨越了一大步，带有明显的时代特征。（顾明远，1991b）[73]

顾先生对教师专业性和学生主体性的倡导，对教育理论和实践的发展都起到了重要的推动作用。不少学者延承并实践着顾先生的这些思想，比如北师大裴娣娜教授开展的学生主体性实验，在全国范围引起了很大的反响。这些思想既有历史的鹰眼，又有未来的意识；既尊重中国的历史、文化和基本国情，又博采众长，吸收、学习发达国家的发展经验；既把握国际教育思想发展的前沿，又采用一线教师所能广泛接受的本土表达；既汲取古今中外的思想精髓，又不断在实践一线中滋养生长。这样的思想不仅历久弥新，而且在丰富、生动的教育实践活动中不断延承、发展并更新。

参考文献

顾明远，1981. 学生既是教育的客体，又是教育的主体 [J]. 江苏教育（10）：14–16.

顾明远，1983. 让学生生动活泼地主动地得到发展：纪念毛泽东同志诞辰九十周年 [J]. 天津教育（12）：2–3.

顾明远，1985. 发展师范教育　培训在职教师 [J]. 瞭望周刊（5）：9–10.

顾明远，1988. 论高等师范教育的改革 [J]. 教育科学（1）：1–6.

顾明远，1989a. 必须使教师职业具有不可替代性 [J]. 瞭望周刊（Z2）：9.

顾明远，1989b. 论教师的职业和社会地位 [N]. 光明日报，1989–04–12（03）.

顾明远，1991a. 教师要自觉地育人 [J]. 人民教育（11）：7.

顾明远，1991b. 再论教师的主导作用和学生的主体作用的辩证关系 [J]. 华东师范大学学报（教育科学版）(2)：69–73.

顾明远，1994. 时代・期望・教育和教师 [J]. 教育研究（3）：18–21.

顾明远，1995. 教育技术学和二十一世纪的教育 [J]. 电化教育（8）：38–41.

顾明远，1996. 加强师范教育，迎接 21 世纪教育的挑战 [J]. 江苏教育学院学报（1）：5.

顾明远，1997. 素质教育与师范教育 [J]. 高等师范教育研究（3）：3–6，11.

顾明远，1998a. 教育实习是师范生的必修课 [N]. 师大周报，1998–10–16.

顾明远，1998b. 民族文化传统与教育现代化 [M]. 北京：北京师范大学出版社.

顾明远，2001. 杂草集：顾明远教育随笔 [M]. 福州：福建教育出版社.

顾明远，2002. 勤业爱生是师德的最高境界 [J]. 思想・理论・教育（1）：1.

顾明远，2003a. 教育需要爱和艺术：一名老教师的教育体验 [J]. 中国教师（1）：45.

顾明远，2003b. 师范教育的传统与变迁 [J]. 高等师范教育研究（3）：1–6.

顾明远，2004a. 教师的职业特点与教师专业化 [J]. 教师教育研究，16（6）：3–6.

顾明远，2004b. 改革教师教育的 10 点建议 [J]. 中国高等教育（9）：22–23.

顾明远，2005a. 关于评选“三好学生”的几点思考 [J]. 思想理论教育（4）：4–5.

顾明远，2005b. 教是为了让学生学：谈学习和智慧 [J]. 教书育人（Z1）：38–39.

顾明远，2009. 奥数班该叫停了 [N]. 中国教育报，2009–08–22（03）.

顾明远，2010a. 希望更多的校长和教师成为教育家 [J]. 人民教育（Z2）：58–60.

顾明远，2010b. 在教育家书院成立大会上的讲话 [J]. 教师教育研究，22（4）：3–4.

顾明远，2010c. 办好每一所学校　教好每一个学生 [N]. 光明日报，2010–04–14（11）.

顾明远，2011. 全社会共同努力减轻学生学业负担 [J]. 今日教育（10）：22–23.

顾明远，2012a. 信息化条件下的教师角色的变化 [J]. 新教师（5）：5–6.

顾明远，2012b. 优秀教师无不把学生当作学习主体 [J]. 中国教育学刊（8）：卷首语.

顾明远，2014a. 既做经师，更做人师 [N]. 中国教育报，2014–09–27（01）.

顾明远，2014b. 顾明远教育演讲录 [M]. 北京：人民教育出版社.

顾明远，2016a. 未来教育的变与不变 [N]. 中国教育报，2016–08–11（03）.

顾明远，2016b. 中国教育路在何方：顾明远教育漫谈 [M]. 北京：人民教育出版社.

顾明远，2016c. 把精力放在上好每一节课上 [N]. 中国教师报，2016–09–07（04）.

顾明远，2017. 教师应该是学生成长的引路人 [J]. 中国教师（1）：22–24.

李敏谊，滕珺，2012. 顾明远教育口述史（增订）[M]. 北京：北京师范大学出版社.

联合国教科文组织，2015. 反思教育：向“全球共同利益”的理念转变？[M]. 巴黎：联合国教科文组织.

肖甦，滕珺，2018. 把心灵献给孩子：顾明远先生对话 O · B 苏霍姆林斯卡娅女士 [J]. 比较教育研究（2）：3–6.

OECD. Preparing teachers and developing school leaders for the 21st century[R/OL].（2012–12–16）[2016–02–33].http：//www.oecd–ilibrary.org/education/preparing–teachers–and–developing–school–leaders–for–the–21st–century_9789264174559–en.

第四章

基础教育课程与教学

郭　华*

* 郭华，北京师范大学教育学部教授、博士生导师。主要研究课程与教学论、教育社会学、教师教育、教育实验等。

大家都知道，顾明远先生是比较教育理论研究大家，又长期担任中国教育学会会长，因此，他对中国基础教育有着深厚的感情，保持着密切的关注。许多人不知道的是，顾先生还有着丰富的基础教育实践经历：上大学之前当过小学老师，“文革”期间当过中学教导主任。因此，顾先生对中国基础教育的关注，有自己独特的优势，即在大的国际教育背景下，在时代发展的大潮流下关心中国的教育实践问题。他对基础教育课程与教学问题的研究与解决，尤其鲜明地体现了这些特点。

第一节　课程教学思想的立足点：培养面向未来的现代人

培养全面发展的人是我国教育的根本目的，也是我国教育现代化的重要体现。顾先生对我国基础教育课程与教学进行思考和研究的出发点与归宿，也始终是人的全面发展：思考应该以怎样的课程教学来培养全面发展的人，教什么、怎么教才能实现人的全面发展。他的思考不是抽象的，而是立足国情并反映着时代发展的要求。“培养什么人，促进人的哪些方面的发展，是有历史性、时代性的。”（顾明远，2010a）[9] 具体到基础教育来说，顾先生对人的全面发展的理解又体现为对“面向现代化、面向世界、面向未来”的深入研究与阐释。他认为，只有人的全面发展、人的观念的现代化，才能彻底地实现社会的现代化。教育要面向世界，就是要学习、借鉴世界各国的优秀教育经验，发展、丰富我国自己的经验。教育要面向世界，也包含着教育要培养具有国际视野、国际交往能力的人才。教育要面向未来，就是要着眼于人的未来发展、社会的未来发展，不能目光短浅、功利主义。（顾明远，2018a）[297]

顾先生有一篇文章题为《教育现代化的终极目的是培养现代人》，他在文中提出，现代人既是现代社会所需要的人，也是创造现代社会的人。

换言之，现代社会正是由现代人所创造的。那么，现代社会是什么样的？现代人应该具备什么品质？顾先生说："现代社会是科学的社会，现代人要有科学素养和科学精神，懂得尊重自然、保护环境，懂得科学地健康生活，反对一切迷信。现代社会是创新的社会，现代人要有创新意识和创新能力。现代社会科学技术日新月异，特别是信息技术的发展瞬息万变，现代人只有在创新中才能生存和发展。现代社会是法制的社会，现代人要奉公守法。"（顾明远，2017a）[5] 在基础教育阶段，培养面向未来的现代人，就表现为打好"三个基础"。

一、"三个基础"与人的全面发展

顾先生多次强调，就基础教育而言，培养全面发展的人，就是要培养能够面向世界、面向未来的现代人，要使学生具备"三个基础"，即身心健康的基础、终身学习的基础、走入社会的基础。

顾先生在不同时期的多个场合都谈到过为学生打好"三个基础"的观点。最早提到"三个基础"，是在1992年，顾先生在《基础教育与人才观》一文中提到："一是学生身心健康发展的基础，包括思想品德、智力、体力各方面的基础；二是进一步学习的基础，包括进入高一级学校或就业以后终身学习的基础；三是就业的基础，包括就业的思想准备和技能准备。"（顾明远，2018b）[107]1998年，顾先生再次提到"三个基础"，将其中的"就业的基础"提升至"走入社会的基础"，将"进一步学习的基础"确定为"终身学习的基础"。

打好"三个基础"是基础教育的根本任务，是全面发展教育目的观的具体表现。"三个基础"既是个人成长的物质基础、精神文化基础，也是民族、国家、人类走向未来的基础。"三个基础"的提出是对历史经验的总结，也是对世界教育发展趋势的回应，更是解决纷繁复杂的教育实践问题的基本思路。

基础教育之所以要让学生具备“三个基础”，是因为基础教育的任务是普及教育，不是选拔教育，不是培养高级人才的预备学校。（顾明远，2018b）[107]“三个基础”的思想与顾先生所倡导的人才观有着内在的一致性。顾先生认为，不是只有科学家、政治家才是人才，只要有社会责任心，有一定工作能力，勤奋努力，为社会做出一定贡献的都是人才。（顾明远，2018c）[392] 因此，“基础教育是要为人的全面发展，也即人的脑力和体力的充分自由的发展打好基础，要为人的高素质的发展打好基础”（顾明远，2000a）[1]。

首先，要打好身心健康的基础。义务教育阶段正是儿童青少年生理、心理发育成长的时期，是身心健康发展的关键时期，因而必须打好身心健康的基础。对于个体而言，有了这个基础，才有了实现其他两个基础的可能和必要。其次，要打好终身学习的基础。顾先生特别强调，除了学懂学通学校规定的内容以外，还要学会自己到图书馆检索，自己看书，自己判断和处理来自各方面的信息，“需要创造性地学习。……需要在教学中培养学生的判断能力、创新思维”（顾明远，2000a）[1]。因此，终身学习的基础不仅包括知识的、能力的、态度的、习惯的基础，更包括离开学校后能够独立学习的判断能力和创新思维。打好终身学习的基础，是应对迅猛发展的时代的最佳方式。“终身学习更强调学习者学习的主动性和主体性，更体现了学习化社会的特征。终身教育不仅要求所有教育都纳入它的系统，而且要求改变传统的教育模式。传统教育的只传授僵死知识、脱离实际的教育模式再也不能适应现代社会对人的要求了。”（顾明远，2017b）[11] 最后，要打好走入社会的基础。顾先生强调：“除了必须有谋生的技能以外，更重要的是要具有作为社会公民的意识：有对社会的责任感；有对他人的正确态度，懂得尊重他人、理解他人，和他人友好相处；懂得环境对社会发展的重要性，能用实际行动来保护环境；有就业的意识，准备为社会的进步、祖国的繁荣作贡献。”（顾明远，2000a）[1]“走入社会的基础”既是独立的，又是前两个基础的统一体现，或者说是前两个基础的最终目的，即走入社会，为人类进步做贡献。这既是个人价值的最高体现，也是教育的重要目的。

顾先生强调的“三个基础”，超越了个人本位与社会本位的对立，将个人的社会性发展与社会发展进程中的个人统一了起来。“教育的本质就是培养人，就是根据一定社会的要求，传递社会生产和生活经验，促进人的发展，培养该社会所需要的人才。这里面包涵两个意思：一是促进人自身的发展；二是培养社会所需要的人才。这二者是相互依存的。……我们要从国家盛衰、民族兴亡的高度来认识教育的作用和意义，正确引导和帮助青少年学生健康成长。”（顾明远，2000b）[3-4] 可以说，“三个基础”是培养全面发展的人的基础。具备如此基础的个人，才能成为社会发展进程中的个人，成为有责任感、有创新意识、有实践能力的人，成为有个性的、充分发展的人。20 世纪 80 年代，顾先生就提出了人的全面发展与现代教育的关系，提出人的全面发展是一个历史发展的过程，是现代生产发展的必然，是现代教育的本质。他说：“培养全面发展的人是现代生产对现代教育提出的普遍规律。……工业化国家的教育所以得到迅速的发展，正是因为它们的经济发展要求教育为它培养掌握科学技术知识的技术人员和熟练工人；同时由于教育的发展适应了这种要求，又反过来促进了经济的发展。……人的全面发展是一个历史发展的过程，……是现代生产发展的必然趋势，是对现代教育提出的客观要求。”（顾明远，1981a）[3] 当然，顾先生绝不是只从经济发展的角度来谈人的全面发展，他特别强调个性在全面发展中的意义。同样，“三个基础”也并不是要抹杀个性，而恰恰是要让每个人的个性都得到充分的发展。顾先生说："只有个性的充分发展才能达到人的全面发展。……以往所理解的全面发展教育，着重在发展的各个'面'的'全'上，而与个性发展对立起来。所以，往往在同一个时间内用同一个标准、同一个规格、同一个考试、同一个要求去对待千差万别的学生。这样就造成了'千人一面'、'千篇一律'的人才，人才缺乏个性，缺乏创造性，导致人的'平面化'甚至'平庸化'。"（顾明远，2002a）[1] 他特别强调个性中的创造性品质。"不要把发展个性和特长混为一谈。个性发展关键是创造性。……就是要有创造思维，不盲从。"（顾明远，1997a）[5]

二、"三个基础"与"三个面向"

顾先生提出的"三个基础"，都是为了面向未来而扎根的基础。顾先生用未来的眼光来看待当下的教育活动，来论证当下的教育应该怎么做。未来的眼光，正是教育的眼光。只有面向未来，才需要教育；如果没有未来，根本无须教育。"教育要面向未来。……今天的中小学生，将是本世纪末二十一世纪初我国现代化建设的栋梁之材。为了把他们培养成为能够适应二十一世纪时代需要的人才，我们就应该着眼于未来，……教育要面向现代化，面向世界，面向未来，是一个整体。"（顾明远，1983）[3] 顾先生指出，放眼世界，展望未来，我们培养的人才要能适应 21 世纪的新变化。（顾明远，2018d）[298] 因此，"要用面向未来的眼光、用发展的眼光来看待人才的培养问题。不能只看到社会在一定发展阶段对人才的需求和规格要求，还要看到社会在未来发展阶段对人才的要求，看到人的潜在能力和他将来的发展"（顾明远，1987）[133]。面向未来的教育发展观贯穿顾先生全部的教育思想，包括职业教育思想。顾先生在 20 世纪 80 年代就提出了职业教育的基础性和面向未来的特性。他说："不能光从当前解决就业问题着眼，过分地削弱普通教育课程。应该立足现在，面向未来。职业学校的学生不仅要学到一技之长，同时也必须打好普通文化知识基础，便于他们将来进一步学习新的科学技术。否则眼前的就业问题解决了，但将来不能适应现代化的需要，阻碍了技术改革和进步。”（顾明远，1984）[14] 他对职业教育的这种看法，与那些把职业教育仅仅看作技能训练的看法相比，更显出立意高远。他认为面向未来的教育，才是真正的教育。

顾先生对面向未来的强调，也意在批判教育中的功利主义，强调回归教育本身的育人功能。“要真正培养全面发展的人才，就需要克服教育中的功利主义，着眼人的未来，培养学生终身学习的理念和能力。在未来社会，学习不仅是谋生的手段，而且是人的生活的一部分，是提高生活质量的必要条件。”（顾明远，2002a）[1] 把教育看作面向未来的事业，除了面向未来社会，也要面向个人的未来。正是在这个意义上，终身教育成为丰富个人精神世界、提高生活质量的必要条件。教育和学习成为人的需要，而非达到目的的手段。“教育的终身性要求打破学校的界限，把学校教育、家庭教育、社会教育结合起来，把正规教育、非正规教育，正式教育、非正式教育结合起来，同时，随着社会的进步，学习已经不是为了达到某种目的的手段，而是目的本身，成为人们生活的一部分，那时整个社会就会变为全民学习、终身学习的学习型社会。”（顾明远，2004a）[237]

顾先生作为深度参与世界教育事务的学者，特别强调学生的国际视野和国际化观念，强调教育要培养能够参与国际事务的国际化人才。顾先生的教育国际化思想与他开阔的视野、开放的心态以及对我国在世界中地位的认知密切相关。他提出，要树立教育国际化观念。经济的全球化，网络的国际化，国际的交往越来越频繁，也越来越便捷。我们的教育需要更加开放，面向现代化，面向世界，面向未来。我们要教育学生了解别国的文化，具有国际视野，具有开展国际交往的能力。（顾明远，2004a）[237] 要“开展国际理解教育，培养国际化人才。…… 为适应国家经济社会对外开放的要求，培养大批具有国际视野、通晓国际规则、能够参与国际事务和国际竞争的国际化人才”（顾明远，2011a）[125]。

三、重视人文教育

培养面向世界、面向未来的现代人，必须加强人文教育。顾先生说：“加强人文科学教育，培养学生高尚的道德品质已经是刻不容缓的事情。……学生不了解世界，不了解人类发展的历史，以个人自我为中心，不关心他人，缺乏高尚的道德水准。因而，加强人文科学教育，培养学生高尚的道德品质已经是刻不容缓的事情。”（顾明远，2004b）[3] 顾先生特别重视联合国教科文组织报告《反思教育：向“全球共同利益”的理念转变？》的理论价值和时代价值，尤其关注它的人文主义精神，并撰文介绍了其理念。他说：“《反思教育》（下面简称报告）面对世界新的挑战，提出教育应负的责任和教育的变革，提出要重新定义知识、学习和教育。总的精神如报告导言中说的：教育应该以人文主义为基础，以尊重生命和人类尊严、权利平等、社会正义、文化多样性、国际团结和为可持续的未来承担共同责任。……报告提出未来教育要以人文主义为基础。报告强调经济发展必须遵从环境管理的指导，必须服从人们对于和平、包容与社会正义的关注。报告认为，人文主义方法可以让教育辩论超越经济发展中的功利主义作用，应对全球学习格局的变化。”（顾明远，2016a）

顾先生 2009 年专门谈及中小学要加强人文教育，对人文教育的实质、人文精神与科学精神的关系以及中小学如何进行人文教育等问题，做了深刻阐释。“我们今天的教育，科学精神和人文精神都有所缺失。科学课程只教给学生死的知识，不告诉学生科学的价值；人文课程只教给学生空洞的道理，不培养学生的人文精神，更不会运用知识分析社会的各种现象。……其实任何学科都具有人文精神。科学在本质上是一项人文事业。……科学研究所要求的创新精神、严谨态度、团队精神等都充满着人文精神。因此，学校在教学中要挖掘学科的文化内涵。除了加强文科、艺术等人文学科教育外，在其他学科课程中也要注意培养学生的人文精神。”（顾明远，2009a）[1]那么，如何进行人文教育呢？增设学科、增加课时就可以吗？顾先生说：“在中小学加强人文教育，首先要改变教育观念。……加强学校的人文教育并非简单地增加人文学科的课时，更重要的是学校领导要有这种意识，学校老师时时把提高学生的人文素养放在心上，在学校各种活动中贯彻人文精神，使学生在潜移默化之中受到人文教育。”（顾明远，2009a）[1]

第二节　课程思想：打好基础、自主选择

为学生打好“三个基础”，必须有合理恰当的课程作为前提。顾先生认为：一方面，“各校要开足规定的课程，不能把课程分为主科和副科，每门课程在培养学生全面发展中都起着不可替代的作用”（顾明远，2014a）[1]；另一方面，不同的课程结构、课程类型及学生修习课程的方式，都会影响学生的发展。因此，顾先生既强调课程对学生共同基础的培养，又强调共同基础之上学生的自主选择，呼吁学校要为每个学生的个性发展提供合理的课程支持，强调建设多样丰富的课程，形成合理的课程结构，为学生的终身发展服务。

一、关于必修课与选修课

2001年以前，我国很少有学校开设选修课。顾先生则早在1980年就主张教学计划要有灵活性，呼吁学校开设选修课。“中学的教学计划

要有灵活性，要分设必修课和选修课。各地方、各部门举办的学校的教学计划，除了基本课程有统一的要求外，其他课程不必强求一致。学生除了学习必修课以外，可以根据自己的兴趣和爱好选学选修课程。”（顾明远，1980）[26]顾先生还主张教材要多样化：“教材在统一的大纲的要求下，也可以有几套。允许和鼓励各地编写乡土教材，补充教材。”（顾明远，1981b）[22]这在当时“一纲一本”的背景下，是难能可贵的，体现出顾先生的思想解放、视野开阔、眼光独到。1992年以后，国家的统一教学计划（即现在的“课程计划”或“课程方案”）中设置了少量的选修课，但很少有学校将计划变成现实，选修课形同虚设。2001年，顾先生进一步探讨了必修课和选修课的地位与作用。他认为必修课的水平应是所有人都可接受的，而选修课则要满足不同学生的个别需要。“课程要有灵活性，把必修课的标准定在大多数学生能接受的水准上，同时为不同的学生设置各种选修课，允许学生选学不同的课程。”（顾明远，2001）[18]“必修课要降低难度，让所有学生都能学懂学会，这样有余力的学生就可以选学自己喜爱的学科，有的学生甚至可以跳级，提前毕业，有的可以到大学选学一些课程，这样才能涌现出各种杰出创新人才。”（顾明远，2011b）[7]顾先生还引介国外的经验，提出必修课也可以设置不同的层次。“例如美国有的学校高中数学就设有三个层次：普通数学、高级数学、快速学习数学，供不同程度的学生选择。普通数学是最低要求，每个学生都必修的，对数学有兴趣的可以选学高级数学，有些学生数学成绩很好，但不一定喜欢数学或者不一定将来学数学，可以用较短的时间把高中必修的数学学完，腾出时间学习其他学科。”（顾明远，2012）[6]这种必修课分层的形式，使必修课也有了选修的意义，使学生拥有了更多的自主权和选择权，充分体现了学生的主体地位。顾先生还多次强调选修课对于学校特色办学和学生自主发展的重要性，批判把选修课变成必修课的做法。他认为，之所以要减少必修课，增加选修课，鼓励特色办学和多样化办学，目的都是让学生有所选择，使学生的特长、才能得到充分发挥。（顾明远，2018c）[444]

关于必修课与选修课，顾先生不仅探讨了两类课程的关系，更触及了现代课程论的核心，即共同课程与个体差异、国家意志与个人需要、基础性与选择性、共性与个性的关系。顾先生认为："要处理好基础性与选择性的关系，也即共性和个性的关系。……基础教育阶段，它要为每个学生打好德、智、体、美全面发展的基础。但每个学生的天赋、能力、兴趣都不相同，我们要充分发展每个学生的才能和个性，就要照顾到他的天赋、能力和兴趣。"（顾明远，2003a）[3]

二、关于课外活动与活动课程

"学生成长在活动中"是顾先生的教育信条之一。这里的"活动"是指什么？顾先生明确指出："我提倡的活动教育是指儿童成长的过程，主张儿童的成长是在他自己的活动中。活动既指学校课堂上的活动，也指在家庭中的活动、课外活动。总之，是指儿童参与的一切活动。儿童成长在活动中，是指儿童依靠自己的活动成长，外在的一切教育影响只是儿童成长的条件。而成长的决定因素是儿童自己的活动、自己的体悟。"（顾明远，2016b）[92]"学生成长在活动中，要把课堂学习与社会实践结合起来，让学生走到大自然中、走到社会中去，在实践中认识世界、认识社会。充分发挥学生在教育教学活动中的主体作用，引导学生在活动中体悟生活，在活动中、在与同伴交往中，学会与人相处，逐步养成正确地对待自然、正确地对待社会、正确地对待他人、正确地对待自己的思想品质。"（顾明远，2014a）[1]顾先生强调学生成长在活动中，其核心旨趣是强调学生自己的活动、自己的体悟，强调学生是活动的主体。

从 20 世纪 80 年代开始，顾先生多次强调课外活动的重要性，认为课外活动是整个教育体系中的一个组成部分，是培养学生全面发展的重要途径，是学生发挥自己才能的广阔天地。顾先生提出，课堂教学总是有限度的。每天一般只能上五节课，至多六节课，但学生的身心发展绝不会因为课停下来，也就停止发展。学生的身心发展是无时无刻不在进行的。（顾明远，2018b）[69] 因此，“学校教育中要在课堂教学为主的前提下，开展丰富多彩的课外活动，从小培养学生对学习的兴趣，在活动中及早发现学生的特殊才能，并加以认真的培养。课外活动没有大纲的束缚，没有分数的压力，是学生发挥自己才能的广阔天地”（顾明远，1981b）[22]。

关于如何处理课内与课外的关系，顾先生强调要反对两种倾向。一是反对忽视课堂教学主渠道作用的倾向。例如，“不少学校推行各种各样的教育，提倡各种各样的口号，把学生的课外活动搞得轰轰烈烈，但却忽视了课堂教学这个主渠道”（顾明远，2017a）[5]。同时，也要反对另一种倾向，即把课外活动作为课堂教学的延伸，忽视课外活动自身的价值。顾先生认为，课外活动有自身的价值，是课堂教学无法替代的。“无论是从丰富学生的知识来讲，还是从培养学生的开创精神和独立工作能力来讲，课外活动都是必不可少的途径。”（顾明远，1987）[138] 因此，要“把课堂教学和课外活动结合起来，不是把课外活动作为课堂教学的补充，更不能把课外活动作为课堂教学的继续，把课堂教学中完不成的教学任务或作业转移到课外活动中；而是要把课外活动作为培养学生的重要途径，把它摆到和课堂教学同样重要的位置上，并使它们在德智体美劳全面发展的基础上有机的结合起来”（顾明远，1987）[138]。

20 世纪 90 年代末，课外活动受到普遍重视，有些学校甚至把课外活动课程化，名为“活动课程”。这样一来，反倒把自愿的课外活动变为强制的课程，弱化了课外活动原本的特点与功能。对这种现象，顾先生是极力反对的。他批评道：“一些学校在实施素质教育时不是在课堂教学上下功夫改革，而是大搞课外活动，而且把课外活动也排在课表中，名之为‘活动课程’。结果形成所谓学科课程（课堂教学）是‘应试教育’，活动课程（课外活动）是素质教育。……把课外活动变成了活动课程，变成了第二课堂，就会失去课外活动的特点，增加学生的负担。”（顾明远，1998）[5]“把课外活动作为‘活动课程’纳入到课表中，把自愿变为强制，把自主变为被动，也就抹杀了课外活动的优越性，增加了学生的负担。”（顾明远，2018e）[158]“把课外活动说成是活动课程，在理论上尤其错误。”（顾明远，2018e）[133]顾先生重视课外活动，就是因为课外活动是最能体现学生主动性和积极性的活动，是学生自己组织的活动。课外活动，包括班会、团队生活，凡是学生自己组织的活动，老师都不能包办代替。当然不是说放任自流，不去领导和指导，而是要充分相信学生，哪怕出一点差错也不要紧，不要大惊小怪。要注意充分保护学生的积极性和自信心、自尊心。（顾明远，2018b）[74]

顾先生并不反对真正意义上的活动课程，而是反对把学生的自主活动变为被动强制的课程。从活动课程原本的意义来看，顾先生是赞成活动课程的。“过去学习是为了升学，现在学习是为了走向社会。除了学科课程外，强调设置实践性课程，通过实践活动培养学生综合运用在学科课程中学到的知识的能力，培养他们的创新精神和实践能力。”（顾明远，2001）[19]也正是在这个意义上，顾先生关注研究性学习，赞赏研学旅行的价值。研究性学习是培养学生创新思维和创新能力的最好方式。他说，我们的课程是以学科课程为主轴的。这种分科课程虽然是必要的，但不利于对事物的整体认识。研究性学习是一种基于项目的研究，有利于学生综合应用学习到的各学科知识。（顾明远，2018b）[465]顾先生认为，在中小学生中开展研学旅行活动非常有意义。这是让学生走出学校，走向大自然、走向社会、走向世界，拓宽学生视野、增进学识、锤炼意志的好举措，也是让学生了解认识祖国的美丽河山、中华民族优秀文化传统的好方式。我们应该提倡学校和教育机构开展有组织、有计划的研学旅行，要像设计课程那样精心设计、充分准备，重在教育、重视安全（顾明远，2017c）。

重视课外活动，重视研学旅行，是因为在顾先生看来，学生的发展不能只限于学校，而应该是在全时空中成长。尤其是随着信息技术的发展，教育的全时空性越来越凸显。“所谓教育的全时空性是指教育已经不限于学校，而且来自家庭和社会。特别是现代传播技术的发展，使得人们可以从多种渠道获得信息（知识）。因此，需要全时空的大教育观，把学校教育与家庭教育、社会教育有机地结合起来。”（顾明远，1997b）[12]

三、辩证看待课程价值

在课程体系中，各类课程的地位与作用如何？对于这类问题，有不少人持偏激的态度：或者要学科课程，或者要活动课程；或者要分科课程，或者要综合课程。这些都是就课程而论课程，为了保持课程类型的纯粹性而未关注课程与学生发展的关系。顾先生则立足于学生的发展来讨论不同类型课程之间的关系。

例如，在谈到学科课程与活动课程的关系时，他提出，不管减少多少学科课程，学科课程总是占优势，在学校里总的时间不可能减到太少，学科课程跟活动课程不是绝对分开的，学科课程跟活动课程可结合在一起。但是学科课程还是主要的。（顾明远，2018b）[127]这是实事求是的课程态度。顾先生认为，在实践中并没有纯然的学科课程和活动课程，为了学生的发展，二者是可以结合的。以学科课程组织的课堂教学也要注意学生的活动，要把学科课程和活动课程结合起来。（顾明远，2018e）[134]

顾先生反对孤立地看课程，主张应在学生发展的整体结构中确定课程的价值与功能，建立整体课程观。

例如，关于高中是否要文理分科，顾先生是从基础教育为学生奠基的角度来思考的。他说："文理各科都是重要的。……高中课程的设计就是考虑到中学生所需要的这些基础。较早文理分科，不利于提高学生的全面素质。"（顾明远，2009b）"不能简单地决定高中文理分科或者不分科。……不分科不等于学生都学习一样的课程，要减少必修课，增加选修课，给学生选择的自由空间。如果一定要分科，那也不能简单地分为文理二科，而是要多种分科，提供（给）学生多种选择，同时要加强文理基础知识教育，真正打好人生发展的基础。"（顾明远，2009b）

谈到分科课程与综合课程，顾先生认为："课程不仅要增加新的知识内容，而且要把课程加以整合。人们观察事物的角度是综合的，新的科学发现和技术发明往往是在交叉学科上发生的。以往课程是分科的，不利于培养学生综合思维能力，因此未来课程将重视学科内容的整合。国外开始流行的名为'STEAM'的课程，就是把科学、技术、工程、美学和数学整合起来，培养学生的综合性创造思维。"（顾明远，2016c）

四、正确看待基础知识

顾先生对基础教育课程教学的理解，充满辩证法的理性精神。他在基本精神一以贯之的前提下，对新事物、新改革、新动态永远保持开放的态度。例如，关于知识与创新的关系、知识与能力的关系，顾先生的回答就具有强烈的时代性、辩证性。20 世纪 80 年代早期，顾先生从人的全面发展的角度论证了加强基础知识教学的必要性。他认为："使学生掌握牢固的科学文化知识，这是教育同生产劳动相结合的基础。"（顾明远，1984）[14] 顾先生还从基础知识本身的特点和功能出发，论证了加强基础知识教学的重要性。"因为基础知识是教学内容中相对稳定的、不易老化的部分。基础知识学得扎实，就容易接受新的知识，……在基础知识中，文理知识都需加强，特别是语文、数学、外语这三门主课要加强；……教材内容要删去陈旧的东西、次要的东西，突出主要的基本知识。”（顾明远，1984）[16] 此外，顾先生还从当今时代迅猛发展的特点出发，强调基础知识教学的重要性。他认为在当今科技迅速发展的时代，更要强调基础知识的教育。基础知识不扎实，（学生就）难以适应今后科技发展的变化。（顾明远，2018f）[650] 顾先生也探讨了基础知识与创新的关系，认为基础知识是创新的基础。“掌握前人的知识是十分重要的，它是知识创新的基础。”（顾明远，2000c）[7] 这里的“知识”主要指基础知识。顾先生强调知识的创新价值，但认为知识的掌握和创新不能只靠学校。他说：“书本上的知识毕竟是过去的经验。创新的知识则是面向未来的。”（顾明远，2000c）[7] “知识的掌握和创新不能只靠学校教育，更要靠社会实践，结合自己的工作不断学习，不断创新。”（顾明远，2000c）[7] 因此，“要克服知识学习越多越好的误区，重视学生思维能力的培养”（顾明远，2014b）[3]。在这里，顾先生强调了知识的创新价值，即知识的价值在于创造、创新，而非用来“储藏”。这一点充分体现了顾先生思想的前瞻性、对教育实践和教育理论的敏锐性以及思想的新锐性。“如果只有扎实的基础知识，而不去与实际相联系，不去进一步思考，这种知识是死的知识，没有生命力的知识。只有在实际中才会有各种各样意想不到的情况和问题，学生在实践中遇到各种问题，运用课堂上学到的知识去分析它、思考它、解决它，就培养了实践能力，同时也就培养了创新精神。”（顾明远，2002b）当然，“创新并非异想天开，而是在扎实的基础知识上掌握相关学科的前沿知识，运用创造思维，举一反三，发现和创造新的知识。因此，老师要努力改进课堂教学，使学生既掌握好基本知识，又充分发展他的创造性思维能力”（顾明远，2002b）。所以，学生的创新不是自然而然的，而是要有扎实的知识基础，也要有能够发展学生创造性思维能力的教学。

第三节　教学思想：促进学生生动活泼地主动地发展

顾先生始终从孩子的视角出发，以学生为主体来探讨教学问题。

一、相信学生，因材施教

顾先生说："没有爱就没有教育。"因此，他认为相信孩子、理解孩子、尊重孩子是好的教学的前提。顾先生对李吉林老师的赞赏，首先是赞赏她对学生的"情"。"李吉林老师的这种对儿童的爱不是普通的爱，……而是建立在对教育的忠诚、对儿童的信任的基础上的。她的情境教育的'情'，就体现在对儿童的情上，只有对儿童有情，才能去激发儿童的感情。没有教师的满腔热情，就不可能实现情境教育。"（顾明远，2006）[7]相信孩子、理解孩子、尊重孩子的表现之一，就是能承认孩子的独特之处，因材施教，春风化雨，让每个孩子都得到成长。"要注意因材施教，每个儿童的天赋、爱好、特长都不一样，有的逻辑思维强，喜欢数理化，有的形象思维好，喜欢文学艺术。如果要求每个学生门门学科都考 100 分是不合理的，是培养不出人才来的。……我认为能给每一个学生提供最适合的教育，使每一个人都能够健康成长，就是最好的教育。"（顾明远，2010b）[8]

早在 20 世纪 80 年代初，顾先生就讨论过因材施教的问题，讨论过因材施教与全面发展的关系。"如果不顾人的素质的不同，都用一种模式去套，就势必要压制一些人的特殊才能的发展。……要正确理解和处理好全面发展与因材施教的关系，要把统一性和灵活性结合起来。全面发展是总的要求，共性。但是共性总是体现在每一个个性中，对各个不同的学生必须因材施教，才能够把每一个人的才能真正发挥出来，（使他们）达到全面发展。”（顾明远，1981b）[22]“要改变用一个模式来培养人才的传统做法，要注意因材施教。因为人的个性存在着差异，用一个模式要求人才，就会压抑人的特殊才能和个性的充分发展，也就不能培养出高质量的人才。……正确的教育应该为不同的个性创造发展的条件，即按照各个学生不同的特长、不同的兴趣和爱好施以不同的教育，使他的个性得到充分的发展，（使他）成为出色的人才。”（顾明远，1987）[133]

当然，因材施教不能仅停留在理念上，还必须有具体的教学措施。“要做到这一点，还必须采取一些具体的措施。……教师要改进教学方法，注意发展学生的能力。学生的兴趣、爱好和才能是和花朵一样，需要精心培育和浇灌的。”（顾明远，1981b）[22]“要改革人才培养模式，因材施教，重视学生的个性化学习，为每个学生提供适合的教育。学生是有差异的，天质的差异，环境的差异。因材施教就是要为不同的学生设计个性化学习方案，使每个学生的潜能得到充分的发展。”（顾明远，2014b）[3]

二、教会学生学习

学生终究要离开学校走向社会，因而必须在教学中以学生为主体，让学生在活动中成为主体，培养他们独立走向社会所需要的知识、能力与态度。这也正是顾先生强调打好“三个基础”的意义所在。“学校教育不可能，也没有必要把全部知识教给学生，重要的是把最基本的最先进的知识教给他们，同时注意培养他们的能力，使他们能够独立思考，举一反三，善于探索新的知识。也就是说，教育不只是教给学生知道什么，更重要的是要教会他们如何学习，如何去探索事物的奥秘。要做到这一点，就要培养学生的主动性，把学生由被动地学习转变为主动地学习。”（顾明远，1991）[73] 这就涉及改革教学。顾先生强调在教学中关注学生学习的主动性，强调学生对知识的主动建构："是不加思索地接受老师讲授的知识，还是经过大脑的加工，真正理解老师讲授的知识，是两种不同的学习方法。显而易见，前者只是机械的记忆，不可能通过它举一反三，而且记忆也不是巩固的。后者则是真正建构了自己的概念，遇到相似的问题能够迁移，能够举一反三。因此在教学中应该重视教学的过程，让学生在教学过程中充分运用他的大脑，思考，探索，然后将教师讲的知识、教科书中的知识内化为自己的知识。这种知识才能成为他真正掌握的知识。……需要学生在教学过程中动脑筋，培养学生的探索精神，凡事总要问一个为什么。这种探索的精神就是创新的精神。这样获得的知识就是创新的知识。有了这种精神，掌握了这样的知识，将来在事业上他就能创新，就能开拓。"（顾明远，2000d）[1]

顾先生曾撰文专门谈"教是为了学生学"。他主张让学生以活的方式学到活的知识。"活的知识应该知道它的源头在哪里，怎样流过来的，还将流到哪里去。也就是让学生了解知识产生的过程，思考知识未来的发展。科学的发现和发明，一方面要靠知识的积累，同时要靠对原有知识的质疑，提出它的不足和谬误，科学才能向前发展。我们要培养学生的创新精神和创造思维，就要在平时教学中重视引导学生提出问题。这就需要给学生留有思考的空间。"（顾明远，2005）[39] 在这里，顾先生强调要让学生理解知识的形成过程，以建构和理解的方式而非简单记忆的方式来学习，要让学生像科学的发现和发明那样，在知识学习过程中能够主动质疑、提问。而这样的学习，需要有思考的空间和自由，也只有这样的学习，才能培养学生的创新精神。

顾先生认为，课堂教学是培养学生创新精神的最基本的环节。"老师要努力改进课堂教学，使学生既掌握好基本知识，又充分发展他的创造性思维能力。……在教学中能够重视学生的主体性，引导他们主动参与，积极思考，鼓励他们敢于提出不同意见，就能培养起创新精神。……创新精神和实践能力好似一对孪生兄弟，彼此不能分开。学生光有扎实的基础知识还不够，还必须与实际相接触。”（顾明远，2002b）具体来说，“教学不应是把现存的结论教给学生，而是要引导学生自己探索，寻求事物发生发展的起因，探讨它与其他事物的联系，从中找出规律，形成概念。……当然这种探索不是让学生盲目重复科学发现的过程，而是在教师引导之下让学生自己动脑、动手”（顾明远，1987）[135]。课堂教学改革的目的，在于让学生真正成为学习主体，通过自己的主动活动得到成长。“学生是在活动中成长，不是在受教育中成长。活动包括动手的活动，更重要的是思维的活动。一堂课如果能够把学生的思维调动起来，那么就是一堂好课。”（顾明远，2016d）[7]好的教学是要“把只会做题答题的学生变成会思考、会创新的人；把唯唯诺诺听话的孩子变成会独立思考、生动活泼的人”（顾明远，2017a）[5]。教学不是去教固定的东西，而是激发学生的主动性，让学习成为学生自己的主体活动。“教育不是去教学生掌握一个固定不变的程序，而是要创造宽松的环境。只有让受教育者自由、主动地进行自我发展，他们身上内隐的创造性素质才可能外显出来。”（顾明远，2018b）[182]

树立学生在教学中的主体地位，让学生学会学习，前提是要把学习的权利还给学生。“学习本来是学生自己的事，是学生的权利，我们应该把学习的选择权还给学生。当然，把学习选择权还给学生，并不是放任不管，教师有责任加以指导。特别是低年级的儿童，他们还没有能力选择，更需要教师和家长的指导。”（顾明远，2016b）[80]把选择权还给学生，不是改革的噱头，不是为选择而选择，而是对学生主体地位的承认与尊重，是要让学生在主动的活动中得到主动的发展。课堂教学尤要以学生为主体，让学生积极参与教学过程，让学生在自己的活动中成长。减轻学业负担的目的也是为了学生能够成为学习的主人。顾先生认为，减轻学业负担，可以让学生有时间思考，把学思结合起来，有时间参加社会实践，有时间参加他们喜爱的科技文体活动。（顾明远，2016b）[96]

在强调学生主体性的同时，顾先生特别提到教师主导作用的意义、价值以及在新的教学改革背景下的角色转变。“发挥学生在教育中的主体性，并不排斥教师的主导作用。如果因为强调学生的主体性而排斥教师的主导作用，就会陷入儿童中心主义的泥坑。”（顾明远，2003b）[8] “以学生为主体，绝对不是降低老师的作用，而是提高对老师的要求。老师不能只抱着课本照本宣科，而是要研究学生、启发学生、帮助学生，和学生共同学习。”（顾明远，2015）“教师的职业永远不会消失，只是角色在起变化，由知识的载体，学术的权威，高高在上的教育者变为学生学习的引路人，学习的伙伴。教师还应该成为学生的智慧的启迪者，情操的陶冶者。”（顾明远，2000c）[8]

顾先生对具体的教学方式谈论不多，但他极为重视启发式教学，认为启发式教学是落实学生主体地位、充分发挥教师主导作用的具体形式。“教学的启发式和注入式的根本区别就在于能不能促进学生的积极思维。注入式教学着重把现存的结论教给学生，不要求学生思索，更不喜欢学生提出问题；启发式教学则要求学生积极思维，提出疑问，寻求答案。……要启发学生的思维，就要把学生放到主体地位上来，并为学生留有自主学习的空间。减轻学生学业负担的目的也就是给学生更多自主学习的空间，让他们自主地学，自觉地学，学自己感兴趣的知识。学生的主体性并不妨碍老师的主导作用，而是对老师的要求更高。老师的主导作用要表现在启发学生的主体性上。”（顾明远，2000b）[5]

三、减轻负担，愉快学习

顾先生说："没有兴趣就没有学习"，"兴趣是最好的老师"。"对小学生来讲，培养远大的理想是必要的，但他们还不大能理解理想是怎么一回事，因此培养学生的学习兴趣，引起学习的动机就是十分重要的事。"（顾明远，1990）[2] 但是，过重的学习负担影响了学生的学习兴趣，使得本应生动有趣、愉悦快乐的学习变得枯燥乏味、痛苦难熬。顾先生认为，"当前小学生的负担过重表现在两个方面，一方面是作业过多，这是有形的压力；还有一种无形的心理压力，就是升学的压力。后者比前者更沉重，而且是前者产生的原因"（顾明远，1990）[2]。因此，顾先生极力倡导愉快教育，认为愉快教育能够真正起到减负的作用。"'愉快教育'的实质是什么？我认为，实质就在于充分调动学生学习的积极性和主动性，使学生能够在德、智、体诸方面都得到生动活泼地主动地发展。"（顾明远，2018b）[94] "'愉快教育'不是简单地减轻学生的学业负担，但它却起到了减轻学业负担的作用。"（顾明远，1990）[2]

有人担心愉快教育会使学生懒惰、松懈、不刻苦，会普遍降低教学质量。顾先生阐释了愉快教育的实质，并从心理学的角度分析了"愉快"与"刻苦"的关系。"所谓愉快教育，并非嬉嬉耍耍，轻松快乐，毫无压力。而是要教会学生学习，使学生克服一个个困难，取得一个个胜利，获得一次次成功的喜悦，从而对学习产生浓厚的兴趣，使压力变为动力，达到自觉地刻苦学习的目的。"（顾明远，2018e）[139] "快乐教育是一种教育理念，而非一种教育模式。……快乐教育的目的就是要让学生生动活泼主动地学习，也就是快乐地学习。"（顾明远，2018e）[82] "愉快和刻苦是两种不同的心理感受，它们并不矛盾。愉快教育，并不反对刻苦学习。对学习产生了兴趣，就会愉快地学习，就能刻苦地学习；刻苦学习的结果是取得学习成功，学生从成功中得到满足，又产生了愉快。愉快和刻苦互相促进，循环往复，伴随着儿童的成长。”（顾明远，2018b）[450]

弄清了愉快教育的实质，就能明白顾先生的减负思想。顾先生认为，减负是为了真正提高质量，为了让学生有自主学习的时间和空间。他说：“减负是减轻学生的过重学业负担，不是不要负担。学习是一种艰苦的脑力劳动，没有负担是不可能的，……减轻学生过重的学业负担的目的是提高教育质量。……减轻学生的学业负担是为了给学生留有自主学习的空间，使他们主动地学，自主地学，在德、智、体、美等方面健康地成长。”（顾明远，2000e）[3]

顾先生关于取消奥数的提议，从根本上说也是要让学生能够自主地、愉快地学习成长。他说：“为什么要取消奥数班？并不是奥数本身不好，而是人人学奥数不好，把奥数作为升学的‘敲门砖’更不好。奥数只是少数人的舞台，不是所有人都适合的舞台。”（顾明远，2009c）“幼儿园提前让孩子识字算术，小学上奥数班、英语班，不断给孩子加压。孩子虽然不会像西瓜那样爆裂，但身心会受到摧残。家长想拔苗助长，结果适得其反，个个成了书呆子，弱不经风，变成‘瓜裂裂’。”（顾明远，2011c）

四、改进课堂教学

顾先生特别强调课外活动在学生发展中的意义。但是，他从来不否认课堂教学的主渠道地位，而是极为重视，把课堂教学的改革看作人才培养的重中之重。他说：“学校课堂教学是培养人才的主渠道，学校教育改革要下大力量改进课堂教学，上好每一节课，教好每一个学生。”（顾明远，2017a）[5] 当然，课堂教学要改革，要“把教转变为学、把被动地学转变为主动地学，让学校充满生气，使学生生动活泼健康地成长”（顾明远，2017a）[5]。

顾先生之所以重视课堂教学，是因为课堂教学承担着人才培养的基本任务："在课堂上，学生获取知识，培养能力，形成正确的世界观、人生观；在课堂上，教师不断提高自己的教育教学能力，不断提升自己的人生价值。"（顾明远，2008）[1] 而学生主体地位的确认、主体作用的发挥也必须落实到课堂上。顾先生认为，那些抛弃课堂教学而只去抓课外活动的做法，是舍本求末，并不能真正体现以学生为主体的教学思想。学校要把主要精力放在课堂教学上。"抛弃课堂教学的改革，去抓课外活动，这是舍本求末。课堂教学如何改革？就是要强调学生在教学过程中的主体作用，改变学生被动接受知识的局面。……实施素质教育，学校要把主要精力放到课堂教学改革上。"（顾明远，2018e）[134]

如何改革课堂教学？什么样的课堂是好的课堂？顾先生一以贯之地认为，要以学生的主体活动来判断。顾先生尤其反对课堂上的"假活动"，尤其反对看起来热闹的、形式主义的"假主体活动"，强调学生主体活动的真正实现。"在课堂上要让学生参与教学活动，参与并非限于一定的讨论、提问、发言，更重要的是让学生的思维动起来。……有些课堂搞得很热闹，学生讨论得热烈，甚至又唱又跳，但据我观察，总有少数学生没有积极参与，似乎是旁观者。不要以为讲解课就没有学生的活动，如果教师的精辟讲解能够启发学生的积极思维，讲解课就是一堂好课。学习是一种思维活动，学生只有在积极的思维活动中才能获取知识和能力，才能把知识内化为智慧。"（顾明远，2014c）正是在这个意义上，顾先生说："一堂课如果能够把学生的思维调动起来，那么就是一堂好课。我不认为每堂课都要探索，不一定每堂课都要小组活动。"（顾明远，2016d）[7]

课堂教学研究是一门严肃的学问，历来是教育家重视的研究课题。"如何在有限的时间内，把最必要的知识传授给学生就是一个值得研究的问题。同时，也正是因为知识增长迅速，简单地把现存的知识传授给学生已经远远不够了，需要教会学生自己去探索新的知识。”（顾明远，1988）[38] 但是，中国的课堂教学单凭几个人的理论研究和良好愿望是不可能真正实现的，必须有一个专门的学科，有一支专业的研究力量。顾先生在 20 世纪 80 年代开始组建学科教学论学科及相应的研究队伍，为学科教育学在中国的建立与发展做出了杰出的贡献。顾先生长期担任北京师范大学教育学二分会（即学科教学论分会）的学术委员会主席，为学科教育学的地位提升、队伍发展做了大量工作。顾先生指出，各科教材教法虽然在师范院校内一直是一门必修课程，但历来不受人们的重视。在一些专业学科的教师、专家们的眼里，似乎教材教法不过是分析剖析中小学的教学大纲和教科书，教会学生如何去上好一堂课，是一些雕虫小技，没有什么学术性。这是一个极大的误解，教材教法绝不只是分析一门学科如何传授，更重要的是要研究、分析如何把一门科学根据其发展的内在逻辑，结合学生的认知特点，符合教育的规律组织成为一门学科。学科并不等于科学，一门科学要变成一门学科，需要经过一番改造。改造的理论就是一门学问。这门学问就叫学科教育学。把教材教法改造成为学科教育学是一次理论上的飞跃。教材教法过去只是教育学中的一个部分。学科教育学则变成了教育科学中的一个重要分支学科。（顾明远，1988）[38] 现在，学科教育学真正成为一门独立的学科，为我国基础教育课程与教学的发展提供持续的专业支持。

第四节　考试评价思想：保障学生身心健康发展

我国是一个考试评价大国。考试评价是人们最关注又最感无力的环节。对学校内部的日常教学而言，有“分、分，学生的命根；考、考，老师的法宝”之说，而外部的选拔考试的指挥棒作用，严重影响着课程与教学，“考什么，教什么；怎么考就怎么教”是千年难题的症结。有人认为考试评价影响了正常的教学秩序，大有废除之意。但顾先生十分重视考试评价的作用。他认为考试具有评定、诊断、反馈、预测和激励的功能。考试，似乎大家都讨厌它，但又都要利用它。大家都说考试是学校的指挥棒，这话一点不假。由于社会运用考试来评价和选拔人才，考试自然成了应试者达到目的的敲门砖，学习者都要按照考试的要求进行学习。有人提出要打断这根指挥棒，这显然是不可能的。当然，考试评价永远只是手段，学生的发展才是目的。“考核是为培养人才服务的，决不能颠倒过来，把考核，特别是考试作为目的。……学校的教育教学工作才是培养人才的核心，考核只是一种辅助手段。……它是检验、督促、改进教育教学工作和学生学习的手段。”（顾明远，2018b）[262] 既然评价是促进学生发展的手段，那么，学校内部的教学考试与教学评价就不能以统一的标准来评价所有的学生，而应该承认学生的个别差异，将评价作为教学的重要环节，通过评价来鼓励、促进学生的进步。顾先生说：“中小学生个体差异很大，要承认学生的差异性，不要用一个标准来评价所有学生。要提倡发展性评价，即重视学生的发展，学生有发展有进步，就是成绩，就值得赞赏，不能只看绝对成绩的高低。要多鼓励学生进步，不要把考核作为逼迫学生的手段。”（顾明远，2018b）[262] 所以，不能不要考试评价，而是要改造它、改革它，发挥它应有的作用，让它成为保障学生身心健康成长的护航者。

对于外部的选拔考试尤其是高考这样的考试，也要改革，使得选拔考试也同样成为促进课程教学改革、促进学生发展的手段。“改变一次考试定终身的办法，注意学生平时的学习成绩。考试记分的方法也值得改进，在一些基本课程达到一定标准以后，可以按专业提出不同的要求。这样就可以避免一些有特殊才能的学生被遗漏掉。”（顾明远，1981b）[22]“试行普通高校、高职院校、成人高校之间学分转换，拓宽终身学习通道。总的精神是要让人人都能通过各种渠道获得接受教育的机会，只要努力，人人都能获得成功。其实，考试制度改革不仅是改革评价人才、选拔人才的手段，而且可以促进中小学的课程改革和人才培养模式改革，有利于推进素质教育，同时也可以通过改革建立起全民学习、终身学习的学习型社会。”（顾明远，2014d）[7]

作为国家教育咨询委员会委员，顾先生提出过许多改革考试制度的方案和设想。这些设想有的已经变成了政策，正在影响教育实践，例如分层分类考试已成现实。2014 年颁布的《国务院关于深化考试招生制度改革的实施意见》在总体目标中明确提出：“到 2020 年基本建立中国特色现代教育考试招生制度，形成分类考试、综合评价、多元录取的考试招生模式，健全促进公平、科学选才、监督有力的体制机制，构建衔接沟通各级各类教育、认可多种学习成果的终身学习‘立交桥’。”这样的设想，顾先生在 2002 年就提出过，他说：“分类考试，多次考试，会给考生多次的选择机会，不仅有利于（提高）高等职业教育第一志愿的报考率，而且可以减轻学生的心理压力；中学也可以分类指导，有利于素质教育的推行。”（顾明远，2002c）[11]“实行分类考试。高等职业院校只凭高中学业水平考试成绩和必要的相关技能考核结果即可录取学生。这就使一部分学生解脱统一高考的束缚，有利于发挥他们的特长。”（顾明远，2014b）“分层考试组织起来可能有一定的难度，但它可以避免用一张考卷考所有学生的弊端。”（顾明远，2018b）[263] 这样的考试评价改革设想，带动了终身学习立交桥的设计，体现了顾先生主张的“三个基础”和以考试评价促进学生健康发展的宗旨。“根据终身教育的理念，在顶层设计上就设计了构建衔接沟通各级各类教育、认可多种学习成果的终身学习立交桥。任何一名学生，只要他有意愿和能力，都能取得更高层次学习的机会。这项改革可以改变千军万马挤向独木桥的局面，减轻了一部分动手能力强，理论学习较差的学生的心理压力和考试的负担。”（顾明远，2014e）“把学业水平考试最好的科目作为高校录取的条件，学生和高校双向选择，这样才真正做到因材施教，照顾到不同学生的差异，有利于学生的全面发展与个性发展的统一，改变过去‘以考定学’为‘以学定考’。”（顾明远，2016b）

顾先生认为，考试评价的改革，不仅要改方式、改制度，还要改内容，使考试评价与课程教学有机统一起来。“除了改革考试方式外，还要改革考试的内容。考试的内容不仅关系到能否选拔到真正优秀的人才，还关系到中学的课程和内容，影响到素质教育的推进。”（顾明远，2007）

顾先生的课程与教学思想，是促进每个学生生动活泼主动发展的思想。这一系列思想站在学生终身发展的立场上，以马克思主义全面发展理论为基础，以解决中国教育实践问题为旨归，总结历史经验，把握世界教育发展趋势，体现了中国教育培养面向未来的现代人的基本特征。

参考文献

顾明远，1980. 人才学和教育学 [J]. 人民教育（4）：25–27.

顾明远，1981a. 现代生产与现代教育 [J]. 比较教育研究（1）：1–8.

顾明远，1981b. 总结历史经验　认识教育规律 [J]. 北京成人教育通讯（1）：13–25，5.

顾明远，1983. 让学生生动活泼地主动地得到发展：纪念毛泽东同志诞辰九十周年 [J]. 天津教育（12）：2–3.

顾明远，1984. 新的科技革命和教育的现代化 [J]. 北京师范大学学报（社会科学版）(5)：8–18.

顾明远，1987. 论教育的传统与变革 [J]. 中国社会科学（4）：123–138.

顾明远，1988. 一门亟待发展的重要学科：学科教育学 [J]. 课程・教材・教法（7）：38–39.

顾明远，1989. 论课外活动 [M] // 连瑞庆 . 课外活动与人才培养 . 北京：光明日报出版社 .

顾明远，1990. 让儿童生动活泼主动地得到发展 [J]. 中国教育学刊（4）：2–3.

顾明远，1991. 再论教师的主导作用和学生的主体作用的辩证关系 [J]. 华东师范大学学报（教育科学版）(2)：69–73.

顾明远，1997a. 浅论素质教育的时代背景 [J]. 上海教育（1）：5–11.

顾明远，1997b. 关于教育现代化的几个问题 [J]. 中国教育学刊（3）：10–15.

顾明远，1998. 教育现代化与素质教育 [J]. 中国教育学刊（3）：3–5.

顾明远，2000a. 基础教育要打什么基础 [J]. 河南教育（基教版）(9)：1.

顾明远，2000b. 解放思想　转变观念 [J]. 中国教育学刊（2）：3–6.

顾明远，2000c. 终身教育：20 世纪最重要的教育思潮 [J]. 中国成人教育（12）：6–8.

顾明远，2000d. 过程与结果 [J]. 物理教学探讨（中教版）(1)：1–2.

顾明远，2000e. 留给学生自主学习的空间：谈关于“减负”的几点看法 [J]. 北京教育（5）：3.

顾明远，2001. 课程改革的世纪回顾与瞻望 [J]. 教育研究（7）：15–19.

顾明远，2002a. 全面发展　与时俱进 [J]. 中国教育学刊（1）：1–2.

顾明远，2002b. 课堂教学：一把“双刃剑”[N]. 辽宁日报，2002–02–01（C02）.

顾明远，2002c. 高等教育大众化与高考改革 [J]. 湖北招生考试（4）：5，11.

顾明远，2003a. 多样化是高中课程改革的必然选择 [J]. 全球教育展望（8）：3–4.

顾明远，2003b. 对教育定义的思考 [J]. 北京大学教育评论，1（1）：5–9.

顾明远，2004a. 中国教育的文化基础 [M]. 太原：山西教育出版社.

顾明远，2004b. 教育改革是一项社会系统工程 [C] // 中国未来研究会，中国管理科学研究院，北京大学教育学院. 第三届中国科学家教育家企业家论坛论文集.

顾明远，2005. 教是为了让学生学：谈学习和智慧 [J]. 教书育人（Z1）：38–39.

顾明远，2006. 在李吉林教育思想研讨会上的发言 [J]. 中国教育学刊（7）：6–7.

顾明远，2007. 一扫乌云见光明：纪念高考恢复 30 周年 [J]. 中国教师（4）：5–8.

顾明远，2008. 学校教学管理要以校风学风建设为统帅 [J]. 基础教育参考（7）：1.

顾明远，2009a. 亟需加强中小学的人文教育 [J]. 基础教育参考（3）：1.

顾明远，2009b. 跳出要不要文理分科的框框来思考 [N]. 中国教育报，2009–03–09（02）.

顾明远，2009c. 奥数班该叫停了！[N]. 中国教育报，2009–08–22（03）.

顾明远，2010a. 实现教育现代化的宏伟蓝图：学习贯彻《国家中长期教育改革和发展规划纲要》[J]. 北京师范大学学报（社会科学版）(5)：5–13.

顾明远，2010b. 教育发展在于改革　教育改革在于创新　教育创新在于学习 [J]. 中国农村教育（1）：8–9.

顾明远，2011a. 教育的国际化与本土化 [J]. 华中师范大学学报（人文社会科学版），50（6）：123–127.

顾明远，2011b. 个性化教育与人才培养模式创新 [J]. 中国教育学刊（10）：5–8.

顾明远，2011c. 教育要回归“人的发展”原点 [N]. 中国教育报，2011–07–11（02）.

顾明远，2012. 把学习的选择权还给学生 [J]. 河北师范大学学报（教育科学版），

14（1）：5–7.

顾明远，2014a. 立德树人是教育的根本任务 [J]. 辅导员下旬刊：教学研究（6）：1.

顾明远，2014b. 教育改革与发展的战略思想：纪念“三个面向”发表 30 周年 [J]. 教师教育学报，1（1）：1–4.

顾明远，2014c. 学生成长在活动中 [N]. 中国教育报，2014–07–26（04）.

顾明远，2014d. 教育领域综合改革的宏观视野 [J]. 教育研究（6）：4–9.

顾明远，2014e. 教育领域综合改革的突破口 [N]. 人民日报，2014–09–10（17）.

顾明远，2015. 教育改革关键在观念改变 [N]. 中国教育报，2015–01–30（002）.

顾明远，2016a. 对教育本质的新认识 [N]. 光明日报，2016–01–05（14）.

顾明远，2016b. 中国教育路在何方：顾明远教育漫谈 [M]. 北京：人民教育出版社 .

顾明远，2016c. 未来教育的变与不变 [N]. 中国教育报，2016–08–11（03）.

顾明远，2016d. 新常态　新教育 [J]. 新教师（1）：5–7.

顾明远，2017a. 教育现代化的终极目的是培养现代人 [J]. 新教师（10）：5.

顾明远，2017b. 马克思论个人的全面发展：纪念《资本论》发表 150 周年 [J]. 教育研究（8）：4–11.

顾明远，2017c. 研学旅行，“学”“游”兼得 [N]. 中国教师报，2017–01–18（01）.

顾明远，2018a. 顾明远文集第 11 卷：杂篇 [M]. 北京 : 北京师范大学出版社.

顾明远，2018b. 顾明远文集第 2 卷：基础教育 [M]. 北京 : 北京师范大学出版社 .

顾明远，2018c. 顾明远文集第 8 卷：顾明远教育口述史　顾明远演讲录 [M]. 北京 : 北京师范大学出版社 .

顾明远，2018d. 顾明远文集第 1 卷：教育与教育现代化 [M]. 北京 : 北京师范大学出版社 .

顾明远，2018e. 顾明远文集第 9 卷：杂草集　野花集 [M]. 北京 : 北京师范大学出版社 .

顾明远，2018f. 顾明远文集第 5 卷：比较教育　比较教育导论 [M]. 北京 : 北京师范大学出版社.

第五章

学校管理与领导

张东娇*

---

* 张东娇，北京师范大学教育学部教授、博士生导师，主要从事学校文化、教育管理学的教学与研究工作。

学校是教书育人的地方，教育是国家与民族文化传承绵延的重要渠道和手段。正确的管理和领导是学校正常健康运行的主要保障和方式。本尼斯说过，管理和领导的区别在于：管理是正确地做事情，而领导是做正确的事情。在大力提倡科学管理、民主管理与分布型领导的今天，学校管理与领导已经不是校长一个人的事情，而是大家的事情。政府和社会提倡和鼓励形成校长、教师、学生、家长、社区、专家等多元力量共同参与的学校治理体系。这些力量的整合要靠校长。校长是管理和领导角色的复合体，领导和管理是学校教育思想和实践的结合体。管理和领导是一种专业，也是一种艺术。

顾明远先生从教 70 年，其丰富多元的著述涉及教育的方方面面，对基础教育尤为关注。其中，对学校管理和领导的论述可以分为三个方面，明确回答了三个问题：谁来办学；做什么样的校长；办什么样的学校。用一句话概括顾先生的主张就是：教育家型校长才能办出好学校。

第一节　提倡教育家办学

中国教育已经从主要追求数量和效率转向追求质量和公平。教育家办学已经成为一项国家战略，《教育规划纲要》中明确提出要造就一批教育家。

教育家，遥远而神秘，大多数人都这样想。我们这个时代有教育家吗？大多数人都这样问。教育家办学，很多人也都会有这样的期待。其实，教育家办学并没有想象的那样神秘和遥远。顾先生从四个方面论述了这个问题，回答了人们的疑问。（顾明远，2007）

一、中国当代有教育家吗？

关于这个问题，顾先生说出了大家的困惑："一说起教育家，人们就会想到中国从古代到近代先后有孔子、韩愈、朱熹、蔡元培、陶行知等，而西方也有柏拉图、苏格拉底、夸美纽斯、赫尔巴特、杜威等不少大教育家。到了当代，在一些人看来，好像只有西方有教育家，像布鲁纳、布鲁姆、苏霍姆林斯基等，而中国似乎没有。"（顾明远，2007）顾先生认为："我们中国现在有13亿人口，2.5亿学生啊，难道就没有教育家？这无论如何也说不过去啊，而且我认为也与事实不符。"（顾明远，2007）他坚定地认为中国当代有教育家。那为什么大家觉得当代还没有出现在全国都非常有影响的教育家呢？为什么说不出谁是教育家呢？顾先生总结了三点原因。

（一）缺少影响全面的教育家

顾先生把我国教育工作者分为两类。"一类是教育实践工作者，他们耕耘在教育第一线，培养了大批人才，但是不注意总结经验；有少数人虽有创新实验，也总结过经验，提出过一些自己的教育见解，但还不成体系。而另一类是教育理论工作者，他们大多从事教育理论研究，很少参与教育实践，因此虽有许多科研成果，但缺少实验的支撑，实践的检验，他们的理论还不能影响我国教育的全局。"（顾明远，2007）这两类人都有不足之处。我们缺少既有系统教育理论又能将理论付诸实践的影响全面的教育家。

（二）对教育家要求错位

再有一个原因是我们把教育家看得太高了，对教育家要求太严了，要求他们既有理论体系，又能影响全局，既有系统的教育理论和创新的教育思想，又有教育实践经验。高标准、严要求下成为教育家的人自然就是凤毛麟角了。其实对教育家的要求不一定要那么严格、全面，能够坚持在教育第一线工作，以自己的道德文章培养许多人才，就可以被称作教育家。像北师大的启功先生，大家都认为他是教育家，季羡林先生也是我国著名的教育家，但是他们并非教育理论家。基础教育界也有许多教育家，如吕型伟、霍懋征、李吉林、朱正威等。

顾先生还提醒大家警惕另一种与此相反的现象，即要求过低、称呼泛滥。在有些人看来，当今社会可称其为“家”的太多了：歌唱得好就是歌唱家或者艺术家，写文章的都可以叫作家，办个厂子就可以被称为企业家，我们身边那么多优秀的教师自然就是教育家了！从事什么工作就是什么家，这种要求又降低了专业性。不是所有教师都能称得上教育家。如果大家都叫教育家，也就没有教育家了。（顾明远，2007）教育家是稀缺资源和宝贵资源，人人成为教育家既不可能也不现实。

（三）和平时期成为教育家不容易

人们还有一个疑问，是不是只有在艰难的时代才能出著名的教育家或者各种名家呢？顾先生以历史和发展的眼光进行了今昔对比。他认为，在艰难的时代，文化教育事业往往不发达，社会环境较差，所以整个文化教育队伍的规模很小，有几个出类拔萃的教育家，就容易脱颖而出。另外，在解放前通信不发达的条件下，许多有思想的教育家可能不为人所知，不同于像蔡元培、张伯苓这样的大学校长，后者身处高位，容易被大众所认识。新中国成立后，教育事业有了很大发展，国家对教育也很重视，教师只要按照党的教育方针教书育人就是了，用不着像解放前那样逆潮流而动。因此，实际上在和平时期有更多的教育家，只是他们不被人们认为是教育家。许多优秀教师有先进的教育理念和丰富的教育经验，但他们的成就、思想及经验被总结、宣传、介绍得不够，并没有为大众所熟悉，没有被社会广泛认可。（顾明远，2007）

二、为什么提倡教育家办学?

教育家办学固然难以轻易实现，但必须被提倡和追求。教育家办学有什么特别的意义？2011 年 4 月 23 日，顾先生在第三届京师教育论坛上发表了题为“论教育家办学”的演讲，从社会的角度，指出提倡教育家办学主要有两方面的意义。

（一）让全社会树立尊师重教的观念

教育是一项崇高的事业，关系到千秋万代和民族命运。教师是一个崇高的职业。伟大的教育家夸美纽斯说过，教师是太阳底下最光辉的职业。但是，长期以来教师不被社会所重视。谈到科学家、艺术家，人们都觉得很崇高，唱一首歌、拍一部电影，就可能成为歌唱家、表演艺术家，有的甚至就可以在全国走红，但是一说到教师，人们却会觉得很平凡。许多人在学校辛辛苦苦、兢兢业业工作一辈子，为教育事业做出了巨大的贡献，但还不能被称为教育家，这显然是不公平的。现实中，有很多人长期从事教育工作，培养了大批人才，而且形成了自己的教育思想和教育风格，他们可以被称为教育家。提倡教育家办学的一个重要意义就在于，让全社会都尊重教育、尊重教师。

（二）让全社会都知道一个基本的道理

教育家是深谙教育规律和人的成长规律的人。教育家办学可以让全社会明白一个道理，那就是：教育是有规律的，要按照规律来办教育；教师是一个专门的职业，不是什么人都可以胜任的。一般说来，教育规律可以分为外部规律和内部规律两种。外部规律是指教育和社会政治、经济、文化等领域之间内在的、本质的联系。内部规律是指教育本身的规律，首先是人的身心发展的规律，其次是施教的规律，这两者互相联系。按照教育规律办教育，就会事半功倍，否则就会贻误青少年成长，影响人才的培养，进而影响国家发展。

三、教育家是什么样的?

什么样的教师才称得上教育家？这个问题涉及教育家的标准。顾先生认为，只要符合一定的标准，从事教育工作的人，即教育实践工作者和理论工作者，都有机会成为教育家。

（一）四个标准

教育工作者具备什么样的条件才称得上教育家呢？顾先生提出了以下四个方面的标准。一是热爱教育，热爱学生，长期从事教育工作，一辈子献身于教育事业。二是勤于思考，善于实践，有自己独立的教育思想和观点。三是工作业绩出色，经验丰富，有自己的教育风格，在教育界有一定影响，被广大教师所公认。教育家是工作的结果，不是自封的。四是气质亲和。顾先生专门说了这个问题："我还想强调一下，有一些教师，甚至是特级教师了，但一接触，给人感觉有一种傲气，对学生严厉而不亲切，没有亲和的教育家的气质。教育家不是完人，不能求全责备，但正确的教育观念和高尚的职业情操是必不可少的。"（顾明远，2007）

顾先生对教育家的出现充满信心。"教育家应该是长期从事教育工作，有自己的理论见解，在教育界有较大影响，被广大教师所公认的人，不论他是第一线的教师，还是教育行政工作者或是教育理论研究者，都应该具备这样的条件。"（顾明远，2007）在顾先生看来，近些年来我国不少优秀教师开始进行教育实验，提出自己的理论；也有不少理论工作者走进学校开展实验，把理论与实际结合起来。"未来的教育家将在他们中间出现。"顾先生这样说。在充满信心的同时，顾先生也高瞻远瞩地指出："教育家不是教师的终极目标。教师的终极目标是培养的学生能个个成才，个个都得到应有的发展，都能为社会作出贡献。教育家是工作的结果，不是自封

的，是作出成绩以后被社会所承认的。”（顾明远，2007）

（二）两个根基

教育需要固守和传承一些优秀的文化，也需要与时俱进地吸收和学习一些外来的优秀的文化。在四个标准的基础上，顾先生又着眼于文化进一步指出，中国教育家需要两个根基：既要有中国文化的根，还要有国际文化视野。（顾明远，2007）这可以从两方面来理解：一是教育家必须有中国文化的底蕴，坚持弘扬中华优秀文化，如在教育上应该“学为人师，行为世范”“教学相长”，重视人格素养，以自己的道德文章教化学生；二是教育家要有开放的心态，吸收世界一切优秀文化成果和先进教育经验，讲民主，讲科学，尊重学生，重视学生的个性发展。

四、如何成为教育家？

顾先生把校长看作学科专业出身同时从事管理工作的教师。教师的职责是教书育人，是使学生充分发挥潜能并健康成长。《教育规划纲要》把“育人为本”作为教育工作的核心，然而现实中有许多学校、教师并不是以育人为本，而是以升学、分数为本。要想改变这种情况，就要由懂得教育的教育家来办学。那么如何才能成为一名教育家呢？顾先生从社会环境和个体努力两个方面阐述了这个问题，提出了自己的主张。他认为造就教育家，需要社会和个体共同不懈努力。

（一）教育家的出现需要肥沃的土壤

教育家的锻造不仅需要自身的努力，还需要土壤、阳光和水分。尤其是要造就一大批教育家，更应考虑如何创设一个良好的外部环境。顾先生认为，中国需要教育家，呼唤教育家，就需要为教育家的出现创造有利的环境。

1. 全社会要建立全面的教师评价体系，理解和尊重教师

尊重教育、尊重教师就要引导社会理解教师，合理评价教师。很多时候，教师工作都是默默无闻的，人们根本不了解许多优秀校长和教师在做什么，有多努力，因此，要向全社会大力宣传教育工作者的优秀事迹，让全社会都了解教育工作者的辛苦和成就。我国有许多优秀教师，既辛勤耕耘在教育第一线，又认真钻研教育理论，探索教育规律，提出过具有创新意义的教育观点，也著书之说，但没有被大家所了解和重视，也就说不上是在教育界有较大影响、为广大教师所公认的教育家。因此在评选模范教师、先进教师、特级教师的时候，在看重和宣传他们的教学质量、思想品德的同时，要注重总结他们的教育思想和理念，对教师文化修养、教育思想做出全面评价，加强专业性，以引导社会尊重教育和教师职业。

2. 全社会要正确认识教师的职业特点

教师职业与一般职业不同。教师的职业特点由其职业对象、职业内容和职业手段所决定。首先，教育的职业对象是活生生的人，是正在成长中的少年儿童，不是无生命的物质。其次，教师的职业内容是教书育人，是帮助儿童成长，是提供教育服务。再次，从职业手段来看，教师使用的工具和手段是知识、才能、品德和智慧。教师职业有以下特点：具有复杂的脑力劳动的特点，具有极大的创造性和灵活性，具有鲜明的示范性，具有长期性和长效性。

要多为教师提供学习进修的机会，帮助他们不断反思自己的教育行为，钻研教育理论，提高文化素养和业务水平。要倡导将教育理论和教育实践相结合，创造出具有中国特色的教育理论体系，指导中国的教育改革和发展。这样的大环境有助于培养和锻造一大批教育家。

（二）成为教育家需要个人坚持不懈地努力

成名成家需要社会良好环境的支持，更需要教育工作者自身的不懈努

力。对此，顾先生指出了教育工作者个体努力的方向和途径。

1. 努力更新教育观念

《教育规划纲要》明确指出，深化教育改革的关键是更新教育观念。作为新时代的教育工作者，应当牢固树立以下观念：全面发展观念、人人成才观念、多样化人才观念、终身学习观念以及系统培养观念。人才观及教育观在很大程度上决定了我们对学生的态度和教育方式，所以我们要努力更新自己的思想观念。理念带动行动，顾先生鼓励大家树立这样的观念，正如他所主张的：没有爱就没有教育，没有兴趣就没有学习。

2. 精通所教学科知识

作为教师，首先要掌握自己所教学科的知识体系，这是毫无疑问的。教师不光要掌握知识，而且要深刻理解本学科的本质，它的发展历史、来龙去脉、最新的发展趋势，以及它与其他学科和社会发展的关系，等等。现在学科知识发展很快，不必要求教师对某个专业方向钻得很深，但应要求教师掌握本学科的整个知识体系，了解当前本学科的发展趋势。今后的教师资格考试，将更加注重考查教师对所教学科知识体系以及学科本质的把握水平。

3. 勤于学习，善于思考

要想成为一名教育家，就要不断地学习：学习教育理论知识，学习别人的优秀经验，与此同时，还要善于反思和总结自己的实践经验并将其上升为理论，从而不断提升自己的专业素养。现在都在讲教师发展，教师怎样才能发展？这当然主要靠学习。教师要在自己的教育教学工作中学，善于反思自己的教学行为，哪些是好的，哪些有欠缺。在实践中遇到问题，再去学习教育理论、心理学理论，就会有的放矢，教师也会得到提升。此外，我们也要学习外国的先进教育经验，要学其“真经”，而不能只是停留在道听途说上。“真经”学到手，再加以本土化，才可以为我所用。教师学习一些通识性知识也是必须的，这样的学习可以丰富自己的学识，提高自己的文化修养。教师要有点悟性，有点教育智慧和教育艺术。悟性从哪里来？从书中来，从丰富的知识中来。教理科的老师不妨读点文学读物，教文科的老师不妨读点科普读物。读书滋养人生，这样既增长了知识，又能提高修养，从丰富的阅读中悟出人生的价值、教育的价值。当然，现在老师很辛苦，时间很紧张，但如能每天抽出一小时或半小时读书，长此以往，一定会有好处。

4. 身体力行，坚持不懈

教育家需要具备一定的理论知识，更需要扎扎实实地进行教育实践。悟性、思考、勤勉都是成为教育家所需要的品质。如果能够认真上好每一节课，教好每一个学生，而且能几十年如一日坚持下来，就可能成为一名教育家。成长为一名专家不是一蹴而就的，需要长期磨炼。许多老教育家如上海的段力佩、吕型伟、于漪，北京的陶淑范、霍懋征等，都是一辈子从事教育工作，在工作中不断努力，有理论研究也有实践积累，培养了大批人才。他们的教育人生就是教育家的成长之路，教育工作者只要有追求，都有机会成为教育家。

第二节　做一个好校长

好的教育会造福国家和社会，好的教育依靠好的管理和领导，好的管理依靠好的校长，因此，校长更应该成为教育家。然而，如果没有担任基层一线教师的深厚经历，不理解做教师的苦与乐，不知道教师的所思所想，不能和教师心灵相通，是做不好校长的。

时代呼唤教育家型校长。只有教育家型校长，才能对学校进行专业领导和思想领导，才能提高管理效率和效益。与教师不同的是，校长具有两种专业身份，一是其学科专业身份，二是其管理和领导专业身份。那么，校长的角色定位是什么？什么人能够当校长？校长的管理智慧从哪里来？顾先生对校长角色定位、作用、智慧来源等问题都做了相关论述。

一、校长是学校的灵魂和旗手

校长的角色定位是什么？校长是学校的领导者、决策者和高级管理者，是学科带头人，是学校领导集体的带头人。有什么样的校长，就有什么样的学校。校长的工作对学校全局起指导、组织、协调和统领作用。

（一）一个好校长就是一所好学校

苏霍姆林斯基和陶行知都认为：一个好校长就是一所好学校。一所好学校，必然拥有一位好校长。陶行知认为，校长是一所学校的灵魂。顾先生坚持这个观点，并进行了进一步阐述。他在 2004 年 8 月 4 日致首届全国中学校长大会的开幕词和 2005 年 12 月 17 日致首届全国小学校长大会的开幕词中指出：校长是学校的灵魂，是教师队伍的旗手、领头人。有一名优秀的校长，就能有一所好的学校。当然，办好一所学校要依靠各种资源：人力资源，包括教师、学生、家长；财物资源，包括校舍、设备、经费；信息资源，包括课程、教材、图书资料；等等。但是谁来把这些资源合理配置，使它发挥最大的效益呢？无疑是校长。一所学校的教育理念的建立、办学思路的设计、校园文化的建设，都要靠校长来筹划。校长也要和教师一起制订学校的发展目标，铸造学校的独特文化，并且带领全校师生努力奋斗。因此，有一名优秀的校长，就能有一所好的学校，这一命题没有错。

顾先生在《中小学校长应具备的基本品质》一文中再次强调这一命题：“我还是同意‘有一个好校长，就有一所好学校’的说法。当然，办好一所学校要有多种条件，人、财、物都要齐备，缺一不可。但是学校的人、财、物由谁来统领？由校长。"（顾明远，2008a）[1] 办好一所学校最重要的当然是要有一支优秀教师队伍，但这支队伍谁来统领？还是由校长。"校长是学校的领头人，是学校的旗手，他要带领师生完成党和国家交给的培育人才的任务。如果校长有先进的理想和高尚的人格魅力，有能够凝聚全校师生的力量，那他就是学校的精神领袖。有了他，学校就能蒸蒸日上。我国历史上有许多好校长，他们都把学校办得有声有色，例如北京第二实验小学的陶淑范，上海育才中学的段力佩，天津一中的韦力等。"（顾明远，2008a）[1]

顾先生在为《境界与智慧》一书所写的序中再次重申：有一名好的校长，就能办好一所学校。办学校当然要靠全校的师生员工，不仅如此，还要依靠家长、社会的支持。但是全校师生员工谁来组织？社会力量谁来调动？要靠学校的带头人——校长。

顾先生特别强调人格在学校管理和领导中的作用。"校长是学校的旗手，是师生的精神领袖。这种旗手和精神领袖作用不是靠校长的权势，而是要靠校长高尚的品格、丰富的学识、教育的智慧、亲和而开放的作风，也就是靠校长的人格魅力。……校长要带领全校师生为一个共同愿景而奋斗，校长就要带领全体教师学习，把学校建设为一个学习共同体，在学习中求发展，在学习中创新。这是校长最重要的使命，也是现代学校文化建设的核心。"（顾明远，2008a）[1]

（二）树立正确的教育思想

顾先生主张用正确的教育思想指导教育实践。校长是学校的灵魂和旗手，是教师和学生的精神领袖，这种角色定位要求校长首先对学校进行思想领导。苏霍姆林斯基说过，对学校的领导，首先是教育思想的领导，其次才是行政的领导。这一观点被称为教育思想领导。教育思想领导指学校管理者要有科学的教育思想，强调学校要由教育专家通过凝练和传播教育思想进行管理，教育思想居于领导地位。一个好校长，首先应该是教育思想家：对学校教育，有自己的理解和看法；对师生发展，有自己的认定和主张。有自己的理解和看法，才不会轻信盲从，人云亦云；有自己的认定和主张，才不会见风使舵，漂浮不定。校长的思想，是学校的灵魂。好校长总能通过自己的思想观念，去影响师生，改变师生，引领学校不断前进。

1. 正确的教育思想可以避免盲目实践

任何一项教育实践都有一种教育思想或理论的支撑。成功的教育管理和领导行为背后都存在正确的规律、思想和法则。有了正确的教育思想才能科学地指导教育实践，避免或减少盲目实践带来的危害。这种教育思想或理论就实践者来说，有的是实践者自觉意识到的，有的则是自己并未意识到的。但不论是否意识到，这种教育思想或理论总是客观存在的。盲目的教育实践可能受两种教育思想的支配，也可能得出两种结果。有的可能恰好符合正确的教育思想，其结果就会收获教育的成功；有的可能与正确的教育思想相违背，其结果则会导致教育的失败。因此，当教育界在传播一种经验的时候，我们不要就经验论经验，首先要了解教育经验的实质，了解它的指导思想。如果指导思想是正确的，那么学习者应该掌握它的指导思想，认识它的精神实质。故不要从方法上、形式上去学习别人的教育经验。教育实践中往往会遇到这样的情况：本来某个学校创造的教育经验是很好的，但是一经推广，反而出现了许多副作用。这就是因为学习者没有学到人家的精神，没有意识到人家的教育经验背后的教育思想。这就是盲目实践的后果。

2. 校长要有办学理念和目标

正确的教育思想可以产生正确的办学理念和目标。校长需要根据教育发展的形势、学校的历史和发展情况，不断提出学校发展的思路，引导全校教师共同研讨学校发展的愿景，使学校可持续地向前发展。学校发展要有奋斗目标和美好愿景，这个奋斗目标不是上级教育部门布置的任务，而是学校根据具体情况制定的育人目标和发展目标。这样的目标也不能光靠校长一个人想出来，而是要由校长、教师和学生共同研讨出来，才能真正成为学校发展的愿景，才有生命力，也才能带动全校师生为之努力。

3. 学习教育理论是为了实践

顾先生在《普及教育理论，传播教育经验——贺〈人民教育〉出版400期》一文中论述了学习教育理论的重要性。“对广大教师来讲，主要是掌握、运用教育规律，掌握、运用教育规律不能光靠教育学教科书，不在于背熟教科书中的几个条条，而在于在实践中领会所学到的理论，创造性地运用这些理论，这就是实际的教育经验。教育理论是需要学习的。正如列宁所说的，没有理论指导的行动是盲目的行动。但教育理论的学习必须和实际结合起来，学习教育理论是为了教育实践，同时也只有在教育实践中才能更好地理解和掌握教育理论。”（顾明远，1998）[9-10]

（三）坚持民主治校

一位好校长，是教育思想家，也是教育实践家。好校长既有想法，又有办法，敢想敢做会干，用想法指导做法，用做法来证实想法。顾先生强调校长应该成为教育理论家和教育实践家，即教育家型校长。在学校管理和领导中，尤其强调校长民主治校。顾先生主张教育家身上应该具有亲和特质，校长应该进行魅力领导和人格领导。

1. 校长要走到学生中去

教书育人是教育的核心任务，学校的一切工作最后都要落实到学生身上。因此，对学生的研究也是学校的重要工作。顾先生提出三条建议：其一，校长和教师要了解学生，研究学生，了解他们的需要，了解他们的学习情况，关心他们的生活和思想。教师要和学生打成一片，校长也要和学生打成一片，成为学生的朋友。其二，校长不仅要了解在校生，还应跟踪学校的毕业生，了解他们的发展，听取他们对学校的改进建议。其三，校长还应该联系一批不同职业的学生家长，了解学生在家庭中的学习和生活，听取家长对学校工作的意见。（顾明远，2008a）[1]

2. 校长要善于用人和用权

学校是一个多层次、多结构、多因素的有机组织和学习结合体，事情千头万绪，永无止境。校长以有限的精力来对付“无穷”的工作，困难很多，难度很大。要把学校的各项工作干好，引导学校更好地发展，校长就要学会用人用权，把最合适的人用在最合适的位置上，实现人职匹配。校长要相信下属，下放权力，让每一位学校成员都有发展机会，充分调动他们的工作热情，为工作目标而努力。

二、校长首先应该是一名优秀教师

立德树人是学校教育的终极目标，教学工作是学校的核心工作，提高教育质量也是学校工作的重中之重。从这个立场出发，顾先生对校长的出身、角色定位和主要任务等做了系列阐述。

（一）校长要从教师里面选拔出来

什么样的人可以当校长？各个国家都出台了校长的遴选标准和专业标准。校长首先应该有自己的学科，胜任教学，是个优秀教师。顾先生对此提出了两点主张。

1. 校长应该出身于教师

“校长首先应该是一名优秀教师，因为学校的任务就是教书育人。校长自己不会教书，天天泡在会议室里，或者成天跑上跑下搞关系，怎么能带领全校教师搞好教学？”（顾明远，2008a）[1] 校长要从教师里面选拔出来，这样的校长才会懂得教育教学，懂得教师和学生的需求。

2. 校长的专业要求

既然校长这么重要，校长应该具备什么样的品质？顾先生认为这样的人能够胜任校长角色：既有当校长的意愿，为学校奉献的精神，又有组织全校师生员工为发展学校同一愿景而努力的智慧。就是说，校长除了要有一般教师的教学专业能力外，还需要有组织管理的能力、公关的能力。

（二）校长主要精力要放到教育教学上

在回答了校长的角色出身和专业要求后，顾先生回答了校长精力主要用到哪里的问题。

1. 离教育家办学有点远

教育家办学应该是在办学标准实现基础上体现专业性、发展性和学理性。实现教育家办学，我们还有很长的路要走。现实中，校长的角色是这样的：行政事务繁杂，文山会海；应对不完的各种检查和评估；安全问题、升学率问题大如山；困难地区的校长发愁办学经费。这导致很多校长真正用于教育教学的精力非常有限，系统研究和思考不够，谈不上教育家办学。

2. 学校要坚持教学中心

学校的中心工作是教育教学。校长的主要精力要放到教育教学工作上。这就要求校长要走进课堂，走到教师中去，虚心向教师请教，了解教师的想法，和教师一起研究如何改进教育教学。只有了解了教师的工作状况，校长才能掌握学校的全局，才能提出办学的思路。

校长切不能忘记了自己的最中心、最本质的工作，就是带领全体教师提高教育教学质量。为此，校长要走进课堂，走到教师和学生中去。如果有条件的话最好兼一门课。苏联教育家苏霍姆林斯基在地处农村的帕夫雷什中学当了 23 年校长，一直没有离开过课堂，而且还担任一个班的班主任。他天天听课，天天和学生在一起，研究了3700多名学生的成长过程，著述几百万字，成为世界知名的教育家。实现中华民族伟大复兴的中国梦，实现两个一百年的奋斗目标，我们也需要一大批有思考力和执行力的教育家型校长。（顾明远，2008a）[1]

3. 课堂是教学管理的重心

坚持教学中心就意味着教学管理的重心是课堂。课堂教学是教学的主战场，是师生成长和教学质量提升的空间。在课堂上，学生获取知识和能力，形成正确的世界观、人生观，教师不断提高自己的教育教学能力，不断自我实现，提升自己的人生价值。为了不断提高课堂教学质量，教学管理者需要做到以下三点。

一是要走进课堂。教学管理者，特别是校长、教务主任要走进课堂，与教师共同研究，改进教学；要鼓励教师不断学习，努力钻研，认真备课，精心设计。

二是要把组织教师学习放在重要位置。学习教育方针，学习教育理论，研究教材和研究学生，不断提高教师的教学能力。

三是要坚持制度与个性相结合。当前课堂教学管理中有一个误区，即只强调规范，不提倡自由创新；只重视统一要求，不重视个性发展。有些学校对教师备课上课的要求很严格，教案写得越详细越好，上课要严格按照教案执行。这种把本来具有鲜活生命的教学活动束缚在一种形式中，必然会压制教师的创造性。教学既是科学，又是艺术。教学当然要遵循教学规律，但更重要的是创新。因为教学的主体和对象都是人，都是鲜活的不断变化着的人。每堂课都会有不同的情境，教师的艺术就在于利用教育机智灵活应对不同的教学情境，把关注任务和关注学生结合得生动自然。不同的教师有着不同的性格气质和教学风格。教学管理者要鼓励教师开拓创新，创造自己的教学风格。因此，教学管理要克服形式化、模式化，在规范中有自由，在统一中有个性。教学管理制度的建设只是教学管理的最低要求，是正常教学秩序的保障。但要提高教学质量，更重要的是靠教师思想水平的提高、业务能力的提升。教学管理的制度建设也很重要，有了制度就会有条不紊，按部就班，职责分明。但制度建设必须和办学理念相结合，并且以办学理念为指导。教学管理的制度建设要营造一种让师生感到充满生气、积极向上、愉悦舒畅的教与学的环境。

（三）教学管理需要精神的引领

管理和领导是人与制度的对话，是人与人之间的对话。教学管理是提高教学质量和维持教学秩序的主要途径，是学校文化的主要组成部分。顾先生关于这一问题的看法如下。

1. 教学管理要以校风学风建设为统帅

顾先生这样理解管理：管理是一种制度，更是一种文化。学校是文化的殿堂，更需要用人文精神来管理，来引导。因此，“学校教学管理要以校风学风建设为统帅，校长、主任与教师一起在课堂上，在教学中，在共同学习和研究中进行。这就是学校教学管理与其他企事业管理最不同的特点”（顾明远，2008b）[1]。

学校管理和学校教学管理不能只是制度的管理，而要有一种精神为统帅。学校教学管理是学校文化建设的重要部分。学校文化建设包含了校风学风建设、制度建设、校园环境建设、行为习惯建设。在这其中，校风学风建设是核心，是统帅。学校教学管理也要以校风学风为统帅，这样教学就有了灵魂。

2. 教学管理落实办学理念

学校办学理念包括育人目标和办学目标，它回答的是办什么样的学校和培养什么人的问题。顾先生认为，校风学风是指一个学校的思维方式、治学态度。从思维方式来讲，就是学校怎么办，办成什么样子，有什么办学思路。学校教学管理首先要解决培养什么样的人和怎样培养人的问题。这个问题解决了，教学管理才有方向，有目标。如果学校的办学目标是培养有创新精神和实践能力的人才，教学管理就会鼓励教师在教学中改革创新。如果学校的办学目标是追求升学率，教学管理就会限制教师在教学中改革创新，处处用考试的要求来束缚师生的手脚。

三、校长智慧从学习和实践中来

顾先生一直主张，校长要将教育理论和教育实践相结合，这样才能智慧管理和领导学校。校长的智慧从哪里来，是天上掉下来的吗？还是拍拍脑袋想出来的呢？恐怕都不是。只有从学习和实践中来。

（一）校长要带领全校教师学习

教育家型校长既然是教育思想家，就应该是有智慧的人。而智慧的获得只能靠学习和实践。学习，要向书本学，学理论，学思维方式。想清楚了才能做明白，有了正确的理论和思维方式，才能把事办好，事半功倍。否则，则只会事倍功半。

1. 校长要会学习

校长的智慧源于不断的学习，包括间接知识和直接知识的学习。无论直接经验或间接经验，只要是有用的知识，都应该认真学习。人类文化成果经过去粗取精，科学地集中起来，使得学习者能在较短的时期内加以掌握，有利于扩大他们的知识领域和缩短认识过程。把阅读作为基本生活方式，校长要主动学习管理知识和领导理论，掌握管理学和领导学的主要原理。

理论与实践是互相作用和促进的。理论是从实践中产生的，它来自实践，同时又反过来指导实践，而实践则能够丰富和创造理论。校长作为教育理论和实践结合的桥梁，在日常工作学习中要特别注重理论和实际的联系，一方面要积极向优秀的同行和先进学校学习直接的管理经验，包括国内和国外的先进经验，同时又反对空谈理论或者不加分析地照搬外国某个学派、某个学者的理论。另一方面，校长也要及时总结在现场学习实践中获得的启发，不断总结和反思自己的管理行为，结合自己学校的实际思考、求真、创新，其结果就是管理智慧。

2. 校长要带领教师学习

校长要带领全体教师学习，把学校建设成一个充满活力的学习共同体，在学习中求发展，在学习中创新，在学习中实现目标，引领师生过一种美好的教育生活。校长带领教师学习要注重做好以下几个方面。首先要重视读书，举办读书节，推荐好书，组织教师参加读书分享会和读书讲座。其次，鼓励和指导教师制订学生阅读周计划、月计划、学期计划和年计划，引导学生参与到图书管理中。最后，做好阅读评估工作，研究阅读与学生和教师成长进步的关系，用数据说明结果，指导阅读工作改进。校长是学校的旗手和灵魂，要有先进的教育理念和领导的智慧，带着对学校前途的美好憧憬，带领全校教职员工认真学习，努力钻研，不断提高教育质量。

第三节　办好每一所学校

有了教育家型校长，就能办出好的学校。《教育规划纲要》明确提出，“办好每一所学校，教好每一个学生”。党的十九大报告强调优先发展教育事业，发展素质教育，深化教育改革，办好人民满意的教育，努力让每个孩子都能享有公平而有质量的教育。公平和质量是当代教育发展的两大主题，其实现的前提是办好每一所学校。顾先生持续关注教育质量、公平、差异等问题，做了大量的系统论述。

一、办好每一所学校是全社会的责任

2011 年 11 月 9 日，顾先生在杭州名师名校长论坛上的演讲主题就是：办好每一所学校，教好每一个学生。他认为，“办好每一所学校，教好每一个学生”，真正做到这点，质量也有了，公平也有了。办好每一所学校，教好每一个学生，是教育本质的体现。教育的本质就是促进人的成长和发展，就是培养人才。学校是培养人才最集中、最有利的场所。（顾明远，2010）

（一）办好每一所学校的意义重大

1. 是教育公平的最好体现

顾先生认为，办好每一所学校是普及教育的要求，教好每一个学生是普及教育的根本目的。教育公平，不仅指教育机会的公平，即不让任何学生因性别、年龄、民族、宗教信仰、家庭经济状况而失学；而且要实现教育过程的公平，就是要合理配置教育资源，包括硬件的配置，也包括软件的配置，特别是教师的配置，所以我们要办好每一所学校，让全体学生享受平等的教育。我国现在普及的九年义务教育都是免费的，已经达到教育机会的基本公平。但教育资源分配不均衡，有些贫困地区办学困难，还没有完全做到让孩子一个不漏地上学；提倡全纳观念，特殊教育还需要努力，各方面要为特殊儿童和学校提供专业支持。实现教育公平有很多问题需要解决，是一个长期的任务。

2. 是办好让人民满意教育的具体体现

世界全民教育的理念，是要让社会每个成员都接受有质量的教育。好的教育就是有质量的教育和学生获得全面发展的教育。免费九年义务教育的普及，解决了全国儿童都有学上的基本问题。中国特色社会主义建设进入新阶段，我国社会主要矛盾是人民日益增长的美好生活需要和不平衡不充分的发展之间的矛盾。当下各方的教育需求更进一步，不仅是使所有学龄儿童有学上，而且要上好学，享受公平而有质量的教育。所有学生都能上家门口的好学校，就必须办好每一所学校，这样的教育和学校才能使家长满意，使人民满意。

3. 是新时期推进素质教育、提高教育质量的要求

我国教育已经发展到一个新的历史时期，即由数量的发展转变到质量的提高、由能够办学校到要求办优质学校的新阶段。提高质量的前提就是要办好每一所学校。《教育规划纲要》提出："提高义务教育质量。建立国家义务教育质量基本标准和监测制度。"每所学校都要按照国家确定的教育质量基本标准办学。

（二）办好每一所学校需要多方共同努力

教师和学生每一天的大部分时间都在学校度过，创建安全、舒适的校园环境因此显得特别重要。校长要努力创建良好的校园环境，要让教师喜欢在此工作，学生乐意在此学习。顾先生指出，办好每一所学校需要多种力量共同努力，政府、社会、学校、家庭都有责任。

1. 政府落实优先发展教育战略

十年树木，百年树人，教育是一个民族最根本的事业。教育优先发展就是要把教育放在国家发展的首位，确保教育投资的优先稳定。毫无疑问，政府在这方面承担着主要责任。

首先，各级政府要落实党的十七大、十八大、十九大提出的"优先发展教育，实现教育公平"的发展战略，合理配置本地区的教育资源，包括财物资源和人力资源；政府还要遵循教育规律，用正确的教育理念指导和管理学校，为办好每一所学校创造必要条件。政府有责任减轻学生的学业负担。其次，致力于减轻学生的课业负担，出台各种相关政策，加强督导的专业性和指导性，积极进行考试评价制度改革，引导教育发展的方向。

2. 学校建设优秀教师团队

教师团队的整体素质和教育教学水平决定着学生的成长质量。校长的任务是，建设一支懂教育、有理想、有激情、有水平的优秀教师团队，人尽其才，物尽其用，充分利用各种资源把学校办好，办出特色，办出水平。培育优秀教师队伍要重视学校的文化建设，做到教书育人、管理育人、环境育人。学校建设在细微之中，学生的成长在活动中，很细微的地方就能体现学校的文化，也能检验教师的素质。

3. 全社会尊师重教

全社会都要尊师重教，政府也有责任引导尊师重教氛围的形成和尊师重教大环境的建设。首先，要引导社会尊重教师，尊重教育家，热衷于请教育家来办教育、办学校。教育家办学的意图应不是非得指定谁是教育家，谁不是教育家，而是要让全社会都来尊重教师和教育，让他们有社会地位，受人尊重。这样的社会环境和尊师重教的氛围给了教师足够的动力，也为教师指明了一个发展方向：致力于钻研业务，钻研教育规律，朝教育家的方向努力。其次，实施免费师范生教育，为教育家的出现提供源源不断的后备力量，未雨绸缪，长远规划，这样人才就不会断流。最后，全社会都要积极支持学校的工作。例如，社会的舆论、媒体的介入、社区活动、学校周边环境的整治等，都要从有利于办学的角度出发。

4. 家长与学校加强沟通

家长和家庭是学生成长的重要影响者。提高教育质量，办好每一所学校，教好每个学生，家长也有责任。首先，家长要利用现代通信技术手段，主动与学校保持联系，了解学校情况，积极支持学校工作，积极参与相关活动，如阅读活动、运动会等。家长要积极参加家长委员会，适当参与管理工作和义务活动。其次，家长应该经常与教师沟通，积极参加家长会，了解孩子在学校的表现，配合教师的工作，共同促进学生的成长。

二、学校要办出特色

好的校长是教育家型校长，好的学校是优质而有特色的学校。顾先生在学校办学上有两个主张。一是教育质量与学校特色并重：没有教育质量的特色，就不能成为特色；没有学校特色，也就没有高的教育质量，不可能培养出创新型人才。二是教育公平与教育差异并重。在强调教育公平的同时，不要忘记教育的差异。这种教育差异不是说办学条件的差异，而是指学生发展的差异，即要重视因材施教。学校要根据办学的历史、当地人文地理背景、学生的差异，办出特色。学校要根据国家课程标准的要求，设计出多种课程和活动，为学生提供多种选择，促进学生全面发展。

（一）什么叫学校办出特色

学校办出特色是根据学校的历史、环境、文化、传承而形成的一种基调和风格。顾先生在《教育质量与学校特色》一文中论述了教育质量和学校特色问题：现在许多校长都说要把自己的学校办出特色，这是很好的想法。（顾明远，2009a）[1]确实，过去在计划经济时代，全国一套教学计划、一套教学大纲、一套教材，不考虑地方和学校的特点，不重视学生的个性发展，千校一面，缺乏特色。近些年来，特别是新课改以来，除了课程的国家标准以外，容许开发地方课程、校本课程，这就为学校办出特色创造了政策条件。但是，由于受到应试教育的影响，不少学校把特色课程纳入应试教育的轨道。这些学校开设的特色课程或者美其名曰特色班、实验班等，目的都是使学生在升学中获得“特色”成绩的优势。这就与把学校办出特色的教育理念背道而驰。

1. 为什么要把学校办出特色？

学校办出特色是由教育的目的和学校的培养目标决定的。社会需要各类创新型人才，学校就要培养学生的创新意识、创新能力，就要办出特色。如果用一个模式办学校，用一个模式培养人，表面上看来似乎很公平，其实对每个个体来讲是最大的不公。因为每个学生的天赋资质、兴趣爱好、生存环境都是不相同的，用一种模式要求学生，就会削足适履或者宽不成履。对一所学校来讲也是这样，学校的环境不同，历史传统不同，也不能套用一种模式，实际上也不可能办成一个样子。因此，把学校办出特色是和培养人才，和学校的教育质量相联系的。（顾明远，2003）[15]

2. 什么叫学校特色?

“把学校办出特色”已经成为时代的要求。但是，什么叫“办出特色”，很多人却并非能说清楚。比较普遍的说法是“全面发展 + 特长 = 特色”。全面发展就是贯彻德智体美劳等全面发展的教育方针。特长是指学生在全面发展的基础上还具备某些独特的技能，例如会唱歌、会跳舞、会绘画，是体育运动员，或是科技小能手等。为了办出所谓“特色”，不少学校就在这些技能上下功夫，把学校办成音乐艺术特色校、体育特色校、外语特色校等。虽然这些学校培养了一些有特长的学生甚至人才，学生在这些活动中也显得生动活泼，但这样办学算不算办出了特色?

为了回答这个问题，顾先生举了一个例子。他参观了成都市青羊区实验小学分校，这所学校是为因改造府南河滨而拆迁的居民孩子办的一所学校。小学生的家庭都是从河滨原来的棚户区拆迁搬来的。父母大多文化水平较低，素质也较差，不仅不知道如何教育孩子，而且行为粗野。学校办学之初，针对这种情况，确定了把办学校与建设社区文化结合起来的方针：通过学校教育来影响家庭教育、社区教育，然后家庭教育、社区教育又促进学校教育，形成学校、家庭、社区教育的互动和合力。校长在介绍情况时说，学校办学之初，开家长会时，有些家长光着脊梁、穿着裤衩来开会。学校一方面对家长进行宣传教育，要求家长按照学校的要求配合学校做好孩子的教育工作；另一方面动员学生做好家长工作，让孩子对家长提出要求。有些家长参加家长会时衣衫不整洁，孩子就会批评家长："你看人家的爸爸妈妈穿得多整洁！"父母都有疼孩子、爱面子之心，以后就再也没有衣衫不整来开会的家长了。家长说脏话的情况也少了。久而久之，整个学校、社区、家庭都形成了一种讲文明、讲礼貌的风尚。学校同时又继承实验小学总校的传统，狠抓教育质量，使得学校整体质量不断提高，短短几年就成为成都市远近闻名的好学校。在顾先生看来，这才真正叫作"学校办出了特色"。

3. 顾先生的学校特色观

在顾先生看来，特色是指不同于一般，不是平平常常，而是要有所创新，具有个性，而且这种个性能够形成传统，代代相传。因此要把学校办出特色，就要有新思想、新思路，要结合本校的具体情况，发挥优势和特长。这种特长可以表现在各个方面。可以是在教育（德育）工作上，也可以是在教学工作上；可以是在课外活动上，也可以是在课堂教学上；可以是在办学模式上，也可以是在教育方法上。教育是丰富多彩的社会活动，特色也应该是丰富多彩的。但归根到底，学校办出特色的目的是提高学校的教育质量，培养出高质量的人才。

（二）怎样把学校办出特色？

《教育规划纲要》指出："树立以提高质量为核心的教育发展观，注重教育内涵发展，鼓励学校办出特色，办出水平，出名师，育英才。"校长要积极把学校办出特色，才能培养多种有用人才，才能适应社会发展对人才的多种需求。因此，走特色发展之路是学校发展的必然。所谓学校办出特色，就是在正确、先进的教育思想的指导下，从本校的实际出发，经过长期的办学实践，形成独特的、优化的、稳定的办学风格与文化气质。怎样做到这一点呢？

1. 给学校一点自主权

学校是专业组织，要有管理的空间。顾先生主张，要使学校办出特色，就要给学校一点自主权。曾有一段时间，我国对学校统得太死，全国一个教学计划、一套教学大纲、一套教科书，学校没有自主办学的空间，在这种情况下要求学校办出特色，也实在难为校长们。因此，要使学校办出特色，就要改变管理体制，让学校有点办学的自主权。例如课程改革，除了全国统一要求的基本课程外，可以允许学校自行设置它们认为有必要开设的课程，或者有特色的课程。只有这样，学校才能结合本地的实际和学校的实际，发挥学校的优势和特长，真正把学校办出特色。

2. 认真分析校情和环境

学校办出特色，校长至关重要。因为学校办出特色首先是教育思想和办学理念有特色。一所学校的办学特色，实际上是校长办学思想个性化的体现。校长自身的创新意识、特色意识和独特的办学思想对创建特色至关重要。校长作为学校管理的决策者和组织者，要用自己的教育思想，利用学校的优势，发展自己的独特见解，形成自己的教育信念，并加以实施，只有这样才能形成办学特色。同时还要立足校情，分析校情。校长的思想和理念不能脱离学校实际，办学理念要符合学校情况。学校办出特色必须充分考虑本校的地理位置、硬件条件、师资队伍、管理模式等现实条件和基础，需要认真分析校情，分析环境，分析学校自身状况：师资情况如何？经费状况如何？基础条件如何？能做什么？如何做才能发挥作用？适合做什么样的特色项目？在分析、把握校情的基础上，选择能适应社会需要、适合本校实际的突破口和切入点，然后加以培育和发展，才能逐渐形成办学特色。

三、重视教育资源库建设

办好一所学校，从宏观到微观，影响因素很多。顾先生认为，教师队伍、校舍设备、信息等是主要影响因素。（顾明远，2009b）[1]过去，学校信息主要是指教学大纲、教科书；现在，学校信息是多方面的，有课程标准、教科书，还有各种图书资料、声像资料、电子信息等。尤其是进入信息化、网络化时代后，信息来源更是多种多样。网络技术在教育领域中的应用，促使教育方式和学习方法发生了革命性的变化。从教学内容来看，教师光是照本宣科已经不能满足学生的需要，学生可以从各种渠道获得比教科书中更多的信息；从学习方法来讲，鼓励和提倡探究学习，这就需要给学生提供丰富的信息资源，尤其是在当前网络十分发达的时代，学生可以利用网络与教师和同学个别交流，共同研讨。总之，信息化、网络化使教育资源极大丰富的同时，也带来一定的困扰。那么，校长应该如何进行学校信息管理和教育资源建设呢？

（一）整合和共享

信息爆炸时代，知识量迅猛增长。但是信息不等于知识。信息有知识性的信息，也有非知识性的信息，甚至包含有害的信息。因此学校要整理、选择和管理这些信息，教育学生正确处理各种信息，使它们有利于师生的发展和教学需要。学校建立教育资源库十分重要。学校教育资源库的建设就是根据学校的培养目标、课程标准把各种信息整合起来，运用信息技术制成各种可供随时使用的软件，使之成为一个丰富的“库房”。高质量的、丰富的教育资源库有助于教育教学过程多样化、个性化、社会化。教育资源库中的软件，不是固定的课件，而是课件中的零部件，可以拿来组装成完整的课件。建设和管理得好的资源库甚至可以在上课时随时提取，这就极大地丰富了课堂教学。学校联网以后，学生可以在网上索取其所需要的学习资料，进行个性化学习。学校教育资源库可以和其他学校的教育资源库联网，做到资源共享，实现教学过程社会化。学校教育资源不限于教学资料，还应包括学校各项活动的信息、教师教育教学活动的信息、家长的信息等。这些信息都是教育资源，都可以用来支持教育教学活动。当然，教育资源库的核心应该是运用于课堂教学和学生社会活动的软件。

（二）分类和改进

建设教育资源库需要对教育信息加以整理、分类、整合、管理，使教育资源的内容科学、构成有序、便于操作。学校教育资源库的建设既要有专人负责，又要依靠广大教师共同努力。学校全体教师都要关心教育资源库的建设，为资源库提供信息资料，把自己采集到的信息和制作的课件提供给学校资源库，做到教师之间资源共享。学校要有专人管理教育资源库。首先要重视教育信息的采集，摒弃一切有害学生身心健康发展的信息；其次要做好整理、分类工作，使信息便于使用；最后要主动与教师、学生交流，了解他们的需要和运用资源的情况，及时改进信息管理工作。

四、后勤工作要为教书育人服务

一所好学校，一定有好的后勤管理。学校后勤工作人员，包括行政办公人员、勤杂工等，都是教书育人的幕后英雄。没有他们的辛勤劳动，学校一切工作都无法正常进行。因此，校长的学校管理应该把后勤管理放在重要的位置上，全校师生也都要关心学校的后勤工作，尊重后勤工作人员的劳动。

学校后勤管理包括人员、校舍校园、设备、经费的管理。人员管理主要指后勤人员的组织和管理；校舍校园管理指校舍的维修，教室、实验室、活动室的配置和装备，校园的建设等；设备管理指仪器设备、图书资料的配置和管理等；经费管理指学校的财务制度的建设、经费的支配等。许多学校把仪器设备和图书归入教学管理，但仪器设备、图书的添置、维修等都由后勤部门负责。所以一般学校都把负责后勤工作的部门称为总务处。学校的教育教学工作与后勤工作密不可分，各部门需要互相配合，互相支持，学校才能高效地运转。学校后勤是十分繁杂细微的工作，需要建立一套科学的管理办法。顾先生从教育的角度对学校后勤管理提出了原则和建议。（顾明远，2008c）[1]

（一）后勤管理需要明确指导思想

后勤管理的指导思想和工作定位一定要明确。学校是教育的场所，学校后勤管理首先要明确为教育教学服务的定位，树立为教师、学生服务的思想。后勤管理的主要对象是财与物，但心里却要装着教师和学生，处处为他们着想，为教师的教学创造便利的条件、舒适的环境，杜绝后勤部门只考虑自己的方便，不积极想办法解决教师困难的现象。

后勤工作要与办学思想、文化建设一致。一个学校要办出自己的特色，就要有自己的办学理念，根据学校的主要任务、优势特长、历史传统建设学校的文化。学校后勤工作不能只顾管好钱和物而不问学校的办学理念，而是要关心学校的大政方针，关心学校的文化建设，配合学校的办学理念，把钱和物用到发挥学校优势最需要的地方，使学校的一草一木都能体现学校的文化，都能对学生起教育作用。

（二）后勤人员要以身作则

学校是育人的场所，因此学校任何人员都有育人的任务。后勤工作人员虽然不直接上课堂，但他们的一言一行必然会影响到学生，他们，包括勤杂工在内，都应该是教育者。所以后勤工作人员也要以身作则，遵守学校的规章制度，为人师表，处处注意自己的言行。校长在对学校后勤人员的管理中，要特别重视对年轻成员的教育工作，教育他们全心全意为教育教学服务，为教师服务，做学生的榜样。

（三）重视节俭办学，反对铺张浪费

后勤工作要管理好钱和物，要把钱用到改善教育教学、教师和学生的学习生活条件上。近些年来，学校经费较前几年已有较大增长，许多学校建设了新校舍，这是好事。但却有少数学校不注意节约，盲目追求校舍豪华，这就没有必要。有些学校重视教师的生活环境建设，用很少的钱盖个咖啡小屋，教师休息的时候可以在这里喝杯茶、聊聊天，温馨舒适，这就很值得提倡。以上两种做法就反映了两种后勤工作的指导思想。前者应该反对，后者应该发扬。

后勤工作要注重细节。学校后勤工作繁杂细微，可以反映在学校的每个角落，我们走进一所学校都能在各方面的细节中发现学校后勤工作的优劣。就拿学生骑的自行车存放来说，有的学校秩序井然，有些学校则到处都是，杂乱无章，这就反映了学校的后勤管理，它也会反映到学生的行为习惯上。所以，后勤管理科学与否不仅关系到学校能否高效地运作，而且直接关系到学生的成长。因此校长要十分重视学校的后勤管理。

综上所述，顾先生对学校管理和领导的思想和主张主线明确，以立德树人为中心，是顾先生教育核心思想的具体体现。这个教育核心思想就是：没有爱就没有教育，没有兴趣就没有学习；教书育人在细微处，学生成长在活动中。这些思想对改善基础教育学校管理与领导具有重要价值和意义，是教育进步的引导力量。淡泊以明志，宁静以致远，教育是向善之学，需要沉静思考和积极行动，管理和领导的目的就是最大限度地调动人的善意做善事。做教育来不得半点虚伪，真抓实干是关键。领而导，管且理，这是学校成功的首要元素，培养教育家型校长是社会共同的责任，让每个学生享受公平而有质量的教育，是人类的追求。

参考文献

顾明远，1998. 普及教育理论，传播教育经验：贺《人民教育》出版 400 期 [J]. 人民教育（4）：9–10.

顾明远，2003. 也谈特色学校 [J]. 人民教育（9）：15–16.

顾明远，2007. 教育家离我们并不遥远 [N]. 中国教育报，2007–03–11（01）.

顾明远，2008a. 中小学校长应具备的基本品质 [J]. 基础教育参考（2）：1.

顾明远，2008b. 学校教学管理要以校风学风建设为统帅 [J]. 基础教育参考（7）：1.

顾明远，2008c. 以人为本　学校后勤要为教书育人服务 [J]. 基础教育参考（5）：1.

顾明远，2009a. 教育质量与学校特色 [J]. 基础教育参考（6）：1.

顾明远，2009b. 学校要重视教育资源库建设 [J]. 基础教育参考（4）：1.

顾明远，2010. 办好每一所学校　教好每一个学生 [N]. 光明日报，2010–04–14（11）.

第六章

教师教育与教师教育体系

朱旭东*

---

* 朱旭东，教育部人文社会科学重点研究基地北京师范大学教师教育研究中心主任、教授，北京师范大学教育学部部长，主要研究教师教育与比较教育等。

顾明远先生认为教育发展的关键在于教师。他指出，教育方针再明确，课程标准再理想，教材教参再优良，如果教师的水平达不到，或者缺乏教育改革的热情，教育质量仍然难以保证。因此改革教师教育，提高教师水平和能力，已经到了刻不容缓的地步。2015 年，顾先生进一步阐释了习近平总书记关于好老师的四点看法的深刻内涵，指出“一名好老师，既要是经师，更要是人师”。（顾明远，2015a）[8] 无论是做人师还是做经师，其核心都是专业性。做人师要有专业道德，要有理想信念，要有高尚的道德情操，要有仁爱之心。做经师要有扎实的专业知识与能力，要懂得遵循青少年发展规律和教育规律，用最有效的方法把知识传授给学生。

因此，我们可以说，“教师是一个专门的职业”是顾先生教师教育思想的一个重要观点。（朱旭东，2008）[7] 于颖等人指出，顾先生近 60 年的教师教育思想发展经历了三个阶段：理论层面的探索阶段——教师职业要具有不可替代性，实践层面的发展阶段——推动教育硕士学位的设立，理论与实践相结合阶段——致力推进教师教育专业化。（于颖 等，2014）[57-60] 本章以顾先生的教师专业性思想为基础，从基于专业性的教师地位论，基于专业性的教师伦理塑造论，基于专业性的教师教育体系重建论（包括独立师范院校的渐进消亡论和师范教育万岁论，教师教育的学术性和专业性的统一论，师范大学办学示范论，以及师范院校转型反思论），基于专业性的开放教师教育体系论，基于专业性的教师教育学位制度论等方面，建构其教师教育思想。

第一节　教师专业性思想的内容

顾先生认为教师是学校最主要的资源，是教育专业人员。他说：“我们深深感到教师是一个专门的职业，因为人的成长规律是可循的，儿童成长规律是可循的，教育既是一项科学的活动，又是一项艺术的活动，越是年龄小的孩子，越是要有教育的技能和技巧。”（转引自朱旭东，2008）[7] 下文将从教师的专业特征与能力、教师实现专业化的重要意义及其路径三方面展开讨论。

一、教师的专业特征与能力

教师是一种专门职业，具体来说，教师应该是“知识的传播者，智慧的启迪者，情操的陶冶者”（顾明远，2004a）[4]。这是顾先生对教师角色的基本理解。在这个理解的基础上，他着重论述了教师的专业性。他说：“教师的专业性是由他的职业对象、职业目的、职业内容和职业手段决定的。”（顾明远，2003）[3] 从职业对象上看，教师的职业对象是“活生生的人，是正在成长中的儿童青少年，而不是无生命的物体”（顾明远，2003）[3]。也就是说，教师的职业对象是成长中的人，教师要促进成长中的人体力和脑力的发展，帮助其实现知识的获取、智慧的增长、品德的养成。因此，教师要把每一个学生培养成才。而如果不研究学生成长的规律，不懂得教育的规律，不掌握正确的教育方法，这是很难做到的。从职业目的上看，“教师的职业目的是育人，是帮助正在成长的儿童青少年健康地成长，成为社会的一员”（顾明远，2003）[3]，就是要使学生身心健康发展，把他们培养成有理想、有道德、有文化、有纪律的人。从职业内容上看，“教师职业的内容是传授知识，教书育人，是提供教育服务”（顾明远，2003）[3]，教师需要有专业知识，而且要有把知识传授给学生，养成学生崇高思想品德的专业能力。从职业手段上来看，“教师职业的手段不是任何工具，而是教师用自己的知识和才能、品德和智慧，在与自己的教育对象学生共同活动中影响他们”（顾明远，2003）[3]。因此教师的职业具有以下特征，即脑力劳动的复杂性、创造性和灵活性、示范性、长期性和长效性。（顾明远，2003）[3-4]若要成为一名优秀的教师，就要具备教师职业的这些专业特征。

另外，顾先生还对教师的职业能力进行了思想建构。他认为："教师的职业能力包括科学文化知识，所教学科的知识水平；教师的教学能力，即能够把他的学识按照教学计划的要求传授给学生的能力；组织教育活动的能力；教师本身的思想品质等等。"（顾明远，1994）[3]其中教师的思维能力是综合能力，它既不是知识，又不是技能，但它支配着教师的一切行为，属于更高层次的能力，是不可或缺的。在信息开放的互联网时代，教师的思维能力显得更为重要。顾先生认为，对于教师而言，很重要的一点就是要培养学生的创新思维。用一句话来概括，即"教学的本质就是改变人的思维方式，学生只要有了不断变化的思维方式，将来他才能适应不断变化的时代"（肖甦 等，2018）[5-6]。因此新时代对教师提出的要求就是教学不要光传授知识，更要注重创新思维和批判思维的培养。换句话说，我们的教学不要把知识的习得作为终极目标，而是在习得知识的道路上不断去提升学生思维的品质。这样的培养目标自然对教师的思维品质提出了更高的要求。

顾先生认为教师还要以学生为本，具有全面了解学生的能力。他引述了2012年经合组织发布的报告《为21世纪培育教师　提高学校领导力：来自世界的经验》中的观点，即教师要"深入了解学习是如何发生的，学生的动机、情感及其在教室外的生活"，同时指出"教师不仅要了解学生学习的结果，还要了解学生学习的动机和对学习的态度；不仅要了解学生在课堂上的表现，还要了解他们在课外的生活"（顾明远，2015b）[6]。了解这些情况，为的是帮助学生树立学习自信心和培养学习兴趣，学生有了自信心和对学习的兴趣就会积极地学习，提高学习质量。

总之，作为一名专业工作者，教师应该是一个引路人。"引路人实际上也包含了设计者、指导者、帮助者、共同学习的伙伴四层寓意。”（丁瑞常等，2017）[3] 作为引路人的教师最重要的是要尊重学生的选择权，发挥学生学习的主体性和主动性，这样学生的潜能才能得到充分发挥。也就是说教师要有意识地培养学生的选择意识，就是根据学生的个性特点培养他们对学习的兴趣和爱好，但这并不排斥教师的主导作用。因此，“教师是学习环境的设计者、学生学习的指导者、帮助者和学习伙伴”（顾明远，2012a）[5]，教师根据学生的特点和需要设计各种学习环境，并且帮助学生进行选择。

二、教师实现专业化的重要意义

顾先生认为：“社会职业有一条铁的规律，即只有专业化才有社会地位，才能受到社会的尊重。如果一个职业是人人可以担任的，则在社会上是没有地位的。教师如果没有社会地位，教师的职业不被社会尊重，那么这个社会的教育大厦就会倒塌，这个社会也就不会进步。”（顾明远，2004a）[6]

教师实现专业化是学生健康成长的需要。顾先生指出学生的成长是有规律可循的，因此教师需要了解学生成长的规律。当前学校中遇到的一些问题，就是与教师缺乏教育专业知识和技能有关的。现代教育不仅仅是传授知识，而且要发展学生的能力，指导学生自我学习，学会探究。教师如果没有正确的教育理念，不掌握先进的教育方法，就不可能培养学生的创造精神和实践能力。

教师实现专业化是新时代师生关系的要求。顾先生认为，今天教师的角色正在发生变化，现代师生关系需要建立在民主、平等、理解和信任的基础上。没有正确的教育理念，不懂得学生的心理，不讲究教育方法，是做不到这一点的。教师已经不是知识的唯一载体，学生可以通过多种渠道获得知识，有时他们的知识比教师更广泛。因此，教师要成为学生共同学习的伙伴。当然，教师仍然要起主导作用，主要表现在指导学生选择正确的学习路线和学习策略上。民主平等的师生关系必须建立在理解和信任的基础上。教师要信任学生、理解学生、尊重学生。

教师实现专业化是科学技术发展的必然要求。现代社会信息科学技术飞速发展，教师既要有较高水平的学科专业知识，又要有宽广渊博的综合知识。但与解决科学难题、创造新知识的科学家不同，教师的任务是让学生获取知识，并由此而发展能力。因此教师需要具有宽广渊博的综合知识，引导学生全面正确地认识事物的本质，同时指导他们对某一学科产生认识和兴趣。另外教师还要理解和掌握现代信息技术，并把它恰当地运用到教育教学中来。教师要善于设计教学，善于在汹涌而来的信息面前指导学生选择正确的学习路线和学习策略，学会处理信息。这就要求教师钻研教材，研究学生的认识规律，进行严密的教学设计，运用现代信息技术，使教学效果真正达到最优化。

总之，随着科学技术的发展，教师要有较渊博的综合知识。与此同时，教育学、心理学的发展，使人们对儿童青少年的成长规律有了进一步的认识，教师专业化的问题就日渐重要起来。

三、教师实现专业化的路径

教师如何才能实现专业化？顾先生通过考察西方教师专业发展的情况，提出了自己的观点。

第一，要使教师掌握较高水平的专门（所教学科）的知识和技能体系。教师教育的学术性要加强。当今科学技术发展迅猛，教师如果没有较高的专业知识，很难培养学生掌握最先进的知识和发展创新能力。

第二，要使教师经过较长时期的专门职业训练，掌握教育学科的知识和技能，并经过一线实习。教育教学是实践应用性工作。教师要善于把自己掌握的学科专业知识传授给学生，成为学生自己的知识，要具备教育教学的技能和技巧。这种技能和技巧要通过教育理论的学习和实习应用才能获得。培养一个成熟的教师需要经过三个阶段：一是职前培养阶段，这主要是师范专业本科学习的阶段。二是初入职阶段，即实习锻炼的阶段，大致需要二至三年。在这个阶段，新教师要在教师集体中向有经验的教师学习，在实践中遇到各种情况和困难时摸索解决问题的办法，积累经验，掌握规律。顾先生指出现在给新教师的实习时间太短，不能起到练习锻炼的目的。三是成熟阶段，大致需要三至五年。在这个阶段，教师经过探索与思考，在继续学习和终身学习中不断提高自己的业务水平和能力，能够得心应手地处理各种教育问题。

第三，要使教师具有较高的职业道德。教师的职业道德是敬业爱生，严谨笃学。敬业，就是忠于人民的教育事业；爱生，就是爱护每一个学生，相信每一个学生都能成才；严谨笃学，就是勤奋工作，不断钻研业务，提高教育水平。教师是培养人的职业，是学生心目中的榜样，教师要对学生倾注无限的爱心，对教育事业具有奉献精神。

第四，教师需要不断增强自身的能力，即要有进修的意识和不断学习的能力。今天的时代，科学技术日新月异，教育学、心理学也有了很大的发展，对学生成长的规律也有了新的认识。教师只有不断学习才能适应时代的要求，适应教育新形势的需要。教师在工作中要不断研究教材，研究学生，反思自己的行为，成为一名研究型的教师。

第五，任何职业都要有职业的自主权，包括在职业生活中对于专业事宜的判断和行动的独立性，自主地规定适合本职业的资格条件。也就是说，教师有权根据教育方针和课程标准自主地处理教育教学工作，并且自主地提出教师的资格要求。教师的教育行为不是由行政部门来规定的，而是自主进行的。当然教师也要对自己的行为负责。

第六，要有职业的专门组织，即行业组织，进行行业自律，并且必须实行教师资格证书制度。如果不实行这个制度，就等于不承认教师是一个专业化的职业。（顾明远，2004a）[3–6]

第二节　基于专业性的教师地位论

“教师作为一种专业何以可能？”这一问题首先涉及教师地位，而教师地位又是以教师作为一种专业的地位为前提的，也就是说，“必须使教师职业具有不可替代性”（顾明远，1989）[9]。这是顾先生在教师问题上的一贯立场，实际上提出了一个有关教师地位与教师专业的关系的基本命题。于是，教师的经济地位、社会地位和专业地位成为思考教师地位的三个重要维度。

一、加强教师专业性，提高教师地位

在顾先生看来，“有了经济地位才可能有社会地位”。但这只是问题的一个方面，“任何一项职业，越具有很强的不可替代的职业性，它的社会地位才越高”（顾明远，1989）[9]。他明确指出：“社会职业有一条铁的规律，即只有专业化才有社会地位，才能受到社会的尊重。”（顾明远，2004a）[6] 因此，他说：“我认为更重要的是尽快提高教师队伍的素质，加强教师队伍建设，使之成为一支训练有素的不可替代的专业队伍。”（顾明远，1989）[9]

基于专业性的教师地位的另一个前提是教师专业的特殊性。在顾先生看来，这种特殊性主要表现在三个方面。一是教师工作对象的人本性。教师工作的对象是活生生的人，是充满朝气、生动活泼的儿童青少年，他们有主观能动性，而且正在成长过程中。二是教师工作的育人性，教师不仅

要教书，而且要育人，要把学生培养成有理想、有道德、有文化、有纪律的人。三是教师工作的非工具性。教师的工作方式不像其他职业那样使用什么工具，而是要用自己的知识、智慧、人格魅力去影响学生，这就是教师职业的特点，具有不可替代的特殊性。

二、提供法律保障，维护教师地位

基于专业性的教师地位最终还应该有法律保障。中国教师职业地位的法律基础是由《教师法》和《教师资格条例》奠定的，这两部法律法规使中国教师队伍建设走上了法制化的轨道。而早在这些法律法规颁布之前，以顾先生为代表的中国教育学者已经从学理上对相关问题进行了探讨。

第一，对教师职业要求立法。顾先生在《发展师范教育　培训在职教师》一文中指出，“教育要立法。要从法律上规定什么人能够当教师”，“不合格的教师教书会耽误一代又一代人”（顾明远，1985）[9]。我们认为，教育要有立法，不仅我国的教育制度，各级各类学校的结构和任务要用法律定下来，而且对教师的要求要立法。法律要规定，达到什么水平才能担任哪一级的教师，规定教师的考核制度和晋升制度。对新教师要按照法律的规定严格要求，在职教师要通过进修逐步达到规定的标准。

第二，对教师身份立法。顾先生指出，“教师的法律身份是定位教师的工作性质与教育内容、确定教师与教育环境各要素之间关系的核心依据”（顾明远，2014a）[1]。顾先生在考察我国当前教育发展的需求及世界主要国家教师教育发展的政策经验基础上，指出要吸引优秀人才从教，保持在职教师工作热情，需要尽快立法，明确中小学教师的公务员身份，以保障广大中小学教师稳定、优越的身份地位及其各项权益。

第三节 基于专业性的教师伦理塑造论

“自尊自励，做让全社会尊重的人民教师”是顾先生针对胡锦涛同志2007年8月31日讲话而提出的关于教师伦理塑造的一个重要命题。顾先生认为：“教师只有在普通平凡的生活中来体现自己的思想道德水准，才能被学生所接受，才能显出自己的人格魅力。”（顾明远，2007a）也就是说，教师是学生做人的引路人，思想情操的陶冶者。基于专业性的教师社会地位的特殊性，显然是以教师不断提高师德修养为基础的，同时任何一种职业都有各自的特点，各自的职业道德，教师职业也不例外。本节将以基于专业性的教师伦理塑造论来理解顾先生的思想，其核心是“敬业爱生”。

一、“敬业爱生”的教师伦理内涵

在顾先生看来，“敬业爱生”是“师德的核心与根本”。（钟慧笑，2007）所谓敬业，就是忠诚于人民的教育事业；所谓爱生，就是要用满腔热情来对待学生，热爱每个学生。“敬业和爱生是密不可分的，它们统一在培养人才上。”（顾明远，2007b）[1] 敬业是为了更好地培养人才，敬业也体现在爱生上。

同时顾先生也对“爱生”概念进行了重建，他一直在强调，没有爱就没有教育。他认为爱生一方面体现为爱的全面性，要热爱每一个学生，相信每一个学生。“教师要面向全体学生。所谓面向全体学生，就是相信每个学生都能成才，不放弃任何一个学生。”（顾明远，2011）[6] 另一方面，爱生体现为爱的无私性。“教师对教育事业的爱，对学生的爱，不同于父母对子女的爱，这种爱是体现了对人类的爱，对民族的爱，对未来的爱，是不求回报的无私的爱。”（顾明远，2007b）[1]这种热爱一定要建立在相信学生、尊重学生的基础上。正是基于这样的思考，顾先生主张废除三好学生，不要把学生分成三六九等。他认为这些评比不符合儿童青少年发展的规律，因为孩子的一切尚未定型，要用发展的眼光来看待他们。虽然评比优秀的初衷是好的，它能鼓励学生追求上进，做德智体全面发展的好学生，但它在鼓励一小部分学生的同时，却伤害打击了大部分学生的自尊心和自信心，不利于学生身心健康发展。

二、“敬业爱生”如何实现

我们如何才能做到敬业爱生？顾先生认为“敬业爱生”要以“学为人师，行为世范”为准则。做一名教师首先要热爱教育事业，不断钻研教育教学业务，提高业务能力和水平，提高教育质量。其次，要了解学生，理解学生，理解他们的需要，也要信任学生，注意培养学生的自信心，做到师生互相理解，互相信任。再次，要树立以学生为本的思想，懂得学生的年龄特征和发展规律。最后，要改善师生关系，这就要求教师研究教育策略，提高教育技能。教育是科学，但也是艺术，顾先生提倡“教育艺术”。教师专业的特点在于，教师的教育手段是和教师的人格融为一体的，教师是用人格影响学生的人格，用心灵塑造学生的心灵。顾先生说：“我们要充分认识孩子，要相信孩子，要关心孩子，把我们的心灵献给孩子，也要培养孩子的一颗完整的心灵。”（肖甦 等，2018）[4]顾先生理解的“心灵”就是一个人的精神世界，因此培养学生就是培养学生整个的精神世界，也就是我们通常所讲的“立德树人”。我们这个时代的“立德树人”就是要把社会主义核心价值观教育贯穿教育的全过程。“纵向来讲，从幼儿到研究生都要用适合的、有效的方式进行社会主义核心价值观教育；横向来

讲，要把社会主义核心价值观贯穿到学校教育教学的全过程，真正做到教书育人。”（顾明远，2014b）[6]

顾先生还明确地表达了自己的师德观。他说：“师生关系是一种互动的关系，不是教师单方面施加的爱，而是师生相互的爱。建立了这样的师生关系，就真正做到尊师爱生，也就达到了教育的最高境界。这就是我的师德观。”（顾明远，2002）

特别要指出来的是，顾先生反对把教师比作“红烛”，反对“照亮了别人，毁灭了自己”的隐喻；在他看来，教师在“敬业爱生”、照亮别人的时候，也照亮了自己，教师的人生价值就体现在把青少年培养成才上。看到自己的学生一个一个成才，教师就会有一种成就感；受到社会的尊重，就会有一种荣誉感：这就是教师的人生价值。（顾明远，2004a）[5]

第四节　基于专业性的教师教育体系重建论

在有关教师专业性的研究中，顾先生提出教师需要经过较长时期的训练，这就关系到教师教育的体系问题，这是顾先生教师教育思想的重要组成部分。首先是他的基于专业性的教师教育体系重建论。在《谈谈我国教师教育的改革和走向》一文中，顾先生明确提出“我们需要重新思考教师教育的重建问题”，“教师教育体系要重建。学校是分层次的，有幼儿园、小学、初中、高中多个层次。各层次学校对教师的要求也是不一样的。与此相对应，师范教育的模式也应该有所区别。从教师教育体系上来说，需要从我国的国情出发，在实行教师教育开放性的同时，保留师范院校的独立体系，并以师范院校作为培养师资的骨干，逐步鼓励非师范性高等学校参与培养教师”。（顾明远，2008）[55] 这种师范院校层次论，顾先生早在 20 世纪 80 年代就提出过，他说：“高等师范教育本身应该是一个多层次，多样化的结构，才能适应多种师资的要求。”（顾明远，1988）[3] 顾先生是一位建构论者，他提出了四层次论。“我们可以设想把高等师范院校分成四个层次：第一层是师范专科学校，招收高中毕业生，学制二至三年，培养初级中学的教师；第二层是四年制师范学院，培养高级中学教师；第三层是五年制的师范大学和综合大学，培养重点中学和中等师范学校的水平比较高的教师；第四层是师范院校和综合大学的研究生院（硕士研究生或研究院），培养师范专科学校和师范院校的教师。”（顾明远，1988）[3-4]

顾先生之所以提出教师教育体系重建论，是基于其“近几年来师范教育的机构改革进行得非常神速，而教师专业化水平并未有多大提高”这一判断。顾先生看来，师范教育的机构改革与教师专业化水平之间存在着某种逻辑关系。一种潜在的逻辑应该是，师范教育的机构改革目的是提高教师专业化水平；但现实的逻辑是，师范教育机构改革并没有使教师专业化水平得到提高，说得严重一些是削弱了师范教育体系，降低了教师专业化水平，其中损失最大的是小学教师。顾先生认为，“从总体上来讲，当前我国的教师队伍还处在数量缺、水平低、观念旧的状态”（顾明远，2012b）[1]。

为此，顾先生提出了基于专业性的教师教育改革的方向。他以为，长期以来由于我国师范院校存在强调学术性、忽视师范教育的特点，师范毕业生首先在思想上不愿意当教师，在业务能力上也缺乏职业训练。因此应该用新的模式来培养未来的教师。师范生一进师范校门就应该接触中小学校，接触孩子，在接受专业教育的同时，还要切实加强教育实习。教师这个职业是应用性的职业，不是学术性的，教师只有课上得好，才能受到学生喜爱和尊重。师范教育的特点、职业训练、专业思想、教育实习、职业的应用性等，都是顾先生基于专业性而提出的话语。

特别值得探讨的是，顾先生从 20 世纪 80 年代以来对我国教师教育体系的改革进行了多方面的思考，这些思考至今仍然具有启发意义。

一、独立师范院校的渐进消亡论和师范教育万岁论

在顾先生看来，独立的师范院校的消亡是有一个历史过程的，提出这个判断的基本依据是国际背景和发达国家的经验。“考察这些国家*师范教育发展的历史可以看到他们也存在过独立的师范院校体系，实行开放性的师范教育是由独立师范院校发展而来的。这种发展需要具备三个条件：一是师资数量在这个国家已经得到充分的满足；二是师资的质量需要提高，这种提高包括了教师所教的学科专业水平和教育职业水平；三是教师的职业是有一定的社会吸引力，有一定的竞争能力。”（顾明远，1988）[1]这些因素可以归纳为：（1）数量满足论，即不需要设立专门的机构来培养教师，教师的职业可以由具有学历资格的人员公开竞争；（2）水平提高论，科技发展提出了教师素质要求，需要由大学培养教师；（3）职业吸引论，优秀青年愿意当教师，不需要采用专门的机构，允许各种专业人才参加教师职业的竞争。

独立师范院校消亡在终极论上说是历史的必然，但它是一个过程，是基于一个国家的教育发展水平和地区差异而逐步消亡的，因此要“稳步地将三级师范转变为二级师范。这种转变要因地制宜，不可一刀切，先在有条件的地区实行”。这是指我国中等师范学校的消亡。顾先生对中师改革的冒进进行了反思，他认为，中师资源通过改革“几乎流失殆尽”，“今天来反思，如果当初不是一刀切地取消中师，而是渐进式的，保留中师的建制，延长中师的学习年限，可能会比现在这种状况好得多”。

很有意思的是，顾先生提出了师范教育万岁论。“许多同志早有一个

* 此处指欧美国家。

共识，即师范教育是万岁的，但师范院校不是万岁的。也就是说，只要有教育的存在，就有培养师资的师范教育。”（顾明远，2000）[3]

二、教师教育的学术性和专业性（师范性）的统一论

基于专业性的教师教育体系重建论和基于专业性的开放的教师教育体系论的思考是宏观的体系问题，与此相关的重要问题是学术性和专业性（师范性）的关系。这一部分将以教师教育的学术性和专业性（师范性）的统一论来理解顾先生的思想。长期以来，在师范院校体系条件下存在的学术性和专业性（师范性）争论，是当代中国教师教育研究者所不可回避的一个重要学术和实践问题。这个问题又涉及如何看待教师素质、教师专业水平。在争论中有两种观点，一种是学科知识和能力至上论，一种是教育专业知识和能力至上论。

对于顾先生而言，以上两种观点都存在片面性。他以为：“不能把教师专业知识水平的高低和师资质量的高低等同起来。作为一名合格教师，除了要有比较渊博的知识以外，还需要掌握教育科学的理论，懂得教育规律，善于把自己的知识教给学生，启发学生创造性思维，发展学生的能力，并且要用自己的高尚品质和崇高的精神境界去影响学生，使他们成为优秀的社会主义公民。”（顾明远，1988）[2-3] 这是一种基于专业性的教师教育学术性理论，或者说是一种融合论，也可以说是“第三条道路论”。

学科知识和能力至上论与教育专业知识和能力至上论关系到师范院校办学方向。顾先生不无忧虑地看到，办师范教育的人看不起师范教育，认为这是一种严重的危机，“他们主张不讲教育学科，不搞教育实习，以便腾出时间教授专业课。也就是取消教育科目，摘掉师范帽子。这是极大的偏见”（顾明远，1982）。他一再呼吁提高对师范教育的认识，并且“要克服两种错误倾向”，一种是师范教育低水平论，一种师范教育取消论。前

者认为，教师不需要多么高的学术水平，只需要有一定的科学知识，能够把这些知识传授给学生就可以了，因而师范教育也可以是低水平的；后者认为，教师只需要有渊博的知识和高深的学问就能培养出高质量的学生，无须学习教育理论和掌握教育技能，因而师范教育可以取消，师范院校应向综合大学看齐。在他看来，这两种观点是陈腐的观念，是偏见，要克服这两种偏见，要“把学术性和师范性有机地结合起来”。

顾先生指出：“当然，作为一名现代教师，需要有渊博的学识、扎实的学科知识。但还需要、恐怕也是更重要的是要有当教师的愿望，有热爱学生、热爱教育的感情，有把知识教给学生的能力，即有教书育人的能力。因此，师范性中应该包含着学术性。”（顾明远，2012b）[3] 如何懂得教育规律、学生成长的规律，如何能够有效地把知识传授给学生，同样是学术问题。顾先生指出其实这个问题早就解决了。“1961 年教育部召开师范教育工作会议，会上就展开了师范性与学术性之争。最后会议指出：高等师范院校毕业生要为人师表，在政治思想水平和共产主义道德品质修养方面，要求应更高一些，严格一些；在文化科学知识方面，基础知识应宽一些，厚一些，并应相当于综合大学同专业的水平。此外，还应掌握专门的教育理论知识和技能技巧。”（顾明远，2009）正是为了符合这种要求，北京师范大学在 1960 年新生入学时学制就改为五年，比综合大学要长一年。这也就是说学术性和师范性两者都需要加强。“文革”破坏了这种制度，后来未能恢复。到 20 世纪 90 年代后期，为了提高教师的学历层次，中师被取消，师专纷纷升格为师院，改为综合大学。提高教师的学历层次，增加他们的科学文化知识是十分必要的。但同时师范性大大削弱了的情况实在令人担忧。今天师范生免费教育的实施加强了专业思想的教育，加强了教育实习环节，要求教师能教书育人，能帮助学生学习，矫正学生的一些错误行为，同时也要求教师有扎实的学科知识，了解学科发展的前沿，掌握传授知识的艺术。这就是学术性与师范性的结合，唯有如此，才能培养出合格的教师。（顾明远，2012b）[3-4] 因此顾先生的结论是，只有把学术性和师范性有机地统一起来，才能培养出 21 世纪合格的高水平的教师。

不过，学术性和专业性（师范性）之争的根源并不在于培养，而在于长期以来只重描述性知识的升学考试。教师教育的专业性不仅表现在教师如何教学的方法、手段、途径等上面，而且更应该强调教师能教书育人，能帮助学生学习，矫正学生的一些错误行为。

三、师范大学办学示范论

办学示范论一直是我国教育领域的一种普遍性的管理思维。2007 年在教育部直属师范大学实施的师范生免费教育就是这种示范论的表现，对于一个办学层次多样化、地域和区域办学多元性的国家而言，通过示范来探索普遍性的道路是有益的。这种思想在我国教师教育历史上也不断出现，20 世纪 80 年代顾先生提出师范大学办学示范论就是一个体现。他认为，“只有办几所重点师范大学，才能带动其他师范院校”（顾明远，1988）[4]。自 2007 年起在部属六所师范大学实施的师范生免费教育这项重大的政策举措，其意义在于它的示范性。“它向全社会表明：国家重视师范教育，把培养优秀教师作为发展教育的根本，要由经过师范教育训练，懂得教育规律和掌握教育艺术的教育家来办教育；它向全社会表明：政府要用政策来吸引优秀青年上师范、当教师、终身从事教育工作。”（顾明远，2012b）[3]

问题在于示范什么？“这些重点师范大学的任务不仅要为中学培养师资，而且要为其他高等师范院校培养师资，要出科研成果，要编写高等师范院校用的教材。这样的师范大学既是教育中心，又是科研中心。它们的专业业务水平不应低于综合大学，而教育业务水平应该高于综合大学。”（顾明远，1988）[4] 显然，在顾先生看来，师范大学的示范性不在于学科领域的示范，而在于专业领域的示范。这也从他对重点师范大学在学制、专业设置和科学研究等方面的改革设想中体现出来。他认为，重点师范大学"学制延长为五年，用四年时间进行专业学科教学，一年时间进行师范职业培训，师范职业培训的内容可以分散进行，也可以象综合大学教育学院培养师资一样，集中在最后一年进行。为了体现较高水平的学历，可以设立双学位，即授予专业学士学位和教育学士学位"（顾明远，1988）[4-5]。"重点师范大学的专业设置应该全面一些，不要局限于中学所授的科目，要根据当代科学技术发展的形势，设立一些新兴的有发展前途和普及意义的专业。"（顾明远，1988）[5] 重点师范大学还要增加研究生和进修生的比重，改进培养办法，建立一些研究机构，开展科学研究。另外要提高重点师范大学的管理水平。

四、师范院校转型反思论

顾先生从来都不回避教师教育改革中出现的问题，并且以一种批判性的眼光和建设性的智慧提出了中国教师教育改革的未来走向。他一再地声称，我国师范教育转型需要冷静看待。在他看来，自 20 世纪 80 年代以来的师范教育正在转型，"即由三级师范（中师、师专、师院）向二级师范转变，取消了中师层次；由单一的师范院校封闭式的培养模式向所有院校都可以培养师资的开放式模式转变；由职前培养和职后进修培训的分离向职前职后培训一体化转变"（顾明远，2008）[53]。顾先生以为，这些转型并没有带来良好的效果，相反，中师取消导致小学教师培养的削弱，各地师专、师院纷纷升格为综合性的学院和大学，师范教育的资源流失严重，本来期望其他大学都来培养师资，但综合性大学对培养普通中小学师资根本没有兴趣，许多担负在职教师培训的教育学院合并到师院后反而削弱了教师的在职培训。总之，“我国教师教育的转型的目的不明确，科学论证不够，条件准备不足，与提高师资质量的要求背道而驰”（顾明远，2006）[4]。

2014 年，顾先生在接受访谈时回顾了我国教师教育发展历史，在此基础上，他再一次指出了我国教师教育的三个主要发展趋势。第一个趋势，职前教师培养和在职教育培训的一体化。坚持以师范院校培养为主，同时吸收其他院校来培养教师。第二个趋势，在职教师培训是一个长期的和持久的过程。第三个趋势，教师培训需要充分地利用信息技术，采取远程培训和网络学习。同时顾先生再次强调了通过重视教师专业，加强实习和实践，以及强化教师的专业地位来加强教师教育。另外，顾先生还指出我国师范院校中的教师教育者尚没有专门的专业标准，教师教育者作为教师的教师，需要具备本学科的知识，也要具有对教育和教育事业的认识，要具有高尚的师德，要具备良好的教育知识和技能。（邱超，2014）

第五节　基于专业性的开放教师教育体系论

基于专业性的教师教育体系重建论只是提出了一个基本的方向性问题，而如何进行重建则关系到教师教育的基本模式，这一节将以基于专业性的开放教师教育体系论来理解顾先生关于开放教师教育体系的重要观点。

一、基于专业性的开放教师教育体系的意义

师范教育历来有两种形式，即封闭型、开放型，有的称之为定向型、非定向型，实践中也形成了开放和封闭的二元论教师教育模式。但从总趋势上看，顾先生认为，我国师范教育走向开放型是必然趋势，是时代的需

要、发展的需要。师范教育界应该热情地积极地迎接这种变化。这种趋势与变化说明：第一，教师教育的水平是由低到高发展的，教师的专业性也是逐步提高的。第二，教师教育由封闭型转向开放型是历史的必然，是教师教育专业化、教师教育水平提高的标志。第三，高中阶段教师的培养始终是以开放型为主，即使设有专门师范学院的国家，也不是全部高中教师由师范学院培养。第四，教师教育转型的实质不是培养形式的变化，而是水平和质量的提高。开放型的教师教育有利于培养高质量的教师，有利于利用一切高等教育资源。问题在于如何建设开放的教师教育体系。

二、建设基于专业性的开放教师教育体系的原则

第一，建设基于专业性的开放教师教育体系要以专业为基础。顾先生在“开放的教师教育体系”问题上的观点始于他对教育学科专业性的认识。他认为要在综合大学中开放教育学科。因为中学教师光靠师范学院来培养是不够的。从过去的经验来看，综合大学有一部分毕业生将来要当中学教师，因此要对他们进行师范专业教育，使他们掌握教育规律和艺术。中等专业学校的教师要通过专业师范学院来培养，以保证专业教师的质量。显然，开放的教师教育从本质上说仍然是以专业为基础的，也就是“进行师范专业教育”。

第二，建设基于专业性的开放教师教育体系要在办好师范院校的同时，提倡其他院校也来承担培养师资的任务。20 世纪 80 年代，顾先生提出在独立性和开放性的关系上，“在我国当前情况下，我们要提倡的是，不是取消师范院校的单独建制的开放性；而是要在办好师范院校的同时，提倡其他院校也来承担培养师资的任务的开放性，以便加速我国师资队伍的建设”（顾明远，1988）[2]。他明确指出，“实行开放性培养师资，并不等于取消师范教育，相反，加强了师范教育，也即加强了师范的职业训练”

（顾明远，1988）[1-2]。这里涉及一个在开放教师教育体系中如何构建专业教育体系的问题，因为开放教师教育体系的主要标志是教师培养在通常意义上的大学中来开展。顾先生看到了欧美开放性培养师资的两种形式，"一种是在综合大学或学院里设立教育学院或教育系，在本科生阶段直接培养教师。""另一种形式是在综合大学里设立教育学院，不开设本科生课程，而是招收具有其他学科毕业水平的学生，开设硕士以上的教育课程或符合州政府对教师证书要求的课程。"（顾明远，1988）[2]因此，所谓开放性的师范教育，不是对师范教育的削弱，而是加强，但必须通过成立教育学院或教育系这样的专业组织来实施专业教育，这就是基于专业性的开放教师教育体系思想的核心。

在开放教师教育体系构建过程中，必然会涉及师范院校的综合化和综合院校的专业化问题。在顾先生看来，开放和转型是统一的，因为"所谓转型，是指由师范院校封闭地培养师资转变为由所有高等学校开放地培养师资"（顾明远，2003）[2]。它是通过两个方面来实现的：一是中等师范学校逐渐取消或者升格为师范学院，二是师范学院升格为综合大学，而师范院校的综合化是通过增设非师范专业实现的。对此，顾先生认为，"有条件的院校增设一些非师范专业……非师范专业的设立，不仅不会妨碍师范性，相反会有利于师资的培养。它可以改变师范专业的单一性，可以带来许多其他学科的信息，丰富学校的学科，增强学校的活力"（转引自朱旭东，2008）[12]。由此可以看到，教师教育体系的开放，是为了提高教师质量。他说："开放型的教师教育，有利于培养高质量的教师，有利于利用一切高等教育资源。""教师教育由封闭型向开放型转变，……其实转型的最本质的特征，不是培养机构的转变或者培养模式的变化，而是质量的提高。"（顾明远，2001a）[4]通过提高教师教育质量，从而提高教师的素质。

不过，现实的改革与转型的目的之间产生了距离，这是顾先生所不愿意看见的。在他看来，“师范院校综合化的目的是提高师范专业的学术水平。但是目前的事实是有多少转型的院校把力量加强在师范专业上？他们都热衷于扩大非师范专业，忙于升格，企图挤入高校名牌，因而有不少学校不是借用综合学科的优势来加强师范专业，而是抽调师范专业的教师去充实其他新建立的学科，这就反而削弱了师范专业。这与改革的宗旨背道而驰”（顾明远，2006）[4]。

第三，建设基于专业性的开放教师教育体系，综合院校培养师资要以严格的专业标准和专业条件为基础。对于综合院校的专业化，顾先生认为，“要把综合大学和师范院校培养的中学教师的规格统一起来。即综合大学的毕业生如果愿意做教师的，应当学习教育学科的课程；……综合大学要取得培养教师的资格，必须提出教师教育的课程计划，开足一定的学分，经专家评估后由教育行政部门批准”（顾明远，2003）[5]。开放教师教育体系的一个重要组成部分是综合大学参与教师培养，但一定要以严格的专业标准和专业条件为基础，这是基于专业性的开放教师教育体系思想的另一个核心。因此，对于近年来一些缺乏办师范的条件，没有办师范的成套体系和机制的综合性大学裁撤教育学院的现象，顾先生认为是一件好事。（顾明远，2016）他指出，在我们这样一个发展中的人口大国，师范教育体系的建设不能照搬发达国家的模式，需要考虑到我国师范教育发展的历史、现有的条件，建设有中国特色的师范教育体系。

具体而言，顾先生认为，幼儿园、小学师资可以由师范院校教育学院本科或师范专科学校来培养。最好由师专招收优秀初中毕业生，以五年一贯制培养。幼儿园和小学教师要求知识能力的全面性，还要能歌善舞。因为初中毕业生可塑性比高中毕业生强，容易培养。他们毕业后边工作边进修，通过继续教育，逐步达到本科甚至研究生专业水平。中学教师由师范学院本科培养，逐渐发展到本硕连读的模式。部属六所师范大学和几所水平较高的省级师范大学，一律采用发达国家师范教育模式，师范生先在专业学院学完本科课程，再到教育学院接受教师专业培养。教育学院要做到科研与教学结合、理论与实际结合，着重培养师范生教书育人的能力。这样才能结合我国的国情和师范教育发展的历史与现状，有层次、有步骤地建立中国特色现代师范教育体系。

第四，基于专业性的开放教师教育体系还包括纵向时间上的开放，即要把教师职前培养和职后进修提高结合起来，实行教师教育一体化。（顾明远，2004b）[23] 顾先生强调教师的终身学习必须和大学结合起来。教师的进修应该是开放的，不能局限在课程教材的研究上，可以分层进修。对新教师来说，要让他们熟悉课程教材。在当前新课程改革中，也要把重点放在理解新课标、熟悉新教材上。但从长远来讲，对老师来说，要更重视知识和理念的更新，从而学会研究问题，总结经验，把自己的经验升华为理论，逐渐成为教育专家。

具体而言，顾先生认为，当前我国教师的在职培训，应该分两种类型：一种是为了培养合格的教师，一种是为了提高合格教师的水平。两者都需要重视。培训这两部分教师，可以做一些分工：地方上的教育学院和教师进修学校主要承担把不合格的教师培养成合格教师的任务；各师范学院，特别是重点师范院校则承担提高教师胜任力的任务。这是第一个问题，即教师培训中的普及与提高的问题。第二个问题是要建立一个培训的制度。首先要规定达到什么样的水平可以当小学教师，达到什么样的水平可以当中学教师。达不到这种水平的从业者要进行业余或脱产进修。修完一门课程，经过考试合格发给证书；修完规定的全部课程的从业者，可以取得合格教师证书。也可以采用学分制，规定必须修完多少学分才能成为合格教师。第三个问题是要把教师的培训制度和劳动工资制度、职称晋升制度结合起来。不合格的教师通过进修，达到合格的标准就可以得到相应的职称，工资待遇也应相应提高。

第五，基于专业性的开放教师教育体系还包括横向上的开放，即除了设立一般师范院校外，还要设立技术师范学院、艺术师范学院和体育师范学院等其他类型的师范学院。同时应该明文规定，一切高等院校都有培养师资的任务。尤其是综合大学，要确定培养师资的一定比例。

第六，基于专业性的开放教师教育体系的一个重要条件就是实行教师资格证书制度。顾先生指出："要实施开放性的师范教育，还必须有另外一个重要条件，这就是必须实行教师资格证书制度，不能是凡大学毕业的都可以任教师。除了应有的学历外，还必须接受过教育的专业训练，经过教师资格考试，获得教师资格证书后方能任教师。"（顾明远，2000）[4]这也是发达国家开放教师教育体系的重要经验。重视教师工作的发达国家都设有教师资格证书制度，通过考试等方法来认定教师资格。这样也就有可能在社会上招聘优秀青年，补充教师队伍。

第六节　基于专业性的教师教育学位制度论

基于专业性的教师教育体系无论是重建、开放教师教育体系，还是坚持专业性和学术性的统一，都将通过教师教育的专业学位制度来实现。顾先生不仅是专业学位的倡导者，还是专业学位的管理指导者。

一、教师教育学位制度建设的意义

我国的教师教育学位制度在师范教育体制下，主要是一种以文理学士学位为主的制度，我国缺乏基于专业性的教师教育学位制度。1996 年 4 月，国务院学位委员会决定设置教育硕士专业学位。1997 年 9 月，首批攻读教育硕士专业学位的学员入学，由此掀开了我国教育硕士专业学位教育事业发展的序幕。在随后十年中，顾先生一直致力于教育硕士专业学位制度的建设，担任了全国教育硕士专业学位教育指导委员会的首届主任。他对教育硕士专业学位提出了具有建设性的思想，前瞻性地指出，发展专业学位，可以说是世界研究生教育发展的趋势。在他看来，专业学位的特点就是适应国民经济发展需要，为各部门培养高层次应用性人才，科学技术越发达，社会越是现代化，越是需要高层次专业人才，专业学位工作就越需要发展。

因此，顾先生对于教育硕士学位的意义给予了充分肯定。他认为，教育硕士专业学位的设置主要是满足教师专业化的要求，也是通过提高教师的专业地位从而提高教师社会地位的需要。具体来说，“教育硕士专业学位（EDM）在我国的设置，为中小学教师获取研究生学位开辟了渠道。这对于提高我国教师的水平，提高中小学教育质量，乃至整个教育事业的发展都具有巨大而深远的意义”（顾明远，2001b）[15]。首先，设置教育硕士专业学位，就是使教师有系统地进修学习的机会，让大学教师来帮助中学教师提高水平。其次，开设教育硕士专业学位，教师可以系统地学习新知识，掌握学科的前沿，得到教育研究方面的培养。第三，教育硕士专业学位的设置有利于教师地位的提高。社会上任何一种职业，只有它的专业性增强了，并且具有不可替代性，其社会地位才可能提高。第四，教育硕士专业学位可以提高教师的专业性，也必然会提高教师的社会地位。第五，教育专业硕士学位的设立不仅有利于教师队伍的巩固和发展，而且有利于吸引优秀青年投身于教育事业。正如顾先生所说，它“给青年教师提供了希望，他们完全有机会进修提高，凭借他们不断提高的专业水平在教育工作中施展才华，开拓进取，实现青年所冀望的人生价值”（顾明远，2001b）[16]。顾先生对教育硕士专业学位的设置给予了很高的评价，他说：“国务院学位委员会决定为中学教师设置教育硕士专业学位，这是提高中学教师素质的强有力的举措。它为中学教师获取研究生学位开辟了渠道，这是我国师范教育发展史上乃至整个教育发展史上的一件大事，它将对我国教育的改革和发展产生巨大而深远的影响。”（顾明远，1997）

二、教育硕士专业学位的建设

教育硕士专业学位是一种什么性质的学位？在顾先生看来，“教育专业学位是一种职业性质的学位，不同于学术性质的学位。它的目的是完善教师职业培训”（顾明远，2001b）[16]，在培养目标和培养方式上不同于学术性学位。学术性学位以研究为主，而专业学位以课程和实践为主。这里涉及一个根本性的问题，就是质量。在他看来，质量是硕士专业学位的生命线。为此，他提出要有严格的管理制度，专业学位与学术性学位具有同等价值，只是性质不同，要求规格不同。专业学位的教学与教学管理应该与学术性学位相同。要与中小学紧密合作，选派中小学教学经验丰富的教师担任教育硕士研究生导师；要让学员到大学脱产学习一段时间，接受大学的学术文化教育；要重视学位论文指导，强调论文的专业性、实践性和科学性。

本章之所以以“教师作为一种专业何以可能”的问题来阐释顾先生的教师教育思想，是因为教师教育无论在培养目标、体系、体制、模式等方面如何变化，都将以教师专业水平提高为终极目的。为了理解顾先生如何回答这个问题，有必要建构一个理论框架，因此本章尝试从顾先生的教师专业性思想和基于专业性的教师地位论，基于专业性的教师伦理塑造论，基于专业性的教师教育体系重建论（包括独立师范院校的渐进消亡论和师范教育万岁论，教师教育的学术性和专业性统一论，师范大学办学示范论，以及师范院校转型反思论），基于专业性的开放教师教育体系论，基于专业性的教师教育学位制度论等方面，建构其教师教育思想。这种建构也许超越了顾先生的本意，但作为后辈有义务去诠释其思想，同时这种诠释也需要足够充分地反映诠释者的理解和思想。

参考文献

丁瑞常，顾明远，圣吉，等，2017. 面向未来的教育如何定位教师角色与价值：顾明远与彼得·圣吉凝聚东西方智慧的再次跨界对话 [J]. 比较教育研究（2）：3–8.

顾明远，1982. 加强师范教育是发展教育事业的根本 [J]. 教育研究（11）：37–41.

顾明远，1985. 发展师范教育　培训在职教师 [J]. 瞭望周刊（22）：9–10.

顾明远，1988. 论高等师范教育的改革 [J]. 教育科学（1）：1–6.

顾明远，1989. 必须使教师职业具有不可替代性 [J]. 瞭望周刊（Z2）：9.

顾明远，1994. 教师思维是属于教师高层次的能力：《教师思维论》序 [J]. 连云港教育学院学报（4）：3–4.

顾明远，1997. 师范教育面临的挑战与改革方向 [N]. 光明日报，1997–07–12（09）.

顾明远，2000. 师范院校的出路何在 [J]. 高等师范教育研究，12（6）：3–5.

顾明远，2001a. 论教师教育的开放性 [J]. 高等师范教育研究，13（4）：1–5.

顾明远，2001b.EDM 教育：提高教师水平的重要举措 [J]. 中国高等教育（半月刊）(7)：15–16.

顾明远，2002. 勤业爱生是师德的最高境界 [J]. 思想·理论·教育（1）：1.

顾明远，2003. 师范教育的传统与变迁 [J]. 高等师范教育研究，15（3）：1–6.

顾明远，2004a. 教师的职业特点与教师专业化 [J]. 教师教育研究，16（6）：3–6.

顾明远，2004b. 改革教师教育的 10 点建议 [J]. 中国高等教育（9）：22–23.

顾明远，2006. 我国教师教育改革的反思 [J]. 教师教育研究，18（6）：3–6.

顾明远，2007a. 自尊自励　做让全社会尊重的人民教师 [N]. 中国教育报，2007–09–11（01）.

顾明远，2007b. 敬业爱生　严谨笃学：纪念第 23 个教师节 [J]. 中国教育学刊

（9）：1–2，6.
顾明远，2008. 谈谈我国教师教育的改革和走向 [J]. 求是（7）：53–55.
顾明远，2009. 重塑师范教育模式的良好契机 [N]. 中国教育报，2009–10–29（03）.
顾明远，2011. 个性化教育与人才培养模式创新 [J]. 中国教育学刊（10）：5–8.
顾明远，2012a. 把学习的选择权还给学生 [J]. 河北师范大学学报（教育科学版），14（1）：5–7.
顾明远，2012b. 尊师重教：师范生免费教育政策导引教师教育变革 [J]. 新疆师范大学学报（哲学社会科学版），33（3）：1–4.
顾明远，2014a. 关于提升我国中小学教师质量的思考：基于世界各国的政策经验 [J]. 比较教育研究（1）：1–5.
顾明远，2014b. 教育领域综合改革的宏观视野 [J]. 教育研究（6）：4–9.
顾明远，2015a. 既做经师　更做人师 [J]. 北京师范大学学报（社会科学版）（1）：8–9.
顾明远，2015b. 把课改落实到课堂上 [J]. 中小学教材教学（1）：5–7.
顾明远，2016. 从裁撤教育学院看师范教育转型 [N]. 光明日报，2016–10–08（07）.
邱超，2014. 中国教师教育的过去、现在和未来：顾明远教授访谈 [J]. 教师教育研究，26（1）：81–85.
肖甦，滕珺，2018. 把心灵献给孩子：顾明远先生对话 O · B 苏霍姆林斯卡娅女士 [J]. 比较教育研究（2）：3–6.
于颖，沈蕾娜，2014. 试析顾明远先生教师教育思想的阶段性特征 [J]. 比较教育研究（10）：56–60，103.
钟慧笑，2007. 敬业爱生：师德的核心与根本：访中国教育学会会长顾明远先生 [J]. 中国民族教育（7–8）：29–30.
朱旭东，2008. 教师作为一个专业何以可能？：评顾明远教授的教师教育思想 [J]. 教师教育研究，20（5）：7–13.

第七章

大学理想与高等教育改革

刘宝存*

* 刘宝存，教育部人文社会科学重点研究基地北京师范大学国际与比较教育研究院院长、教授，主要从事比较教育、高等教育研究，主持国家级和省部级科研课题30余项，发表学术论文180余篇，出版著作10余部。

从1949年考入北平师范大学（现北京师范大学）开始，顾明远先生便将自己与高等教育紧密联系在一起。1951年顾先生被派往苏联国立莫斯科列宁师范学院（现俄罗斯国立莫斯科师范大学）教育系留学，1956年学成回国到北京师范大学教育系任教，1965年任北京师范大学教育系副系主任兼外国问题研究所副所长，1975年后历任北京师范大学文科组组长、教务处副处长、社会科学处处长，1979年任北京师范大学教育系主任兼外国教育研究所所长，1984年任北京师范大学副校长兼研究生院院长、教育管理学院院长，2001年任北京师范大学校务委员会副主任。70年来，顾先生一直在大学开展学术研究和大学管理实践工作，对大学和高等教育有着基于实践的深刻理解。作为一名比较教育研究者，顾先生不仅研究世界各国的大学理想和高等教育改革，而且利用各种工作访问和学术会议的机会访问各国高等学校，对于世界高等教育的发展与改革有着独特而深刻的认识。顾先生长期担任国家教育咨询委员会委员、中国教育学会会长、教育部社会科学委员会副主任、教育部教师教育专家委员会主任、国务院学位委员会教育学科评议组成员和召集人等职，参与国家包括高等教育在内的教育决策，赴全国各地的高等学校调研、咨询、指导，不仅全面掌握我国高等教育的改革与发展的成就、问题、机遇、挑战，而且对我国高等教育改革与发展实践产生了重要的影响。正是由于这些特殊经历，顾先生形成了对大学、对高等教育的深刻的、系统的、独特的信念、理论和观点。顾先生的高等教育思想体现在他发表的60余篇与高等教育相关的论文、书评、演讲、序言之中。本章主要从大学的理想、世界高等教育改革、中国高等教育改革三个方面，探寻顾先生的高等教育思想。

第一节　大学的理想

大学是人类创造的最伟大、最恒久的社会机构之一，像大学那样历经千年历史而能保证其基本结构、功能不变的社会机构寥若晨星。美国加州大学前校长克拉克·克尔在《高等教育不能回避历史》中指出："西方世界在1520以前建立的大约75个公共机构仍旧以可辨认的形式存在，有着类似的功能和未中断的历史，包括天主教教会；马恩岛、冰岛和英国的议会；若干瑞士的州的管理结构；锡耶纳银行，以及61所左右大学"（克尔，2001）[50]。在现代社会，大学作为社会的"轴心机构"，成为引领社会发展的机构。N.M. 普西在《学者的时代》一书中指出："每一个较大规模的现代社会，无论它的政治、经济或宗教制度是什么类型的，都需要建立一个机构来传递深奥的知识，分析、批判现存的知识，并探索新的学问领域。换言之，凡是需要人们进行理智分析、鉴别、阐述或关注的地方，那里就会有大学。"（转引自布鲁贝克，1998）[28] 鉴于大学的独特性和重要性，历史上一代又一代的教育理论家和教育实践家都对大学的理想进行了探索，出版了众多不朽之作，如洪堡的《论柏林高等学术机构的内部和外部组织》、费希特的《大学的理念与构想》、纽曼的《大学的理念》、雅斯贝尔斯的《大学的理念》、奥尔特加·伊·加塞特的《大学的使命》、弗莱克斯纳的《大学论》、赫钦斯的《理想的大学》、克尔的《大学的功用》、阿什比的《大学论》等等。大学是遗传和环境交互作用的产物，是共性与个性交融的存在，大学理想研究一直也是一个仁者见仁、智者见智的课题。作为一位比较教育研究者和大学的管理工作者，大学的理想是顾先生在研究和管理工作中无法回避的问题，因此他从国际比较的视角对大学的理想进行了深入的探讨。

一、何谓大学的理想

顾先生是我国最早研究大学理想的学者之一。早在1994年，他就在《比较教育研究》上发表了《大学的理想和知识经济》一文，后来又发表了《大学的理想和高等教育改革》《大学文化的本质是求真育人》《大学理性的本质在于求真育人》《大学文化的共性与个性》《浅谈中西大学价值观之异同》等一系列论文，系统地阐述了他关于大学理想的认识和他的大学理想。

什么是大学的理想？顾明远在《大学的理想和知识经济》一文中引用了英国教育家阿什比的一句名言："任何类型的大学都是遗传与环境的产物。"（转引自顾明远，1994）[1] 阿什比解释说："大学是继承西方文化的机构。它保存、传播和丰富了人类的文化。它象动物和植物一样地向前进化"（转引自顾明远，1994）[1]。顾先生指出："大学的发展如果从中世纪意大利的波隆亚大学算起，已经历了七百余年。它的职能、规模、课程、培养方式等都与初创时期迥然不同。但是各国的大学却都还或多或少地保持着各自的传统，使各国的大学既有共同之处，又各具特色。我们称这种传统为大学的理想。"（顾明远，1994）[1] 在《大学的理想和高等教育改革》一文中，他进一步指出："大学的理想（或叫理念）就是大学的价值观。就是大学是什么，应该把大学办成什么样子。"（顾明远，1997）[16] 可见，在顾先生看来，大学的理想就是大学的传统和价值观，它要回答"大学是什么"和"应该把大学办成什么样子"等大学的核心问题。

顾先生认为，"大学的理想也不是一成不变的，它是随着时代（环境）的变化而不断变化，但它毕竟带着各自的遗传因子"（顾明远，1994）[1]，大学理想是在遗传与环境的相互作用中不断变异的。他指出，中世纪的大学作为一个教育机构是由教师和学生聚集而成的自治团体，目的是培养有教养的教士、教师、神学家、律师和医生等专门人才。为统治阶级培养有教养的人才就是中世纪大学的理想。产业革命给大学的理想注入了新的血液。科学技术在生产上的推广应用需要培养掌握先进科学技术的高级专门人才，为物质生产服务成为社会对大学教育提出的客观要求。因此，产业革命使大学教育进入了一个新的发展时期，大学不只是要为统治阶级培养有教养的人才，而且要为工农业发展培养科学技术人才。1810 年创建的柏林大学（现柏林洪堡大学）改变了大学的理想。这所大学提出了“学术自由”和“教学与研究相统一”的办学原则，影响了欧美各国的大学，从此科学研究成为大学的主要职能。现在我们说的高等学校三大职能，即教学、科研、服务，就是如此演变发展而来的。

为什么要研究大学的理想？顾先生指出：“大学的理想引导着各国大学以至整个高等教育的航向，包括教育目标、发展规模、课程设置和培养方式等等。”（顾明远，1997）[16] 他进而解释说：“这是因为大学的理想总是影响着人们对高等教育在社会发展中地位和作用的认识，影响着大学发展的战略思想和实施，研究大学的理想还为了如何在当今市场经济的大潮中识别大学的办学方向，摆正航向，使大学在市场经济发展中充分发挥其作用。”（顾明远，1994）[4]

二、大学理想的本质

顾先生不仅探讨了大学理想的内涵，而且分析了大学理想的本质。他针对我国学术界有关“大学理想”“理想大学”与“大学文化”的讨论指出：“大学理想也好，大学文化也好，其本质就是求真育人。求真就是追求真理，创新知识；育人就是培养品德高尚、本领过硬的人才。”（顾明远，2015a）[128] 在他的著述中，他并没有严格区分大学理想、大学理念、大学文化、大学价值观等概念，但是“大学理想”是他运用最多的一个概念。因此，本章研究他的大学理想，也未进行概念上的区分。

顾先生对大学理想或大学文化本质的理解，基于他对大学本质的理解。在《大学文化的本质是求真育人》一文中，他指出：“大学文化要从大学的本质中来挖掘。大学的本质是研究学术、追求真理、创造知识、创新价值观和培育人才。我们常常说，大学的职能是教学、科研和服务。但其最本质的东西是求真育人。研究学术、创造知识都是求真，是认识世界，追求真理，然后创造新的知识、新的思维方式和价值观。培育人才无需解释，大家都理解。”（顾明远，2010）[56] 他不但指出大学的本质在于求真育人，而且分析了大学的育人与其他社会机构的育人的不同之处。他说：“它是在求真中育人。凡是科研机构都要研究学术，当然在开展科研过程中也培养年轻人，但那是其的衍生物，不是主要的任务。中小学幼儿园都是育人的机构，但是其主要是传授现存的知识，没有科研的任务。只有大学又要开展科研，又要培养人才，而且要用科研成果来培养人才。”（顾明远，2010）[56] 他进而断定：“求真育人是大学区别于其他社会机构的本质特征。大学文化要建立在这个本质特征之上。”（顾明远，2010）[56]

顾先生坚持把求真看作大学文化的核心价值取向，认为要建设大学文化，就要还大学求真的本真。他认为大学是学术中心，是高水平学者聚集研究学术的地方，而大学求真的本真，需要靠大学教师来实现，“需要教授治学，大学才能创新知识，培养人才”（顾明远，2015a）[128]。他认为“大学的教师不仅要有渊博的知识，带领青年学子开展科研、创造知识，还要以个人的睿智、人格魅力培育和影响人才，引领学界追求真理”（顾明远，2010）[57]。

在《大学文化的共性与个性》一文中，顾先生再次强调大学文化的本质是求真育人，这是大学的共性。他认为：“大学不仅通过学术研究创造了知识，而且创造了新的思维方式、新的价值观”，“育人更是大学的使命，这是区别其他社会机构的本质特征。…… 尽管大学的功能在不断丰富，但大学的核心任务还是育人，培养适应时代的新人”。（顾明远，2013a）[43] 他进而指出，求真育人是大学的共性，大学文化还应该有个性。他说：“不同的大学有不同的历史、不同的办学定位、不同的培养目标、不同的办学模式、不同的学术中心、不同的课程设置、不同的教师风格、不同的管理方式等等，经过长期积累、碰撞和磨合，形成全校师生的共识，逐渐成为学校的传统。”（顾明远，2013a）[44] 在他看来，这种传统就是大学的特色，就是大学的个性。一所大学要遵循求真育人的共性，也要有自己的个性，形成自己的特色，大学应该是共性和个性的统一体。

三、大学理想的类型

大学是遗传和环境的产物，因此，不同大学的理想有所不同。顾先生在比较分析国内外大学理想的基础上，把大学的理想归纳为下面几种。

（一）人文主义的理想

顾先生认为，人文主义的大学理想以英国的大学，特别是牛津和剑桥两所古典大学为代表。在牛津和剑桥两所大学统治英国大学的最初几个世纪，“它们办学的目的是为教会和政府培养高级神职人员和官吏，他们强调培养有教养的人，而不是有学问的人。大学的职责是实施博雅教育而非专业训练，大学毕业生有绅士般的教养比有高深的学识更重要”（顾明远，1994）[2]。他指出，“这种大学的理想影响到英国高等教育的发展规模和办学模式。他们认为，办学的力量来自大学体系本身的内部逻辑，不受社会需求和青年求学的压力。他们坚持录取学生的严格标准，坚持严格培养，保证质量。但带来的问题是高等教育严重脱离社会实际需要，同时也限制了高等教育的发展”（顾明远，1994）[2]。虽然 19 世纪为适应经济发展的需要，在英国出现了一些新大学和技术学院，但是直到 20 世纪中叶以来的科学技术革命，才使英国的大学理想发生了革命性的变革，开始重视科学技术专门人才的培养。

（二）功利主义的理想

顾先生认为，功利主义的大学理想的典型代表是美国高等教育。为了生存和发展，美国拓荒者们必须摆脱英国传统大学的模式，寻求有利于发展本国经济的大学理想，导致功利主义理想占据了上风。特别是《莫里尔法案》的颁布、赠地学院的普遍建立、初级学院和社区学院的发展，使美国高等教育的发展和美国市场经济联系得很紧密。不仅美国的市场经济促进了美国高等教育的发展，而且美国高等教育也促进了美国市场经济的发展。他认为美国大学的功利主义理想影响到美国高等教育的规模、课程和办学模式。美国高等学校总是尽量满足入学者的愿望，入学没有严格的录取标准，大学生的水平参差不齐。

（三）科学研究的理想

顾先生认为，科学研究的大学理想的典型代表是德国大学。1810 年威廉·洪堡创建柏林大学，提出以“学术自由”和“教学与研究相统一”为办学原则，强调严格的科学训练，要求教师和学生致力于学术性的科学研究，学生参加研究工作，跟随教授们探索新的知识，领悟新颖的思想方法，从而培养学生的研究精神。柏林大学的理想不仅成为德国大学的传统，而且影响到世界各国的大学，例如美国、英国、苏联的大学都在不同程度上受到德国大学理想的影响。

（四）教育机会均等的理想

顾先生指出，所谓教育机会均等的大学理想，就是主张“高等教育不能够限制青年求学的要求，不能只是有钱人或有天赋才能的人上学的地方，应该向所有青年人开放；高等教育已经不是专门教育，而是满足人们求学的需要，提高人们文化修养和生活质量的教育。因此要为一切愿意求学的人提供上大学的便利条件，包括奖学金和贷款。高等教育不仅为青年人提供求学的机会，而且要为一切人提供学习的机会，要成为终身教育体系中的一个部分，不论他为了求职，还是为了消闲都可以到高等学校学习”（顾明远，1994）[3]。

顾先生指出：“也许还有第五种、第六种大学理想。例如社会主义国家的高等教育强调培养社会主义接班人的理想，民族独立国家强调培养本民族人才的理想等等。”（顾明远，1994）[4]他认为，上述这些大学的理想是从不同的角度提出来的，有的是从高等教育功能的角度，有的是从高等教育发展的内在规律的角度，有的则是从高等教育培养目标的角度提出的。不管从什么角度提出，有一点是可以肯定的，即大学的理想受各国的政治经济所制约，同时也受各国文化传统的影响。在他看来，尽管各国政治经济制度、文化传统不同，而且可以从不同的角度提出不同的大学理想，但现代高等教育办学的模式，包括培养人才的规格、专业设置、课程安排、培养方式大致相同。这些共同特点是在时代的共同发展趋势和国际商贸活动、国际文化学术交流中形成的。因此，不论人们持什么样的大学理想，许多专门人才的规格要求是相同的。这是工业社会、信息社会的标准化要求，是不以人们的意志为转移的。他同时指出，各国的大学理想既有相同点，也有不同点，而大学理想中的不同点是因各国政治经济体制的不同，特别是各国高等教育的传统不同而造成的。当然，各国高等教育的传统也不是一成不变的，而是随着时代的发展而发展变化的。社会的变革会引起人们思想观念特别是价值观念的变化，从而引发大学理想的变化，形成新的大学传统和大学理想。这种新的大学传统和大学理想又会变成该国大学的基因，并对以后的大学理想产生影响。

四、中国的大学理想

2016年，加拿大著名比较教育专家许美德教授在与顾先生对话时，谈到她主编的《东西方高等教育碰撞》一书，书中提出世界大学有两种模式：一种是西方的模式，一种是中国的模式。她说："很多西方高等教育比较学的专家，以为只有一种大学模式，以为所谓全球研究型大学的来源只是欧洲的大学。但是在世界史上，大学确实有两个主要的模式，一个是欧洲中世纪的大学，另一个是中国的科举制度。中国科举制度比欧洲中世纪大学早一千多年，两者都有它重要的价值观。比如中国方面，科举是为国家服务的，士大夫是属于国家官僚制度的，为国家工作，是公务员。但是欧洲本来就非常讲究自主权，学习自由和大学自主权有法律的保护，国家不能干扰，这就是中世纪时代欧洲的大学。但是到十七、十八世纪，欧洲的新国家形成的时候，法国还有其他的国家受到中国的影响，比如我们看看法国的大学，他们是属于政府的体系，所有的教授都是公务员。所以确实可以说有两种这样的模式。"（转引自顾明远，2017）[1] 对于许美德提出的西方和中国两种不同的大学模式的观点，顾先生在一定程度上表示赞同，并认为两种不同的大学模式的背后是两种不同的价值观。

顾先生认为，中国大学的模式是从西方引进的，因此与西方大学模式有很大的相似性。他说："从表面或形式上来看，世界各国的大学都差不多，大学里设学院，有各种文理学科，大学的职能是教学、科研、社会服务，似乎都一样。中国大学的模式也是从西方引进的，机构和教学、科研都有共同性。"（顾明远，2017）[2] 但是他还指出，在中国和西方，隐藏在大学背后的价值观却有很大的不同。他认为大学的价值观是由大学的起源和功能来确定的。如果仅从价值观出现的形态来说，从东西方两种文化的不同以及大学的起源来看，大学可以分成两种模式。但是从大学的功能发展来看，大学价值观表现出来的形态，远远不止这两大模式，而且它是随着时代的变迁不断变化着的。即使在欧洲内部，各国大学的价值观也有着很大的不同。中国的大学是从西方引进的，但它一开始就与西方办大学的宗旨不同。西方中世纪大学产生于对知识的自由探索，而中国大学是在中日甲午战争中国战败后为救国图强而建立起来的，虽然在一百多年的发展历史中也越来越重视对知识的自由探索，但是重点始终放在为国家服务上。

在《浅谈中西大学价值观之异同》一文中，顾先生运用了“大学的价值观”这个概念，这里所谓的“大学的价值观”实际上就是前文中提到的“大学理想”。那么中国的大学理想是什么呢？顾先生明确指出，中国的大学理想应是科学的、民主的、民族的理想。

第一，科学的理想。顾先生指出，所谓科学的理想有两方面含义。一是我国高等教育的发展要遵循科学的高等教育的发展规律，必须与政治经济相联系，把教学、科学研究和为社会服务结合起来，培养社会主义建设所需要的各行各业的人才；二是我国高等教育要适应现代科学技术和人文社会科学的发展，吸收各国大学之长，不固守一种大学传统，但又与本国的实际相结合，不照搬别国的模式。

第二，民主的理想。顾先生指出，所谓民主的理想，是指一切公民享有教育机会平等的权利。在国家财力允许的情况下，实现高等教育机构、层次、方式的多样化，为具有不同能力和不同需要的有才能的青年提供接受高等教育的机会。国家要采取措施，为贫困地区、少数民族青年提供入学的条件和方便。

第三，民族的理想。顾先生指出，所谓民族的理想，是指我国高等教育的发展要具有我国民族的特色。“我国是东方社会主义国家，首先我们要坚持社会主义培养人才的原则，同时我国又是东方文明古国，我们要保持和发扬我国优良的民族文化传统，当然这种传统应该是优良的，是符合时代要求的，同时也不排斥别的民族的优秀文化。中华民族有善于吸收外来文化的传统，但又不是把外来文化生硬地搬过来，而是吸收、消化，把它融化于我国民族文化之中。现代高等教育本来是舶来品，但一百年来，已经形成了我国的传统。今天我们在国际交流中重视国际接轨的同时还应该保持我国高等教育的优良传统。”（顾明远，1994）[5]

在明确提出中国的大学理想的同时，顾先生也对中国大学办学中的一些错误思想和现象进行了批判。

一是市场经济条件下大学必须参与市场。顾先生认为，在现代社会，任何大学理想都离不开经济，因为经济是高等教育发展的物质基础，同时经济发展又必须依靠高等教育，高等教育要为经济发展服务。在他看来，高等教育为经济发展服务，主要是通过两个途径：一是培养经济发展所需要的科学技术人才和经营管理人才；二是提供新的科技信息和新的科技成果，提高劳动生产率。他反对要求大学在市场经济条件下全面参与市场的做法。他指出：“高等教育主要是一种社会教育活动，不是社会经济活动。高等学校可以参与市场，如果科技市场发达的话，高等学校所创造的科技成果可以拿到市场上去交换；但也不一定非要参与市场，高等学校可以与企业联合进行开发研究，这种联合研究是要受市场制约的，但不一定是直接参与市场。高等学校培养的人才将来要进入人才市场，但高等学校不直接参与人才市场。高等学校为了筹集资金而创办企业参与市场竞争，许多国家的高等学校都是这样做的，但高等学校的企业活动是经济活动，不是教育活动，只是高等学校的一种辅助活动，不是主要活动。学校办企业与学校办教育既有联系又有区别，正如一个国家既要办工农业，又要办文化教育事业一样。学校办企业只能说是校办企业由学校经营管理，而不是说它是学校办教育的一部分。高等学校主要是实施高等教育，实施高等教育

就要符合高等教育的规律，也即要有大学的理想。”（顾明远，1994）[4-5]

二是大学文化低俗化、娱乐化。在多篇文章中，顾先生对大学文化的低俗化、娱乐化倾向进行了抨击。他说：“某些学校甚至出现一种低俗文化，什么‘男神女神’在大学中广为传播。甚至一些高校官方宣传也开始起用帅哥美女照片吸引青年考生眼球，什么‘女神在X大等你’、‘上XX变白富美’等，真是斯文扫地，作为一名大学教师都觉得脸红。”（顾明远，2015b）[5] 他认为，社会文化有雅俗之分。大学文化应该是高雅的文化，应该用高雅文化引领大学。他说：“大学校园里当然不可能完全排斥俗文化，特别是当今时代，新媒体传播的大多是俗文化。这种俗文化对大学的影响很大，但大学毕竟是学术的殿堂，是精英荟萃的地方，大学应该树立雅文化的大旗，引领社会的先进文化。”（顾明远，2013a）[45]

三是大学官僚化，缺乏科学民主。顾先生批评了一些大学的行政化、官僚化倾向：大学行政层次太多，办一件事情要经过层层审批；教授在办学上，在学校发展上，在学科、专业发展上几乎没有发言权，都是学校行政会议做决定。他指出：“没有科学民主，也不可能有科学决策。科学精神、民主精神、人文精神应该是大学文化建设中最核心的精神。”（顾明远，2013a）[45]

四是功利化太盛。顾先生批评一些大学浮躁，为了排名，为了获奖，不惜粗制滥造，抄袭之风盛行，甚至有的大学校长都抄袭文章；评价体系都是发表了多少文章，得了多少奖；特别是评职称主要看发表的论文著作，很少看教书育人的表现。在他看来，求真是大学文化的核心价值取向。因此，他呼吁还大学求真的本真，“在制度方面要改变急功近利的那种重量不重质的要求，改变那种‘计件工资’制度，对教师最好实行年薪制，鼓励教师坐冷板凳，出优秀成果”（顾明远，2010）[57]。

因此，顾先生呼吁中国大学理想、大学理性的回归。他指出，学术是大学的核心，是大学的灵魂，大学要以学术为业，大学的真、善、美都体现在学术研究之中。在他看来，所谓大学的真，就是通过学术求真；所谓大学的善，就是通过学术培养品德高尚的人才；所谓大学的美，就是在追求真理过程中的团结、合作、和谐的美，求得真理结果喜悦的美。（顾明远，2013a）[46]

第二节　世界高等教育改革

作为新中国比较教育学科的创始人之一，顾先生一直关注世界高等教育的发展与改革动向，以期为中国高等教育的改革与发展提供可资借鉴的经验。他先后发表了《当代工业发达国家的教育改革》《现代高等教育的发展与我国高教改革》《高等教育迎接新的挑战》《高等教育改革的国际动向》《高等教育的发展及职能的变化》《世界高等教育发展的基本趋势和经验》《第三次工业革命与高等教育改革》等一系列聚焦高等教育的论文、演讲，对世界高等教育发展历程、改革趋势、改革措施和基本经验进行了系统研究和深入分析。

一、世界高等教育的发展历程

从世界范围看，虽然早在2000多年前就有了研究高深学问的地方，产生了古典意义上的大学，如中国的成钧、孔子杏坛设学、稷下学宫、太学等，以及古希腊的柏拉图学园、亚里士多德吕克昂学园、雅典大学、亚历山大里亚大学等，但这些古典大学出于多种原因没有延续下来。现代意义上的大学产生于中世纪的欧洲，意大利的波隆亚大学、萨拉尔诺大学，法国的巴黎大学，英国的牛津大学和剑桥大学是世界上最早的近代大学。顾先生对世界高等教育从中世纪以来的发展历程进行了梳理，将世界高等教育的发展分为三个阶段，并总结了各个阶段高等教育的特点。

（一）现代高等教育的萌发时期

顾先生认为，从中世纪大学产生到产业革命以前，是现代高等教育的萌发时期。这个时期的大学由一些热心学术的学者和学生合力兴办起来，它们的主要任务是传授科学文化知识，探讨学术。顾先生把这个时期高等教育的主要特点概括为："（1）大学是少数学者聚集起来学习和研究学问的地方，师生之间探讨的空气比较浓厚。（2）中世纪大学享有种种特权，内部自治，大学有权设立特别法庭，免税和免兵役，有权授予学位，获得学位以后可以在大学任教。（3）大学教学的内容主要是人文科学，自然科学还没有从哲学中分化独立出来。……（4）大学虽然客观上为统治阶级培养出官吏和僧侣，但总的来说是和社会生活严重脱节，同生产劳动分离的。"（顾明远，1983）[1-2]

（二）现代高等教育体系的建立和发展时期

顾先生认为，产业革命以后至20世纪上半叶是现代高等教育体系的建立和发展的时期，现代生产和科学技术的发展促进了教育的发展，各国相继建立了自己的现代高等教育体系。顾先生把这个时期世界高等教育的发展特点总结为这样几个方面：（1）资本主义工业的发展促进了高等教育的发展，高等教育的教学和科研由纯学术性转为以科学技术为中心。高等教育和现代生产发生紧密的联系，为现代生产培养出各种科学人才和工程技术人才。高等教育已不是脱离社会而独立存在的，而是和社会紧密相连，成为社会发展不可缺少的一部分。（2）高等学校逐步由政府控制，被纳入国家发展计划。（3）教学内容由古典人文科学为主转为注重自然科学。（4）高等教育的体系日趋完善，许多国家建立了研究生制度，培养更高一级的专门人才。（顾明远，1983）[4]

（三）现代高等教育的大发展、大改革时期

顾先生认为，20 世纪 40 年代中期到现在是世界高等教育大发展、大改革时期。“二战”后世界政治形势的巨大变化、经济的空前增长和现代科学技术的迅猛发展，要求高等教育不断改革以适应新形势，高等教育经历了一个大发展、大改革的时期。顾先生总结了这个时期世界高等教育发展的主要特点：（1）高等教育的规模有了很大的发展，由“尖子教育”变为“大众教育”。（2）高等教育的概念扩大了，结构多样化了，高等教育被纳入终身教育的轨道。（3）对大学生的培养目标和知识结构提出了不同于以前的要求。（4）高等学校的任务扩大了，高等学校不仅要成为教育中心，而且要成为科研中心。（顾明远，1983）[5]

顾先生基于对世界现代高等教育发展历程的分析，认为现代高等教育是现代生产的产物，当代科学技术的发展是现代高教改革的重要因素。由于现代工业发展和科技发展具有国际性，各国高等教育在任务上、培养目标上、结构上、课程设置上都有许多共同之处，但各国高等教育也有各自的历史传统和特色。

二、世界高等教育改革的动因

“二战”以来，特别是 20 世纪 80 年代以来，世界高等教育进入大发展、大改革时期。是什么因素引发了世界性的高等教育改革，或者说高等教育改革的动因是什么？顾先生对此进行了深入的分析。

（一）科学技术和知识经济的发展

顾先生认为，在现代高等教育发展的漫长历史中，现代生产促进了科学技术在生产中的应用，使科学技术从社会生产活动中得到巨大的推动力，科学技术的发展又推动生产力的发展和生产方式的变革，从而推动高等教育的发展与改革。他指出：高等教育改革“最根本的因素应该是科

学技术的迅猛发展，促使生产力急剧发展，从而改变着人类社会的整个经济生活和文化生活。科学技术和经济的不断发展，新的行业的出现，就要求教育为其培养人才和高质量的劳动力，以便使人们适应经济现代化所带来的物质生活和精神生活的变化。传统的教育再也不能适应新形势的需要了。教育改革就成为当代的必然趋势”（顾明远，1980）[11]。

在顾先生看来，“二战”后，科学技术的发展是推动高等教育变革的最大动力，核能开发、人造卫星、基因技术、信息技术等以史无前例的速度出现。科学技术发展的惊人速度要求高等教育不仅内容要更新，而且要求培养目标、培养方式都要有根本的改变，才能培养出符合时代要求的、跟上科技发展步伐的专门人才。（顾明远，2018a）[276]

顾先生还指出，新的科学技术革命把人类带入了一个新的时代，即知识经济的时代。知识经济时代使知识成为发展经济的主要要素，使人们看到了人的价值和知识的价值，使人们认识到人不是简单的创造资本的工具，而是社会的主人，人的创造、经济的发展归根到底是为了人类自身的发展。（顾明远，2006）[26]在知识经济时代，不仅高等教育的重要性提高了，而且人才培养的规格和要求也必须发生变化。他还特别关注近年来兴起的第三次工业革命对人才培养的影响。他认为，第三次工业革命以互联网、新材料、新能源的结合为标志，其特点就是网络化、信息化、个性化、国际化，国际之间的信息流通和交往也越来越频繁，第三次工业革命要求人才培养进行相应的改革，实现人才培养的多样化、个性化，加快培养创新人才和国际化人才。（顾明远，2013b）[3]

（二）全球化的影响

顾先生指出，科学技术的发展带来了经济的全球化，同时影响到文化的全球化、教育的全球化。他指出所谓全球化，“主要是指人类的活动跨越大陆和地区，突破了地域和民族国家的局限，形成了全球广泛的交往与联系”（顾明远，2006）[26]。全球化首先表现在经济领域，经济的全球化又带来了文化的全球化、教育的全球化，促进文化、教育的国际交流与合作，达到相互理解、相互学习的目的。“教育的全球化主要表现在教育的国际化。教育是上层建筑的一部分，它受一定国家的政治经济的制约。教育不可能实现全球一体化。但教育发展又有育人的自身规律，特别是在教育制度、教育内容和方法上是有共性的，是可以互相学习和借鉴的。这种学习和借鉴就是通过教育的国际化来实现的。”（顾明远，2006）[27]

（三）社会变革的挑战

在顾先生看来，社会变革的多种因素都对高等教育改革与发展提出了要求。一是“二战”后随着民主运动的高涨，人们要求政治民主化、教育民主化，要求各阶层人民有均等的受教育权。（顾明远，1983）[4] 二是世界政治格局的变化。1991 年苏联解体标志着“冷战”结束，各个国家都力争在新的世界格局中占据有利地位，国际间的竞争越来越激烈。三是科学技术在社会各领域的应用也引起了社会的变革，人们的价值观发生了变化，社会的物质财富丰富了，但人们的道德水准有下降的趋势，吸毒者的增加、犯罪率的升高以及其他社会问题日益困扰着教育工作者。四是科学技术的发展一方面促进了社会生产力的提高，另一方面却带来了资源的浪费、环境的污染、生态的破坏等一系列社会问题。以上这些社会变革都要求高等教育做出相应的回答，进行必要的改革，成为世界高等教育改革的重要动因。（顾明远，2018a）[277]

三、世界高等教育改革的趋势

20 世纪后半叶特别是 80 年代以来，在科学技术、知识经济、全球化和社会变革等多种因素的影响下，世界性高等教育改革蓬勃兴起，而且一直持续到现在。顾先生在《世界高等教育发展的基本趋势和经验》一文中全面总结了世界高等教育改革发展的趋势和特点。

（一）高等教育民主化、大众化、普及化

根据美国高等教育学者马丁·特罗的理论，高等教育入学人数低于适龄人口的15%时，属精英高等教育阶段，占15%—50%时为大众高等教育阶段，超过50%时为普及高等教育阶段。顾先生指出，20世纪六七十年代，一方面由科学技术的发展引起的生产转型和发展需要大批掌握科学技术的人才，另一方面社会的民主运动促进了教育的民主化，使高等教育迅速发展，1965—1995年，工业发达国家的高等教育已经从精英高等教育阶段发展到大众高等教育阶段、普及高等教育阶段。高等教育进入大众化阶段以后，高等教育的观念、教学内容与形式、学术标准、管理与决策，以及高等学校的功能、模式、招生、聘任教师的政策和办法等方面，都发生了质的变化。特别是短期高等教育的发展满足了经济转型时期对技术人才的需求，也满足了大众求学的要求。他指出，高等教育的大众化也改变了高等学校的职能和办学模式，"新建的大学不能再模仿传统大学那样重研究轻教学、重理论轻技术，而是要更多地与社会、与企业联系，培养经济和社会发展的应用性人才"（顾明远，2006）[28]。

（二）高等教育终身化

"终身教育"这一概念是由法国教育家保罗·朗格朗在1965年联合国教科文组织主持召开的成人教育国际会议期间正式提出来的，并逐渐成为一种具有世界性影响的教育思潮，成为世界各国推进教育改革的基本原则。正如顾先生所指出的那样，"终身教育改变了人们对教育的认识。终身教育思想对高等教育的发展产生了重大影响。高等教育不再是少数人享受的一次性教育，高等教育应该纳入到终身教育体系，为需要学习的人提供继续学习、不断学习的机会"（顾明远，2006）[28]。他指出："高等教育已经成为终身教育体系中的一个重要环节。高等教育不再是只为特定年龄

段（18–25 岁）的人提供学历教育，高等教育为所有年龄的人服务，提供各种培训计划，提供正规的非正规的各种课程。"（顾明远，2006）[28]

（三）高等教育信息化

20 世纪 80 年代以来，随着信息技术的发展及其在社会生产和生活中的广泛应用，世界进入信息时代或信息社会，并对教育提出了要求和挑战，信息化成为世界高等教育改革的重要原则和趋势。顾先生深刻认识到信息时代对世界高等教育的影响。他指出："以国际互联网为标志的信息革命席卷全世界，深刻地改变着人类社会的生产、生活和思维方式。现代信息技术彻底改变了知识的创造、收集、储存、传播的方式。信息技术和互联网的发展对教育产生了深刻的影响。使教育的观念、内容、方法、结构发生着革命性的变化。"（顾明远，2006）[28] 他指出，许多国家从 90 年代初期就开始重视教育的信息化，美国、英国、法国、芬兰、日本、韩国、新加坡等纷纷制定规划，加快发展教育信息化。他还特别关注到信息技术、人工智能在高等教育领域里应用的最新进展，如"反转式"教学、慕课课程、可汗学院等，这些都推动了教学模式的改革与创新。

（四）高等教育国际化

高等教育国际化是经济全球化的要求，是教育全球化的主要表现形式。顾先生指出，高等学校本质上是一种国际机构，在信息传播全球化、快捷化和交通技术便捷化的推动下，20 世纪 80 年代以来高等教育国际化已经成为世界高等教育发展的重要趋势。他认为高等教育国际化的主要特征是开放性，"对高等教育国际化有种种理解，但主要是通过人员的国际交往、信息交流、国际技术援助和合作，吸收、借鉴世界各国高等教育办学理念和办学模式，从而达到提高人才培养质量，推动本国高等教育现代化进程，实现人类相互理解和尊重的目的"（顾明远，2006）[28]。在此基础上，他谈道："高等教育国际化的内容十分丰富，包括教育观念的国际化、教育制度与管理模式的国际化、教育内容（专业与课程设置）的国际化、教学与研究的国际化、人员（教师与学生）的国际交往、WTO 规定的国际教育服务等。”（顾明远，2006）[28] 他还指出，“高等教育国际化的过程中正遇到普遍主义与民族主义的矛盾和冲突”（顾明远，2006）[29]，因为高等学校本质上是国际机构，但又都植根于民族国家的土壤上，有着各自的民族特色。在他看来，国际化本身就包含着民族化。他说：“如果所有国家的高等教育都是一个模样，也就无所谓国际交流，无所谓国际化。因此，高等教育国际化进程中总会保持着国际化与民族化的张力。”（顾明远，2006）[29]

四、世界高等教育改革的主要措施

顾先生不但总结了世界高等教育改革的主要趋势，而且分析了世界高等教育改革中具有共性的改革政策和措施，这对于帮助人们准确全面地把握世界高等教育的改革动向和路径，在世界高等教育改革大背景下探索我国高等教育改革与发展的路径，具有重要的指导意义。他在多篇文章中讨论了世界高等教育改革的政策和措施，在表述上不尽一致。下面仅基于 2006 年《世界高等教育发展的基本趋势和经验》一文，结合其他论文，总结他的有关观点。

（一）高等学校把与社会的紧密联系、与企业的合作作为学校的生长点

在历史上，高等学校曾因远离社会而被比喻为“象牙塔”，但在 20 世纪七八十年代后，世界各国开始不断加强高等学校与社会的联系，使它更加适应现代化经济发展和社会生活的需要。顾先生分析了这一时期高等教育所面临的困境：“一方面，科学技术的快速发展把高等学校推到新的科技革命的前沿，承担国家科技创新体系的主力军的任务；另一方面国

家支撑的教育经费却在不断地减少，使大学处于困难的境地。”（顾明远，2006）[29] 因此，许多国家开始强调高等教育必须有效地为经济服务，必须与工商界保持更紧密的联系，通过提供科技咨询、科研合同、技术培训，灵活而及时地满足工业界的需要，促进企业的发展。同时，大学自己也开拓了财源，拓展大学的教学和研究领域，促进了大学的发展。顾先生一方面肯定高等学校与工业界的联系，另一方面警告“高等学校不能忘记自己的使命。高等学校最重要的使命是创造知识，培养人才。高等学校与工业界的联系也因为可以通过与工业界的合作，推动高等学校的科学研究，更有利于培养人才”（顾明远，2006）[30]。但是，大学与产业之间的关系是一个特别复杂的问题，二者的发展逻辑和关心焦点是不一样的，大学要正确处理不同使命间的关系。

（二）改革人才培养目标，把提高学生的参与、探究、创造能力作为高等学校最主要的任务

自 19 世纪后期以来，高等教育价值观从人文主义走向科学主义，人才培养出现了过分专业化的趋势。虽然 20 世纪以来兴起了一次次的通识教育改革运动，但高等教育过分专业化的弊端一直没有彻底消除。特别是知识经济兴起以后，社会经济发展需要更多的创新人才，因此迫切需要高等学校调整人才培养目标。顾先生明确指出：“高等学校的传统就是传授高深的知识，但是科学技术加速发展，知识不断更新，使得传授知识已经不那么重要，更重要的是培养学生获取知识、创造知识的能力。”（顾明远，2006）[30] 因此，自 80 年代以来，世界各国高等学校开始改革人才培养目标，把提高学生的参与、探究、创造能力作为高等学校最主要的任务。顾先生指出，在培养目标上，世界各国“要求培养的人才要适应时代的要求，不仅掌握他所学的科学技术知识，而且要有较高的理解能力、分析能力、思考能力、表达能力；要有探索精神，创造学问和文化的基本素质，摈弃狭隘的专业意识”（顾明远，1988）[5]。他还引用哈佛大学前校长陆登庭的话来说明这种变化：“大学的主要努力方向就是使他们能够成为参与发现、理解和创新知识或形成新思想的人。”（转引自顾明远，2006）[31]

（三）拓宽专业，整合课程，改革培养模式

顾先生指出：“为了适应科学技术的加速发展和高等教育培养目标的新要求，高等教育的专业设置、课程计划和培养模式就要相应发生变化。变化的趋势就是拓宽专业面，重视基础知识，使学生有宽厚的知识，广阔的视野。”（顾明远，2006）[31] 拓宽知识面，就涉及课程改革。他认为：“基本的趋势就是突出通识教育的重要性。所谓通识教育，是指不论哪一个专业的学生都需要学习的那种教育，是为培养独立人格和个人生活能力作准备，使他作为一个公民和文化的继承者能与其他社会公民共同相处的那种教育。同时，科学技术加速发展，未来的技术难以预测，只能打好基础，以不变应万变，才有利于学生将来的发展。”（顾明远，2006）[31] 他还指出：“在拓宽知识面，强调通识教育的时候，80 年代以来特别重视人文学科的教育，人们称之为人文主义的回归。这也是对六七十年代以来社会政治、生态环境、道德不良的一种回应。”（顾明远，2006）[32] 他还分析了高等学校在教学组织和方法方面的改革，认为世界各国越来越强调调动学生的学习积极性和培养学生的自学能力（顾明远，1988）[5]，强调学生的自主学习和自我教育，强调学生密切参与大学的研究活动。

（四）重视评估与反馈，建立高等教育质量保证体系

顾先生指出，20 世纪 “六十年代高等教育的大发展带来一个问题，就是质量有所下降”（顾明远，1988）[4]。“80 年代以来，由于高等教育的大发展，高等教育质量问题更加凸显。”（顾明远，2006）[32] 因此，加强“教育评估已经成为高等学校质量保障体系中的重要一环。在一些国家中，

很重视教育评估和评价”（顾明远，2006）[32]。他还指出：“20 世纪七八十年代在工商业领域首先出现全面质量管理（TQM）的概念，后来引入高等教育，不少学校引用这样的机制，主要检查学校管理运行情况。”（顾明远，2006）[32]

五、世界高等教育改革与发展的基本经验

世界高等教育改革与发展的动向和趋势，反映了高等教育与社会经济发展之间的规律性联系，反映了高等教育发展的一些客观规律，有许多经验值得我们借鉴。顾先生认为，在当今世界要办好一所大学，应该从世界高等教育改革与发展的动向和趋势中借鉴以下三条经验。

第一，高等学校办学要开放，要走国际化的道路。他指出：“在当今科学技术加速发展的时代和全球化的世界，高等学校只有开放，向社会开放，向世界开放，才能生存和发展。只有开放才能吸纳世界最优秀的人才和学术成果。”（顾明远，2006）[33]

第二，高等学校要加强与社会、企业的联系，为社会发展做出贡献。他指出：“传统大学是研究学术，追求真理的地方，往往不愿意与社会有更多的联系。但是时代变化了，高等学校如果不与社会和企业联系就难以生存和发展。”“无论从高等学校的职能来说，还是从学校的自身发展来说都必须加强学校与社会、与企业的联系。”（顾明远，2006）[33]

第三，高等学校必须加强学科建设，建设有特色的学术中心。他指出：“大学的基本使命是创造知识、培养人才。大学必须要有一个学术核心，才能吸引人才，同时发挥它的学术能量。创造知识也好，培养人才也好，与企业联系也好，靠的是什么？靠的就是学校的学术优势。因此，加强学科建设，建设有特色的学术中心就是学校发展的根本。”（顾明远，2006）[33] 他强调：高等学校有层次的不同，条件的差异，因此学科建设不

能趋同，要强调特色。各校需要根据学校的定位、特点和条件建设具有自己特色的学科。（顾明远，2006）[33] 他还指出学科建设重在软件，重在人才的培养、队伍的建设。他呼吁要下大力气培养学科带头人，在培养学科带头人的同时重视团队的建设，建设一支可持续发展的学术梯队，使学科永远成为学术心脏地带。（顾明远，2006）[33]

顾先生认为世界高等教育发展积累了丰富的经验，上述三条是最基本的、最核心的经验，其他经验都是围绕着这三条派生的。现代高等学校只要做到这三条，就能够较快地发展。

第三节　中国高等教育改革

美国著名比较教育学家贝雷迪曾说过："我们研究各国的教育，并不仅仅是想要了解外国人，也许更多地主要地还是为了了解我们自己"，"比较教育能够提供的最好的教训莫过于通过对照别人而警惕自我的自知之明"（转引自朱勃，1986）[28]。与贝雷迪相似，"立足中国，放眼世界"是顾先生开展比较教育研究的价值基础。他认为现代高等教育是一个国际现象，对各国的高等教育加以比较研究，可以帮助我们找出各国高等教育发展的共同规律和特殊性，了解它们的发展趋势，吸取外国高等教育的成功经验和失败教训，为我国高等教育发展和改革提供借鉴。（顾明远，2018b）[34] 他从比较教育学家的独特视角，准确地把握世界高等教育的改革大势，深刻地揭示了中国高等教育的定位、问题与挑战，探讨了中国高等教育改革与发展之路。关于中国高等教育改革与发展，他发表了几十篇论文，几乎涉及高等教育改革与发展的方方面面，下面仅从中国高等教育传统的演变与形成、中国高等教育面临的挑战与问题、中国高等教育改革路径三个方面加以梳理。

一、中国高等教育传统的演变与形成

如前所述，中国在古代曾经设立不同名称、不同类型的古典高等学校，如成钧、稷下学宫、太学、书院等。但是随着清末“废科举，兴学堂”运动的兴起和近代学制的建立，古典高等学校制度走向瓦解。在鸦片战争后，1862 年创办的京师同文馆和 1895 年创办的中西学堂，是中国近代高等学校的雏形。1898 年京师大学堂的建立及 1904 年颁布的《奏定学堂章程》，标志着中国近代高等教育制度的建立。从中国近代高等教育制度建立到现在，只有 100 多年的时间。如何认识这个历史过程，是讨论当代高等教育改革的前提。顾先生关于中国高等教育发展历程的研究散见于其著作和文章当中，比较系统的研究主要体现在他的论文《中国高等教育传统的演变和形成》中。在这篇文章中，他把中国高等教育传统的演变和形成过程分为以下五个阶段。

（一）中国现代高等教育制度的建立（鸦片战争至辛亥革命）

顾先生指出，中国的近代高等教育是舶来品，是鸦片战争以后从西方引进的。“首先是西方传教士在中国办学，然后在洋务运动和变法维新的推动下，中国清政府被迫废科举，兴学堂。”（顾明远，2001）[10] 从洋务运动到变法维新，都主张办学堂，采用西方的教育制度来改变我国原有的教育制度，因此受西方教育传统的影响甚深。从总体上讲，此时中国封建主义教育的传统虽然开始发生动摇，但并未彻底崩溃，还对刚刚诞生的近代中国高等教育产生着不小的影响。正是基于这样的认识，顾先生指出：“中国近代高等教育从建立之时起，就受到中外两种思想的影响。首先，中国近代高等教育的建立是在西方列强逼迫之下，为了‘师夷之长技以制夷’而创立的。‘中学为体，西学为用’成为当时高等教育的主导思想。另一方面，中国近代高等教育又是从西方引进的，它必然渗透着西方文明

与思想。在教育内容上西方的科学与中国的经书并存。”（顾明远，2001）[9]

（二）辛亥革命后我国高等教育的发展

顾先生认为，辛亥革命对封建教育传统是又一次重大冲击，中国的历史从辛亥革命起开启了一个新阶段，中国的高等教育制度得以彻底摆脱封建教育束缚，开始走向现代化，并逐步形成中国自己的高等教育传统。他把这种传统归纳为以下几点：“第一，中国高等教育建立起了爱国和革命的传统。突出表现在‘五四’运动、抗日战争和解放战争中，中国大学生前赴后继，不怕牺牲，为祖国的独立和解放把鲜血洒遍中华大地。”“第二，有追求真理，重视学术的传统。中国高等学校的师生治学严谨，学习刻苦，具有孜孜不倦，追求真理的精神。西南联大在那样艰苦的条件下，教授的治学精神和培养出大批人才的事实就是很好的证明。”“第三，既重视吸收外来文化，又重视保存中国民族文化的传统。辛亥革命，特别是‘五四’运动以后，尊孔读经等封建文化受到严厉地批判。但中国文化中的优秀的东西仍然受到高等学校的重视。……这种吸收、融合、继承、创造世界一切优秀文化的传统，保证了我国高等教育的质量和学术繁荣，是值得我们永远继承和发扬的。”（顾明远，2001）[13] 他同时指出，“这一时期充满着矛盾和冲突，很难说已经建立起中国自己的高等教育传统”（顾明远，2001）[13]。

（三）新中国成立前革命根据地的高等教育

五四运动以后，中国革命走上了新民主主义革命的道路。在中国共产党的领导下，苏区和抗日民主根据地创办以干部教育为主的高等学校，培养军事、政治、经济和文化等方面的人才。顾先生指出：“整个革命根据地的高等教育完全是一种新型的教育。它是以马克思列宁主义、毛泽东思想为指导的，民族的、科学的、大众的新民主主义教育。它的教育方针、教育制度、教育内容和方法都不同于传统的高等教育。它创造了许多新的经验，形成了许多新传统，影响着以后我国高等教育的发展。”（顾明远，2001）[14] 他把这种新传统概括为三个方面：第一，高等教育为现实斗争服务的信念和传统；第二，教育与生产劳动相结合的传统；第三，理论联系实际的传统；第四顽强奋斗、艰苦朴素的思想作风，生动活泼、自觉主动的学习风气，团结民主的管理方法。（顾明选，2001）[14] 他认为这些优良传统，为新中国高等教育的建设提供了宝贵的经验，并得到了继承和发展。（顾明远，2001）[14]

（四）新中国高等教育的发展

新中国成立后，中国高等教育进入了一个新的发展阶段，开始发展民族的、科学的、大众的新民主主义教育。顾先生指出，经过解放初期的教育改革、收回教育主权、知识分子思想改造、学习苏联经验、院系调整等一系列运动，中国高等教育的传统发生了新的变化，主要包括：（1）确立了中国共产党对高等学校的领导，建立了政治工作机构，开设了马列主义课程，明确了高等教育为工农开门、为生产服务的方向。（2）高等教育开始学习苏联经验，全盘搬用苏联高等学校的教学模式、教材、教学组织形式等。（3）批判了“通才”教育和理论脱离实际的思想，明确了高等教育的任务是培养高级专门人才。（4）院系调整促进了我国高等教育的发展，培养了大批新中国建设所需要的人才，也留下了一些消极的影响。（5）中央对高等学校实行统一集中领导。（顾明远，2001）[14] 他这样评价新中国成立后 17 年的中国高等教育：“建国以后 17 年的中国高等教育基本上建立了完整的体系，形成了自己的教育传统。这种传统，吸收了我国革命根据地的传统和苏联教育的经验。但是，这种教育传统是在计划经济条件下形成的，照搬苏联的一套也脱离了中国的实际，形成了比较僵化的模式。同时，我国封建主义教育思想作为一种体系已经彻底崩溃。但是我们不能不认识到，思想体系的崩溃不等于这些思想从此绝迹。某些封建主义教育思想残余仍然会存留下来，至今可能在一些人的头脑中还在起作用，而且不同程度地阻碍着教育改革的进行和发展。”（顾明远，2001）[15]

（五）改革开放以来的高等教育改革

顾先生指出，改革开放以后，我国社会发生了巨大的变化。以经济建设为中心总路线的确立、社会主义市场经济新体制的建立、科教兴国战略的提出，要求高等教育进行深入的改革。同时，20世纪80年代世界形势的变化、科学技术的突飞猛进、国际竞争的日益激烈、世界高等教育改革的新形势，都使人们认识到旧的教育制度、内容和方法已经不适应新的要求，迫切需要改革。1985年《中共中央关于教育体制改革的决定》拉开了新时期教育改革的序幕，不但高等教育体制有了较大的变化，而且高等教育改革深入教学领域，通过专业设置调整、课程改革和面向21世纪的新教材编写，促进高质量人才的培养，使高等教育在国家科技创新体系中发挥重要作用。按照顾先生的判断，以上这些改革，实际上是对以往已经形成的中国高等教育传统的一次否定，新的传统正在逐步形成之中。（顾明远，2001）[15]

在分析中国高等教育发展历程的基础上，顾先生对于中国高等教育传统的演变和形成得出了一些结论，这些结论都是我们在今天的高等教育改革中应该铭记在心的。

（1）“任何一个国家的教育传统与整个文化传统一样，都有一个形成发展的过程。一定的历史时期有一定的文化传统，必然就有一定的教育传统。这种教育传统是受当时的政治、经济以及文化的影响而形成的，同时也是对过去的教育传统的继承和发展。中国高等教育的传统也是在中国整个社会变革中不断变革的。一方面接受符合时代要求的先进的教育思想和制度，包括外国的和自己创造的，另一方面又要受到传统教育思想和制度的影响。”（顾明远，2001）[10]

（2）"在教育传统的变革中，教育制度的改革往往比教育思想的改变要容易得多。……中国高等教育现在的传统是经过洋务运动、维新运动、辛亥革命、'五四'运动、国内革命战争、建国以后向苏学习以及改革开放以后社会变革的种种冲突和洗礼逐渐形成的。因此要分析今天中国高等教育的传统及其思想观念，就需要分析形成今天中国高等教育传统的各种因素。"（顾明远，2001）[10]

（3）"形成今天我国高等教育传统的因素是多方面的，不能简单地归之于某个国家教育模式的影响。"（顾明选，2001）[15] "任何类型的大学都是遗传和环境的产物。"（顾明远，2001）[16] 遗传是指本身固有的传统，包括本民族的文化传统。环境是指时代的影响，外部条件的影响。大学是如此，一个国家的高等教育传统更是如此。

（5）"高等教育的传统也是随着时代的发展和社会的变革而变革的。今天认为优秀的传统，明天可能又会落后于时代的要求，又要不断变革。同时它又和民族文化传统一样，又应坚持民族的特性，保持民族的特色。"（顾明远，2001）[16]

（6）"在社会剧烈变革的时代，特别是在当今我国经济体制改革和生产增长方式转型的时代，在科技迅猛发展的时代，在国际激烈竞争的时代，我们更应该重视传统观念的转变，这样才能较快地适应时代的要求，建立起新的有中国特色的高等教育体系。"（顾明远，2001）[16]

（7）"用辩证唯物主义方法分析形成教育传统的因素，分析教育传统的内涵和特点，继承和发扬优秀的教育传统，摒弃陈旧的，不符合时代要求的教育传统。同时，还要学习外国一切优秀的教育经验，为我所用。对于外国的经验也要研究和分析，并与我国的实际相结合，防止盲目照搬。"（顾明远，2001）[15]

二、中国高等教育面临的挑战与问题

改革开放以来，无论是在百废待兴的改革开放初期，还是在经济体制转型后的教育体制转型时期，抑或是在面对新世纪和知识经济挑战的教育改革深化时期，顾先生一直在思考我国高等教育面临的种种挑战和问题，力图为中国高等教育改革发展把脉。由于改革开放40年来国际国内形势变化很大，不同时期我国高等教育改革发展面临的挑战与问题也不尽相同，这里只能概括地归纳他对我国高等教育改革发展面临的挑战与问题的认识。

（一）科学技术加速发展的挑战

顾先生在1995年发表的论文《我国高等教育面临的挑战》中提出，我国高等教育首先面临着科学技术革命的挑战。他认为由于科学技术革命，人在生产中的定位将发生根本的改变，从而引起社会的改造，教育在科技革命中起着不可忽视的作用。在科技革命条件下，高等教育不仅要培养掌握高科技的人才，而且要通过基础研究和应用研究来创造新的科学技术，促进科学技术向生产力的转化。（顾明远，1995a）[21]

在其后发表的多篇论文中，顾先生都将来自科学技术的挑战表述为"面临着科学技术加速发展的挑战"。在2000年发表的《走向新世纪的中国高等教育》一文中，他指出"20世纪科学技术的发展是惊人的。特别是后半叶，以核子、电子技术发展为核心，人类在材料科学、宇宙科学、海洋科学、信息科学、生命科学等各个领域都取得了重大的成就。进入21世纪，世界科学技术的发展会更加迅速，多学科交叉愈加明显，知识更新显著加快"（顾明远，2000a）[24]。因此，高等教育如何适应科学技术发展的形势，培养高素质人才，是世界各国都在思考的问题。

（二）国际竞争的挑战

顾先生指出，20 世纪 80 年代后期以来，世界形势发生了巨大的变化，“冷战”已经结束，国际竞争由原来的军备竞赛转变为经济领域的竞争，而经济领域的竞争实质上是科技的竞争，科技的竞争归根到底是人才的竞争。要把我国建设成为社会主义现代化强国，就必须培养众多的、各层次的科技人才。我国高等教育要能经受起国际竞争的挑战，就必须在数量上适度发展，质量上有较大的提高。（顾明远，1995a）[21–22]

（三）社会变革的挑战

顾先生指出，科学技术在社会各领域中的应用，引起了社会的变革，人们的价值观发生了变化。社会的物质财富丰富了，但造成了一些人的享乐主义、极端个人主义的滋长，人们的道德水准有下降的趋势，吸毒者的增加、犯罪率的升高以及其他社会问题日益困扰着教育工作者。（顾明远，2000a）[24] 在我国，随着西方科学技术的引进，西方生活方式和价值观念也在侵蚀着我国青年的思想，如不及时加强教育，势必会影响到社会安全乃至社会主义方向。（顾明远，1995a）[22]

（四）经济体制转轨和生产方式转型变革的挑战

顾先生指出，我国由计划经济向市场经济转轨，要求高等教育的领导管理体制、培养目标、招生分配制度、专业结构、课程设置等都进行相应的变革。同时，我国生产方式由粗犷化向集约化转型，则要求高等教育能培养具有创新精神和实践能力的人才。（顾明远，2000a）[24]

（五）两种文化冲突的挑战

顾先生认为，我国高等教育面临着两种文化冲突。一种是东西方文化的冲突。开放必然要加强国际交往，先进科学技术的引进也必然带来西方文化的渗透。哪些应该吸收，哪些可以借鉴，哪些应该摒弃，高等学校作为文化机构有责任领导社会来判断、选择有益于我们民族发展的优秀文化，吸收世界一切文明成果。另一种是中国传统文化与现代文化的冲突。中国有悠久的、优秀的文化传统。但作为传统，毕竟是旧时代的产物，而且其中有精华，还有糟粕。对传统文化去粗取精，赋予其新的时代内涵，也就是在传统的基础上创造新文化，这应该是中国高等教育的神圣责任。（顾明远，2000a）[24]

与许多人研究高等教育改革首先强调存在的问题不同，顾先生主要从挑战的角度探讨为什么要进行改革。在他看来，“挑战给中国高等教育出了题目，文章做好了，中国高等教育就会跃上新的台阶”（顾明远，2000a）[25]。在《中国教育改革与发展中的热点问题》一文中，他分析了我国教育面临的问题和困难，认为教育投入不足，城乡之间、区域之间发展不平衡，素质教育推进步履维艰，是我国教育面临的主要问题和困难。（顾明远，2007）[1-2] 在微观层面，他批评了我国大学文化的低俗化、官僚化、功利化、商品化问题，大学本科教育受到忽视的问题，高等教育中人文精神不足的问题，高等学校盲目升格问题，知识分子待遇偏低的问题，等等。他认为正是因为面临种种挑战、问题和困难，中国高等教育才应该进行改革。

三、中国高等教育改革的路径

面对如此众多的挑战、问题和困难，中国高等教育应该如何进行改革？顾先生在不同的文章中从不同的角度提出了一些不尽相同的改革建议，概括起来包括以下八个方面。

（一）改革教育观念，建立具有中国特色的高等教育理想

顾先生认为，我国现代高等教育发展的历史不长，经历了一个模仿、创新的过程，新中国成立以前基本上是抄袭美国的学制和模式，新中国成立以后主要是模仿苏联的教育模式，后来虽然曾经有过创新的尝

试，但出于众所周知的原因未能坚持下来。改革开放以来学术界对高等教育的本质、功能及体制改革已取得一些共识，需要建立明晰的高等教育理想。

顾先生认为，建立我国高等教育理想需要结合我国的以下国情。(1) 我国是一个社会主义国家，我国的高等教育首先要坚持社会主义方向。(2) 我国是一个发展中国家，经济和文化教育还比较落后，高等教育的普及率不高，因此无论在专业知识上还是在文化素养上对大学应有更高的要求。(3) 我国有悠久的文化传统，我国文化传统的精华是自强不息、自力更生、崇尚道德、注重群体。我们在高等教育中要充分发扬我国的这些优秀文化传统，把它们变成高等教育的传统。(4) 我国各地经济发展很不平衡，从整体上讲，我国经济结构正在逐渐从劳动密集型经济向知识密集型经济过渡，大部分生产，特别是农业生产还是靠手工劳动。因此我国高等教育发展的重心要放低，高等教育的结构要多样化、多层次化，既要培养掌握最先进的科学技术的人才，又要培养懂得一般技术的初级技术人员和管理人员。我国高等教育的理想应是社会主义的、崇尚文化传统的、学术和技术并重的。(顾明远，1995a) [22-23]

(二) 以素质教育为指导思想，正确处理高等教育中的关系

顾先生是素质教育的主要倡导者之一。他认为素质教育应该成为整个教育的指导思想，以素质教育指导各级各类教育的改革。在高等教育改革方面，他认为应该正确处理好以下几对关系。第一，学校与社会的关系。加强高等学校与社会的联系，把高等学校纳入国家科技创新体系，为社会的可持续发展服务。第二，政府干预和学校自主办学的关系，加强法制建设，明确自主办学的权限与职责，落实高等学校的办学自主权。第三，普及与提高的关系，在发展高等教育数量的同时，建立合理的高等教育结构体系，鼓励高等学校根据当地条件和本校的优势办出特色。第四，掌握知

识与发展能力、培养社会责任心的关系。不仅要传授给学生渊博的知识，更要培养学生学习的能力，特别是判断的能力、批判性思维能力。第五，教学与科学研究的关系，把教学特别是本科生教学放到中心地位，不同层次的学校在教学和科研上也应有不同的侧重。第六，基础研究和应用研究的关系。重视应用研究，但是不能忽视基础研究，应该根据性质的不同对基础研究与应用研究有所侧重。第七，基础知识与专业知识的关系。在加强基础性通识教育的同时，不应该过分削弱专业教学。第八，学科分化与综合的关系。重视知识的综合和跨学科教育，重视交叉学科、边缘学科的发展。第九，教与学的关系。以学生为主体，充分发挥学生的学习积极性和主动性。（顾明远，2000a）[25-26]

（三）树立终身教育的观念，把高等教育纳入整个终身教育体系之中

顾先生是最早把终身教育思想介绍到中国的学者之一，他主张把终身教育思想纳入整个教育体系之中，建立体现终身教育思想、贯串人的一生的终身教育体系。他指出，终身教育思想是要使每一个人都不断学习、终身学习，因此无论哪一类教育都要给毕业生以继续学习的出路和机会，教育结构要多样化，使各级各类学校相互贯通，能够相互转换，使任何青年在需要学习的时候都有可能继续深造。（顾明远，2000b）[7-8]

他认为，高等教育作为终身教育的重要环节，应该不仅为青年或成人提供学历教育，而且为他们提供继续教育。（顾明远，1995b）[18]高等学校不再是一个封闭的学习场所，而是一个开放的学习园地。在开放活动中不仅在职青年可以获得新知识，而且高等学校也可以通过在职青年获得社会信息，以充实和改进自己的教学和科学研究。（顾明远，1995a）[23]他指出，普通高等教育是一种专业教育，是培养专门人才的教育。但在知识经济时代，专门人才要能适应科学技术的不断发展，就必须继续学习，不

断学习。因此高等学校不能只传授现存的知识，更重要的是培养学生的能力，要以终身教育思想来设计课程和学习，培养学生终身向学的兴趣和能力。

（四）调整高等教育的领导体制，扩大地方的办学自主权

高等教育领导体制一直是困扰我国高等教育的一个问题。顾先生建议权力下放。他说："中央除了办好若干所重点大学外，把大部分学校下放给地方去办；鼓励省、市及省辖市一级举办具有地方特色的专科学校和短期大学，使我国的高等教育与地方企事业发生更密切的关系，更多地更好地为地方服务。地方院校要结合地方的特点设置专业，开展科研。要扬长避短，发挥自己的优势，办得有特色。"（顾明远，1983）[9] 他建议借鉴西方国家成功的经验，大力发展地方院校。

（五）加强高等教育战略规划，建立适应我国社会和经济结构的高等教育体系

针对我国人才培养和使用严重脱节的现状，顾先生建议加强高等教育战略规划工作，提高人才培养的效益。他建议加强人才需求的预测工作和规划工作，使其成为高等教育发展的依据；把各行各业需要的各级专业人才的职责范围划分清楚；在人才培养期间加强学校与用人单位之间的联系，并根据企事业单位的需要来调节培养计划。（顾明远，1983）[10]

顾先生指出，我国的经济结构和经济发展水平，更需要有一个多样化的高等教育结构。他设想把我国的高等教育建成包括以下几种类型和层次的结构体系。（1）大学和学院，学制四至五年，培养高级专门人才。（2）专科学校，学制二至三年，培养中级技术人员和管理人员。（3）短期大学或初级学院，学制二年，进行高等教育中的基础教育和职业技术教育，即培养半专业性的人才。专业不要分得太细。这既可以作为大学的第一阶段，又可以让学生学到一技之长，便于就业。（4）广播电视大学、函授大学、夜大学。（顾明远，1983）[8] 他提出在改革高等教育的结构时要注意以下几点。第一，以上几类不同层次的学校要有一个合理的比例。第二，大学和学院仍是我国高等教育的主体，但在每一类学校中都要办好一批重点学校。第三，高等教育也要兼顾提高和普及。要大力办好一批高水平的学校，培养掌握现代先进科学技术的高级专门人才；也要办好一批普及性的高等学校，使有志于学习的青年能有继续学习的机会。（顾明远，1983）[8]

针对新中国成立后长期存在的重理工轻文科的现象，顾先生呼吁调整各科的比例关系，适当增加文科的比重，工科中要增加轻工专业的比重。他呼吁大力发展师范教育，尽快解决在职教师的质量问题，同时提高教师的社会地位和物质待遇，以吸引更多的优秀青年报考师范专业。

（六）改革课程设置和内容，建设科学精神和人文精神相结合的课程体系

顾先生认为，现代高等学校肩负着培养人才、开展科学研究、为社会服务等多种职能，但作为学校来讲，培养人才是中心任务。科学技术的迅猛发展、传播技术和媒体的发展、经济体制从计划经济向市场经济的转型、东西方文化的交流等都对高等学校的人才培养和教学改革提出了要求。课程教材是教学的核心，课程教材建设就是高等学校教学改革的中心环节，高等学校的课程教材要随着时代的进步和社会的变革不断更新。

如何改革高等学校的课程教材？顾先生认为科学精神和人文精神的结合是大学教育的主旋律，课程建设的基本原则就是科学精神和人文精神的结合。他呼吁加强人文精神，并指出加强人文科学教育，并不是排斥科学技术，而是要重视科学技术为人类服务，“以人为本”，将科学精神和人文精神相结合。（顾明远，2003）[2] 他提出如下具体改革建议。第一，加强基础。在当今科学技术迅猛发展和社会急剧变革的时代，打好基础是最为重

要的，因此要加强通识教育。第二，在加强通识教育时特别强调人文社会学科教育的重要性。第三，对课程加以整合，教师之间要加强合作，减少学系界限所造成的障碍，完成课程纵向和横向的一体化。第四，减少必修课，增加选修课。第五，加强主干课程的建设，努力提高专业课的水平和质量。（顾明远，2002）[129–131]

（七）改革教学方法和模式，加强探究精神和实践能力的培养

顾先生认为高等教育的教学必须遵循教学规律和特殊性。他通过对教学过程中“三要素”及其相互关系的分析，揭示了高等教育教学过程的基本特点：（1）高等学校的教学过程是一个掌握知识、巩固知识、运用知识的过程，但是更强调要能把学到的专业知识运用到实际中去；（2）高等学校的教学过程富有研究性和探索性，把教学原则和科学原则在更高的水平上结合起来；（3）在高等学校的教学过程中，学生具有更强的主动性和独立性；（4）技术手段在高等学校的教学过程中起着更重要的作用。（顾明远，1985）[10]

在总结高等学校的教学过程特点的基础上，顾先生对高等学校教学方法和模式改革提出了建议：第一，高等学校的教学不能仅仅围绕教材来进行，要加强实践环节，理工科专业要把教学、科研、生产有机地结合起来，文科专业要把教学、科研和社会实践活动结合起来，培养学生分析问题和解决实际问题的能力。第二，高等学校要把教学过程和科学研究过程结合起来，特别注意培养独立钻研的能力和探索的精神。第三，高等学校要提倡启发式的教学方法，反对注入式的教学方法，培养学生自学能力和独立搜集资料、钻研问题的能力。第四，高等学校要善于运用先进的技术手段，使学生具有更多的独立性和主动性。（顾明远，1985）[13–15]

顾先生还指出，在教学方法和模式改革中，首先还是要解决教育观念的问题，正确处理教师和学生在教学中的地位问题。传统的教育观念总是以教师为中心，学生处于被动地接受知识的地位；而现代教育观念是以学生为主体，教师只是起到引导和辅助的作用。如果教育观念的问题不解决，如果还是坚持教师为中心，看不到学生的潜在能力，不信任学生的学习主动性，就不可能改革教学方法和模式。（顾明远，2002）[132]

（八）推进高等教育国际化，实现国际化与本土化的统一

顾先生是国内最早研究高等教育国际化的学者之一。他认为高等教育国际化是全球化的产物，民族国家的高等教育不可避免地受到了全球化浪潮的影响。虽然全球化主要由西方发达国家主导，但高等教育国际化既不是西方化，也不是趋同化。他对高等教育国际化的概念做出了明确的界定："高等教育国际化是指国际间的人员交流、财力支援、信息交换（包括教育观念和教育内容）、教育机构的国际合作以及跨国的教育活动等方面。"（顾明远，2011）[124–125] 在他看来，高等教育国际化应包含以下方面：合作办学、聘请专家、合作与交流、互派留学生、与国际组织合作、介绍国外教育理论、中国教育走向世界、开展国际理解教育等。（顾明远，2011）[125] 此外，高等教育国际化还包括培养具有跨文化背景与跨文化思维的国际化人才，推动世界各国间教育思想与教育经验的迅速交流，扩大高等教育合作办学与学历互认，重视国际组织对高等教育改革的倡议与建议。（顾明远，2005）[13]

同时，顾先生也指出了在高等教育国际化进程中我们可能面临的挑战：如何在引进先进技术与管理理念的同时实现创新与跨越？如何应对西方文化对中国的渗透？顾先生认为，这些挑战的内在本质在于，我们在推动高等教育国际化进程中如何保持高等教育的本土化。首先，高等教育应该积极地扩大开放力度，吸纳世界先进的高等教育理念与方法，使其与中国高等教育的优秀传统进行融合，促进国际经验的本土化。其次，对待西方文化要取其精华，去其糟粕，既不能全盘接受，失去民族性；又不能排

斥一切外来文化，鼓吹民粹主义。顾先生在研究高等教育国际化的同时也对高等教育本土化进行了探析，他认为“本土化是相对国际化而言的，两者是不矛盾的。正是因为教育要国际化，才提出在国际化过程中要结合民族特点，使之本土化”（顾明远，2011）[127]。因此，我国的高等教育国际化要学会自我创新，将世界高等教育的优秀成果与我国高等教育传统相结合，从而实现高等教育的本土化。

结语

顾先生是一位百科全书式的学者，他的高等教育思想不仅体现在他有关高等教育问题的论文中，也体现在他的其他著作、论文、随笔、演讲等著述中，在这里我们无法面面俱到地研究他的高等教育思想，只是以一种简便处理的方式，以大学的理想、世界高等教育改革和中国高等教育改革三个维度为线索概括其要。通过梳理顾先生的高等教育思想，我们可以发现其具有以下鲜明的特点。

第一，与时俱进，不断创新。2018 年是顾先生从教 70 周年，在过去的 70 年，特别是改革开放 40 年间，他一直活跃在教育学术界。他时刻把握世界高等教育改革的前沿和中国高等教育改革与发展的脉搏，对中国高等教育改革与发展面临的挑战、问题和困难进行研究，探讨中国高等教育改革的理念和路径。从高考制度的恢复和改革、大学的理想、高等教育体系的建立、高等教育发展战略、高等教育大众化、高等教育如何应对加入世贸组织、专业学位的建立，到终身教育体系的建立、高等教育国际化与本土化、第三次工业革命与高等教育改革等话题，无不体现出他始终与时俱进，始终站在学科发展的前沿和教育改革实践的前沿，在理论上不断创新，引领着学科发展的方向。

第二，立足实践，推动改革。与许多学者不同，顾先生不但是一位学贯中西的学者，对世界高等教育的发展趋势和发展规律有着深刻的认识，对我国高等教育的传统和特殊规律有着准确的把握，而且“立足中国，放眼世界”，关心着中国高等教育事业的发展。他长期担任国家教育咨询委员会委员、中国教育学会会长、教育部社会科学委员会副主任、教育部教师教育专家委员会主任、国务院学位委员会教育学科评议组成员和召集人等职，对中国高等教育改革与发展献言献策，直接参与国家包括高等教育在内的教育决策，推动了中国高等教育的改革与事业的发展，在中国高等教育的改革与发展留下了思想的印记。

第三，深入浅出，朴实无华。顾先生在其随笔《由四种老师想到教风和学风》中曾描写过世上的四种教师：“第一种是讲课能深入浅出，很深奥的道理他能讲得浅显易懂，很受学生欢迎，这是最好的老师；第二种是深入深出，这样的老师很有学问，但缺乏好的教学方法，不能把深奥的学问讲得浅显易懂，学生学习起来就费点劲，这也是个好老师；第三种是浅入浅出，这样的老师本身学问不深，但却实事求是，把自己懂得的东西讲出来，这也能基本保证质量，也算是个好老师；最糟糕的是第四种老师，浅入深出，本身并无多大学问，却装腔作势，把本来很浅近的道理讲得玄而又玄，让人听不懂。”（顾明远，2018c）[180] 当我们对照顾先生自己的教风学风时，发现他正是属于第一种教师，即可以做到深入浅出的教师。在他的著述当中，没有艰涩难懂的概念、深奥莫测的理论，也没有华丽的辞藻，他总是用朴实无华的语言深入浅出地揭示教育改革与发展的大道理。

参考文献

布鲁贝克.1998. 高等教育哲学 [M].2 版 . 王承绪，等译 . 杭州：浙江教育出版社 .

顾明远，1980. 当代工业发达国家的教育改革 [J]. 北京师范大学学报（4）：11–21.

顾明远，1983. 现代高等教育的发展与我国高教改革 [J]. 北京师范大学学报（3）：1–10.

顾明远，1985. 试论高等学校教学过程的特点 [J]. 中国高教研究（1）：10–15.

顾明远，1988. 高等教育迎接新的挑战 [J]. 外国教育动态（5）：1–6.

顾明远，1994. 大学的理想和市场经济 [J]. 比较教育研究（2）：1–5.

顾明远，1995a . 我国高等教育面临的挑战 [J]. 北京高等教育（1）：21–24.

顾明远，1995b. 论学历主义与教育 [J]. 教育研究（4）：16–18，30.

顾明远，1997. 大学的理想和高等教育改革 [J]. 吉林教育科学・高教研究（5）：16–21.

顾明远，2000a. 走向新世纪的中国高等教育 [J]. 清华大学教育研究（3）：24–26.

顾明远，2000b. 终身教育：20 世纪最重要的教育思潮 [J]. 中国成人教育（12）：6–8.

顾明远，2001. 中国高等教育传统的演变和形成 [J]. 高等教育研究，22（1）：9–16.

顾明远，2002. 高等学校的教学改革及教育观念的转变 [J]. 北京师范大学学报（人文社会科学版）(2)：129–133.

顾明远，2003. 科学精神和人文精神的结合是大学教育的主旋律 [J]. 杭州师范学院学报（社会科学版）(2)：1–3.

顾明远，2005. 全球化视野中的远程教育 [J]. 中国远程教育（1S）：13–15.

顾明远，2006. 世界高等教育发展的基本趋势和经验 [J]. 北京师范大学学报（社会科学版）(5)：26–34.

顾明远，2007. 中国教育改革与发展中的热点问题 [J]. 大连教育学院学报，23（3）：1–5.

顾明远，2010. 大学文化的本质是求真育人 [J]. 教育研究（1）：56–58.

顾明远，2011. 教育的国际化与本土化 [J]. 华中师范大学学报（人文社会科学版），50（6）：123–127.

顾明远，2013a. 大学文化的共性与个性 [J]. 大学（学术版）(10)：43–46.

顾明远，2013b. 第三次工业革命与高等教育改革 [J]. 教育学报，9（6）：3–9.

顾明远，2015a. 大学理性的本质在于求真育人:《大学理性研究》读后 [J]. 教育学报，11（1）：127–128.

顾明远，2015b. 重塑大学文化 [J]. 中国大学教学（2）：4–6.

顾明远，2017. 浅谈中西大学价值观之异同 [J]. 高等教育研究，38（3）：1–3.

顾明远，2018a. 顾明远文集第 8 卷：顾明远教育口述史　顾明远演讲录 [M]. 北京：北京师范大学出版社 .

顾明远，2018b. 顾明远文集第 5 卷：比较教育　比较教育导论 [M]. 北京：北京师范大学出版社 .

顾明远，2018c. 顾明远文集第 9 卷：杂草集　野花集 [M]. 北京：北京师范大学出版社 .

克尔 .2001. 高等教育不能回避历史 [M]. 王承绪，译 . 杭州：浙江教育出版社 .

朱勃 . 1986. 比较教育家贝雷迪的比较方法 [J]. 外国中小学教育（3）：27–29.

第八章

教育制度与教育决策

孟繁华*

* 孟繁华，首都师范大学校长、教授、博士生导师，国务院学位委员会第七届学科评议组（教育学）成员，全国教育科学规划学科组成员，教育部高等学校中学教师培养教学指导委员会委员。2004 年入选“新世纪百千万人才工程”国家级人选，2005 年获国务院特殊津贴，2014 年入选全国文化名家暨“四个一批”人才，2016 年入选国家“万人计划”哲学社会科学领军人才，主要从事教育政策、教育经济与管理和教师教育研究。本章由孟繁华、张爽、王天晓、沈蕾娜、乔鹤、王楠参与撰写。

国家宏观教育决策及制度建设直接关系到教育发展方向以及教育改革的成败，既要尊重教育规律，又要符合国情与现实需求。参与者既需要有宏大的国际视野、扎实的专业知识，同时又要了解中国社会的文化传统和现实问题。改革开放以来，顾明远先生参与了几部重要教育法律的颁布和修订工作，参与了多个教育方针、政策、发展规划的咨询工作。例如，他参与了 1985 年颁布的《中共中央关于教育体制改革的决定》中有关普及九年义务教育的咨询工作，参与了 1995 年 3 月《教育法》的审议，2006 年《义务教育法》的修订，《高等教育法》《学位法》以及《教育规划纲要》的制定工作，等等。

2006 年 8 月 22 日，时任国务院总理温家宝同志邀请顾先生等人到中南海就基础教育改革进行座谈。在座谈中，顾先生梳理了世界教育发展历程中教育的民主化和教育平等、教育终身化、教育信息化、教育国际化以及普遍重视教育质量问题等五个主要趋势，同时向总理建议要重视教师队伍的建设，实行师范生免费政策，提高教师的专业水平，使教师成为受到全社会尊敬的职业等。

顾先生作为“推进素质教育研究组”组长，早在 2008 年就开始了制定《教育规划纲要》的调研工作。经过半年多的调研，研究组提交给教育规划纲要工作小组 3 万字的调研报告和 8 千字的研究纪要。当时由顾先生任会长的中国教育学会也进行了相关调研，形成了题为“办好每一所学校，教好每一个学生”的报告，这句话后来被写进《教育规划纲要》中。

顾先生重视依托教育制度建设推进教育改革，认为通过教育观念转变和教育制度改革二者相辅相成，可以实现教育持续健康发展。本章将从四个方面对顾先生的教育制度与宏观决策思想及实践展开研究。

第一节　教育制度和宏观决策思想的主线：“教育关系到国家的命运，民族的未来”

教育是一个独立的系统，同时又是一个开放的系统，尤其是涉及教育制度与宏观决策问题时，必然要求处理好与系统外的关系。顾先生明确指出，要正确认识教育的政治和经济功能，教育要与生产劳动相结合，全社会都要来推进教育综合改革。

一、正确认识教育的政治和经济功能

教育的客观规律通常包括两大规律：一个是教育的外部规律，即教育同其他社会现象的关系，主要是和政治经济的关系；另一个是教育的内部规律，即教育同教育对象的关系。

（一）教育既有政治功能，也有经济功能

教育同政治经济的关系问题，虽然教科书里曾有过论述，但在 20 世纪 70 年代末却缺乏明确的回答和具体的分析。伴随着“解放思想，实事求是”思想路线的提出，当时的教育界展开了长达数年的关于教育本质和教育功能的大讨论。顾先生通过一系列文章详细论述了教育与社会的政治经济之间的关系，希望借此揭示教育的基本规律，呼吁遵循规律办教育。

20 世纪 80 年代初，顾先生曾撰文指出，长期以来，我们对毛泽东同志在《新民主主义论》中提到的“一定的文化（当作观念形态的文化）是一定社会的政治和经济的反映，又给予伟大影响和作用于一定社会的政治和经济”在认识上存在极大的片面性，主要表现在两个方面：一是过多看到了社会的政治和经济对教育的制约作用，而对教育的反作用认识不足；二是对教育的反作用，也往往只看到它对政治的作用，看不到它对经济的

作用。（顾明远，1983a）[2]另外，之前对教育和政治之间的关系存在一种误解，把教育仅仅看作是阶级斗争的产物。顾先生指出，过去片面理解教育为无产阶级政治服务的说法，认为这是指教育仅仅为现实的政治斗争服务，从而严重降低了教育质量。社会主义教育要为无产阶级政治服务，是通过培养人来实现的。通过教育来培养各种人才，建立宏大的知识分子队伍，就是教育为无产阶级政治服务。（顾明远，1981a）[13–14]

1982年，顾先生在《教育与社会政治经济制度的关系》一文中进一步系统论述了教育与政治经济之间的关系。第一，社会政治经济制度对教育的目的和内容、结构和类型以及受教育的机会和权利等都有重要影响。第二，教育不仅受一定社会的政治经济所制约，而且反过来又通过培养人给予政治和经济巨大的影响。教育对社会的风尚、道德面貌以及政治思潮等方面产生巨大的影响，从而作用于社会的政治经济制度。（顾明远，1982a）[4]

有关教育与经济之间的关系，顾先生几次撰文进行论述。在1981年，顾先生最先探讨的是现代教育和现代生产之间的关系，他结合马克思和恩格斯对现代大工业生产与教育的关系的论述，提出现代生产要求现代教育培养全面发展的人。（顾明远，1981b）[2]随后，顾先生再次强调现代模式的教育是现代生产的产物。同时，他指出教育事业不能单纯地被看作是消费性投资，教育是能产生经济效益的。要提高教育的经济效果，就要提高教育质量。（顾明远，1981a）[15]顾先生在1982年发表的《教育与社会生产力的关系》一文中详细论述了教育受到社会生产力的巨大作用和影响，同时教育反作用于生产力的发展。（顾明远，1982b）在《一个科学的结论》一文中，顾先生得出的基本结论是文化教育事业的发展要依赖经济发展提供的物质条件，而经济建设又必须依靠教育来培养人才和发展技术。因此，顾先生指出教育应该走在前面，培养人的计划也应该提前规划。并且，顾先生强调教育作为战略重点，不仅关系到当前的经济建设，而且关系到国家的命运、民族的未来。（顾明远，1983a）[3]

（二）教育要主动适应社会主义市场经济体制

进入20世纪90年代以后，党的十四大确定我国经济体制改革的目标是建立社会主义市场经济体制。在这场深刻的社会变革中，教育界围绕建立社会主义市场经济体制与深化教育改革，展开了颇有成效的研究和讨论。

针对如何正确理解教育与社会主义市场经济的关系，如何使我国教育改革和发展沿着正确的道路前进，顾先生从四个方面较为系统地论述了自己的观点。一是明确提出社会主义市场经济的特点并进一步反思了教育对商品生产所起的作用。二是充分认识社会主义市场经济体制的建立和完善对教育改革与发展的促进作用。（顾明远，1994a）[3-6] 顾先生在《正确认识市场经济和教育改革的关系》一文中总结了社会主义经济体制的建立对教育的要求，如调节专业和课程设置，培养商品生产所需要的各种劳动力和技术人才、管理人才，为市场竞争提供新产品、新技术的信息和资料，培养学生的创造性思维，使其具有创新精神和创新能力，以及改变教育的管理体制，等等。（顾明远，1993a）三是主张教育要主动适应社会主义市场经济体制的建立，培养社会主义市场经济所需要的人才。因为教育是分层次、分类别的。不同层次、不同类别的教育与经济发展的关系有所不同，因此教育在适应市场经济方面也要有所区别。（顾明远，1993b）[1] 如，基础教育只要全面贯彻教育方针，全面提高教育质量，就是对经济建设的最好服务，但是在基础教育阶段不宜强调适应社会主义市场经济的需要。职业技术教育和市场经济有着较为直接的联系，但也有一部分如师范、卫生保健、艺术、体育等专业，这些专业应该根据社会发展需要，而非根据市场需要来进行改革。高等教育比较复杂。一方面，有一部分专业是直接为生产部门培养技术人才的，如工、农、商、金融等专业，这些专业需要根据市场经济发展不断地调整专业设置、课程计划和培养方式，还有一部分专业如医科、哲学人文科学就与市场经济离得较远，其服务的成果不直接进入商品市场。同时，高等教育为市场经济服务的另一个方面就是给市场提供科技信息和科技成果，因此需要建立和培养科技市场来刺激高等教育的科技研究。成人教育也分两部分：一部分属于补偿教育，这部分与市场经济没有直接的联系；另一部分是职业性的继续教育，这就要适时地根据市场需要来调节。（顾明远，1993b）[1-2] 四是坚持教育要按照自己的规律办事，不能用经济规律代替教育规律。顾先生在文中一一剖析了当时出现的不妥当、片面的提法和做法。如顾先生明确反对“教育商品化”口号，认为教育适应市场经济方面也要有所区别，不能笼统地提教育要商品化；针对教育经费短缺问题，顾先生主张多渠道筹集教育经费，根本要靠国家立法和税收，而不能靠学校参与市场经济来解决等。（顾明远，1994a）[10-12]

进入 21 世纪之后，教育又面临新的挑战，尤其是党的十八届三中全会通过的《中共中央关于全面深化改革若干重大问题的决定》提出要深化教育领域综合改革。顾先生在深刻分析市场决定资源配置是市场经济的一般规律，是健全社会主义市场经济体制必须遵循的规律的基础上，指出中国的教育改革已进入深水区，必须进行通盘、全面的综合改革。建立社会主义市场经济体制，要求加快转变政府职能，推动教育领域去行政化。教育要通过综合改革为我国经济社会各方面的改革和发展培养一批高素质人才和拔尖创新人才。（顾明远，2014a）[5-6]

二、教育与生产劳动相结合

20 世纪 80 到 90 年代，有观点认为教育同生产劳动相结合的原理是马克思针对资本主义社会提出来的，已经过时了。针对这一观点，同时也是为了更好地解读教育同生产劳动相结合的原理，让广大教育工作者理解并在实际工作中更好地贯彻，顾先生专门撰文对“教育与生产劳动相结合”进行了阐释。

早在 1981 年，顾先生就指出，“教育同生产劳动相结合，是现代教育很重要的一条客观规律，是现代生产对现代教育提出的客观要求”（顾明远，1981a）[16]。它的理论渊源是马克思主义关于人的全面发展的学说。教育同生产劳动相结合不只是强调思想教育和思想改造，也并非“学工、学农、学军”，更不能用生产劳动代替学校教学。顾先生指出，要认真贯彻教育同生产劳动相结合，从国家来讲，就要改革现行教育体制，从一个学校来讲，需要认真搞好教学，对学生进行生产技术教育，让他们了解现代生产的基本过程，教他们掌握一定的生产技能，组织他们参加适当的生产劳动，培养他们的劳动观点和劳动习惯，使他们学会使用最基本的生产工具。（顾明远，1981a）[18-19]

顾先生在 1987 年撰写的《苏联教育发展七十年给我们的启示》一文中总结了苏联的经验教训，提到要贯彻教育同生产劳动相结合的原则，正确处理知识教育与劳动教育的关系，这是值得我们吸取的苏联的经验教训之一。（顾明远，1987）[2] 20 世纪 90 年代初，顾先生在《论在社会主义条件下教育同生产劳动结合的必要性和可能性》《教育同生产劳动相结合应该成为社会主义教育方针的重要内容——与肖宗六同志商榷》两篇文章中，再次阐明了教育同生产劳动相结合对现代社会的重要意义，并指出人的全面发展只有通过教育同生产劳动相结合才能实现。现代生产的不断变革使人在生产中的地位和作用发生了质的变化，也即人的劳动性质发生了变化。教育同生产劳动相结合不仅是大工业生产的要求、提高生产力的必要手段，而且是改造旧社会、培养革命新人的唯一途径。（顾明远，

1991a）（顾明远，1991b）

顾先生认为，教育同生产劳动相结合是现代教育的普遍规律，并不抹杀资本主义教育与社会主义教育的本质区别。只有马克思主义才能科学地认识到教育同生产劳动相结合对现代大工业生产的作用，并将其提高到改造社会、培养新人的高度，从而成为社会主义教育的基本原理和指导方针。在此基础上，顾先生对日常工作中的一些不确切的解释再次加以阐明。

1994 年，顾先生在《教育必须为社会主义现代化服务，必须与生产劳动相结合》一文中明确提出，教育要为社会主义现代化建设服务，就必须把教育与生产劳动结合起来，并总结了教育在社会主义现代化建设中的作用，即教育为社会主义现代化建设培养人才，教育是实现科学知识再生产的最有效的形式。教育既是建设社会主义物质文明的重要条件，也是社会主义精神文明的重要内容。（顾明远，1994b）[26] 2017 年，顾先生在重读《资本论》后，撰写了《马克思论个人的全面发展——纪念〈资本论〉发表 150 周年》一文，再次深入论述了教育与生产劳动相结合是现代大工业的普遍要求，也是现代教育应当遵循的普遍规律。他指出，生产劳动与教育的结合是造就个人全面发展的唯一途径，马克思的科学论断在当今科学技术高度发达的时代，显得更有现实意义。教育与生产劳动相结合这个现代教育的普遍规律不会变，而结合的内容和方式会随着科技的发展而变化。同时，“当今世界，科学技术高度发达，劳动生产力的不断提高，为人类创造了丰富的物质财富，但人的精神世界并没有因此而提高，经济主义、享乐主义盛行。只有教育与生产劳动结合起来，理解劳动是人的本质，是人的生命价值所在，才能培养促进时代发展的新人”（顾明远，2017a）[10]。

三、全社会都来推进教育综合改革

早在20世纪80年代，顾先生就通过反思苏联教育发展的经验教训，提出必须坚持全党全民办教育。(顾明远，1987)[3] 他认为教育事业是全民的事业，不是教育部门单独能够办好的。以苏联为例，它把发展教育作为发展国民经济的一个组成部分，不仅在制定国民经济发展的五年计划时就把教育发展计划列入进去，而且要求各部门各企业把培养人才作为自己的重要任务。在我国党的十二大提出把发展教育作为经济建设的战略重点，但是这个思想当时还没有被很多干部所接受。为此，顾先生提出要借鉴苏联的经验，在实际工作中把发展国民经济和发展教育看作是统一的整体。企业尤其要主动积极地配合、支持教育部门培养人才。

随着我国教育体制改革，尤其是21世纪以来教育领域综合改革的不断深化，顾先生在《中国教育改革与发展中的热点问题》一文中提出解决当前我国教育改革与发展中热点问题的出路之一，就是切实把教育优先发展作为我国实现国家现代化的发展战略，同时要建立以政府投入为主、社会各界共同投入的办学机制。全社会都需要转变教育观念，树立先进的正确的教育价值观、人才观、教育质量观。(顾明远，2007a)[4-5]

在党的十八届三中全会通过《中共中央关于全面深化改革若干重大问题的决定》之后，顾先生在《光明日报》上发表了《全社会都来推进教育综合改革》一文，明确提出深化教育领域的综合改革，需要全社会的努力。第一，要坚持把教育放在优先发展的战略地位；第二，要理顺政府与学校的关系；第三，学校要深化教育教学改革；第四，要改革评价制度和考试招生制度；第五，学校教育和家庭教育要形成合力；第六，社会媒体要发挥媒体的教育功能，为学校提供正能量；第七，社会舆论要营造尊师重教的社会氛围。(顾明远，2013)随后，在《教育领域综合改革的宏观视野》一文中，顾先生再次强调要动员全社会力量推进教育领域综合改革。总之，顾先生强调，“教育是系统工程，教育不只是教育部门的事，需要全社会共同努力、通力协作，创造一个具有中国特色的崭新的现代教育制度”（顾明远，2014）[9]。

第二节　教育制度和宏观决策思想的价值追求：“深化教育改革，办人民满意的教育”

在进行宏观决策、推进制度创新的过程中，最重要的是价值导向，即朝着什么方向做，为何而做。顾先生有关教育制度和宏观决策的思想有明确的价值追求，即“深化教育改革，办人民满意的教育”，包括“培养生动活泼地主动发展的人才”，重视素质教育与教育公平，提高教育质量与办人民满意的教育，以及终身学习是促进人全面发展的唯一途径。

一、培养生动活泼地主动发展的人才

顾先生早在20世纪80年代初就明确提出要“让学生生动活泼地主动地得到发展”，他指出，这既是毛泽东同志教育思想的精髓，也是邓小平同志提出的“教育要面向现代化，面向世界，面向未来”的要求。（顾明远，1983b）[2] 为此，必须进行一系列的教育改革，尤其要改革传统的注入式的教学方法，采取启发式的教学方法，把学生从频繁的考试和分数的压力下解放出来，使他们有自由支配的时间，主动地学习，充分发挥他们的才能和特长，这样才有利于培养现代化建设所需要的人才。1990年，顾先生在《让儿童生动活泼主动地得到发展》一文中，肯定了北京市第一师范附属小学等7所学校提倡的“愉快教育”，指出这符合“使学生在德、智、体诸方面都能生动活泼地主动地得到发展”，只有做到这一点，才能

培养社会主义建设所需要的人才。（顾明远，1990a）[2]

为了进一步论述这一观点，更好地推动我国教育改革，顾先生先后在《毛泽东教育思想的内涵及其当代意义》《重新学习毛泽东的教育思想，使学生在德智体诸方面生动活泼主动地得到发展》两篇文章中，指出社会主义教育培养德智体诸方面都得到生动活泼发展的人才是毛泽东教育思想中最重要的内容，是它的精髓。顾先生认为：第一，要从全面贯彻党的教育方针来认识这一问题。生动活泼主动地发展的方向是培养社会主义的建设者和接班人。同时，学生的德智体诸方面发展和生动活泼地主动发展是紧密相连的。第二，生动活泼地主动发展，关键在于主动。学生有了主动权，才能生动活泼。第三，生动活泼地主动发展不是一种方法问题，而是教育的指导思想问题，是培养什么样的人的人才观问题。对于当时提出的"愉快教育"运动，顾先生表示这是有意义的，因为"愉快教育"的实质不在于使学生学得轻松愉快，而在于使学生学得主动，学得生动活泼。刻苦学习与愉快学习并不矛盾。如果学生没有学习的主动性、积极性，即使最轻、最简单的学习任务，他也会觉得是负担，是苦差事。如果学生充满了学习的主动性和积极性，他就会把艰苦学习当作乐事去做。因此，开展"愉快教育"不能只追求形式，要把握实质。（顾明远，1992a）[6–7]（顾明远，1992b）[5–6]

二、重视素质教育与教育公平

顾先生十分重视素质教育与教育公平的问题，并专门撰写《教育公平与素质教育》一文进行了论述。他指出："只有做到教育公平，素质教育才能全面推行；要想全面推进素质教育，必须做到教育公平。"（顾明远，2002a）[11] 教育公平的发展是一个客观的历史进程。要解决当前我国面临的教育公平问题，必须全面理解教育公平的基本含义，尊重教育公平发展的特点与规律，循序渐进、重点突破，不断提高我国教育公平的水平。（教育部中国特色社会主义理论体系研究中心，2011）[61]

（一）要想全面推进素质教育，必须做到教育公平

素质教育的概念是在20世纪80年代为适应社会主义现代化建设，全面提高国民素质，解决当时的教育弊端提出来的，核心是解决“培养什么人，怎样培养人”的教育根本问题。虽然提出素质教育已经有很多年了，但在素质教育的推行方面，顾先生仍感觉很不理想。他认为，主要原因是我国当前存在着教育资源不足与教育需求旺盛之间的矛盾。这种教育资源不足不仅表现在量的方面，还表现在质的方面，也就是优质学校太少。学生家长希望把自己的孩子送入好学校，从小学就开始为子女的择校奔波。这种择校现象，从深层次来讲涉及教育公平的问题。对于如何解决这种择校问题，教育行政部门采取过很多种不同的做法，比如统一考试、就近入学、学校改制等等，但又衍生出更多的问题，与减轻学生负担和促进教育公平的初衷背道而驰。顾先生认为，解决择校问题，只有从根本上着手，从改善薄弱学校开始。而改善薄弱学校首要的是提高教师本身的素质，包括业务水平和教育思想，特别是更新教育观念。教育公平包括对教师的公平。这种公平不是搞平均主义，吃大锅饭，而是按能力分配，优质优价。这样才能鼓励先进，促进教育改革。（顾明远，2002a）[11]

只有做到教育公平，素质教育才能全面推行；要想全面推进素质教育，必须做到教育公平。当然，绝对的公平是没有的，在基础教育阶段尤应做到相对的公平。要特别关注弱势群体的利益，在政策上有所倾斜。所谓优先发展，就是教育经费比别的地区多，教师编制多，班级小。我们对薄弱学校也应实行优先发展的政策。（顾明远，2002a）[10]

（二）公平而有差异是基础教育的必然选择

顾先生明确指出，公平而有差异是教育公平的原则。教育公平包含教

育机会的公平、教育过程的公平和教育结果的公平等几个层次。教育要为每个学生提供适合的教育，使每个受教育者的潜能都能得到充分发挥，获得成功，达到教育结果的公平。（顾明远，2012a）[6]

顾先生认为基础教育要坚持公平而有差异的原则，并指出基础教育要为儿童打好三方面的基础。一是打好儿童身心健康发展的基础，这是最重要的基础。二是打好儿童进一步学习、终身学习的基础。教育不仅要给儿童传授知识，而且要培养他们学习的能力，不断学习、终身学习的意识和能力。三是打好儿童走向社会的基础。要培养学生的社会责任感、公共道德、与人交往的能力等。实现教育公平不是平均主义，不是用一个模式塑造人才，而是给每个儿童提供平等的机会。教育要根据儿童的特点，施加适合于他的教育，因材施教，充分发展儿童的潜在的智力。这才是最大的公平。（顾明远，2007b）[7-8]

目前我国基础教育发展还不平衡。顾先生指出，“今天我们讲教育公平，就是要缩小这种差异，使每个人都有受教育的平等权利，而且给予教育过程的公平”（顾明远，2007c）[1]，使人人都能得到发展。实现教育公平有一个过程，不能操之过急。因为教育不均衡是长期形成的，不可能一下子改变过来，特别是地区发展不平衡，城乡发展还有差距。实现教育公平也不是把好学校拉下来，而是把薄弱学校拉上去。

顾先生深刻认识到，在实现教育公平的时候，应该允许差异，而且要认识差异、重视差异、培养差异。（顾明远，2007c）[1] 教育公平不等于没有差异，也可以说没有差异的公平不是真正的公平，是不存在的。因为人的天赋有差异，环境有差异，个人努力的程度有差异。

那么怎样才能做到公平而有差异呢？顾先生提出，第一，要有灵活的办学机制，提倡学校办出特色。第二，学校要有灵活多样的课程和评价机制。第三，关键在于教师，当然包括校长和其他教育管理工作者。要有开放的、民主的教育理念：坚信人人都能成才，但人才有差异，要给每个学生提供适合的教育，使每个学生都能获得成功。这才是真正的公平。（顾明远，2007b）[8]

三、提高教育质量与办人民满意的教育

教育质量是一个十分重要的概念，提高教育质量是新时代教育发展的重要目标之一。教育质量的实质和目标就是促进每个学生个体和社会全体的全面而有个性的发展。而人民满意的教育就是让人们走出对教育质量单向度认识的误区。顾先生对此给出了符合中国国情的解释，有利于我们全面合理地认识教育质量。

（一）提高教育质量是时代的选择

教育质量是国家、社会和家庭都十分关注的一个话题。提高教育质量更是世界教育总的价值取向，世界各国都把提高教育质量放在教育发展的首位。2001 年，美国国会通过了布什政府提交的《不让一个孩子掉队法案》，2006 年又宣布了《美国竞争力计划》；奥巴马上台以后延续了美国教育改革对质量的追求，积极地推行教育新政，借助《美国复苏与再投资法案》，史无前例地向教育领域投入了 1000 多亿美元，全面提高美国从学前教育到高等教育的教育质量。2004 年，法国发布了纲领性文件《为了所有学生的成功》，要求学校用对社会和成功的个人而言不可缺少的知识、能力和行为来培养所有公民，使每个人能最大限度地施展其才智。2009 年年底，法国教育部又公布了《面向 2010 年的新高中》方案，要求使每个学生都能获得成功的高中教育。英国 2008 年成立了国家卓越教育委员会，提出建立世界一流的教育体系。日本近年来也在检讨“轻松教育”的政策，对教育质量提出了严格的要求。总之，教育质量提升成为未来世界教育改革发展的关键。（顾明远，2011a）

顾先生从全球视野和时代要求的角度明确提出，要把提高教育质量放在重中之重的位置。（顾明远，2011a）正如联合国教科文组织官员毕斯塔所说，提高教育质量体现了时代的要求。在中国，提高教育质量成为《教育规划纲要》的战略目标之一。教育质量高低之所以能成为众人关注的焦点，是因为它关系到一个国家的经济发展水平、国民的健康水平、国民生育率的高低，乃至新技术应用能力能否增强、民主进程能否推进、生活水平和社会福利能否持续增长、决策能力能否提高、环保行为的可持续以及全球竞争力的提升与否。（毕斯塔，2013）[22]

《教育规划纲要》把义务教育均衡发展作为当前推进教育公平的重中之重，同时把提高质量作为教育改革发展的核心任务，提出不断扩大优质教育资源总量，提供更加丰富的优质教育，更好满足人民群众接受高质量教育的需求，促进教育质量的整体提升。把提高教育质量作为教育发展的核心任务，反映了我国教育从规模扩张向内涵发展的战略转型，也是世界多国教育发展到较高水平的重要特征。（中国教科院教育质量标准研究课题组，2013）[4]

让所有孩子都享受良好的教育是顾先生一直倡导并坚持的教育理念。特别是近十多年来，耄耋之年的顾先生奔走于全国各地，深入中学、小学、幼儿园，举臂疾呼"又该呐喊'救救孩子'了"（顾明远，2005）[1]，呼吁提高教育质量，办人民满意的教育，为教育制度的改进与教育决策的制定提供了价值定位。

（二）深化教育改革，办人民满意的教育

教育公平与教育质量问题相互交织，将是未来很长一段时间内我国教育发展面临的一个基本格局。党的十九大报告提出，"优先发展教育事业。建设教育强国是中华民族伟大复兴的基础工程，必须把教育事业放在优先位置，深化教育改革，加快教育现代化，办好人民满意的教育。要全面贯彻党的教育方针，落实立德树人根本任务，发展素质教育，推进教育公平，培养德智体美全面发展的社会主义建设者和接班人”。这是未来教育发展的总体目标。就基础教育阶段而言，其主要目标就是“努力让每个孩子都享有公平而有质量的教育”。（顾明远，2017b）[4] 顾先生提出的让每个孩子都享有公平而有质量的教育，是以他对我国基础教育的深刻认识为基础的，是对我国现阶段的教育公平与教育质量关系的精准描述。我们追求的不是低质量的公平，也不是没有公性的、只能为少数人拥有的所谓高质量，而是“公平而有质量的教育”。

那么，如何让每个孩子都享有公平而有质量的教育，如何办好人民满意的教育呢？顾先生从宏观战略的角度提出了在深化教育改革中两个方面的诉求。一是继续加强中西部和农村地区的教育，要清晰地认识到，没有农村教育的现代化就没有中国教育的现代化。二是加强城市薄弱学校建设，减轻学生负担。对于城市学校而言，当前面临的最主要问题是“择校热”和学生负担过重。要从根本上真正有效地缓解“择校热”，促进校际均衡发展，必须加强城市内薄弱学校自身的发展和建设。一方面，要在资源投入和政策上向城市薄弱校倾斜；另一方面，更要鼓励城市内学校差异化发展，不同的学校办出自己的文化，办出自己的特色。此外，学校之间、学校与社会之间的资源共享和协同发展也是改善薄弱校很好的路径。（顾明远，2017b）[5-6]

顾先生特别关注的这两个方面的诉求，实际上涵盖了当今办人民满意教育的基本方面，为提高教育质量，实现办人民满意教育的宗旨指出了明确的路径。

四、终身学习：促进人全面发展的唯一途径

顾先生对终身教育和终身学习有着切身的感受，他最早接触到终身教

育这个概念是在 1974 年参加联合国教科文组织大会的时候。从此，顾先生就成为终身教育和终身学习理念在中国的热情倡导者与不倦推动者。

（一）终身教育与终身学习——20 世纪最重要的教育思潮

终身教育作为一种思潮最早形成于 20 世纪 60 年代，以法国成人教育家保罗·朗格朗发表《终身教育导论》为标志，它是 20 世纪最重要的教育思潮，使世界教育改革发展进入一个崭新时代。

终身教育这个概念，从个人和社会的观点来看，已经包括整个教育过程了。顾先生在查阅马克思、恩格斯著作的过程中发现，马克思在一百多年前就深刻阐述了大工业生产与教育的关系，其中蕴含了终身教育的思想。现代生产需要全面发展的人，而这种全面发展只有不断学习才能做得到。（顾明远 等，2001）因此，顾先生认为，终身教育思想是符合时代发展要求的，是代表着先进生产力要求的。终身教育改变了传统教育的理念。教育的目的已经不再是训练儿童和青少年，而是使所有的人终身受教育；这种教育已经不限于学校教育，而是包括了正规教育和非正规教育、学校教育和社会教育等多种教育形式。（顾明远，2008a）[7]

如今，终身教育已经从理想走向现实，各国都在建设终身教育制度，终身教育也逐渐演变为社会全体成员的终身学习。（顾明远，2012a）[6]终身学习已经不仅仅是为了谋生需要，而是成为人们生活的一部分，成为文明社会的生活方式。（顾明远，2012a）[7]终身教育是信息时代、学习社会的产物，是现代教育的基本特征，它改变了人们对教育的认识，其影响超越了时空，不仅遍及全世界，而且影响到 21 世纪乃至更长远。（顾明远，2000a）[8]

（二）学习型社会是与终身学习联系在一起的

联合国教科文组织 1996 年发布的报告《教育——财富蕴藏其中》，提出了 21 世纪教育的四大支柱，即学会认知、学会做事、学会与人共处、学会发展，并且再一次提出终身教育，建设学习型社会。党的十六大报告把“形成全民学习、终身学习的学习型社会”作为全面建设小康社会的奋斗目标之一。学习型社会又称学习化社会、教育化社会，是关于未来的社会、教育及其相互关系的构想。（顾明远，2003a）[42]

顾先生在《形成全民学习、终身学习的学习型社会》中提出，学习型社会是与终身学习联系在一起的。知识经济时代的到来，知识的不断创新，必将引起生产的不断变革和社会的不断进步。知识的掌握和创新不能只靠学校教育，还要靠职工在生产实践中结合自己的工作不断学习，要靠职前教育（学校教育）和职后教育的有机结合。在未来社会，终身教育已经不只是为了变换职业和谋生，而将成为人们生活的一部分，成为提高生活质量的重要手段。构建学习型社会需要做到以下几点。第一，把整个教育体系纳入终身教育体系之中；第二，把学校、家庭、社会结合起来，建立社区教育的新体系；第三，将社会各种企事业单位办成学习型组织。也就是说，各种社会组织都要把组织成员培训和继续学习纳入组织的发展与管理之中。通过学习促进创新，通过创新促进发展。（顾明远，2003a）[42]

学习是人类自我超越的一种手段。学习型社会把教育和社会联系在一起，将为人的全面发展创造更好的条件，使人的整体素质得到进一步提高。由此可见，十六大报告关于“形成全民学习、终身学习的学习型社会”的新理念，集中体现了今后相当一段时期内，我国教育发展与改革将以人的全面发展为核心的总体战略思路。这对于我们准确把握教育在社会主义现代化建设中的历史使命，具有极其重要的指导意义。（顾明远，2003a）[42]

（三）终身学习是促进人的全面发展、可持续发展的重要途径

顾先生依据马克思历史唯物主义的观点，指出人的发展是与社会生产发展相一致的。人的全面发展不是古代思想家提出的善良愿望，而是科学

技术与生产结合的现代社会的客观要求。它只有在大工业生产的基础上，即现代社会才能提出来。虽然在当今社会里，像恩格斯所说的人的体力和脑力的充分自由的发展和运用还不可能完全做到，但人的全面发展作为社会进步和发展的目标已经有了全新的意义。没有全民的文化水平的提高，个人的全面发展是难以实现的。(顾明远，2008a)[9]

联合国教科文组织在成立70周年的时候发布了新的报告，即《反思教育：向“全球共同利益”的理念转变?》，提出面对当今世界的种种矛盾和冲突挑战，要重新定义知识、学习和教育。教育应该坚持人文主义，以尊重生命和人类尊严、权利平等和社会正义、尊重文化多样性、国际团结和分担责任为基础，教育应是“全球共同利益”。

根据对以上文献的深刻理解，顾先生认为：终身学习，或称终身教育，是一种完全不同于传统教育的教育理念和教育方式。它冲破了学校教育的限制，把教育扩展到人的一生和社会的各种组织，为每个社会成员在他们需要的时候提供学习机会。(顾明远，2003b)[29] 他进一步指出：在教育观念上，我们要超越狭隘的功利主义和经济主义，将人类生存的多个方面融合起来，采取开放的、灵活的、全方位的学习方法，为所有人提供发挥自身潜能的机会，以实现可持续的未来，过上有尊严的生活。这就是教育现代化的观念。(顾明远，2016)在当代，教育和学习已经不限于学校，而是学校教育与社会教育结合，正规教育与非正规教育、正式教育与非正式教育结合的多种形式。信息技术的发展、远程教育、互联网都给学习者提供了随时随处学习的条件。(顾明远，2008a)[9] 终身教育的目的就是促进人的全面发展。人的全面发展应该是动态的，因此人们通过终身学习，不断适应社会的变革，人的能力才能不断发展，人的全面发展才能从一个高度到达另一个高度。(顾明远，2008a)[11]

第三节　教育制度创新与宏观决策的方法论：“制度创新的关键在于教育观念的转变”

如何更好地进行宏观决策，实现教育制度创新？这是所有教育工作者都非常关注的方法论问题，顾先生在多年研究与实践的基础上，用生动质朴的语言告诉我们，教育领域综合改革要有宏观视野，重视文化基础，实现教育创新与制度创新的关键在于教育观念的根本改变，努力提升教育决策的科学性。

一、教育领域综合改革的宏观视野

如果把教育视为一个系统，其改革与发展包含三个方面的内容：一是社会环境层面，这涉及社会经济文化等领域对教育的影响；二是教育教学层面，这要求我们转变陈旧的教育教学观念、内容和方法，使学习者学会如何学习、如何工作以及如何生存；三是教育管理层面，这涉及如何合理有效地配置现有教育资源，使其发挥最大的效用。这三个方面协调并进，相互适应，外部社会环境的变化引起教育系统内部教育教学和管理活动的内容与结构的调整，环境与教育系统的综合和交互作用，促进了教育管理思想、内容、方法和体制的改革创新。顾先生提出，教育综合改革要考虑到中国传统文化对教育制度的深层影响以及现阶段国家的经济发展和科学技术发展水平，教育宏观决策一定要适合本国的国情。

（一）中国教育制度的文化基础

中国传统文化铸造了中国传统教育，对中国传统教育产生了诸多方面的影响。顾先生在《论中国传统文化对中国教育的影响》一文中对此有充分论述。

中国传统文化是一种伦理文化，其价值取向是追求人格的完善。中国文化重视和谐、中庸、宽容，所以中国的教育价值观历来强调“立人”“达人”，培养学生自我修养和关心别人的能力。国家文化政策会影响教育的制度及其内容。中国自汉武帝时接受董仲舒的建议，颁布了“罢黜百家，独尊儒术”的文化政策，影响中国的教育制度和内容长达两千年。中国的科举制度作为一种制度文化也影响中国教育长达1300年，并且至今还有影响。（顾明远，2004a）

文化产品包括物质产品与精神产品及其生产方式和产生形态，也影响着教育制度、教育内容、教育方法和组织形式。文字的产生和发展，不仅影响到文化本身的发展，也影响到学校教育；印刷术的发明使经典得以保存与传播，学校教育才有了教学用书。历代哲学家、思想家、文学家的著作也影响到教育观念、内容与方法；中国少数民族的宗教信仰以及语言都在影响着民族教育制度以及民族教育实践。

在分析教育的文化功能之后，顾先生主张以定性和定量相结合的方式，实事求是地、全面系统地、以发展的眼光进行文化研究，深入探究文化对教育制度的影响和作用。

（二）探索适合本国的教育改革，建立适合本国的教育制度

顾先生通过对苏联教育改革的持续研究，发现苏联的教育改革实践能够为中国教育改革与制度建设提供有益的启示和借鉴。

教育改革必须结合本国的特点进行。以苏联为例，苏联的工业发达，劳动力短缺，需要劳动者具有较高的文化知识水平，同时在普通中等教育中注重学生的劳动训练。因此苏联的学制较短，学生的负担相对较重。在普及高等教育之前，中等教育承担着双重使命，即为高一级学校培养新生和为学生劳动就业做好思想上与技能上的准备。鉴于此，普通教育与职业教育应在中等教育阶段融合。

教育的发展和改革必须与当时国家的经济发展和科学技术发展水平相适应，不能凭主观愿望做事。因为只有经济发展和技术力量达到一定水平，才能保证教育改革的顺利实施。教育事业是全民事业，不仅教育部门，其他部门、单位都应参与到教育改革中来，努力实现全民办教育。

（三）根据不同阶段的国情制定教育方针

顾先生认为，教育方针应该结合每个阶段的特定任务和国家发展的现实需要，提出每个阶段教育事业发展的总政策。新中国成立以来，每进入一个新的历史阶段，教育方针的表述就会做出相应的调整，这在不同阶段的教育目的、培养目标与培养途径的表述上都有体现。毛泽东同志在1957年提到的“我们的教育方针，应该使受教育者在德育、智育、体育几方面都得到发展，成为有社会主义觉悟的、有文化的劳动者”，就是针对1957年国内和国际形势提出的。十一届三中全会后，我国进入新的历史阶段，邓小平同志提出的“三个面向”，就是在这个历史阶段提出的，符合时代特点。（顾明远，1990b）

1995年颁布的《教育法》中明确规定：“教育必须为社会主义现代化建设服务，必须与生产劳动相结合，培养德、智、体等方面全面发展的社会主义事业的建设者和接班人。”这个教育方针体现了现代教育的发展规律，反映了我国社会主义现代化建设的需求，突出了社会主义的办学方向。

2010年颁布的《教育规划纲要》强调，教育要“促进德育、智育、体育、美育有机融合，提高学生综合素质，使学生成为德智体美全面发展的社会主义建设者和接班人”，明确了培养全面发展的人是现代教育的最根本任务。这一要求符合现代社会知识、经济和科学技术发展的特点。

二、教育创新与制度创新

要实现教育创新与制度创新，关键在于教育观念的根本改变，通过制度创新实现教育创新，从国家层面完善教育立法。

（一）教育观念的根本改变

十一届三中全会以来，思想解放的观念影响了社会诸多领域。顾先生在《教育观念的根本转变：解放思想的 20 年》一文中从四个方面总结了我国自十一届三中全会到 1998 年这 20 年间思想观念的转变：从“读书无用”到“科教兴国”；从“阶级斗争的工具”到“为社会主义现代化建设服务”；从封闭到开放；从“一枝独秀”到“百花齐放”——这里主要指教育学科的发展，教育学科成为一个学科群，出现了许多新的分支学科和交叉学科。（顾明远，1998）

鉴于新时期中国教育的机遇与挑战并存，在深化教育改革的过程中，顾先生主张教育改革首先是教育观念的转变，“解放思想，实事求是”。他在《解放思想　转变观念》一文中将正确的教育观念概括为正确的教育价值观、正确的人才观、正确的学生观、正确的教学质量观、正确的教学观和正确的师生观六个方面，坚持“没有爱就没有教育，没有兴趣就没有学习”。（顾明远，2000b）

（二）推进教育创新，教育制度要创新

2002 年 9 月 8 日，江泽民同志在北京师范大学建校一百周年庆祝大会上发表了重要讲话，这次讲话对于推进我国教育事业的改革和发展具有重要的指导意义。顾先生在《试论教育思想和教育制度的创新》一文中详细论述了有关教育思想和教育制度创新的观点。

第一，教育创新是时代的要求，也是我国实施科教兴国战略的迫切要求。要实施科教兴国战略，必须不断推进教育创新。顾先生指出，教育创

新与理论创新、制度创新和科技创新一样，是非常重要的，而且教育还要为各方面的创新工作提供知识和人才基础。

第二，教育创新的首要任务是教育思想的创新。顾先生认为当今亟须转变一些教育观念，包括：改变狭隘的教育价值观，树立正确全面的教育价值观；改变因循守旧的人才观，树立现代社会的人才观。

第三，推进教育创新，教育制度要创新。顾先生强调，要对阻碍教育发展的制度认真地进行调查研究，充分听取实践工作者和专家的意见，解放思想、实事求是地提出政策性建议。

第四，通过教育研究实现教育创新。教育理论工作者要把教育创新作为今后教育理论研究的重点，把教育创新与当前的教育改革结合起来，争取在教育理论上有所突破。

三、提升教育决策的科学性

教育研究者与教育管理者作为教育决策的重要主体，不仅要增强参与教育决策的主体意识，更要提升教育决策的科学性与可行性。

顾先生在为朱永新教授《我的教育理想》一书撰写的书评《专家型决策的新范式》一文中详细阐述了教育研究者作为教育决策的主体参与教育决策的基本途径与方式。

在中国社会转型、教育改革与实践面临许多新问题的重要时期，要努力推进专家型决策。教育者要关注当前教育发展的重大问题，增强参与教育决策的主体意识，解放思想，转变观念，增强问题意识，积累大量事实材料和教育经验，主动参与教育政策的研究与制定，努力将自己的理论迅速有效地转化为现实的教育政策并发挥现实的社会效益。就教育决策者来说，要充分尊重决策的科学化与民主化，充分尊重专家的见解和意见，充分论证教育决策的可行性、科学性、权威性、有效性。专家型教育决策者既有从事教育工作与改革的实践经验，又有深厚的学术研究功底与教育创见。他们对于教育问题的理解和认识更合理、更完善、更切实有效，体现了他们参与教育决策的主体意识与主体参与能力。

同时，要重视专家型教育决策者的教育研究与决策行为对教育研究与实践的引导作用。一位教育决策者要把自己所管理的地区、部门和学校当作教育研究的典型、基地与个案，并进行适当的教育改革试验，提出有益于推进区域教育现代化和素质教育的新构想、新策略、新政策。这种研究本身就是一种非常有价值的教育政策研究。这对教育决策者的教育理念、工作方法和工作作风，以及教育决策者的时间和精力都提出了现实的挑战。我们应该大力倡导教育行政的理论支持理念，倡导科学求实的工作作风。(顾明远，2001a)

顾先生自己承担着教育研究者、教育实践工作者以及教育管理者的多重角色与身份，并亲身参与了新中国成立以来多次重大教育改革以及教育方针、政策、法律等的出台与实施过程，从理论和实践层面生动诠释了专家型教育决策的特点与现实意义。

那么，该如何提升教育决策的科学性呢？教育决策作为教育管理的重要部分，要提升其科学性和有效性，一方面要善于借鉴国际上发展相对成熟的教育决策理论和技术，梳理理论产生的历史与文化渊源，切忌生搬硬套。另一方面，应结合中国的国情和教育发展特点建构本土化的教育决策理论。(顾明远，2002b) 通过学术期刊平台，建立中国教育事业发展民主决策、科学决策的智库。鼓励教育理论工作与实践工作相结合，关注我国教育发展的战略问题，开展教育理论问题大讨论，繁荣教育学术，同时为教育的科学决策提供理论依据。

第四节　典型实践：“观念的转变要和制度建设结合起来，两者相辅相成”

顾先生一贯强调，教育的发展不仅要树立新观念，更要有制度作为保障，“观念不是天上掉下来的，要有制度保障，用制度促进改革”（顾明远，2015a）[9]。我国教育改革与发展的历程表明，观念的转变要和制度建设结合起来，制度的改革与创新是教育发展的保障。顾先生一直致力于通过开展扎实的理论研究和参与政策决策咨询工作来促进教育制度建设和制度创新，并以此突破瓶颈，推动改革。他参与学校制度、高考制度、师范教育制度等制度建设的典型实践清楚地显示了这一点。

一、学校制度：“制定新学制是一项重大的制度创新”

顾先生认为，学制的制定对国家教育发展具有重要意义，制定新学制是一项重大的制度创新。学制是学校教育制度的简称，也称学校系统，是一个国家各级各类学校的体系。随着国民经济的恢复、发展和一系列重大社会改革运动的开展，旧的教育制度和学校系统已经越来越不适应当今状况。因此，顾先生提出“学校制度亟待研究改革”，并论述了五点原因。第一，1951 年的新学制已经不适合我国社会主义现代化建设的现状和教育发展战略及方针，有必要重新厘清制定新的学制。第二，学制需要符合儿童发展的规律和特点，要根据当下儿童生理和心理发展的特点对旧学制进行调整。第三，我国教育已经进入了大众教育时代，大众教育时代的新特征应该在学制中得到反映。第四，根据《教育规划纲要》，终身教育体制的建立将是未来教育发展目标之一，新的学制应该反映终身教育的新理念。第五，制定新的学制可以从制度上保证教育方针政策的贯彻执行，保

证素质教育的推进和创新人才的培养，有助于我国实现进入人力资源强国行列的战略目标。（顾明远，2011b）[5]

制定什么样的新学制需要从理论和实际两个方面来论证。其既要遵循儿童青少年发展的规律，又要适应我国经济社会发展水平；既要参照国际上的先进经验，又要符合我国的国情。我国学制应具备时代性、发展性、多样性、灵活性、终身性的特点。

（一）义务教育

针对义务教育学制问题，顾先生赞成义务教育阶段实行九年一贯制。他认为这不仅有利于减少小升初的无序竞争，还可以统一安排九年课程，减轻初中阶段的负担。将目前分设的中小学完全改成九年一贯学校，可能在校舍、设备、师资等方面难以做到，但可以尝试一校一贯或异校一贯等多种形式。九年义务教育已经在全国范围内普及，高中阶段义务教育也将在今后几年内普及。因此有必要重新研究和设置我国的中小学学制。新中国成立以来，许多地方都进行过学制改革的尝试，比如北京的景山学校、北京师范大学附属实验小学和二附中、上海市的小学等都进行了改革尝试。（顾明远，2011b）[5-6] 苏联也对中小学学制进行过改革试验，并将教学内容的现代化与学制改革试验结合起来（顾明远，1983c）[7]，相关经验可以借鉴。

（二）职业技术教育

针对职业技术教育学制问题，顾先生提出要研究职业技术教育体系。他认为职业技术教育在我国学制中应该占有重要的位置，在培养目标、学习年限、毕业分配、服务范围上都有其自身的特点，我们要通盘考虑，做出长远规划和统筹安排。（顾明远 等，2016）[205-206] 在我国现行学制中，实施职业技术教育的机构是职业高中、技工学校和高等职业技术学院。高等职业技术学院相当于高等专科的水平，没有达到大学本科的水平。这既不符合当今知识经济时代的需要，也不符合我国现代化建设的需要，而且无法满足职业技术学校学生进一步学习的需要。因此，我们要解决职业技术学校上下衔接以及与各级普通学校衔接的问题（顾明远，1985）[63-66]，就要建立从初级到中级、高级的职业技术教育体系，使其互相衔接，互相沟通；还要建立沟通职业技术教育和普通教育的立交桥，使学生有更多的选择，体现终身教育的精神。这样也可以改变一考定终身的局面，使有志学习的青年随时都可以得到学习的机会，同时也能减轻高考竞争的压力。此外，职业技术教育在学习年限及招生录取制度上也要体现多样性、灵活性。（顾明远，2011b）[7]

（三）高等教育

针对高等教育学制问题，顾先生认为要体现多样化、多层化的特点。我国高等教育已进入大众化阶段，与30年前的精英高等教育相比，当前高等教育的结构、资源配置、办学效益和质量都发生了变化。目前我国高等教育的结构头重脚轻，已有同质化倾向，不尽合理。高等教育的学制既要反映高等教育大众化的要求，又要有利于培养杰出创新人才。高等教育的层次结构、专业结构都应该在学制中有所反映，在学制上加以解决。（顾明远，2011b）[7]实现高等教育大众化必须重视职业技术教育，这是我国现代化建设的需要，也是教育结构改革的需要，应加强高等职业技术教育建设（顾明远 等，2016）[151]，有必要在新的学制中突出应用性高级专门人才培养的地位。

（四）终身教育

针对终身教育，顾先生一直强调现代教育的基本特征就是终身教育，整个学校制度都应该纳入终身教育的体系之中。以往我们把教育分为正规教育和非正规教育、普通教育和成人教育、学历教育和非学历教育，而且总是重视前者轻视后者。学习型社会将打破这种分界，而且更加重视非正规的、非学历的教育。(顾明远，2003a)[42] 学校教育也要按照终身教育的理念来改造，除了正规的学校教育是终身教育的主体以外，各种形式的继续教育，包括各种正规的与非正规的、长期的与短期的培训班或训练班都应该在新的学制中有一定的位置。(顾明远，2011b)[7]

此外，顾先生还关注学制改革与国家社会发展的关系。比如，在讨论人才分流问题时他提出，我国是一个发展中国家，而且发展很不均衡，学制改革不能照搬西方发达国家，还应遵循因材施教的原则，体现多样和灵活的特点，在初中后分流比较合适。再如，他提到学制改革要与用人制度、劳动工资制度改革结合起来，用人制度要改变重学历轻能力的倾向，劳动工资制度也要以能力作为定级的标准，只有克服学历主义，才能推进学制改革。

顾先生强调，制定新学制是一项重大的制度创新，我们要从我国国情出发，借鉴国际教育的经验，建设有中国特色的社会主义现代学校教育系统。

二、高考制度：改革“既要积极，又要稳妥”

(一)恢复高考：“一扫乌云见光明”

2007 年，在高考制度恢复 30 周年之际，顾先生撰文回顾了高考从取消到恢复的那段历史。“文革”十年，对教育来讲可以说是一次空前的大灾难。学校制度被打乱，学校秩序被破坏，高校停止招生多年。1970 年虽然部分院校开始招生，但采取的是推荐的方式，不举行统一考试，因此文化程度无法保证。而且当时一系列斗争都是为了贬低知识和知识分子的价值，把知识和知识分子推到无产阶级的对立面。当时，全社会弥漫的“读书无用论”思想，像一层厚厚的乌云笼罩在中国的上空，使全中国成为一片文化沙漠。“读书无用论”的思想及其造成的后果是十分严重的，不仅高等学校学生的文化程度太低，教学质量无法保证，而且整个教育系统包括中小学校也是一片混乱。其中受害最深的是青少年学生，他们不仅没有安静的环境学习，而且深受“读书无用论”的毒害。

“文革”以后，拨乱反正，国家要建设，建设要人才，邓小平提出恢复高等学校入学考试的主张。教育部于1977年8月13日至9月25日召开高等学校招生工作会议，制定了《关于一九七七年高等学校招生工作的意见》，恢复高考从此开始。当时全国一片欢腾。高等学校入学全国统一考试像一股强劲的春风，把“读书无用论”的思想一扫而光，从此中国的大地上重新响起了朗朗的读书声，使青年人看到了前途，看到了希望。顾先生在文中指出，恢复高考已有30年，高等学校已招收学生2000多万人，为我国现代化建设培养了大批人才。统一高考改变了贬低知识的不良社会风气，为现代化建设培养了人才，推进了社会进步，功不可没。（顾明远，2007d）[5-7]

（二）在高等教育大众化背景下提出深化高考改革

自1999年起我国实施高等学校扩大招生政策以来，我国高等教育规模不断扩张。伴随量的扩张，教育系统也出现了一些质的变化。顾先生一直关注高考改革，并将高考改革置于我国高等教育大众化的宏观背景下予以思考和分析。顾先生在2002年时提出，只有以高等教育的多样化做基础，才能实现高等教育的大众化。而高等教育的多样化要求高校入学考试的多样化，因为各类学校培养目标不同，要求的基础也不同，所以考试的科目与内容应该有所不同。但是我国目前的高考制度却只有一种考试，抹杀了不同学校的特点和不同学生的特长。同时，这样的考试制度指挥着中小学教育，如果高考不改变，大家奔向同一张考卷，等于毫无区别地让学生去走一条道路，即考学术型大学。这样既达不到高等教育大众化的社会要求，又不能缓解应试教育的压力。因此，高考制度必须改革，可以分纵向、横向两个方面展开。从纵向上说，把高考的权力下放给省、市、自治区，由地方们组织考试录取，教育部考试中心起指导和服务的作用。从横向上说，一是分类命题，不同类型的学校用不同的试卷。二是分类考试，在不同时间进行，允许考生多次报考。这不仅可以消除一次考试定终身的弊端，而且可以解决有些学校报到率低的问题。（顾明远，2002c）

2007年，在高考制度恢复30周年之际，顾先生结合我国高等教育大众化阶段的特点，对深化高考改革进行了进一步的深入思考。顾先生提出，高考恢复30年为社会发展做出了巨大的贡献，但是随着我国经济和社会的发展，统一高考也暴露出了一些缺点和弊端，包括：地区之间不平衡；不利于选拔优秀人才；需要进一步用制度保证教育公平，并更好地为推进素质教育服务；等等。由此，顾先生提出高考改革要从三方面入手：首先，从思想观念入手，要让全社会认识到高考是一种选拔人才的考试，不是评价学校的标准。只有上下同心协力，才能把高考改革好。其次，改革考试制度，稳步进行，不断完善。改革的着眼点是要有利于选拔人才，有利于推进素质教育。最后，改革考试的内容。正如温家宝同志在2007年教师节与教师座谈时所指出的，考核要具有综合性、全面性、经常性。所谓综合性，就是要求学生既会动脑，又会动手；所谓全面性，就是要求学生德智体美全面发展；所谓经常性，就是要根据学生长期的学习表现决定成绩。（顾明远，2007e）高考改革既要积极，又要稳妥，逐步试点，不断研究，特别是要坚持公开公正的原则，尽量听取各方面的意见，集思广益。

（三）新高考改革：教育领域综合改革的突破口

2014年国务院颁布《关于深化考试招生制度改革的实施意见》，标志着我国教育考试招生制度新一轮的改革全面启动，教育综合改革也迈开了新的步伐。顾先生认为，考试招生制度改革必然会推动整个教育领域的改革和发展，这是“教育领域综合改革的突破口”（顾明远 等，2014）[9-10]。

“这次考试招生制度改革方案总的目标是，要形成分类考试、综合评价、多元录取的考试招生模式，健全促进公平、科学选才、监督有力的体制机制，构建衔接沟通各级各类教育、认可多种学习成果的终身学习立交桥。”（顾明远 等，2014）[10]根据这个总目标，方案制定了几项重大改革措施：第一，改进评价制度。评价制度的改革有利于学生根据自己的兴趣和优势，选学与将来高考专业有关的科目，有利于人才的成长。学业水平考试和综合素质评价将分别成为将来高等学校录取的依据与参考，改变一考定终身的弊端。第二，改革高考的方式和内容。语文、数学、外语统一高考，外语可进行两次考试，学生还可自愿选择三门学业水平考试的成绩供高校录取使用，这就减轻了学生在统考时的负担，有利于引导学生重视平时的学习。这将指挥高中课程改革，高中不再分文理科，从而避免偏科的现象，促进学生全面发展。第三，实行分类考试。高等职业院校只凭高中学业水平考试成绩和必要的相关技能考核即可录取。这可以改变千军万马挤向独木桥的局面，也有利于高中阶段的教育改革。第四，规范和减少考试加分。这不仅能杜绝违规造假的行为，维护教育公平，而且能减轻学生的学业负担。此外，考试招生制度改革方案中还有许多举措，如提高中西部地区和人口大省高考录取率、增加重点高校录取农村学生人数、完善中小学招生办法破解择校难题等，都将影响基础教育的深入改革。（顾明远 等，2014）[10]

这次考试招生制度改革既有利于中学教育改革，推进素质教育，又有利于促进家长、教师转变观念。考试制度改革不仅是改革评价人才、选拔人才的手段，而且可以促进中小学的课程改革和人才培养模式改革，有利于推进素质教育，同时也可以通过改革建立起全民学习、终身学习的学习型社会。（顾明远，2015b）改革的举措具有完整性、科学性、时代性、可行性。

三、师范教育制度："强化和突出师范特点"

（一）师范生免费教育："需要细致的制度设计"

2007 年 3 月，时任总理温家宝在所做的政府工作报告中，正式提出了在部属六所师范大学实行师范生免费教育。顾先生撰文表示，他为这一举措感到特别兴奋和激动。顾先生认为，实行师范生免费教育政策是落实尊师重教、科教兴国的重大举措，它向全社会表明：政府高度重视教育，真正把发展教育放在社会主义现代化建设中的优先发展的战略地位，全社会都应该树立尊师重教的风尚；国家重视师范教育，把培养优秀教师作为发展教育的根本，要由经过师范教育训练、懂得教育规律和掌握教育艺术的教育家来办教育；政府要用政策来吸引优秀青年上师范、当教师，终身从事教育工作。（顾明远，2012b）[2-3]

顾先生提出，讨论免费师范生政策，一方面要站在国家发展全局的战略高度来认识这项举措对我国教育发展，乃至于对国家社会发展所具有的重大而深远的意义。另一方面，要落实这项政策，更要在制度上精心设计，使这项重大的举措取得预期的效果。（顾明远，2015c）[15]

从国家发展全局来看，教育是培养人才和增强民族创新能力的基础。因此必须确立教育在社会主义现代化建设中的优先发展战略地位，而教育发展的关键就在于教师。反观我国的教师队伍，还处在数量缺、水平低、观念旧的状态。我们有必要加强教师队伍建设，提高教师的思想和业务水平，重塑教师形象，提高教师的威信，重新思考教师教育的重建。（顾明远，2012b）[1-2] 师范生免费教育政策的实施为我国教师教育的重建提供了契机。（顾明远，2008b）[53]

从制度设计来看，顾先生认为可以从招生、培养、毕业工作安排三个方面来进行细致的制度设计。在招生方面，要吸引优秀青年报考教育专业，具体的招生制度可包括以下三个方面。第一，提前招生。考生达到本校录取分数线以上的提前录取。第二，扩大师范生保送名额。学校推荐，高校面试考核。第三，招生名额向中西部地区倾斜。多招收中西部地区的学生，将来回得去，留得住。在培养方面，要大力改革师范生的培养模式，加强教师职业训练。长期以来，我国师范院校由于强调学术而忽视师范教育，导致师范毕业生首先在思想上不愿意当教师，在业务能力上也缺乏职业训练。作为一名现代教师，需要有渊博的学识、扎实的学科知识，但还需要，恐怕也是更重要的，是要有当教师的愿望，有热爱学生、热爱教育的感情，有把知识教给学生的能力，即有教书育人的能力。因此，应该用新的模式来培养免费师范生，教师既要有扎实的学科知识，了解学科发展前沿，也要掌握传授知识的艺术，加强教育实习。只有将学术性和师范性结合，才能培养出合格的教师。在毕业工作安排方面，要为师范生进行合理的设计与安排。免费师范生在入校的时候应该和学校或政府签订合约，学生毕业以后有义务到政府指定的地区去从教若干年。如果违约要负法律责任，而且要作为失信行为记录在案。这种诚信记录会影响其到其他单位就业。我们鼓励师范生终身从教，但是政策的宽严要适度。同时，还要为青年教师设计、提供进修学习的机会。青年有了发展的机会，就会更加热爱教育工作，就会不断学习钻研，提高教育质量，将来成为一名教育家。（顾明远，2007f）

在免费师范生政策实施十年之际，顾先生回顾了政策的落实情况，认为情况总体是好的，充实了中西部地区基层学校的教师队伍，但同时也出现了一些问题：一是几所部属师范大学不适应，二是免费师范生服务年限太长，三是地方对实施免费师范生政策不积极。针对这些问题，顾先生提出了一些建议，认为将来师范教育应该分类管理。比如，部属六所师范大学应培养研究生学历的高中教师，逐渐采取“4+1”“4+2”的模式；地方院校则应培养地方性的小学、初中教师以及乡村教师，这样教师能留得住。另外，免费师范生服务年限太长，可考虑适当调整。总之，免费师范教育一定要坚守初衷、不断创新，为农村培养留得住、用得上的优质教师。（顾明远 等，2017）[3]

（二）教育硕士专业学位：“对发展教育事业至关重要”

顾先生一直强调教育硕士专业学位对于我国教育事业的发展至关重要，他不仅开展了关于教育硕士专业学位的研究，同时还担任了第一届全国教育硕士专业学位教育指导委员会（以下简称“委员会”）主任委员，参与了委员会对教育硕士专业学位教育工作的指导、协调、监督和咨询工作，促进我国教育硕士专业学位教育制度不断发展和完善。

顾先生认为教育硕士专业学位的设立是“中国教育发展史上的里程碑”。在我国教育硕士专业学位于1996年建立之初，他就提出设立教育硕士学位是提高教师水平的重要举措（顾明远，2001b），具有重要的现实意义，同时认为做好教育硕士专业学位管理必须严把质量关：一是把好入学关，教育硕士专业学位的在职申请必须经过招生单位的联考；二是按照委员会发布的培养方案进行培养；三是建立一支高水平的、相对稳定的教师队伍，吸收中学有高级职称的、有经验的教师参加研究生的培养工作；四是编写一批高质量的教材和参考文献；五是建立一套评估制度，定期对各校的培养工作进行评估。（顾明远，2004b）[125]

顾先生一直关注我国教育硕士专业学位制度的发展，指出在发展教师教育的过程中要重视教育硕士专业学位的建设与推广，充分发挥其作用。（顾明远，2004c）[23] 顾先生作为第一届委员会的主任委员，一直致力于推进教育硕士专业学位的试点工作。委员会在教育硕士专业学位的学科建设、教育规律探讨的及对培养院校的工作指导等方面做了许多积极的努力和贡献。在2006年3月召开的委员会换届会议上，顾先生指出，八年来的工作实践证明了，在国务院学位委员会办公室的领导下，委员会出色地完成了对教育硕士专业学位教育工作的指导、协调、监督以及为国家教育主管部门提供有关政策建议和咨询的任务。委员会坚持为基础教育服务的正确方向，对教育硕士专业学位的培养目标、培养模式等进行了准确定位；以科学发展观为指导，积极稳妥地拓展教育硕士专业学位的专业和培养院校；积极开展了研制、审核培养方案，构建课程体系，推进教材建设及案例教学，制定学位论文标准等基础性工作；采取有效措施，加强师资培训和导师队伍建设；进行了有效的评估、监控、指导工作；制订了科研立项指南，以科研促进教育硕士培养；建立健全了包括年会制度、学科教学小组转向工作研究制度等委员会的工作制度与方法，保证教育硕士专业学位试点工作的顺利开展。委员会将继续认真贯彻国务院学位委员会与教育部确立的“在保证质量的前提下，积极发展专业学位教育”的工作方针，坚持科学发展观，树立品牌意识，以质量、特色求发展，在“加强教育硕士专业学位的宏观规划研究、加强教育硕士专业学位标准研究、建立教育硕士专业学位质量评估制度、研究制订教育硕士专业学位教育科研项目指南、完善委员会的工作制度、扩大宣传”等方面进行新的探索。（顾明远，2006）[9-12]

在教育硕士专业学位建立十年之际，顾先生立足时代发展，对教育硕士专业学位建设提出了新的见解。他再次强调质量永远是教育硕士专业学位的生命线，并提出了保证教育硕士培养质量的建议：第一，主办学校领导要重视教育硕士专业学位工作，有严格的管理制度，配备有经验的教师进行教学。第二，要选派有中小学实际经验的教师担任教育硕士研究生的导师，也可以聘请中小学有经验的优秀的老教师担任。第三，最好是让学员脱产到大学学习一段时间，以扩大视野，增长知识。第四，在课程设置上除了学科知识、教师职业知识和技能培训外，需要增加一些通识课程，以提高学员的文化素养。第五，要重视学位论文的指导。论文一定要结合学员教学的实际，有科学的研究方法。最后，要加强宣传，使社会了解教育硕士专业学位，支持其建设。（顾明远，2008c）[3]

顾先生坚信，有好的教师，才有好的教育，并始终把教师放在教育改革的核心位置，认为教师队伍建设是教育改革和发展的保障措施，是教育改革和发展的根本。（顾明远，2015c）[12] 无论是在理论研究层面，还是在制度设计层面，他都为我国师范教育的改革倾注了心血，引领着未来师范教育改革与发展的方向。

参考文献

毕期塔，2013. 联合国教科文组织对教育质量的解释 [J]. 何培，李萍，译 . 教育理论与实践，33（20）：22–23.

顾明远，1981a. 总结历史经验　认识教育规律 [J]. 北京成人教育通讯（1）：13–25，5.

顾明远，1981b. 现代生产与现代教育 [J]. 外国教育动态（1）：1–7.

顾明远，1982a. 教育与社会政治经济制度的关系 [J]. 江苏教育（9）：2–4.

顾明远，1982b. 教育与社会生产力的关系 [J]. 江苏教育（5）：6–8.

顾明远，1983a. 一个科学的结论 [J]. 天津教育（2）：2–3.

顾明远，1983b. 让学生生动活泼地主动地得到发展：纪念毛泽东同志诞辰九十周年 [J]. 天津教育（12）：2–3.

顾明远，1983c. 再论苏联普通教育的改革 [J]. 外国教育动态（5）：7–12.

顾明远，1985. 论发展和加强职业技术教育 [J]. 北京师范大学学报（10）：59–66.

顾明远，1987. 苏联教育发展七十年给我们的启示 [J]. 外国教育动态（6）：1–4.

顾明远，1990a. 让儿童生动活泼主动地得到发展 [J]. 中国教育学刊（4）：2–3.

顾明远，1990b. 教育方针要有科学性、针对性、时效性 [J]. 中国教育学刊（6）：3–4.

顾明远，1991a. 论在社会主义条件下教育同生产劳动结合的必要性和可能性 [J]. 高等教育学报（3）：11–16.

顾明远，1991b. 教育同生产劳动相结合应该成为社会主义教育方针的重要内容：与肖宗六同志商榷 [J]. 中国教育学刊（5）：11–14.

顾明远，1992a. 毛泽东教育思想的内涵及其当代意义 [J]. 教育评论（2）：6–8.

顾明远，1992b. 重新学习毛泽东的教育思想，使学生在德智体诸方面生动活泼主动地得到发展 [J]. 高等师范教育研究（4）：3–8.

顾明远，1993a. 正确认识市场经济和教育改革的关系 [J]. 人民教育（5）：5–7.

顾明远，1993b. 社会主义市场经济体制与教育改革的几点思考 [J]. 北京师范大学学报（社会科学版）（3）：1–7.

顾明远，1994a. 市场经济与教育改革 [J]. 高等师范教育研究（4）：3–12.

顾明远，1994b. 教育必须为社会主义现代化服务，必须与生产劳动相结合 [J]. 中国高等教育（5）：26–27.

顾明远，1998. 教育观念的根本改变：思想解放的 20 年 [J]. 中国教育学刊（6）：6–8.

顾明远，2000a. 终身教育：20 世纪最重要的教育思潮 [J]. 中国成人教育（12）：6–8.

顾明远，2000b. 解放思想　转变观念 [J]. 中国教育学刊（2）：3–6.

顾明远，2001a. 专家型决策的新范式 [N]. 中国教育报，2001–06–02（04）.

顾明远，2001b. EMD 教育：提高教师水平的重要举措 [J]. 中国高等教育（半月刊）（7）：15–16.

顾明远，2002a. 教育公平与素质教育 [J]. 教育发展研究（1）：10–11.

顾明远，2002b. 提升教育决策的科学性 [N]. 中国教育报，2002–08–25（08）.

顾明远，2002c. 高等教育大众化与高考改革 [J]. 湖北招生考试（4）：5，11.

顾明远，2003a. 形成全民学习、终身学习的学习型社会 [J]. 求是（4）：42.

顾明远，2003b. 全民终身教育与小康社会 [J]. 北京师范大学学报（社会科学版）（3）：27–29.

顾明远，2004a. 论中国传统文化对中国教育的影响 [J]. 杭州师范学院学报（社会科学版）(1)：1–9.

顾明远，2004b. 教育：传统与变革 [M]. 北京：人民教育出版社 .

顾明远，2004c. 改革教师教育的 10 点建议 [J]. 中国高等教育（9）：22–23.

顾明远，2005. 又该呐喊“救救孩子”了 [J]. 中国教育学刊（9）：1–3.

顾明远，2006. 以科学发展观为指导　稳步推进教育硕士专业学位试点工作 [J]. 学位与研究生教育（5）：9–12.

顾明远，2007a. 中国教育改革与发展中的热点问题 [J]. 大连教育学院学报，23（3）：1–5.

顾明远，2007b. 公平而差异：基础教育的必然选择 [J]. 教育发展研究（11A）：7–8.

顾明远，2007c. 因材施教与教育公平 [J]. 现代大学教育（6）：1–3.

顾明远，2007d. 一扫乌云见光明：纪念高考恢复 30 周年 [J]. 中国教师（4）：5–8.

顾明远，2007e. 高考改革之我见 [J]. 湖北招生考试（2）：4–6.

顾明远，2007f. 落实尊师重教的重大举措：师范生免费教育需要细致的制度设计 [J]. 江西师范大学学报（哲学社会科学版），40（3）：3–6.

顾明远，2008a. 终身学习与人的全面发展 [J]. 北京师范大学学报（社会科学版）（6）：5–12.

顾明远，2008b. 谈谈我国教师教育的改革和走向 [J]. 求是（7）：53–55.

顾明远，2008c. 教育硕士专业学位十年的思考与建议 [J]. 教师教育研究，20（3）：1–3.

顾明远，2011a. 把提高教育质量放在重中之重的位置 [N]. 中国社会科学报，2011–03–03（03）.

顾明远，2011b. 学校制度亟待研究改革 [J]. 教育学报，7（3）：3–8.

顾明远，2012a. 试论教育现代化的基本特征 [J]. 教育研究（9）：4–10，26.

顾明远，2012b. 尊师重教：师范生免费教育政策导引教师教育变革 [J]. 新疆师范大学学报（哲学社会科学版），33（3）：1–4.

顾明远，2013. 全社会都来推进教育综合改革 [N]. 光明日版，2013–12–16（16）.

顾明远，2014. 教育领域综合改革的宏观视野 [J]. 教育研究（6）：4–9.

顾明远，2015a. 要用制度促进教育改革 [J]. 教育（2）：9.

顾明远，2015b. 教育改革发展需要双轮驱动 [N]. 人民日报，2015-05-14（07）.

顾明远，2015c. 中国教育路在何方：教育漫谈 [J]. 课程·教材·教法，35（3）：3-16.

顾明远，2016. 教育观念现代化是教育现代化的灵魂 [N]. 人民日报，2016-01-31（05）.

顾明远，2017a. 马克思论个人的全面发展：纪念《资本论》发表 150 周年 [J]. 教育研究（8）：4-10.

顾明远，2017b. 让每个孩子都享有公平而有质量的教育 [J]. 教育研究（11）：4-7.

顾明远，鲍东明，刘晨元，2016. 顾明远教育论述精要 [M]. 福州：福建教育出版社.

顾明远，郝文武，胡金木，2017. 重建师范教育：访顾明远先生 [J]. 当代教师教育，10（1）：1-5.

顾明远，裴娣娜，2001. 大力发展教育　加快推进现代化：学习贯彻党的十五届五中全会精神 [J]. 教育研究（2）：3-4.

顾明远，杨东平，谈松华，等，2014. 专家解读考试招生制度改革 [J]. 生活教育（10）：9-10.

教育部中国特色社会主义理论体系研究中心，2011. 建设惠及全民的公平教育 [J]. 求是（19）：59-61.

中国教科院教育质量标准研究课题组，2013. 教育质量国家标准及其制定 [J]. 教育研究（6）：4-16.

第九章

教育学科建设与发展

朱旭东*

---

* 朱旭东，教育部人文社会科学重点研究基地北京师范大学教师教育研究中心主任、教授，北京师范大学教育学部部长，主要研究教师教育与比较教育等。本章由朱旭东和李育球参与撰写。

顾明远先生的教育学科建设思想是其整体教育思想的一部分，他不仅是教育学科建设的实践者，更是教育学科建设的思想者，他是改革开放以后我国比较教育学科的重要奠基人之一，也是教育学科发展的推动者、支持者和指导者。顾先生曾担任国务院学科评议组教育学科评议组组长，在他的带领下，中国教育学科取得了长足的进步。在这一时期，他走遍了中国开展教育学科建设的大学，对这些大学建设教育学科提供支持指导。那么，到底顾先生有哪些独特的教育学科建设思想呢？本章试图从顾先生的相关论述中解读和归纳其独特的教育学科建设思想。具体而言，顾先生的教育学科建设思想大致包括以下六大方面：教育学的实践目的论；教育学的人本对象论；教育学的哲社属性论；教育学的开放方法与视角论；教育学的时代发展论；教育学的多维建制论。

第一节　教育学的实践目的论

任何一个学科都有自身的目的，教育学科也不例外。顾先生明确指出："教育学是一门实践性很强的学科，……教育学应该能够指导教育实践，使教育活动沿着正确的方向科学地进行，使青少年得以健康的发展，并为社会培养有用人才。"（顾明远，2006）[16] 教育学具有浓厚的实践关怀，以指导教育实践为己任。教育学的实践目的论，是教育学存在的合法性基础。如果教育学不以教育实践为直接或间接的目的，那么教育学也就失去了自身存在的意义与价值。

什么样的教育学有利于实现其自身的实践目的？顾先生一直强调教育学作为一种理论研究，需要处理好与实践的关系。马克思历史辩证唯物主义认为，实践是认识发展的动力，是真理的来源，也是检验真理的标准。基于此，顾先生强调教育学应从实践中来，到实践中去。所谓从实践中来，就是教育学的研究要理论联系实践，不能脱离实际，要从丰富的教育实践中总结、提炼出教育理论，只有这种来源于实践的教育理论，才有利于实现教育学自身的实践目的。“教育科研的生命力一在实际，二在创新。教育理论工作者要在理论与实际结合上下功夫，结合国情，研究我国教育发展中的重大理论问题和提高教育教学质量的实际问题。”（顾明远，2008）[3] 这里的理论与实际相结合，从某种意义上讲就是教育理论应从教育实践中来再到实践中去的问题，也就是说，教育学作为一种理论研究，要基于实践、为了实践。顾先生倡导教育学研究要具有实践目的论关怀，坚持理论联系实际的原则，坚持教育学的目的论立场。例如，20 世纪 90 年代初，他在回顾比较教育学科发展时，明确指出当时比较教育研究存在着严重脱离中国教育的实际问题：“他们终日埋头于外国教育的资料里，很少了解中国教育发生了什么事情，需要些什么。因此尽管过去在介绍外国教育情况时热闹了一阵，但现在要求他讲出一些，中国怎么办，却说不出所以然来。这样长此下去既不能满足读者的要求，也失去了我们比较教育研究的目的。”（顾明远，1991）[6]

第二节　教育学的人本对象论

任何一门学科，不仅需要明确的目的，更需要明确的研究对象。关于教育的对象，通常存在着“现象说”“规律说”“问题说”等。“现象说”认为教育学的研究对象是教育现象；“规律说”认为教育学应该以教育规律为研究对象；“问题说”认为教育学的研究对象是各种教育问题。这些说法都有一定的道理，但都未彰显教育的目的。顾先生的人本对象论突破了这一局限，他明确提出了“以研究人的培养和发展为对象的教育学”（顾明远，2006）[16]。顾先生的这一主张，其实与关于教育学研究对象的“现象说”“规律说”“问题说”并不矛盾，而是与其相通相容的。教育学对教育的研究自然离不开对教育现象的研究，甚至从某种程度上说，教育现象的研究往往是教育学研究的起点；教育学作为一门科学，自然也要揭示教育规律，以便更好地实现理论指导实践的目的；教育学作为一种科学研究，教育问题自然是教育学研究者必须关注的。顾先生的人本对象论不但能融通关于教育学研究对象的“现象说”“规律说”“问题说”，而且彰显了他的教育学思想的人文主义立场，有利于凸显出教育学的独特对象，有利于统摄其他教育学对象说。“以人为本”就是顾先生教育思想体系中一以贯之的一条重要思想（项贤明，2008）[5]，它也深刻地影响了顾先生的教育学科建设思想。教育学要研究现象，不是一般的自然现象，也不是经济、政治等其他社会现象，而是人才培养与发展的现象；它要揭示的规律，不是一般的自然规律，也不是经济、社会等其他规律，而是人才培养与发展的规律；它要研究的问题，不是自然问题，也不是经济、政治等其他社会问题，而是以人才培养与发展为内核的系列相关问题。

第三节 教育学的哲社属性论

任何学科都属于具有某类属性的学科，教育学也不例外。顾先生把教育学明确归入哲学社会科学。他指出：“以研究人的培养和发展为对象的教育学，自然应该是哲学社会科学领域中非常重要的部分。”（顾明远，2006）[16] 这句话中包含着因果关系，从中不难看出顾先生对教育学的学科归属，主要是基于教育学的研究对象来判定的。那么，到底是什么样的因果关系？或者说，为什么根据以人的培养和发展为研究对象这一点就可以将教育学归入哲学社会科学？

在顾先生看来，以人的培养和发展为研究对象的教育学，首先需要科学化、理论化。他认为，人的培养和发展虽然是社会实践活动，但它跟自然科学一样，存在着一定的规律。只有通过深入、系统的研究，发现和掌握了这些规律，才有利于指导人才培养和发展的社会实践。顾先生明确指出，“任何事物的发展总是有规律的，人的培养和成长也是有规律可循的。教育学应该探索这些规律，不能停留在经验的描述上。因此，应该重视教育理论的探讨，使它真正成为一门严谨的科学”（顾明远，2006）[16]。可见，顾先生是从规律的发现与掌握的角度来谈教育学应走向科学化、理论化的。那么，什么样的教育学才算是一门严谨、成熟的科学呢？在顾先生看来，它需要达到三个方面的标准：其一，科学的、严格的概念和基本范畴；其二，科学的、完整的理论体系；其三，理论与实际紧密结合。（张承先 等，1991）[4]

其次，作为科学的教育学不是自然科学，而是哲学社会科学。哲学社会科学体现出浓厚的价值关涉性。顾先生指出，“任何一门学科的发展都离不开本国的利益。纯粹价值无涉的学科是没有的。即使是自然科学，探讨自然的奥秘，最终也还是为了人类自身的发展。社会科学研究社会发展的规律，更不能脱离自身所存在的社会”（顾明远，2005）[2]。可见，哲学社会科学的价值关涉性更明显。教育学离不开民族国家利益，离不开促进人类自身发展的终极目的，这是从学科目的来论证教育学的价值关涉性，不仅如此，作为哲学社会科学的教育学在研究过程中也具有价值关涉性。顾先生认为：“社会科学的研究与自然科学研究不同。自然科学研究是客观地探究自然界的真实，社会科学的研究总会掺杂着研究者的主观意识和价值观，很难做到价值无涉的客观主义。”（顾明远，2014）[128]可见，教育学作为哲学社会科学，不仅在目的上需要价值关怀，而且在研究过程中也难免“价值有涉”。哲学社会科学除了具有价值关涉性以外，还要有自身的学科思维方式，顾先生认为社会科学的思维方式需要处理三大基本关系：整体与局部的关系，正本清源与理解精神的关系，博与精的关系。(顾明远，2014)[128] 作为哲学社会科学的教育学也应该具有这种思维方式。

第四节　教育学的开放方法与视角论

任何一种哲学社会科学研究，都会涉及研究的方法问题。关于教育学的研究方法，时常会出现一些分歧和争论。关于教育学研究方法大致可划为两派，一派是保守的传统派，一派是开放的激进派。传统的保守派认为任何一门学科，严格地讲，都应该具有自身的独特的研究方法，如物理学、经济学就是其中的典范。因此，保守派往往对教育学持"弱学科"立场，认为教育学不是一个真正的学科，而更多的是一个研究领域。保守派的这种"领域论"容易衍生出教育学的身份危机论。开放的激进派认为一门学科存在的合理性与合法性不在于其自身是否具有独特的方法，它甚至可以像著名的美国科学哲学家费耶阿本德一样"反对方法"，倡导怎么研究都行的无政府主义认识论。但激进派的这种论调往往因无边界而受到指责。在教育学研究方法论上，顾先生既不是保守的传统派，也不是开放的激进派，而是选择了第三条道路——既强调教育学研究方法的多元性、开放性，又追求形成适切的、有特色的教育学研究方法，值得注意的是，"有特色"未必要独有。顾先生在讨论比较教育学科的身份危机时指出："是不是一门学科只有一种属于自己的独特方法才能存在呢？恐怕也未必如此。实验法是自然科学研究普遍运用的方法，社会分析法往往是社会科学研究的方法。并不需要每门学科都只有一种独特的方法。为什么一定要求比较教育必须有自己的独特方法呢？"(顾明远，2005)[3] 可见，顾先生强调研究方法的开放性与通用性。

不仅如此，顾先生还倡导选择适切的、有特色的教育学研究方法。他所做的比较教育研究也为我们树立了典范。从一般意义上说，教育学的研究无定法，关键在于研究者根据特定的研究对象，选择适切的研究方法。顾先生在做教育学研究尤其是比较教育研究时，选择并倡导文化研究的方法，并形成了自己独特的比较教育研究的文化主义范式。他的文化主义范式包括两个基本方面：文化功能主义和文化诠释主义。（朱旭东，2008）顾先生不仅在比较教育研究中倡导文化研究，而且主张在其他教育研究领域运用文化研究。为何顾先生如此钟情于教育学的文化研究方法呢？因为在他看来，文化研究是深入了解、认识教育的一种极为重要的方法。相对于影响教育的政治、经济等因素而言，文化因素比较隐匿、深刻、持久，不易被发现和认识，因此文化研究很有必要。（顾明远，2005）关于文化研究对教育研究的重要意义，他曾经打过一个生动、形象、深刻的比喻。他说："教育有如一条大河，而文化就是河的源头和不断注入河中的活水，研究教育，不研究文化，就知道这条河的表面形态，摸不着它的本质特征。"（顾明远，2004）[1]可见，文化研究是通达教育本质特征的必要且重要的方法。教育学至少要研究三重文化：传统文化、时代文化与民族国家文化。研究教育的传统文化，旨在了解教育的文化之根；研究教育的时代文化，旨在理解教育的时代之境；研究教育的民族国家文化，旨在把握现代教育的民族国家之基。

开展教育学研究不仅要选择研究方法，也要选择研究视角。顾先生在教育学的研究视角方面，特别重视开放、多元的学科视角。他认为，拓展和丰富教育学的不同学科视角，对教育学有着十分重要的意义。第一，有助于教育学发现新问题，拓展和丰富教育学的研究课题。例如，他在分析人才学与教育学的关系时，强调了人学才视角的重要性："人才学的出现对教育学提出许多新的课题，也使教育工作者的眼界和思路更加广阔。教育学应该根据人才学的要求，重新研究一些问题：……人才学研究的发展，会给教育学提出许许多多的新问题。”（顾明远，2017a）[1]第二，有助于深化对教育问题的认识，有利于提高教育学对教育现实问题的解释力和对教育实践的指导力。顾先生在分析现实教育问题时，不是就教育谈教育，而是运用了社会学的广阔视域和深刻的研究视角。例如，他认为教育的病理不在教育，教育的病源也不在教育本体。教育的病是社会病的征候。（顾明远，2015）第三，有助于催生教育学内部新的子学科，丰富现代教育学的复数构成论内涵，促进教育学子学科群的发展。顾先生认为，20 世纪 90 年代中期以后，中国教育界开始走自己的路，“教育学开始分化为许多分支学科，如从各级各类教育来分，建立了学前教育学、初等教育学、特殊教育学、高等教育学、成人教育学、职业技术教育学等；从教育过程中的问题来分，建立了课程论、教学论、德育论等；教育学和其他学科结合产生了许多新学科，如教育经济学、教育社会学、教育技术学、教育管理学等”（顾明远，2008）[5]。依据教育的级与类和教育过程中的问题来划分的教育学分支学科，在某种程度上，还不是真正意义上教育学子学科新的生长点，而只是对教育学内部的细化和深化，并没有凸显出外延的扩大。而其他学科研究视角的引入、嫁接、融通，往往能催生出真正新的教育学子学科和交叉学科。例如教育学与神经科学，催生出教育神经科学。因此，开放、多元的学科视角，对教育学的子学科群发展尤为重要。

“顾明远先生曾经很谦虚地说：‘对于教育理论研究，我只是一个杂家，而不是专家’。”（李敏谊，2005）[28]这诚然是顾先生的自谦之词，但也从一个方面反映了他虚怀若谷，不拘于一种研究视角和研究方法，倡导开放、多元的教育学研究方法与视角。虽然顾先生强调教育学研究方法与视角保持多元和开放的重要性，但同时也指出它们是多元一体、开放聚焦的——聚焦于、统一于教育学的教育原点立场。“教育的原点就是传承文化、创造知识、培养人才、促进人类的发展。从个体来讲，促进个体的全面发展，从人类来讲，促进人类的全面发展。"（滕珺，2015）[152] 教育学，根本立场只有一个，那就是教育原点。不忘初心，不忘教育原点，才能更好地促进个体、社会、国家与人类世界的不断发展。

第五节 教育学的时代发展论

顾先生不仅关注教育学横向的子学科间的逻辑，例如，他认为"教育技术作为一门学科，要以教育学的理论为基础，运用现代科学技术成果和系统科学的观点与方法，探究提高教学效果的技术手段和教学过程优化的理论和方法"（王英杰，2008）[4]，此外，他也注重教育学纵向的历史逻辑，甚至从某种意义上说，他对后者更重视。因此，顾先生的教育思想整体上呈现出浓厚的时代发展感，他的著作中也鲜有抽象的宏大教育学科体系建构，而多是具体的、现实的教育问题研究。但他的具体研究并非零碎的经验总结，也非零散的问题分析，而是立足国情，聚焦时代的教育核心主题来开展深入的教育研究。因为，在顾先生看来，教育学的研究是理论性的，也是具体的，也就是说教育学的理论性研究具有历史时代性，需要深深地嵌入国家发展中去，嵌入时代发展的主题中去，嵌入特定的社会历史语境中去。可以说，顾先生在做具体的教育学理论研究过程中彰显其教育学思想，促进教育学科发展，可谓"做中显，做中促"。

那么，到底什么样的主题是顾先生的教育学思想的核心主题呢？纵观他的教育学思想，可以发现教育现代化是他的教育研究的核心主题，也是当下教育的时代主题。他明确提出："教育现代化是指传统教育向现代教育转化的过程，是赶超世界先进教育水平的过程。"（顾明远，2010）[8] 教育现代化具有以下九个基本特征：一是受教育者的广泛性和平等性，二是教育的终身性和全时空性，三是教育的生产性和社会性，四是教育的个性性和创造性，五是教育的多样性和差异性，六是教育的信息化和数字化，七是教育的变革性和创新性，八是教育的开放性和国际性，九是教育的科学性和法制性。（顾明远，2010）[9-12] 在他看来，现时代的中国教育学研究必须致力于推进中国教育的现代化。教育的时代主题是国家的时代主题，即国家现代化的重要组成部分，为国家的现代化服务。由此，顾先生教育研究的国家高度与时代深度凸显。

顾先生的教育学时代发展论，除了准确把握和聚焦教育时代的主题之外，还体现为他对教育研究与时俱进品质的倡导。与时俱进，要求思想观念的解放。顾先生明确指出，“思想解放始终是教育科学发展的前提，教育观念的转变是教育科学发展的动力”（顾明远，2008）[5]。因此，顾先生的教育学思想总能不断观照时代的发展，不断吸收新的思想，不断关注国家重大政策、教育研究中的重大问题以及重要的时事热点问题。例如，他认为，“‘一带一路’倡议对比较教育来说，是新的挑战，也是新的机遇。比较教育需要尽快地开展‘一带一路’沿线国家教育的研究”（顾明远，2017b）[4]。

第六节　教育学的多维建制论

任何一门学科要获得合法性，不但需要有自身的研究目的、研究对象、研究方法和视角等，还需要进行制度建设。顾先生对改革开放以来我国教育学科的制度建设，尤其是比较教育学科的建制与发展发挥了重要的作用。他用实际行动践行着自己的教育学科建制思想。他的这种教育学科建制思想可以概括为“多维建制论”。

顾先生的教育学多维建制论，具体表现在以下三个方面：首先，多元主体的教育研究队伍建设。顾先生倡导教育研究主体多元化，包含各种教育研究人才，如教育理论研究类的、教育政策研究类的、教育实践研究类的、教育智库研究类的、比较教育研究类的等。只有各种类型的教育研究主体齐心协力、协同创新，不断加强教育研究队伍建设，研究队伍的理论水平提高了，实践意识加强了，智库研究能力提高了，教育学的学科建制才会更稳固，更成熟。例如，顾先生曾在分析比较教育发展困境时明确提出："比较教育的发展关键在于人，在于比较教育这支队伍。"（顾明远，1991）[8]"我国比较教育工作者需要加强教育基础理论的修养，特别要加强马列主义教育理论的修养。"（顾明远，1991）[8]其次，教育学在高等教育领域中的建制问题，教育学课程与教材的开发建设问题，高校中的教育学学位点建设与发展问题。再次，教育学专业学会建设问题、教育学的研讨交流机制问题以及中国教育学的本土特色化与国际化问题，提升中国教育学的国际话语权，提高中国教育学在国际上的思想影响力与知识贡献力。

结语

顾先生十分注重教育学的学科发展，并坚持不懈地践行着自己的教育学科建设思想。他的教育学实践目的论突出了教育学的实践性与实践立场；教育学的人本对象论彰显了教育学研究的独特对象；教育学的哲社属性论明确了教育学的学科归属；教育学的开放方法与视角论凸显了多元、开放的教育研究方法与视角的重要性；教育学的时代发展论切中了教育学的时代主题；教育学的多维建制论强调了教育学的制度建设需要多维发展、协同共进。他的教育学科建设思想对当下中国的教育研究和教育学的学科发展具有重要的指导与启发意义。

参考文献

顾明远，1991. 比较教育的回顾与展望 [J]. 外国教育动态（1）：5–8.

顾明远，2004. 中国教育的文化基础 [M]. 太原：山西教育出版社 .

顾明远，2005. 关于比较教育学科建设的几个问题 [J]. 比较教育研究（3）：1–4.

顾明远，2006. 教育实践呼唤教育理论建设 [J]. 中国高等教育（6）：16–17.

顾明远，2008. 改革开放以来我国教育科学的重建与发展 [J]. 教育研究（9）：3–6，33.

顾明远，2010. 实现教育现代化的宏伟蓝图：学习贯彻《国家中长期教育改革和发展规划纲要》[J]. 北京师范大学学报（社会科学版）（5）：5–13.

顾明远，2014. 社会科学研究需要科学的思维方式 [J]. 教育学报，10（1）：128.

顾明远，2015. 中国教育路在何方：教育漫谈 [J]. 课程 · 教材 · 教法，35（3）：3–16.

顾明远，2017a. 人才学与教育学 [J]. 新教师（2）：1.

顾明远，2017b. 新时期比较教育的使命 [J]. 比较教育研究（9）：3–4，12.

李敏谊，2005. 立足中国　放眼世界：顾明远先生学术思想述要 [J]. 国家教育行政学院学报（3）：18–28.

滕珺，2015. 教育是人类最幸福的事业：访北京师范大学资深教授顾明远先生 [J]. 北京师范大学学报（社会科学版）（1）：144–157.

王英杰，2008. 与时俱进，不断创新：顾明远教育思想初识 [J]. 比较教育研究（9）：1–4.

项贤明，2008. 顾明远先生“以人为本”的教育思想初探 [J]. 比较教育研究（9）：5–9.

张承先，顾明远，叶立群，等，1991. 关于编写有中国特色的社会主义教育学的讨论 [J]. 中国教育学刊（3）：1–12.

朱旭东，2008. 比较教育研究的文化主义范式：顾明远教授比较教育研究思想评析 [J]. 北京大学教育评论，6（3）：85–93，190.

第十章

教育的传统与变革

高益民*

---

* 高益民，北京师范大学国际与比较教育研究院教授、博士生导师，兼任中国教育学会比较教育分会秘书长。主要研究领域为比较教育学（日本教育研究、教育管理比较研究等）。

教育与文化密不可分。根据对“文化”概念的不同理解，教育或者被看作文化的一部分，或者被看作文化的产物，或者被看作与文化密切相关的领域。因此，对教育的研究离不开对文化的探讨。作为对中国教育改革和发展保持密切关注的思想者与积极参与者，顾明远先生当然不会忽视对文化的研究。顾先生说：“教育有如一条大河，而文化就是河的源头和不断注入河中的活水，研究教育，不研究文化，就知道这条河的表面形态，摸不着它的本质特征。”（顾明远，2004）[1] 他还说：“教育是文化的一部分，但又相对独立于一般文化。教育受文化的影响比受经济、政治的影响要深刻得多，久远得多。”（顾明远，2013）[4]

顾先生的教育思想是在特定的历史背景下形成和发展起来的，它离不开某些核心的指向，而且总是与种种具体的社会情境有关。顾先生的文化观也是如此。要理解他的文化观，既要理解相应的历史背景和社会情境，又要理解顾先生个人的思想历程，还要考察文化观与顾先生的社会思想与教育思想之间复杂的内在关联。本章主要对顾先生文化研究的背景、理论特色及其理论基础加以简要的分析。

第一节　顾明远先生文化研究的背景

虽然顾明远教育思想奠基于新中国成立初期（特别是苏联留学时期和归国后初期），但其教育思想的不断成熟和体系化则主要是在改革开放之后。顾先生曾在 2008 年回忆道：“我从教 60 年，要说做了一些工作的话，也就是在这改革开放以来的 30 年做了一点工作。正是在邓小平同志‘尊重知识，尊重人才’的指导思想下，才使我们从‘臭老九’的地位中解放出来。正是在党的‘解放思想，实事求是’的思想路线下，我们才得以敞开心扉，说出自己想说的话。记得 80 年代初我一连发表了几篇文章，有同志问我：‘你怎么有这么多文章？’我说：‘过去想说的话不敢说，无处说。现在都想把它说出来。’”（王英杰 等，2009）[31]

改革开放以后，在党的工作重心转移、我国实现社会主义现代化伟大目标得以确立的大背景下，顾先生积极投身于中国教育改革，他作为教育决策的参与者甚至方案提供者的角色愈加凸显，他在教育学科建设方面的责任也愈加重大。

一、实践背景

改革开放以后，顾先生的理论着眼点日益明晰，并开始形成以“教育现代化论”为核心的思想体系。顾先生早在 20 世纪 70 年代末就开始了对现代教育的探索，他希望通过对现代教育性质的讨论来明确教育现代化的目标与路径。

但在提倡现代教育的过程中，顾先生越来越深刻地感受到文化在教育现代化进程中所发挥的作用和影响。直至今日，顾先生所提出的种种教育主张，如“学生是教育的主体”“快乐教育”“取消三好生评选”“叫停奥数”“让儿童生动活泼地主动地得到发展”“没有爱就没有教育，没有兴趣就没有学习”“教书育人在细微处，学生成长在活动中”等，还会不时遭到人们的误解，在实践中也面临困难。这使他深刻地认识到，离开观念的现代化，教育现代化将无法实现。而人的观念与文化的关系极为密切，观念正是文化中最核心、最稳定的部分，没有对文化的改造，根本不可能推动教育的现代化。

顾先生说：“有一些教育问题常常困扰着我：为什么素质教育在我国如此难以推行？为什么学历主义在中国人头脑中经久不衰？为什么职业技术教育在我国发展不起来？近些年来我国大力提倡教师和家长都要转变教育观念，但转变什么观念？旧的观念产生的根源是什么？新的观念又如何才能产生？改革开放以来，我们引进了许多外国的教育理论和思潮，哪些理论切合我国的国情？又如何使它本土化？思来想去，觉得这些问题都与中国的文化传统有关。十多年前我就萌发了研究教育和文化的关系的念头。”（顾明远，2004）[1]

回顾中国近现代史，对文化问题的讨论与对现代化的思考总是紧密联系在一起的，实际上，对文化的省思正是推进现代化的一个重要动因。

在我国，洋务运动之后，先后出现的洋务派、维新派与守旧派之间对中西方文化的不同态度，正是他们对现代化及其实现途径的不同看法。新文化运动之后，以陈独秀、李大钊、鲁迅、胡适等为代表的一大批学者对传统文化的反思和对西方文化的学习达到了新的高度，新文化运动与“五四运动”等反帝爱国运动相互作用，孕育了种种现代思潮，也培育出了一大批提倡新文化的思想者和革命家。从那时起，反思和否定传统文化、学习和建立现代文化就逐步成为一种主流的文化观。

从1949年中华人民共和国成立到20世纪70年代末，反对封建文化，反对帝国主义和霸权主义文化，建设社会主义新文化，成为中国文化观的主基调。在这一过程中，中国对迎接新文化的到来表现出了极高的热情，对于革除旧的文化羁绊也表现出了极大的决心。但是却也出现了急躁和幼稚的非理性心态，特别是在“文革”时期，开始出现了对几乎所有的文化进行全面否定的倾向。如基于阶级观点，把古今中外的上流社会文化都简单地看作统治阶级反动腐朽的生活方式的一部分而加以全面否定；基于社会发展阶段论，把历史上的文明成果简单地看作与落后生产力相适应的“旧文化”而加以全面否定；基于对资本主义的批判，简单地对西方资本主义国家的现代文化加以全面否定；基于对苏联霸权的警惕和批判，对苏式社会主义文化进行全面否定。特别令中国人感到痛惜的是，这种历史虚无主义的态度非常严重地打击了中国文化，包括焚毁、砸烂文物在内的疯狂行为曾一度堂而皇之地大行其道，造成了中国文化的重大破坏。

改革开放以后，全社会对“打倒一切”的极端思维进行了反思，在纠正这种错误的文化观的同时，也重新开始了文化研究。20世纪80年代之后，学术界涌现出很多传统文化研究的成果。其中，对中国文化的研究也在不断深入，学界开始重新评价中国传统文化的价值，强调弘扬传统文化的意义。在民间以及中小学，传统文化教育也有所恢复。

顾先生对文化的关注与这种时代背景是分不开的。顾先生对文化直接而系统的论述可追溯至20世纪80年代后期（见《论教育的传统与变革》一文），到了90年代，顾先生对文化的论述就更为集中了，如《关于弘扬民族文化与教育改革的几个问题》《现代化与中国文化传统教育》等论文都是这一时期的作品。到了21世纪初，顾先生以其深厚学养及数十年教育实践的心得为基础，对中国教育的文化基础做了系统研究与总结，写就《中国教育的文化基础》一书。该书先后由王觉非、滕珺等译为英文，由大塚丰译为日文，成为海外学者了解中国教育的重要参考书。

二、理论背景

对加强教育学科建设和深化教育研究的深入思索也促使顾先生加强文化研究。当然，加强教育学科建设的背景仍是中国教育现代化的伟大进程，因为改革开放后顾先生推动教育研究的主要目的就是服务于中国教育的现代化，就是为了更好地发现教育发展的内在规律，更快地促进中国教育现代化的实现。然而就文化研究本身而言，顾先生的不少具体观点的形成和发展，其直接背景还是学术性的，其直接的指向也是教育研究，即通过加强文化研究深化教育研究。

顾先生基于研究视角的文化思索首先是从比较教育学科开始的。在其思索中国教育现代化的过程中，顾先生始终保持着广阔的心胸与世界的眼光，这与他早年留学苏联、20 世纪 60 年代创办北京师范大学外国教育研究机构以及他于 70 年代末参与恢复比较教育学科的经历是密不可分的。

新中国成立初期，中国全面学习苏联，顾先生考入北京师范大学后不久就被派往苏联学习，归国后很快成为译介苏联教育文献、介绍苏联教育经验的一分子。在 20 世纪 50 年代末中苏关系出现裂痕后，我国对苏联经验的学习一度受到影响。1964 年，周恩来总理指示相关高校成立外国问题研究机构前后，顾先生重新投入到了外国教育研究的工作中。他担任北京师范大学外国问题研究所第二任所长，主编了内部刊物《外国教育动态》，客观上为“文革”结束后比较教育学科的重建准备了条件。“文革”结束后，顾先生响应教育部的工作部署，积极开展了关于外国教育的资料收集和调查研究工作。1978 年，顾先生在北京师范大学主持承办了第一届比较教育学术年会，后又作为学科带头人在北京师范大学先后建立了比较教育学专业的硕士点和博士点，其间他与王承绪先生、朱勃先生编写了《比较教育》教材，为中国比较教育学科建设做出了重大贡献。

改革开放初期，人们一方面厌倦了“文革”期间以“批判”的姿态引介外国经验的做法，对外国教育发展的准确信息产生了旺盛的需求，因此这一时期的外国教育研究注重资料工作，即收集和翻译反映外国教育发展最新动态的相关资料，并对这些资料进行鉴别和梳理，形成准确的中文资料供国内教育工作者学习和借鉴。当时，《外国教育》《外国教育动态》《外国教育资料》等杂志在介绍外国教育的理论、制度、政策和实践经验方面发挥了重要作用，因而在国内学界和中小学第一线受到热烈欢迎。但在这一过程中，顾先生也逐渐发现了一个问题——对外国教育的介绍，因为没有强有力的文化研究作为支撑而缺乏解释力。

实际上，这一问题早在 20 世纪初就引起了西方学者的注意。萨德勒在 1900 年就曾提醒人们“校外的事情比校内更重要”，意指只有加强对教育的影响因素的研究，才可能掌握外国教育的真正特质。后来康德尔、汉斯等人继承和发展了萨德勒的思想，不仅身体力行地实践了对“校外”的研究，而且建立起了一种被称作“因素分析”的方法论。这种方法论在纵向上注重教育的历史分析，在横向上重视“因素和力量”的分析，并提出了“民族性”等重要概念，因而极大地提升了20世纪以来外国教育研究的水平，将比较教育研究推进到了新的阶段。

虽然康德尔的著作早在民国时期就已被译成中文，但由于新中国成立后长达30年的时间里比较教育学科被取消，因此这些20世纪早期积累起来的比较教育知识并未得到有效的传承，也没有产生实际影响。加之改革开放初期国内对实践性、操作性经验的渴求远远超过对外国教育的学理性探讨，因此这一方法论在20世纪80年代除了受到朱勃先生等个别学者的注意以外，并未引起中国学者的足够关注。

在这一背景下，顾先生在1990年比较教育学会的天津年会上发出了加强文化研究的倡议。不仅如此，顾先生还身体力行，在“八五”与“九五”两个五年计划期间，率领北京师范大学国际与比较教育研究所的研究团队进行关于各国民族文化传统与教育现代化的课题研究，其成果主要反映在《民族文化传统与教育现代化》一书中。在这一过程中，顾先生论述了文化研究对于比较教育研究的意义，形成了自己基于比较教育视角的文化论述，这些论述在其专著《比较教育导论——教育与国家发展》、论文《比较教育的身份危机及出路》《文化研究与比较教育》以及大量的随笔和讲话文稿中都有体现。

随着顾先生文化思想的不断发展，他进而把文化研究作为其整个教育研究的方法论。2013年，顾先生正式提出把文化研究作为整个教育研究的重要方法论。他说：“文化研究不限于比较教育研究领域，任何教育研究都需要文化研究，文化研究应该是教育研究的重要方法。”他还说：“教育的文化研究是一种广泛的教育研究方法。宏观上可以作跨国跨民族的比较教育研究，微观上对一个地区、一个学校的研究也需要采用文化研究。”（顾明远，2013）[10]

可以这样说，顾先生是在改革开放这一大背景下，基于中国教育的实践领域和学术领域所存在的问题而开始文化研究的。在实践领域，顾先生希望通过文化研究变革观念，从而使我国的教育改革推进得更快速、更顺利；在学术领域，顾先生希望通过文化研究提升比较教育乃至整个教育研究的水平，使教育理论界对教育本质和规律的把握更深入、更透彻。

第二节 文化的“物质观”

顾先生非常重视精神文化（特别是其中的价值观部分，即“观念”文化）和制度文化，这是他与所有文化论者的共同之处。与此同时，他的马克思主义的眼光又使他重视物质文化，关注文化变革的物质动因。

一、文化的物质基础

谈到文化，人们通常会想到它的精神性和价值性，将它归入超越于物质之上的意识范畴，将它看作形而上的“道”，即倾向于关注文化的上层建筑属性。的确，狭义的文化指的就是精神文化，甚至只是精神文化中核心价值观的部分，它是观念意识形态，显然属于上层建筑，它的载体——哲学、文学、艺术都属于这一范畴；较为宽泛的文化还包括制度文化，它是制度意识形态，也属于上层建筑。所以，文化的意象凸显出精神的、上层的特性。

顾先生重视文化的精神性。在谈到比较教育研究时，他说：“比较教育要了解一个国家的教育，就需要研究影响这个国家教育制度的各种因素，特别是文化因素。前面说到，文化的内涵很广。但对教育来说，最重要的是一个国家、一个民族的价值观、思维方式、民族心理和民族精神。”（顾明远，2000）[3] 在谈到我国的教育改革时，他甚至说“教育观念现代化是教育现代化的灵魂”。他指出：“我国教育现代化的过程，就是按照‘教育要面向现代化，面向世界，面向未来’的要求，通过教育改革和体制创新，由传统教育向现代教育转变的过程。教育现代化内涵十分丰富，包括观念、制度、内容、方法等多个层面，其灵魂是教育观念的现代化。之所以说教育观念的现代化是教育现代化的灵魂，是因为只有教育观念转变了，才有制度的转变和内容方法的改革。”（顾明远，2016a）

然而，最广义的文化无疑是包含物质文化的，物质生产的方式与成果既体现着生产力水平，也体现着价值取向。物质文化中精神的成分往往是直接依赖于物质生产、体现于物质生产之中的精神侧面。例如，当我们谈到农耕文化时，离不开对土地等生产资料、对农具等生产工具的考察，也离不开对耕作方式及农产品的考察。

在文化研究中，论述哲学和思想是天经地义的事，但论述物质基础相对比较少见。这里的原因是复杂的。其中的一个原因可能是，把物质的部分置于文化这一概念之中会在理论上造成一些困境，尤其是它会使文化的外延大得毫无边界而成为一种绝对，几乎可以将人类所有的社会活动及其成果都包含进去。这样一来，“文化”就缺乏其特定的实质意义了。为了解决这一理论困境，很多文化论者倾向于将物质从文化概念中分离出去，只把精神的以及制度的文化作为文化，而把物质的文化看作文化的物质基础，而不是文化本身。

顾先生理解这种处理方式，在很多场合也遵从这种惯例，但这并不代表他对这种文化观没有疑问。相反，在正式界定文化的内涵时，顾先生对片面强调精神性和价值性的文化概念是有看法的。例如，顾先生表示，既往的文化研究“对文化的理解过于狭窄，把文化只理解为‘民族特性’。实际上文化的概念更广泛”（顾明远，2000）[1-2]。明确地表示出了对这些文化概念不能涵盖物质文化的不满。

深入分析就会发现，顾先生的这一洞察非常重要。当人们强调文化（或用民族性、核心价值观等概念来代替）对教育的影响时，如果过度强调教育是由民族或文化性决定的，即文化或民族性的不同决定性地导致了教育的差异，那无异于说，在具有不同的文化或民族性的国家之间，教育的借鉴是不可能的；也无异于说要实现教育的借鉴，必须首先把此国的文化或民族性改造成彼国的文化或民族性。这样一来，无异于说不仅比较教育是无用的，所有的教育研究都应被文化研究所代替。可见，为了回避文化概念的大而不当而排除文化的物质性的做法，同样会带来重大的理论困境。

所以，顾先生明确表示，张岱年、程宜山的定义“更全面”，“我更赞成”。（顾明远，2004）[15-16]——这个定义是“文化是人类在处理人与世界关系中所采取的精神与实践活动的方式及其所创造出来的物质和精神成果的总和，是活动方式与活动成果的辩证统一”（张岱年 等，1990）[3-4]。很显然，这一文化概念把文化的外延扩大了，它把物质和实践囊括了进去。因此在顾先生的文化构图中，物质活动及其成果（或可称为生产力要素）的作用是根本性的，它是促使文化不断自我更新的最根本和最持久的动力。顾先生在思考一个国家教育的文化因素时，总强调要联系自然地理环境与人口状况，也要联系生产方式与制度安排，既要联系一国的内部历史条件，也应考察它所处的特定的国际环境。他说：“作为物质文化的文化产品，包括物质产品和精神产品及其生产方式和呈现形态，也影响着教育制度、教育内容、教育方法和组织形式。文字的产生和发展，不仅影响到文化本身的发展，也影响到学校教育；印刷术的发明和普及使得典籍能够广泛传播和保存，学校教育开始有了教学用书；工业生产的出现促进了班级授课制（课堂教学）的创立。科学技术的发展促进了学校课程的改革。英国教育家斯宾塞（Herbert Spencer，1820—1903）反映工业发展的要求，提出‘什么知识最有价值’，认为要把有用的科学知识传授给学生。现代科学技术的迅速发展，更是使学校教育的内容、方法和手段发生了很大的变化。当前信息技术正在冲击着课堂，迫使传统教育发生革命性的变革。”（顾明远，2013）[7-8] 可见，顾先生对技术革命带来的变化非常关注，也非常重视在文化分析中加入对生产力要素的分析。

需要重申的是，这里并不是说顾先生轻视文化的精神性，更不是说顾先生在文化研究中把重点放在物质文化上，而是说他的文化研究的一个重要特点是不把精神看作绝对的东西，不把观念看作不可改变的东西。顾先生虽然承认精神文化特别是观念文化的变革非常困难，认为“惟独思想层面具有较强的保守性和凝固性，不容易吸收异质文化和互相交融”（顾明远，2000）[2]，同时也深刻地认识到精神文化的这种特点决定了它的变革具有复杂性。然而，顾先生对文化始终具有一种“物质观”，他认识到文化中具有前进的、革命的要素，这种要素就是物质的运动或生产力的发展。这是他反对旧文化同时又提倡弘扬传统文化中的优秀内核，指出观念变革的艰巨性同时又终始对变革持乐观立场的理论原因。

二、“物质观”的理论基础

顾先生坚持文化的“物质观”，这与他的理论素养是分不开的，与他对中国教育问题的反思也是有密切联系的。

顾先生秉持包括物质要素在内的全面的文化观，这与他作为一位马克思主义者的世界观是高度一致的。尽管顾先生早在青年时期就接触过西方文化，而且自改革开放以后一直在学习借鉴古今中外的名家思想和学说，但他思想的底色是马克思主义——尽管在不同的历史时期他对马克思主义的关注有不同的侧重，对马克思主义有不同的理解。

对社会主义的追求是建立在对资本主义批判的基础之上的，对资本主义的揭露和批判是马克思主义倡导社会主义的理论前提，实现社会主义和共产主义则是马克思主义否定资本主义的逻辑结果。这一基本逻辑对20世纪后半叶中国思想界的影响巨大，强调社会主义与资本主义的区别，强调社会主义相较于资本主义的优越性，是思想界的共识。但在“文革”时期，由于极“左”思潮的影响，这种区别姓“资”姓“社”的意识被极端化了。

经过拨乱反正，人们对过于强调上层建筑、过于强调意识形态的思想倾向开始有所反思，并发现这种思想倾向反而与强调生产力要素、强调经济基础的马克思主义有所背离。因为马克思主义始终把生产力与生产关系、经济基础与上层建筑的矛盾运动看作是社会发展的动力，不仅如此，马克思主义始终强调物质是第一性的，他强调生产力对生产关系、经济基础对上层建筑的决定作用。人们还认识到，马克思主义对资本主义的批判，是建立在他对资本主义生产力大发展的高度肯定基础上的。马克思主义认为，正是由于资本主义高度发展的生产力与束缚它的生产关系之间的深刻矛盾，才使得针对其上层建筑的革命变得必要。

顾先生是教育学界最早对上述问题进行理论分析的重要学者。在对中国教育现代化的思索中，顾先生对现代生产与现代教育的基本关系有了敏锐的理论觉察，他试图基于马克思主义经典作家对现代生产的论述来揭示现代教育的本质特征，并通过对现代教育本质特征的揭示为中国教育的现代化指明方向。这一理论工作主要是从20世纪70年代末开始的，其标志性的成果是《现代生产与现代教育》一文。顾先生发现，马克思肯定了资本主义以来生产力的大发展，认为这种生产力的大发展对一切传统的生产关系和社会生活造成了摧枯拉朽般的猛烈冲击，它打破了原始社会、奴隶社会和封建社会种种束缚生产力发展的桎梏，把人类带到了现代社会。如果从现代生产的角度看，资本主义与社会主义同属于现代社会，都遵从现代生产的基本规律。在揭示社会主义与资本主义在上层建筑和意识形态上的矛盾斗争时，不能盲目否定它们在现代生产上的共性，不能盲目切断它们作为现代社会的内在联系。相反，只有发现现代生产的基本规律，才能发现现代社会与传统社会的本质区别，才能理解为什么很多传统文化成了他们革命的共同对象；只有发现现代生产的基本规律，才能发现社会主义与资本主义作为现代社会的共性，才能理解为什么很多西方现代文化值得我们借鉴。他说："大工业生产要求人的全面发展，这就要求把生产劳动同教育结合起来，当代意义上的现代生产就更是如此。可以这样说：教育同生产劳动相结合，培养全面发展的人是现代生产对现代教育提出的普遍规律。它不只是对无产阶级教育起作用，而且对资产阶级教育也起作用。"（顾明远，1981）[3] 这一理论分析是顾先生教育现代化思想的重要基石，也是顾先生文化研究的重要基础。如果没有这一基本分析，在当时极"左"思潮难以冲破的时代背景下，就根本无法找到教育现代化的方向，就无法找到衡量教育现代化的标准，也无法进行比较教育研究。

顾先生指出文化对于教育具有很大的制约和影响，但这种制约和影响不是绝对的。因为它不是第一性的，而是可以改变的，只要技术进步、生产发展、经济腾飞，再顽固的上层建筑也会发生变化。顾先生在分析我国"学而优则仕"的文化传统时这样写道："'学而优则仕''读书做官'的思想为什么在我国持续存在，根深蒂固？我想这与我国工业化没有完成有关。现代教育是现代生产的产物，工业革命以后才提出普及教育的主张，才需要有文化的技术工人。而我国长期处在小农经济社会，缺乏对技术工人和有文化的农民的需求，过去教育又不普及，能够受到较高教育的人，从学校出来就走入官场。所以人们头脑中总存在‘读书做官’的思想。我想，随着我国工业化、现代化的发展，这种观念会逐渐改变。”（顾明远，2016b）[8] 从这个角度看，顾先生不是文化决定论者，而是物质决定论者，但如果文化概念本身就强调物质活动及其成果，那么这就不是二者择一，而是合二而一了。

需要说明的是，马克思主义经典作家所强调的生产力与文化论中常讲的物质文化是有区别的，尽管两者之间有密切联系。马克思主义对生产力和经济基础的强调，是站在整个人类社会发展角度上的，揭示的是人类社会发展的普遍规律，而不是文化论所讲的物质生产在不同民族、地域、时代中表现出的特殊性。例如，它会关注金字塔和兵马俑的建造所反映的生产力水平，也会透过它们观察生产关系和上层建筑，但它要发现的是人类社会发展的普遍规律，而对金字塔和兵马俑在艺术特征、价值取向等方面所表现出的独特性和差异则不会予以重点关注。正因为如此，顾先生虽然认为需要为一般的文化论注入对物质基础的强调，但也谨慎地避免用马克思主义的一般论述代替文化论述。这正是顾先生文化观的一个重要特点。

第三节　文化的“运动观”

有了“物质观”，必然有“运动观”。顾先生的文化“物质观”有利于用运动的、变化的观点来看待文化，而不是用静止的、僵化的观点来看待文化。生产力是最活跃、最革命的因素，物质基础的运动正是文化变化的动力所在。如果文化不可能独立于物质运动之外，它本身就必然是运动的、变化的。可以说，顾先生包括物质文化在内的全面的文化观为他的动态文化观埋下了伏笔。

下面，我们通过顾先生关于文化传统的基本观点来考察他的文化“运动观”。

一、文化传统的当代性

顾先生在谈到文化传统时，并不是把它看作古代的东西，而是看作当代的东西，也可以说是看作存在于当代的历史产物。他说：“所谓改革陈腐的传统教育思想是针对着当前存在的教育传统而言的，不是无目的地去批判历史上曾经存在过而目前已不复存在的教育思想、制度和方法。因为我们今天存在的教育传统（主要指思想）已经不是过去存在的教育传统（思想）的简单重复，而是经过改造了的。今天我们要摒弃陈腐的传统教育思想，当然要追本溯源，才能了解陈腐的传统教育思想的由来及其危害；但是，着眼点在于说明它在今天能够得以存在的历史背景及其对当前教育改革的影响。”（顾明远，1987）[126]

要理解顾先生的这一观点，我们首先需要了解他对“传统文化”和“文化传统”这两个概念的不同理解。

通常，我们对“传统文化”与“文化传统”这两个概念是不加区别的，因为两者都产生于“过去”，在很多语境下两者所指的对象也相同。顾先生对这两个概念也并非总是加以区别，在公开发表的论文中也未对这两个概念做过正面的辨析。

但事实上，顾先生很在意两者的差异。他多次指出，传统文化与文化传统不是一回事。他认为传统文化这一概念偏于静态，侧重于指称产生于传统社会的文化，其内涵的重点在于强调这种文化产生于传统社会并曾存在于传统社会，至于这种文化现在是否仍然存在，则不是这个概念关注的重点。也就是说，只要在传统社会中产生并存在过，则无论当下存续与否，均可视为传统文化。

而文化传统的概念则偏于动态，顾先生说："民族文化传统是经过长期的历史积淀而形成的对现实社会仍产生巨大影响的文化特质或文化模式。"（顾明远 等，1995）[2] 也就是说，只有传承下来并且仍影响着当前人们的生产生活方式与思想方式的那一部分传统文化才是文化传统，而那些虽然曾经存在过但现在已经死灭了的传统文化则不是文化传统。可见，文化传统只是传统文化的一部分，只是传统文化中延续下来的那一部分，它的外延要比传统文化小得多。

顾先生为什么会关注两者的差异呢？这是因为，顾先生是"现代教育的探求者"（李敏谊，2005）[18]，他的着眼点不在过去，而在现在与将来。顾先生关注文化，是因为他发现文化是理解与改进当前教育不可回避的重要因素。他说："只有从文化研究中才能认识一个国家、一个民族的教育的本质。"（顾明远，2000）[4] 换言之，顾先生并非从目的论上关心过去，而只是从工具论的角度观照过去，只有当过去对现在和将来产生或可能产生重大关联的时候，这一部分过去才可能进入他的视野。这样，在顾先生的文化观中，传统文化与文化传统孰轻孰重就不言自明了——传统文化更强调过去，而文化传统更强调现在与将来。顾先生认为"文化传统"对于教育现代化非常重要，因为"民族文化传统是现代化的基础、前提、立足点和出发点"，它的"合理内核能促进现代化进程"。同时，"文化传统与现代化只有经过相矛盾、相冲突和相对立的过程才能完成文化由旧质向新质的转化"（顾明远 等，1995）[3-4]。在谈到传统文化的时候，顾先生也多是基于上述文化传统的角度，并有明确的教育现代化指向，他说："我们今天讨论弘扬民族文化，……也就是通过弘扬民族文化来促进教育改革，是从培养人、塑造人的角度来讨论弘扬民族文化问题。"（顾明远，1992）[3]。

由此也可以看出，顾先生的文化观与文化保守主义是无缘的，因为文化保守主义的主色调是对过去的留恋，如果它有一种慨叹世风不古的悲情，如果它对旧秩序有种目的论上的追求，那么可以说，顾先生的文化观与文化保守主义是无缘的。在顾先生的文化观中，传统文化或文化传统都只有工具意义，它们中的某些部分不仅不能保留，而且必须摒弃，而取舍的标准不是从传统社会求得的，而是从现代社会的发展要求中获得的。在这种文化观中，复古是不被接受的，除非变革采取了复古的形式。

二、不断变化的中国文化传统

顾先生对文化传统所蕴含的动态性的肯定，是一个极其重要的认识。在人类的历史长河中，产生于特定时代的文化都有时代性，已经产生的文化只有通过不间断地进行自我变革，去适应新时代的社会状况，满足不同时期的社会需要，才能最终得以传承，从而成为所谓的文化传统。实际上，各个历史时期看似相同的文化传统早已大不相同。文化传统的自我变革常常是隐蔽的、缓慢的，从而使人们很容易忽略不同历史时期文化传统间存在的重大差异。

顾先生敏锐地注意到了这一问题。早在 1987 年，他就提出了一个鲜明的论点，认为我国当前的教育传统中不仅有古代中国固有的传统，而且包括了各个历史时期不断发展出的各种传统。他指出，“我国当前的教育思想、制度和方法（即当前的教育传统）不是孤立地产生的，而是在我国建国以来的政治经济发展条件下，继承和改造了历史上的教育传统并吸收外来教育传统的基础上形成的”，进而指出这些传统包括“几千年来封建社会的传统教育的影响”“五四运动以来的科学和民主的优秀教育思想”“老解放区干部教育的思想、制度与方法”“建国以后学习苏联的教育思想、制度和方法”“若干年来，特别是近些年来西方教育思想的影响”。（顾明远，1987）[127] 顾先生在其《中国教育的文化基础》一书中坚持了这一观点。在全书正文部分的十一章中，他用了四章论述中国早期固有的文化与教育的传统，而用了五章论述“西学东渐和中国教育近代化”“西方教育制度和教育思想对中国教育的影响”“马克思主义在中国的传播和马克思主义教育思想在中国的诞生”“苏联教育对中国的影响”“改革开放和教育思想的多元化”。他所强调的是，中国早期固有的文化传统固然是中国教育的文化基础，但明清以来的西方文明、近代以后的马克思主义与苏联教育、改革开放以后引进的种种思潮同样也是中国当代教育的文化基础。

顾先生的这一观点意味着，所谓的文化传统并不是单一的、抽象的存在，而是在历史的不同时期形成的多元的、复数的或复合的存在；它也不是同质或均质的，而是复杂多样的。在“文化传统”的概念之下，实际上存在着无数种文化传统。既然是复数，那么从纵向上看，就既有古代传统，也有近代传统和现代传统；从横向上看，就既有固有传统，也有外来传统。而作为子系统的这些复数形式的文化传统，又由更下位的传统构成。这一思想表明，文化传统并不是不变的，它恰恰是发展变化的，它也不是均质的，而恰恰是异质多样的。

顾先生的这一思想，对于理解和解决中国教育的现实问题具有重要意义。当我们强调中国教育需要进一步解放思想时，不能只思考那些来自古代传统的包袱，还应该思索近代传统带来了哪些束缚，同时要反思现代传统存在的局限，甚至要反思改革开放以后形成的某些思维定式。例如，“评三好生”就是一种现代传统，虽然它可能有其古代文化上的根源，但我们首先应当考虑如何面对它的“现代形式”。与此同时，在分析陈旧的教育观念时，也不能只停留对我国传统文化的分析上，还要关注外来文化传播过程中存在的“洋垃圾”现象。所谓“洋垃圾”，并不是说外来的文化就是洋垃圾，它是指因没有掌握外国文化的最新发展和最新前沿而输入的别国早已抛弃、也无益于我们进步但却被奉为“神药”的旧货。

除了分析中国文化之外，这种“运动观”也为分析别国教育提供了更理性的思想方法。例如，在分析欧美等早发现代化国家教育发展的文化因素时，就要时刻注意它们的文化传统在历史上起了哪些变化，是哪些新观念和新思维带动了它们的教育改革。对欧美教育的认识不能仅仅言必称“古希腊”，不能用奠基时期的文化来解释一切。再如，在分析后发现代化国家时，不仅要关注其民族文化的固有传统，还应特别注意在它们在进入世界资本主义体系的过程中受到过哪些外来的现代文化的影响。

坚持文化的“运动观”，有利于在对本国文化和外国文化的研究上避免双重标准。双重标准在文化的比较研究中是常见的，例如“五四”时期关于中西文化的一些讨论就是用现代的西方文化与古代的中国文化相比。同样，今天信仰中华传统文化将引领世界的复古主义者也不考虑很多传统文化早已不复存在或早已变得面目全非的现实。

由此可以看出，顾先生反对把文化传统看作单一的、固化的、排他的东西，他的文化“运动观”体现了他与比较教育领域“因素分析”方法论思想的重要区别，实际上也与中国 20 世纪早期的文化讨论划清了界限。

第四节　文化的“相对观”

文化或观念变革的前提，是对它们有了是非和优劣的判断，进而保留和继承其中优秀的部分，而变革那些糟粕的部分。统一的判断标准与文化的多样性之间就形成了一定的张力。在此，顾先生在坚持以“现代化论”为基础的文化标准的同时，又对文化的多样性予以充分的理解，形成了他的文化“相对观”。

一、文化发展的标准

在文化观方面，社会学与人类学曾在很长的时期里表现出了相当不同的倾向。相对而言，社会学的科学化程度更高，它志在发现人类社会的普遍规律，其基本假设是无论在哪个国家，也不论是哪个民族，都将遵循社会发展的一般规律，规律面前没有例外。基于这一理论假设，社会学更倾向于强调人类社会的共性。而人类学的人文性程度更高，它志在发现不同文化圈的特殊规律，其基本假设是不同的文化圈有其相对独立的生活方式和价值系统，每种文化都有其独有的价值。基于这一理论假设，人类学更倾向于发现不同文化圈的个性。

实际上，社会学领域早在 19 世纪就逐渐建立起了对“发展”的信仰。作为社会学理论的重要代表，马克思主义的社会发展学说力图展现人类社会发展的宏观图景。它的重点不在于讨论文化差异问题，而是更注重从不同的文化差异中求得社会发展的最大公约数。马克思主义认为，与不同生产力水平相适应的生产关系、上层建筑和意识形态往往也是有高低之分的，人类社会就是这样从简单到复杂、从低级到高级发展的。按照这个逻辑，文化也是一样，都是从低到高地向前发展。

社会发展学说实际上为文化发展也提供了一个标准。例如，马克思主义的社会发展阶段说就包含了对基于落后生产力的上层建筑和意识形态的否定。新中国成立后，主流文化观对鄂伦春族同胞从原始社会跨入社会主义社会、对藏族同胞从农奴社会跨入社会主义社会的讴歌就是基于这样的理论。现代化理论对农业社会和工业社会的区分、对前现代社会和现代社会的区分，同样也提供了判断的标准。现代社会对文化的取舍就是要看它能否适应并服务于现代社会。从这个意义上说，在现代化理论中，传统与现代是一对相互对立的概念，但不否认传统中也包含着现代的因素，认为那些与现代社会高度契合的因素，也会成为推动现代社会形成的重要力量。

作为一个马克思主义者，顾先生认为现代化理论有明显的合理性，因为它对社会发展的分析是基于生产力的，这符合马克思主义关于社会发展的基本观点。因此，在文化问题上，顾先生虽然尽量回避用“先进”与“落后”等概念给文化贴标签，但他对把社会发展方向作为文化取舍的标准是十分赞成的。他说：“有人说民族文化中有合理的内核。说它合理，也有一个标准问题，这个标准就是看它是否符合社会发展的规律。抽象的合理内核是不存在的。”（顾明远，1992）[3]

顾先生如下的论述清楚地阐明了民族文化传统与现代化的关系。

民族文化传统与现代化存在着相矛盾、相冲突和相对立的一面，这是人所共知的。一方面，现代化急速地消解文化传统的固有体系，把不适应现代社会的传统剥离开来；另一方面，文化传统的某些内容又阻碍了现代化进程。造成两者对立的原因，是它们总体上代表了不同的时代。工业社会以前的文化与工业社会的文化显然具有不同的质，文化传统在其形成初期，对当时的社会而言是新文化，代表了当时社会的发展方向，而对现代社会来说，文化传统就是旧文化，它总体上属于旧的时代。文化传统与现代化只有经过相矛盾、相冲突和相对立的过程才能完成文化由旧质向新质的转化。

但必须看到，民族文化传统与现代化的对立只是相对的，两者之间还有相适应、相协调和相促进的一面。从民族文化传统的角度说，第一，民族文化传统是现代化的基础、前提、立足点和出发点。没有一个民族能把自己的社会先变成一张与传统毫无干系的白纸，再在上面重新画上现代化的美景。现代化只能站在一个现实的基础之上，而这个现实即由传统构成。考察世界各国的现代化，就可以发现所有国家无不遵从这一基本规律。我们知道，英国是一个历史悠久、文化传统十分深厚的国家，而资产阶级革命和工业革命却首先发生在那里；其他欧洲国家诸如法国、德国、意大利等，其现代化水平已经达到了相当的高度，而这显然也是在其各自的文化传统之上建立起来的；美国、加拿大、澳大利亚、新西兰等国的历史较短，文化传统的影响较小，但它们的现代化也并未完全摆脱殖民地时期形成的传统；东方文化历史久远，而日本已经走上了现代化道路，其他亚洲国家的崛起也正在改写近代以来以西方为中心的历史。这些都是现代化基于民族文化传统的明证。第二，民族文化传统的合理内核能促进现代化进程。民族文化传统中既有反映时代的内容，也有反映民族性和人类性的内容，后者代表了这个民族乃至整个人类的发展方向，它们虽然存在于旧文化当中，但却不属于旧质文化，相反，它们能在现代化潮流的冲刷下焕发出更加旺盛的生命力。例如，首先进入现代化的国家许多是临海国家，海洋民族的文化传统中本来就含有与其他民族交往的开放传统和从事贸易活动的商业传统，这些传统在现代化的激发下有效地促使了这些国家迅速地适应了工业社会的需要。再如东方传统中的团结合作、纪律严明、忍辱负重等品格为使亚洲国家于内忧外患的不利状况下迅速完成经济起飞发挥了巨大作用。第三，民族文化传统是一个民族发展的动力与源泉，它能形成一种民族精神，激发民族活力，从而使民族在复杂曲折的现代化道路中获得新生。

从世界文化史来看，现代化国家的一个强有力的精神杠杆就是本民族强烈的民族意识和爱国主义精神，这些国家的人民至今仍常常以虔敬的心情来缅怀自己的文化传统，对于本民族的历史文化遗迹都倍加珍惜。（顾明远 等，1995）[3–4]

二、文化的多元性

以现代化理论为代表的社会发展理论为现代化提供了重要的理论座标，也为文化的取舍提供了重要的标准。然而，它有一个很大的局限——容易陷于一元化，即总是在“先进”与“落后”、“高级”与“低级”、“简单”与“复杂”之间进行优劣的判断，而缺乏一种多元的、相对的眼光。对于文化研究而言，这的确是一个严重的缺陷。

这种一元化的思维影响很大。例如，对于后发现代化国家而言，“本土”与“泊来”是文化再生不可回避的重大问题。本来，对任何民族而言，本土文化与外来文化都是不可或缺的，不仅在现代化过程中如此，而且在历史上的任何时期从来都如此。但围绕着两者孰优孰劣、孰轻孰重、孰先孰后等问题，却形成了不同的文化派别。在我国就出现过（姑且称之为）“国粹派”（实质是文化民族主义）与“西化派”（实质是西方中心主义）的对立，而这两派又不过是两个极端，在它们中间还有形形色色的主张（如“体用派”），从而形成一个连续体。即使在当代中国，上述论争也仍然在继续。一部分文化论者的重大关切是如何对待中国的传统文化，他们所期待的社会共识是：应彻底反思近代以来特别是“五四”和新中国成立以来对传统文化的极端否定，把颠倒了的文化观再颠倒回来；不仅应恢复对中国传统文化的自信，而且作为中国人，应尊崇传统文化，甚至坚信中华文化优于包括西方文化在内的其他民族文化，坚信中国以及世界的未来离不开中国传统文化的引领。为此，就要在学校教育中传承中国的传统文化，在各个方面加大传统文化教育的比重，包括推进学位服汉服化、京剧进入中小学课堂、繁体字教育等。也有另一部分文化论者认为西方文化孕育了现代文明，西方文化中的核心价值观如民主、科学、人权、法治是现代社会的普世价值，只有充分理解西方文化的特质，才能真正理解现代社会发展的方向。因此，在学校教育中应加强西方文化的教育。

顾先生是明确反对西方中心主义的。他认为："比较教育的文化研究所依赖的参照系只是西方文化，用它作为一个普遍的准则来影响包括非西方在内的全世界的比较教育研究，这一做法有失公正，也与当今世界色彩纷呈的各民族文化极不协调。"（顾明远，2000）[2]他进一步指出："要克服西方文化中心主义的观念，就要承认世界文化的多元性。"（顾明远，2000）[1]显然，他的文化观不属于"西化派"。

需要指出的是，顾先生的上述观点仅仅表明，他反对那种以西方文化为唯一标准的心态，反对那种认为西方文化优于其他民族文化的偏见，而主张将西方文化置于与其他民族文化平等的地位上，但他从未说过西方文化不如其他民族的文化。他认为："我们今天提倡弘扬民族文化主要是针对全盘西化的主张，但又不等于要保存国粹。"（顾明远，1992）[2]因此，将他的观点归为"国粹派"也是不符合事实的。

遍查顾先生关于文化的论述，找不到他关于两者孰优孰劣、孰轻孰重的整体判断。他认为文化是多元的，正因为如此，就需要从不同的侧面论其优劣。因此在讨论中西方文化差异的时候，他只是具体地比较了中西方文化传统的某些方面（如师生观）存在何种差异；在讨论文化借鉴的时候，他也只是在某些具体方面论述了借鉴的必要性以及如何使借鉴成为可能。他从不笼统地、整体地谈某民族文化的优劣。

顾先生在这一问题上曾有明确的阐述。

我们历来反对西方中心主义的文化观。英国著名比较教育家埃德蒙·金比较客观，他持文化相对论观点，论述了主客文化观在比较教育研究中的作用。他曾经批判西欧文化中心的观点，他说："至少从18世纪的技术革命和政治革命以来，准自动性'进步'的观点在西方思想界一直是一个基本观点，这种观点对我们了解如何产生变革并不总是有所帮助的。

长期以来人们都认为，一旦人们从政治奴役或工厂田间的艰苦劳动的生活中解放出来，进步几乎会自动出现。因此有些人把西欧教育或西欧文化看作许多小国和不发达国家可以追求的几乎不可避免的‘文化’顶峰。或者……，他们就不可避免达到美国的生活方式……”我赞同他的观点。

当然我们也不赞成东方中心主义。有些学者认为东方文化才是救世之主，特别在西方世界经济危机爆发之际，似乎要用东方文化来拯救。这恐怕也是不切实际的。东西方文化都有可取之处，可以互相学习、互相借鉴。为了做到互相学习、互相借鉴，就要真正了解客文化的实质。教育的文化研究也是这样，不能用哪一种教育模式作为研究的标杆。（顾明远，2013）[13-14]

顾先生说：“我自认为是文化相对主义者。”（顾明远，2003）[4] 显然，一个文化相对主义者不可能是西方中心主义者，当然同样也不可能是文化民族主义者。他明确地表示：“有的学者把我提倡的教育文化研究的文化观称为‘文化民族主义’文化观，其实不够确切。按照作者引用杨思信的概念，‘文化民族主义，是指表现文化领域内的一种强调本民族共同文化认同，维护本民族文化独立性的民族主义倾向。’其实我只是把民族文化作为一种研究视角。第一，我并不坚持民族主义倾向。我认为文化既有民族性，又有时代性，民族文化总是在各民族交往中互相吸收、冲突、融合而发展起来的。当然，强调本民族的共同文化认同，维护本民族文化独立性是每个民族都会坚持的。但这种态度是不是就叫‘文化民族主义’，值得商榷。第二，我提倡的教育文化研究并非只限于跨民族文化的研究，也包括跨地区文化的研究。我是把文化研究作为教育研究的方法论提出来的，当然在论述文化概念的时候，突出了它的民族性，因为文化总是存在于某个民族中，民族也总是依存于它的独特的文化而存在。”（顾明远，2013）[10-11]

“相对观”使顾先生的文化观远离了对文化的独断，却增加了文化观察的“复眼”。“相对观”不仅使对文化的存在现实有了更为客观的认识，还增加了对文化多样性的主观的理解。

顾先生的文化观有鲜明的时代感。他的文化观是在改革开放的过程中，在对中国教育改革的现实思考、对文化研究成果的积极吸收和对比较教育研究反思的基础上形成和发展起来的。顾先生最大的关切是教育，他对文化的讨论主要也是服务于对教育的探索，而不是对文化本身的探讨，他的文化研究有工具论的性质，即始终服务于他的教育研究。他更倾向于将纯粹的文化研究让位于具体领域的文化专业学者，而把他的文化论述控制教育的视角之内；顾明远先生的文化研究离不开他对教育现代化的思考，虽然比较教育的研究视野使他观察文化的基点有时会表现为中国或西方，但其重点却是传统与现代。

顾先生是肯定现代文化的。他的现代教育论是从对现代生产方式的分析出发而展开的，而现代教育与现代文化又是密不可分的。现代文化产生于资本主义社会，特别是产生于西方资本主义社会，这就使顾先生实际上非常重视研究现代西方文化。只不过，他的兴趣并不在西方文化本身，而只是把它作为现代文化的一种形态，力图透过西方文化找到现代文化的特质与发展方向。

顾先生关于文化的物质观、运动观和相对观构成了他的理论特色。他承认文化的巨大作用，但他的文化“物质观”更强调教育发展的物质基础；他强调文化传统的发展性，这种文化“运动观”超越了僵化刻板的静态的文化概念；他尊重不同文化的价值，这种文化的“相对观”使他冷静地观察不同文化的意义与价值，并给予温情的理解。

顾先生文化观的思想来源是多方面的，毫无疑问，辩证唯物主义和历史唯物主义是他文化分析的主要工具，而顾先生在改革开放后与时俱进地吸收的多种思想资源也丰富了他的文化观。不可否认，某些思想也来自他数十年的人生经历和教育经验，特别是基于他对 20 世纪过于激进的文化观的反思。

参考文献

顾明远，1981. 现代生产与现代教育 [J]. 外国教育动态（1）：1–8.

顾明远，1987. 论教育的传统与变革 [J]. 中国社会科学（4）：123–138.

顾明远，1992. 关于弘扬民族文化与教育改革的几个问题 [J]. 中国教育学刊（1）2–3.

顾明远，1998. 民族文化传统与教育现代化 [M]. 北京：北京师范大学出版社 .

顾明远，2000. 文化研究与比较教育 [J]. 比较教育研究（4）：1–4.

顾明远，2003. 知识经济时代比较教育的使命 [J]. 比较教育研究（1）：1–5.

顾明远，2004. 中国教育的文化基础 [M]. 太原：山西教育出版社 .

顾明远，2013. 教育的文化研究 [J]. 中国教育科学（2）：3–15，188.

顾明远，2016a. 教育观念现代化是教育现代化的灵魂 [N]. 人民日报，2016–01–31（05）.

顾明远，2016b. 中国教育路在何方：顾明远教育漫谈 [M]. 北京：人民教育出版社 .

顾明远，高益民，1995. 现代化与中国文化传统教育 [J]. 北京师范大学学报（社会科学版）(5)：1–8.

李敏谊，2005. 立足中国　放眼世界：顾明远先生学术思想述要 [J]. 国家教育行政学院学报（3）：18–28，50.

王英杰，曲恒昌，2009. 教育人生　明志致远：顾明远教授从教六十周年庆贺文集 [M]. 北京：教育科学出版社 .

张岱年，程宜山，1990. 中国文化与文化论争 [M]. 北京：中国人民大学出版社 .

第十一章

社会发展与教育改革

马健生*

* 马健生，北京师范大学国际与比较教育研究院教授、博士生导师，北京师范大学研究生教育研究中心主任，主要从事教育基本理论、比较教育、学校领导与改进等领域的教学与研究工作。本章由马健生和蔡娟参与撰写。

作为新中国第一批教育家，顾明远先生当过小学教师、中学校长，当过大学教授、大学校长。他始终关注、支持并鼓励中国教育一线的实践改革与创新，他亲历、见证了新中国教育发展中几乎所有的重大历史时刻，被称为“新中国教育的活历史”（滕珺，2015）[144]。顾先生不仅是中国教育改革的参与者，还是中国教育制度的建构者，也是中国教育发展的见证者。在此过程中，他对教育改革进行了很多的思考，开展了严肃的学术讨论，撰写了大量的文章和著作，提出了非常独到的见解，形成了其独具特色的教育改革观。

第一节　教育改革是一项社会系统工程

一、顾明远教育改革观的形成和发展

2004 年顾先生在《人民日报》上发表了《教育改革是一项社会系统工程》一文，首次明确地提出了“教育改革是一项社会系统工程”这样一个独到的论断。但不积小流，无以成江海，顾先生的这一论断也是经过不断积累和发展才得以形成的，在此之后也在不断地完善。

（一）顾明远教育改革观的提出

“文革”后，国家开始拨乱反正，各项事业开始走上正轨。从 1978 年起，我国开始实施改革开放战略，也逐渐开始了对教育领域的改革。1979 年，顾先生发表了《各国中小学学制的比较——兼谈我国学制改革中的几个问题》一文，对英美等多个国家的中小学学制进行了比较，并提出了我国在学制改革过程中需要注意的地方，比如：中学的学习年限要与当代的文化科学技术水平结合起来，现代科学技术发展使得学科内容日益丰富，因此学生在中学学习的时间要适当延长；学制的延长要同中学教育的结构改革结合起来。由此可见，顾先生最早开始思考教育改革问题时便考虑到

了学制改革与中学结构之间的关系。

1980 年，顾先生发表了《当代工业发达国家的教育改革》一文。他在文中谈道，促使教育发生变革的最根本的因素是科学技术的迅猛发展。科学技术的迅猛发展促使生产力急剧发展，从而改变人类社会的整个经济生活和文化生活，进而产生新的行业，要求教育为其培养人才和高质量的劳动力。（顾明远，1980）[11] 由此可见，顾先生认为教育是整个社会系统中的一个环节，教育改革的发生和发展都离不开社会的其他方面。

1982 年，顾先生在《苏联普通教育的几次改革》一文中基于对苏联教育改革的分析和总结，提出了几个关于教育改革的观点。第一，中等教育既有承上启下的作用，又有独立的任务；它关系到高等学校学生的质量，也关系到广大劳动大军的质量。第二，在实行普通教育改革时，始终不能忽视教学质量的提高。第三，普通教育的改革需要向纵深发展，除了教育结构的调整和变革，还要对教授的知识和内容以及教学方式方法进行革新。第四，普通教育的改革要利用其他学科的成就，特别是教育学、心理学和控制论等。（顾明远，1982）[8] 顾先生谈到的第三点即教育改革不仅是学制的改革，还包括知识内容以及教学等多个方面的改革，教育改革自身便是一个有结构、有体系的系统。后来，顾先生在《论苏联的新的教育改革》一文中通过研究苏联实施的新的教育改革，提出了一些建议，如：教育的改革和发展必须与国家当前的经济发展水平和技术水平相适应，即国家的经济发展水平影响着教育的改革和发展；教育事业是全民的事业，不是教育部门单独能够办好的，即教育改革涉及多个主体，除了教育部门，还需要学校校长、教师和学生多方面的参与和努力。（顾明远，1984a）

1984 年，顾先生在《巴班斯基谈苏联的教育改革和苏联教育科学院的工作》一文中介绍了巴班斯基关于苏联教育改革的观点，其中之一便是

搞好教育改革的关键是教师。（顾明远，1984b）[34]

1994年，顾先生在《回答时代挑战：面对21世纪的教育改革》一文中谈道，教育必须根据时代的发展和本国的国情不断进行改革，既要改革传统教育模式，又要面对当代急剧变化的社会需要，找出一个合理发展的教育结构和模式。顾先生将教育改革作为一个系统来看待，认为教育改革要从如下方面展开。首先，在思想观念方面，要建立现代教育改革观，提高现代教育意识，确定大力发展科技教育的方针战略。在教育制度方面，要坚持终身教育的改革大略。其次，要处理好经济与教育改革之间的关系，加大教育投资，改革教育投资体系。再次，在课程改革方面，要将课程改革作为教育改革的核心，将国际化和本土化相结合。复次，在人才培养方面，要大力培养应用型人才，建立从小学到大学的完整的应用型人才培养体系。最后，在师资方面，要加强师资队伍建设，推动教育现代化。（顾明远，1994）由此可见，顾先生早在1994年便开始运用系统的思想来探索教育改革的道路。

（二）顾明远教育改革观的发展完善

2004年，顾先生在《人民日报》上发表了《教育改革是一项社会系统工程》一文，提出了“教育改革是一项社会系统工程”这一重要观点，此后，这一观点贯穿于他对教育改革问题的具体讨论和分析中。比如，2007年顾先生在大连教育学院发表演讲《中国教育改革与发展中的热点问题》，分析了改革开放以来我国教育事业所取得的成绩，也分析了教育中还存在的问题及其原因，并对未来的教育改革和发展进行了展望。在对问题原因的分析中，顾先生首先从文化传统的角度出发，认为中国人自古以来便有重视教育的传统，而独生子女政策更是进一步激发了家长们对教育的重视，让教育竞争更加激烈。另外，中国文化传统中的“学而优则仕”和“读书做官”的思想，使得绝大多数学生都朝着一个共同的目标前进，竞争自然日益激烈。其次，他从经济的角度出发，认为政府对教育的投入不足，距离占国内生产总值（GDP）4% 的目标还有距离。再次，他从思想观念的角度出发，认为社会的用人观念还十分看重和强调学历。最后，他从考核评价制度的角度出发，批评了高校考试招生制度中存在的问题。2014 年，顾先生在《教育改革与发展的战略思想——纪念“三个面向”发表 30 周年》一文中再次谈道，为了迎接新科技革命的挑战，要转变教育的思想观念，改革人才培养模式，改革学校制度，等等。（顾明远，2014a）[3] 2015 年，顾先生发表了《教育改革要改什么？》一文，从考试制度改革、教育观念变革、教师制度改革等方面对教育改革进行了阐述。（顾明远，2015a）[16-17]

从 2004 年顾先生正式提出“教育改革是一项社会系统工程”以来，不管是在各地举行的讲座、在报刊上发表的论文抑或是为人撰写的序言中，凡是谈及教育改革的问题，顾先生大多从社会工程和系统工程这两个方面展开论述。只是在某些具体的场合，根据特定的主题，侧重点有所不同。

二、顾明远教育改革观的内涵

在顾先生看来，教育改革是一项社会系统工程，这一观点中包含了两个非常重要的命题，分别为“教育改革是一项社会工程”和“教育改革是一项系统工程”。下面，我们将分别从这两个方面来讨论顾先生教育改革观的具体内涵。

（一）教育改革是一项社会工程

2016 年，顾先生发表了《未来教育的变与不变》一文，讨论了未来教育的发展样态以及其中变革的方面和依然不变的方面。他指出：“社会的变革，特别是科学技术的革新，正在改变着教育的生态环境，改变着教育观念和教育方式。"（顾明远，2016）不仅科学技术，而且社会的其他诸多方面对于教育改革都会产生极其重要的影响，比如教育改革离不开整个国家改革的形势，教育改革要符合时代发展的特征和背景。而其中最主要的便是国家方针政策的调整和变化。除此之外，如市场经济、文化传统等社会领域的其他方面也会影响教育改革。因此，教育领域的综合改革必须密切关注各项社会改革，并与之相配合、相适应。2015 年，顾先生在《人民日报》上发表《教育改革发展需要双轮驱动》一文，其中便谈到公众谈论的许多教育问题并不仅仅是简单的教育问题，而是社会问题在教育上的反映。（顾明远，2015b）

在顾先生看来，如果把社会当作一个大的系统的话，教育便是其中的一个要素，而同处于社会这个系统中的其他要素，如市场经济、政治和文化传统等，对教育领域的改革有着非常大的影响。首先，在市场经济方面，要坚持社会主义市场经济在资源配置中的决定性作用；不断增加政府对教育的投入，发展教育事业；不断发展和繁荣国民经济，让人民更加富裕，创造更多的就业机会。其次，在政治方面，教育领域的改革要同政治领域的改革和时代发展密切结合，政治对于教育的本质、教育发展的战略、教育的根本任务、教育的发展方向、教育的发展动力等方面都产生了极其重要的影响。最后，在文化传统方面，目前的教育受到了一些文化传统的影响，比如：重视教育，把教育作为利国利民的事业的教育价值观；"有教无类"的教育思想；道德为先的教育理念；独到的道德教育方法；重视因材施教的教育原则；等等。这些优秀的文化传统对当前的教育改革产生了重要的影响。

（二）教育改革是一项系统工程

将整个社会作为一个大的系统来看待，教育就是其中的一个要素。如果将镜头拉近或者是用放大镜来看的话，就会发现教育本身又包含了诸多的要素，这些要素并非完全独立，而是相互影响，牵一发而动全身。顾先生指出，“教育是系统工程，教育不只是教育部门的事，需要全社会共同努力、通力协作”（顾明远，2014b）[9]。教育改革作为教育的重要方面，是诸多要素共同作用的结果。在顾先生看来，教育改革作为一项系统工程，主要包括教育思想的变革、教育制度的变革、课程的变革、教学的变革、考核制度的变革以及改革路径的变革。

具体而言，对于教育思想的变革，顾先生主要论及了教育目的论、人才观、学生观、教学论等方面的变革，以及政府、学校管理人员、教师等不同主体的观念的转变。关于教育制度的变革，顾先生主要从横向和纵向两个方面进行了分析。在横向上主要涉及宏观的领导体制改革、学校的考评制度和学校内部体制改革；在纵向上主要涉及学校制度的改革和终身教育制度的建立。关于课程的变革顾先生主要论及了课程改革的指导思想、课程编制的依据和原则、课程设置、课程目标、课程内容教学过程中学生的自主性、课程改革中教师的重要性、课程编制等。关于教学的变革，顾先生的论述主要涉及教学方式的转变、充分调动学生的积极性、改革人才培养模式以及充分发挥现代教育技术在教学活动中的重要作用。对于考核制度的变革，顾先生主要探讨了高考制度的变革，他认为高考制度需要从思想观念、考试制度、考试内容、考试次数等方面来进行变革，另外，高考的组织权以及配套制度也应进行调整和变革。对于改革路径的变革，顾先生强调将创新作为教育改革的重要路径和方面。

三、顾明远教育改革观的贡献

加拿大多伦多大学的许美德教授认为“顾明远先生对中国教育和经济转型的首要贡献是将教育与西方现代化经验联系起来，为中国初期的改革开放提供了经验和教训”（Hayhoe，2006）[287-288]。教育部前部长袁贵仁在

"顾明远教授从教六十周年庆典暨教育思想学术研讨会"上高度评价顾先生"学术无愧人师，德行堪为世范"，为促进我国教育科学的发展和教育的改革发展做出了重要贡献，在我国重大教育决策和教育改革过程中发挥了十分重要的作用。（袁贵仁，2008）[1] 在教育改革方面，顾先生"教育改革是一项社会系统工程"的教育改革观主要做出了三个方面的贡献：明确指出了教育改革的系统性，充分强调了教育改革的时代性，更好地解释了教育改革的波动性。

（一）明确指出了教育改革的系统性

顾先生认为教育不仅是社会大系统中的一部分，其本身也是一个复杂系统。一方面，必须把教育改革放在整个社会改革的宏观视野中进行设计和推进。通过改革所要解决的教育问题，不只是教育领域的问题，还涉及经济、政治、文化等其他诸多领域。因此，必须把教育改革放在经济社会发展全局中进行统筹谋划。教育改革的系统性体现为，教育改革的重点要根据市场经济的发展状况、国家的方针政策以及我国的文化传统进行相应的调整。另一方面，教育改革本身也是一个复杂系统，涉及多个方面。从教育改革的主体来说，包括校长、教师、学生、家长、教育管理人员等；从教育改革的层级来说，包括国家宏观层面的改革、区域中观层面的改革和学校微观层面的改革等；从教育改革的内容来说，包括课程改革、教学改革、学校制度改革、思想观念改革、考核制度改革等；从教育改革的层次来说，包括学前教育领域的改革、基础教育领域的改革、高等教育领域的改革以及职业教育领域的改革等。由此可见，教育改革的系统性还体现为在进行教育改革时要全面、充分地考虑不同的教育改革主体、不同的教育改革层级、不同的教育改革内容以及不同的教育改革层次之间的复杂关系，从最高战略的层面来进行顶层设计，全面指导教育改革的各个方面，使教育改革的各个主体、各个层级、各个内容和各个层次可以相互配合，明确各自的角色，共同推进教育改革。

（二）充分强调了教育改革的时代性

一个时代具有这个时代特有的印记和特征，对这个时代的人、事、物都会产生极其深刻的影响，教育改革也不例外。

首先，教育改革是一个不断前进的过程，每一阶段都有着鲜明的时代印记。1983 年，顾先生在《再论苏联普通教育的改革》一文中研究了苏联 1964 年到 20 世纪 70 年代的教育改革，他谈道，“教育改革是一个不断前进的过程”，并分析了促进教育改革的因素，其中非常重要的一点就是时代的要求，包括政治、经济和科学技术文化的发展，充分强调了教育改革的时代性。（顾明远，1983）[12]

其次，教育改革离不开整个国家改革的形势，有着每个阶段国家综合改革的特征。2014 年，顾先生在《教育领域综合改革的宏观视野》一文中提出，教育改革离不开整个国家改革的形势。他写道：党的十八大报告中明确指出，立德树人是教育的根本任务。立德树人是我国的优秀传统，是时代的要求。当前我们的教育面临着多元文化和价值观的挑战，青少年受到了社会各种思潮的影响。因此，加强道德教育是当前形势的迫切要求。立德树人，就要把社会主义核心价值观教育贯穿教育的全过程。（顾明远，2014b）[6]

（三）更好地解释了教育改革的波动性

谢维和教授在“新形势下教育研究创新发展学术研讨会暨《教育研究》杂志创刊 30 周年纪念座谈会”上谈到了教育改革的波动性，并且通过研究来验证、讨论和分析了我国教育改革的波动性。他指出：“根据不完全统计，在 1985—2001 年间，中共中央、国务院、教育部（原国家教委）共颁布各种教育政策 1511 件……而当我们根据每年政策发布的数量进行描述和分析时，则发现，教育政策的数量变化具有十分明显的波动性和非连续性……同样，在描述和研究不同类型与层次教育政策的数量变化时，它们也表现出相似的特征。”（顾明远 等，2009）[20] 可见，国家通过颁布各种类型的教育政策来推行教育改革，然而这些改革的内容和重点具有非持续性。教育改革之所以具有波动性，在顾先生看来主要有如下两个方面的原因。

第一，教育改革的时代性，不同时代有不同的特征，相应地，反映了时代特征的教育会根据时代的变化发展进行变革，因此就呈现出一定的波动性。

第二，教育作为国家制度反映了国家的意识形态和方针政策，随着国家大政方针的调整做出相应的调整。早在 1988 年，顾先生就在《四论苏联普通教育的改革》一文中讨论和分析了 1988 年苏联的教育改革。为什么苏联在 1984 年进行大规模普通教育和职业教育改革之后，又要进行新的教育改革？他认为这和苏联整个政治形势的变化有关，也就是与戈尔巴乔夫的经济体制改革和政治体制改革有关。（顾明远，1988）[1] 可见，在顾先生看来，正是由于教育改革与政府的执政理念和改革方向密切相关，因此教育改革会呈现出一定的波动性。

第二节　作为社会工程的教育改革

顾先生曾说过：“政治家视教育为阶级斗争乃至政治斗争的工具；经济家视教育为经济增长的工具；广大家长则把教育视作他们的子女谋取优裕职业的敲门砖。”（顾明远，2002a）[31] 正如顾先生所言，不同的人会把教育作为特定的工具来看待，教育对不同的人起着不同的作用。在我国，教育要为巩固社会主义制度服务。除此之外，教育要为发展社会物质生产服务，为社会精神文明建设服务。（顾明远，2002a）[31] 教育改革离不开整个国家改革的形势，经济、政治和文化等各个方面对于教育改革都会产生一定的影响。换言之，教育改革是一项社会工程，经济、政治和文化等诸多领域的问题都会不同程度地反映在教育上。相应地，市场经济、政治和文化传统也对教育改革产生了不可忽视的影响。

一、市场经济与教育改革的关系

经济基础决定上层建筑，经济是影响教育改革的重要因素。顾先生曾于1993年在《人民教育》上发表了《正确认识市场经济和教育改革的关系》一文，同年在《北京师范大学学报（社会科学版）》上发表了《社会主义市场经济体制与教育改革的几点思考》一文，1994年在《高等师范教育研究》上发表了《市场经济与教育改革》一文，集中讨论了教育改革和市场经济之间的关系。顾先生认为：教育必须根据我国社会主义市场经济体制的建立和完善的需要进行深入的改革；同时，要正确理解教育与市场经济的关系，使教育真正为市场经济服务，为我国的经济和社会发展服务。（顾明远，1993）[1,5]顾先生是从教育的经济功能来认识教育与经济的关系的：一方面，教育通过培养人的劳动能力和文化素养提高劳动生产率；另一方面，教育为提高整个社会的劳动生产率提供了最新的科学技术知识和科技成果。纵观顾先生关于市场经济和教育改革的关系的论述，可以将其概括为如下几个方面：坚持社会主义市场经济在资源配置中的决定性作用；不断增加政府对教育的投入，发展教育事业；不断发展和繁荣经济，让人民更加富裕，创造更多的就业机会。

首先，坚持社会主义市场经济在资源配置中的决定性作用。虽然教育是公益事业，但市场在资源配置中起决定性作用必然会影响教育投入的多元化、政府购买教育服务等问题。如2013年发布的《中共中央关于全面深化改革若干重大问题的决定》（以下简称《决定》）中明确提出，鼓励社会力量兴办教育。除义务教育阶段全部免费外，如何使非义务教育阶段的成本分担更加合理，值得认真探讨。（顾明远，2014b）[5]顾先生指出，中国共产党对“市场决定资源配置是市场经济的一般规律”的认识经历了一个逐渐深化的过程：“党的十四大、十五大都提出，要使市场经济在国家宏观调控下对资源配置起基础性作用；十六大提出，在更大程度上发挥市场在资源配置中的基础性作用；十七大提出，从制度上更好地发挥市场在资源配置中的基础性作用；十八大提出，更大程度更广范围发挥市场在资源配置中的基础性作用；十八届三中全会则把‘基础性作用’修改为‘决定性作用’，这体现了要进一步处理好政府与市场的关系，目的正如习近平总书记在关于三中全会《决定》的说明中指出的，以尽可能少的资源投入生产尽可能多的产品，获得尽可能大的效益。”（顾明远，2014b）[5]

其次，不断增加政府对教育的投入，发展教育事业。《教育规划纲要》指出：“各级党委和政府要把优先发展教育作为贯彻落实科学发展观的一项基本要求，切实保证经济社会发展规划优先安排教育发展，财政资金优先保障教育投入，公共资源优先满足教育和人力资源开发需要。”“2012 年我国教育经费已实现占国民生产总值 4% 的目标，今后仍然要坚持这个目标并逐年有所增长。把教育放在优先发展的战略地位，不只是增加投入的问题，而是要在经济社会发展规划时优先考虑教育的问题。”（顾明远，2014b）[5]早在 1994 年，顾先生便在《回答时代挑战：面对 21 世纪的教育改革》一文中提出 21 世纪的教育改革要加大教育投资，改革教育投资体系。其后，顾先生多次撰文呼吁加大对教育的投入，完善教育投入的机制，如 2004 年发表的论文《教育改革是一项社会系统工程》、2007 年发表的论文《中国教育改革与发展中的热点问题》、2015 年发表的论文《教育改革发展需要双轮驱动》等。

最后，不断发展和繁荣经济，让人民更加富裕，创造更多的就业机会。我们国家现在实行的是以按劳分配为主、多种分配方式并存的收入分配制度，在现有分配方式不变的情况下，不断发展国民经济，国民的收入就会不断增加。这样一来，在义务教育阶段，家长就可以有足够的经济实力为孩子提供选择性的教育服务，培养孩子多方面的兴趣爱好；在高等教育阶段，家长就可以有足够的经济实力为孩子支付大学的费用及相应的生活费和交通费等；在职业技术教育中，家长就可以为其子女选择就业潜力更大、教育质量更高的专业。除此之外，大力发展国民经济可以为整个社会提供各种各样的岗位，创造更多的就业机会，让各种层次、各种类型的毕业生都可以找到自己适合的、能够胜任的岗位。

二、政治对教育改革的影响

早在1988年，顾先生就在《百年大计　教育为本——学好十三大文件　深化教育改革》一文中，从《中共中央关于教育体制改革的决定》出发，认为其中的论断“教育必须为社会主义建设服务，社会主义建设必须依靠教育”为教育的发展和繁荣以及教育和社会主义建设的关系指明了方向。（刘佛年　等，1988）[4]

教育的改革和发展离不开政治的因素，特别是要符合时代发展的特征。政治对于教育的本质、教育发展的战略、教育的根本任务、教育的发展方向、教育的发展动力等方面都产生了极其重要的影响。

从教育的本质来说，教育决定着人类的未来。顾先生赞同习近平总书记在致清华大学苏世民学者项目启动的贺信中提出的“教育决定着人类的今天，也决定着人类的未来”这一观点，他认为习总书记深刻论述了教育对人类社会发展的重要性，这一论述具有重要的意义。教育是人类社会的重要活动，担负着传承老一辈的生产经验和社会实践经验，为当代社会和未来社会培养人才的任务；教育的本质和作用是通过传授知识以提高品

德、启迪智慧，培养促进社会发展的人才，提高每个人的生命质量，提升生命价值。（顾明远，2017）

从教育发展的战略来说，要坚定实施科教兴国战略。习近平总书记于2013年9月在联合国“教育第一”全球倡议行动一周年纪念活动上发表的视频贺词中指出，中国将坚定实施科教兴国战略，始终把教育摆在优先发展的战略地位。顾先生也认为把教育摆在优先发展的战略地位，是建设社会主义强国的需要。因此，必须坚持把教育摆在优先发展的战略地位，普及教育，培养具有创新能力和国际视野的高品质人才。把教育摆在优先发展的战略地位，是促进教育公平、改善民生的需要。正如习近平总书记所指出的，教育公平是社会公平的基础，要不断促进教育发展成果更多更公平地惠及全体人民，以教育公平促进社会公平正义。（顾明远，2017）

从教育的根本任务来说，立德树人是教育的根本任务。正如党的十八大报告所指出的，要把立德树人作为教育的根本任务，培养德智体美全面发展的社会主义建设者和接班人。顾先生提出，立德树人，就要把社会主义核心价值观教育贯穿到学校教育教学的全过程。他从横向和纵向两个维度来探讨这个问题：从纵向来讲，从幼儿到研究生都要用适合的、有效的方式进行社会主义核心价值观教育；从横向来讲，要把社会主义核心价值观贯穿到学校教育教学的全过程，真正做到教书育人。（顾明远，2014b）[6]除此之外，坚持立德树人还应该全面加强学校的德育、智育、体育和美育工作，坚持文化知识学习与思想品德修养的统一、理论学习与社会实践的统一、全面发展与个性发展的统一。（顾明远，2017）

从教育的发展方向来说，我们要发展具有中国特色、世界水平的现代教育。顾先生赞成习总书记关于教育理想的论述，即“发展具有中国特色、世界水平的现代教育”是我国教育发展的理想、方向和目标。基础教育是提高民族素质的奠基工程，要遵循青少年成长的特点和规律，扎实做好基础的文章。基础教育要树立强烈的人才观，大力推进素质教育，鼓励学校办出特色，鼓励教师教出风格。习近平总书记提出，基础教育是立德树人的事业，要旗帜鲜明地加强思想政治、品德教育，让社会主义核心价值观的种子在少年儿童心中生根发芽，把国家、人民、民族装在心中，养成健康、乐观、向上的品格。高等教育发展水平是一个国家发展水平和发展潜力的重要标志，我国必须走自己的高等教育发展道路，扎实办好中国特色社会主义高校。高等学校必须坚持正确的政治方向，高校立身之本在于立德树人。中国特色社会主义高等学校要坚持党的领导，坚持以马克思主义为指导，全面贯彻党的教育方针，要坚持不懈传播马克思主义科学理论，抓好马克思主义理论教育，为学生一生成长奠定科学的思想基础。（顾明远，2017）

从教育的发展动力来说，要坚持文化自信，坚持五大发展理念。顾先生提出教育改革要坚持文化自信，坚持正确的发展理念。党的十八届五中全会提出了创新、协调、绿色、开放和共享五大发展理念，这是今后一个时期我国教育改革发展的思路、方向和着力点。（顾明远，2017）

三、文化传统对教育改革的影响

顾先生曾在《中国教育的文化基础》一书中说："教育有如一条大河，而文化就是河的源头和不断注入河中的活水，研究教育，不研究文化，就知道这条河的表面形态，摸不着它的本质特征。"（顾明远，2004）[前言]

任何国家的教育都离不开本国的和本民族的文化传统。教育是文化的一部分，同时又有自己的特点。早在1987年，顾先生就在《论教育的传统与变革》一文中提出："传统教育有一个形成发展的过程，一定的历史时期有一定的文化传统，也就有一定的教育传统。这种教育传统是受当时的政治经济以及文化的影响而形成的，同时也是对过去的教育传统的继承和发展。"（顾明远，1987）[125] 他认为教育对文化起着传承、选择和改造的作用。教育要为社会服务，要促进社会发展，就必须符合社会的要求，符合时代的要求。教育传承文化，不是把传统文化一股脑儿地传下去，而是根据时代的发展、社会的要求加以选择，把优秀的、符合时代发展的、有生命力的文化传授给下一代，摒弃一些不符合时代要求的腐朽的文化。这就是通常所说的"取其精华，弃其糟粕"，任何脱离时代的教育传统都要被时代所抛弃。（顾明远，2001a）[3] 同时，还要在继承的基础上进行创造，创造具有时代精神的新文化。（顾明远，2008a）[1] 概括而言，顾先生认为教育改革要充分发挥我们代代相传的优秀的文化传统的作用，主要包括如下这些重要的方面。

其一，重视教育，把教育作为利国利民的事业的教育价值观。《学记》开宗明义地指出"建国君民，教学为先"，教育就是要使人格物致知，修身养性，达到治国平天下的目的。（顾明远，2008a）[1]

其二，"有教无类"的教育思想。拿今天的思想来解读，就是要实现教育公平，使每个学生有学上，上好学。要办好每一所学校，教好每一个孩子，使他们都能成为社会有用之才。（顾明远，2009）[1]

其三，道德为先的教育理念。中国传统社会是一个伦理型的社会，非常重视道德教育，教育首先要教会学生做人，做一个人格高尚的人。中华传统美德有着丰富的、系统的内容，其中包含着个人与国家的关系、个人与他人的关系、个人自身的问题，并且把个人、集体、国家连成一体，形成了一个完整的伦理价值体系。另外，教育是为了"修身、齐家、治国、平天下"，把个人的学习同国家兴亡的命运联系在一起。因此，德育总是被放在首位，要教学生做人。

其四，独到的道德教育方法。让孩子从小养成洒扫庭院的习惯，强调自律、自我修养和知行结合。

其五，重视因材施教的教育原则。中国古代很重视因材施教，历代进步教育家都重视对不同的学生采取不同的教育方法。今天我们倡导教育公平，则只有因材施教，给每个学生提供最适合他的教育，使每个学生都获得成功，才是最公平的。（顾明远，2009）[1]

1992 年，顾先生在《关于弘扬民族文化与教育改革的几个问题》一文中提到了民族文化对教育改革的促进作用，包括振奋民族精神、弘扬优秀的伦理道德，其中的教育思想和方法符合教育发展的规律，对于当前的教育改革不无启发。除了上面提到的几点之外，顾先生还提到了“教学相长”“学而不思则罔，思而不学则殆”“温故而知新”等，此外，还有学思结合的教育方法、启发式教学的原则和教学相长的原则，这些都是今天需要加以继承和发扬的宝贵教育遗产。（顾明远，2008a）[1]

当然，在近代以来中国教育发展的过程中，也渗透了西方的文化思想，特别是在现代教育制度方面，引进了西方的一些教育制度。顾先生指出，我们应该采取传播、选择、改造的态度，对外来文化加以鉴别，并使之本土化，与我国的教育传统相结合，形成新的教育传统。在这个国际化的时代，教育应该加大对外开放力度，密切关注世界发展的大趋势，积极吸收人类文明的一切优秀成果，借鉴世界上先进的办学经验和管理经验，促进我国教育现代化。（顾明远，2008a）[1]

第三节　作为系统工程的教育改革

教育改革是一项系统工程。整体而言，教育改革由几个主要的系统要素组成，这些要素之间并非完全独立，而是相互影响，牵一发而动全身。在顾明远先生看来，教育改革作为一项系统工程，主要包括教育思想的变革、教育制度的变革、课程的变革、教学的变革、考核制度的变革以及改革路径的变革。顾先生曾在《成功教育　素质教育　教改形势》一文中说道："教育改革中教育思想是关键，教育内容是核心，教育制度、教育手段是保证。"（顾明远，2018a）[158] 除此之外，顾先生还认为教育改革的路径在于创新。这些论述都为更好地将教育改革作为一个系统工程来进行探讨提供了思路。

一、教育思想的变革

任何一项改革都要以一种思想为指导，教育改革也不例外。在顾先生看来，教育改革的关键是教育思想的变革。（顾明远，2018a）[158] 对传统教育中优秀的教育思想，要继承和发扬；对一切不适应时代要求的教育思想，要抛弃或改造。《中共中央关于教育体制改革的决定》中明确提出：教育必须为社会主义建设服务，社会主义建设必须依靠教育。教育体制改革的根本目的是提高民族素质，多出人才、出好人才。顾先生认为，在新的时代，党和政府对教育的指导思想做出了新的指示，相应地，教育观念应该符合指示的要求，符合时代的要求，积极主动地变革自身。此外，顾先生在多篇论文中对教育思想的变革进行了详细的论述，如《教育改革关键在于教育思想的转变》《进一步解放思想，深化教育改革》《解放思想是深化教育改革的金钥匙》《教育改革发展需要双轮驱动》等。概括而言，对于教育思想的变革，顾先生主要论及了教育目的论、人才观、学生观、教学论等方面的变革。

从教育目的论来讲，教育思想不仅要探讨教育本身的目的，还要探讨我国社会主义教育的目的。我国社会主义教育是为社会主义建设服务的，并且社会主义建设必须依靠教育。顾先生认为，这句话不仅说明了教育在社会主义建设中的地位和作用，说明了教育的重要性，同时也从另一个角度说明了教育为社会主义建设服务的根本目的。首先，教育是培养社会主义经济建设所需人才的手段，发展社会主义经济，最重要的条件是要有掌握科学文化知识的技术人员和熟练的劳动力，而这些人才只能通过教育进行培养；其次，教育能够促进科学技术的发展，从而推动生产力的发展，教育的任务不仅是把现存的科学知识传授给下一代，而且要在教育过程中创造出新的知识；最后，教育不仅是社会主义物质文明建设的重要条件，也是社会主义精神文明建设的重要内容。（顾明远，2018b）[300]

从人才观来讲，教育思想要探讨达到什么样的标准才算是人才、社会主义建设需要什么样的人才、教育工作者需要树立怎样的人才观等问题。顾先生认为，人才不应该和天才相混淆，并不是所有天才都是人才。人才应该是具有高度责任感、勇于创新、能够为社会主义建设做出贡献的人。并且，人才要区分层次和类别，教育的责任就是为社会主义建设培养各级各类人才。这些人才都应该有理想、有道德、有文化、有纪律，热爱社会主义祖国和社会主义事业，具有为国家富强和人民富裕而艰苦奋斗的献身精神，都应该不断追求新知，具有实事求是、独立思考、勇于创造的科学精神。（顾明远，2018b）[300]1988 年，顾先生在《百年大计　教育为本——学好十三大文件　深化教育改革》一文中谈道，要改变陈旧的人才观，改变文化传统中“学而优则仕”的思想。1994 年，顾先生在《回答时代挑战——面对 21 世纪的教育改革》中重申，教育改革要破除追逐虚名、文凭至上、学历主义的旧教育观，树立重实用、讲效益的新教育观。

从学生观来讲，我国社会主义教育要培养的是德智体美全面发展的学生。但顾先生认为其中德和体的标准并不明确，并且各科的考试成绩也不能反映学生的智力水平。也就是说，顾先生认为现在大众对于学生的理解是模糊的和不准确的。他指出，全面发展并不是说学生在各门科目上都发展得很好，由于每个人的才能、兴趣、爱好不同，不能要求学生门门科目都达到同样优秀的水平。（顾明远，2018b）[300] 另外，顾先生还强调学生的主观能动性。传统的教育把学生看作被动地接受教育的对象，看不到学生的主观能动性，更不注意培养学生的主动精神和独立能力。顾先生认为，现代教育要充分认识和发挥学生的主观能动性，使学生生动活泼地得到发展是社会主义建设的需要，社会主义建设需要有理想、有献身精神和创新精神的人才。只有树立正确的学生观，才能培养出符合时代要求的社会主义现代化的建设人才。（顾明远，2018c）[33]

从教学论来讲，要在学校教育中培养学生独立生活和思考的能力，让他们能够生动活泼主动地学习，即学校要让学生生动活泼主动地发展。顾先生指出：社会主义需要培养自觉的建设者，而不是因循守旧、只懂书本知识、只会照章办事的官吏；社会主义需要有理想、有献身精神和创造精神的新人，而不是抱残守缺、没有理想和抱负的碌碌庸人。当然，他也为如何让学生生动活泼主动地发展提出了解决方案。首先，要减轻学生的学业负担，把学生从沉重的作业中解放出来，让学生有充分的时间去参加政治活动、体育活动、科技活动、文娱活动，去做自己喜爱的事；其次，要树立学生是教育主体的观念，无论是在课堂教学中还是在课外活动中，都要把学生放到主体位置上，发挥他们的积极主动性（顾明远，2018b）[300]；再次，要提倡教师与学生之间、学生与学生之间双向和多向地交流信息；最后，要注意发展学生的求异思维，因材施教（顾明远，2018c）[33]。

顾先生认为，除了要在教育思想的内容上进行转变之外，不同教育主体的教育观念也应该发生相应改变。首先，各级政府应转变观念。要认真贯彻党的教育方针，把立德树人作为教育的根本任务，让学校和教师能够真正按照教育规律办学，回归教育本真，推进素质教育，使学生得到全面、个性化的发展。其次，家长应转变观念。家长不应给孩子预设生活和前途，不应揠苗助长，而应顺应孩子发展的自然，遵循孩子发展的规律，循序渐进，培养孩子良好的生活习惯和学习能力以及完善的人格、开朗的心态，重视孩子的特点，培养孩子的兴趣爱好，让孩子在愉快的气氛中学习。再次，教师应转变观念。教师应该树立人人皆可成才的观念，热爱每个学生，尊重每个学生，理解和信任每个学生；树立以学生为主体的观念，善于发现和培养学生的兴趣与特长，把学习的选择权交给学生，让学生自觉主动、生动活泼地生活和学习。再次，要用学生发展的思维代替以考试成绩为标准的思维，用相信学生能力的思维代替教师权威的思维，真正做到以学生为主体。最后，教育观念的转变不是口号式的呼吁，而应该有相应的物质基础和制度建设来加以保障，比如要完善投入机制，改革评价制度，改进教学模式，推进教育结构改革以及政府简政放权，等等。（顾明远，2015b）

二、教育制度的变革

关于教育制度的变革，概括而言，顾先生主要从横向和纵向两个方面进行了分析。在横向上主要涉及宏观的领导体制改革、学校的考评制度和学校内部体制改革；在纵向上主要涉及学校制度的改革和终身教育制度建立。

第一，从宏观的领导体制来说，在确立了“统一领导，分级管理”体制的基础上，实行简政放权，扩大学校的办学自主权。《中共中央关于教育体制改革的决定》中提出推进管办评分离，扩大省级政府统筹权和学校办学自主权，完善学校内部治理结构。顾先生认为这为教育改革提供了制度保障，进一步明晰了政府和学校之间的关系。政府要简政放权，加强宏观调控和管理，明确学校职责，扩大学校的办学自主权，使学校办出特色。

第二，从学校的考评制度来说，整个教育系统的评价制度都应该相应地进行革新，“这种评价包括教育行政部门对学校的评价、学校对教师的评价、教师对学生的评价”。（顾明远，2002b）[2] 顾先生认为，首先，不以升学率和考试成绩来评价学校和教师，要把教师从分数中解放出来。这样，教师才能放开手脚改革人才培养模式，改进教学方法。（顾明远，2015b）即，不能用统一的标准，尤其不能用学生的考试成绩来评价教师和学生。其次，要采用绩效评价，或者是发展性评价的方式，鼓励师生进步，只要在原有基础上有进步、有发展，就应得到相应的鼓励。这种评价方式才显得公平、令人信服，才能发挥师生的主动性和积极性。（顾明远，2018d）[156]

第三，从学校内部体制改革来说，要建立现代学校管理制度。首先，在学校内部实行校长负责制、教师聘任制以及建立教职工代表大会制度，加强民主管理和民主监督。（顾明远，2008b）[5] 其次，建立民主的学校管理体制。学校实施民主管理是为了调动广大师生的积极性，促进他们积极热情地参与学校管理。学校应该建立家长委员会，校务委员会中应该有学生代表和家长代表。高等学校还应该在党委统一领导下建立教授会或者教授评议制度。（顾明远，2002a）[34]

第四，从学制改革来说，应开展多样化的学制改革实验。顾明远先生认为：可以按照《中共中央关于教育体制改革的决定》，探索多样化办学体制，开展多样化学校制度的改革实验，有条件的地方可以进行义务教育九年一贯制、十二年一贯制的实验；高中阶段可以实施综合高中的改革，把普通教育与职业教育结合起来；应鼓励多元主体多种形式办学，支持民办教育发展，充分发挥市场对民办教育资源配置的作用，把民办教育作为教育事业的重要增长点和教育改革的重要力量。（顾明远，2014b）[7]

第五，在建立终身教育制度方面，应建立终身教育制度和学习型社会。顾先生很早便论及终身教育，认为终身教育是现代教育最基本的特征。目前，科学技术的迅猛发展及其在经济、生活等各个方面的广泛运用，引发了整个社会的巨大变革，每个人不能局限于自己在学校所学到的知识，而应该不断地了解新事物，学习新知识。关于如何更好地建立终身教育制度，顾先生给出了如下建议。首先，要确保各级各类学校之间的沟通和衔接，打破职业学校与普通学校的壁垒，允许学生根据社会需要和个人爱好转换专业，学校之间互相承认学分，等等。其次，终身教育是提高全民族文化素质的教育，因此需要把学校教育和社会教育、家庭教育联合起来，建成社区教育体系。（顾明远，2002a）[34-35] 1994 年，顾先生在《回答时代挑战：面对 21 世纪的教育改革》一文中便强调要坚持终身教育，并认为终身教育是现代教育的重要标志，也是“二战”后教育改革的热点，代表了一种崭新的教育观、学习观和人生观。终身教育“致力于使人类每个人都随时随地得到需要的教育，是学会生存、学会关心、学会合作的重要条件”（顾明远，1994）[9]。

三、课程的变革

课程变革不能停留在课程标准的变化或者课程内容的变动上，而更应该落实到课堂教学的改革上。顾先生认为课程有四个层次：最高层次是国家制定的课程标准，即“理想课程”，是由许多专家研究制定的，体现了国家意志；第二个层次是教材的开发，即“开发课程”，由教师、专家根据国家颁布的课程标准编写教材；第三个层次是课程的实施，即“实践课程”，由教师根据课程标准的要求、教材的安排，设计教学方案，与学生一起开展教学活动；第四个层次是课程的学习，即“习得课程”，就是最终学生学到什么，学会多少。（顾明远，2015d）[5] 顾先生认为，课程改革是教育改革的核心，具体而言，他对课程改革的论述主要涉及如下几个方面。

在课程改革的指导思想上，强调大众教育，即“教育为大众”“科学为人人”。当前，我们正处于一个科学技术飞速发展和广泛运用的时代，因此，教育要为每个学生创造机会和条件来学习这些科学技术。顾先生认为，教育需要为社会的发展培养一定的精英，让他们掌握科学技术发展的前沿，创造出更新的技术，引领整个社会的进步。但是，精英的培养应该建立在提高大众教育水平的基础之上。“为此，课程要有灵活性，把必修课的标准定在大多数学生能接受的水准上，同时为不同的学生设置各种选修课，允许学生选学不同的课程。”（顾明远，2001b）[18]

在课程编制的过程中，强调相应的依据和原则。在依据方面，顾先生认为，首先，应该根据不同的学习阶段编制相应的课程内容；其次，应该根据最新的科学技术发展成果来编制课程的内容，既要考虑各门学科的知识系统，又要考虑各学科之间的联系；再次，应该充分考虑学生身心发展的规律，即学生的认识规律和认识水平；最后，应该考虑社会的需要和国情。（顾明远，1991）[1] 在原则方面，顾明远先生认为要遵循社会主义方向性的原则，全面发展、因材施教的原则，科学性的原则，统一基准和多种方案相结合的原则，要符合学科发展的内在逻辑和学生的认识规律。（顾明远，1991）[1-2]

在课程设置上，强调人的发展。顾先生认为，强调人的发展与为社会发展和经济建设服务是互不冲突的，个体只有在自身得到发展的基础上才能更好地为社会发展服务，进而有利于经济建设和社会进步。因此，把为人的发展服务与为社会发展和经济建设服务统一起来，要重视学生的个性发展，因材施教。（顾明远，2001b）[18-19]

在课程目标上，强调培养学生对事物的情感、态度、价值观。顾先生认为，学生在学习的过程中，不是为了知识而学习，而是要对所学的知识有一种认识。例如：学习了地理知识，就要有保护环境的意识；学习了有

关水的知识，就要知道节约用水；学习了抗日战争的历史，就要激发出爱国主义感情等。（顾明远，2001b）[19]

在课程内容上，强调知识的综合性、整合性，强调学科之间的联系。顾先生指出，许多国家都设置了综合学习课程，把自然科学的学习和人文社会学科的学习结合起来。（顾明远，2001b）[19]

在教学过程中，强调学生的自主性。网络时代的到来必然会引起教学的变革，变革的趋势是：学生的自主学习将得到加强，学生对教师的依赖性将降低。因此无论是在课程设置上还是在教学中，都要注意给学生留出自主学习的空间。（顾明远，2001b）[19]

在课程改革方面，强调教师的重要性。首先，教师的角色发生了转变。顾先生将此作为未来教育发生变化的一个重要方面。教师不再是知识的主要载体，学生可以从多种渠道获取信息和知识，教师的作用主要表现为帮助学生设计正确的学习路线，选择正确的学习方法，指导和帮助学生处理各种信息，抵制不良信息，也就是帮助学生学习。在未来学校中，教师是与学生共同学习的伙伴。（顾明远，2001b）[9] 其次，让教师成为课程改革的主人。顾先生指出，教师是让最初的理想课程真正变成学生的习得课程的关键。因此，教师要理解课改的精神和新原则、新要求，结合自身的特点扬长补短，在教改实践中不断提高自己的业务水平，创造新的经验。（顾明远，2003a）顾先生还强调在提升教师素质的同时，应该打造一支强有力的教研员队伍。为此，他提出了一些建议：第一，教育部对教研室的建立、教研员队伍的建设应有明确的规定，确立编制，制定章程，明确各级教育部门对教研室的职责，使教育部门有章可循；第二，把教研员的进修培训纳入骨干教师培训计划之中，使他们有学习提高的机会；第三，成立全国性的教研员研究组织，使他们有组织活动，能够互相交流和学习，此外，还要建立行业的自律机制。（顾明远，2014c）

在课程编制上，强调以社会实际为依据。顾先生指出，除了学科课程外，还应设置实践性课程，通过实践活动培养学生综合运用在学科课程中学到的知识的能力，培养他们的创新精神和实践能力。（顾明远，2001b）[19]

顾先生还专门论述了普通高中的课程改革。他指出，高中是学生成长和发展的重要阶段，是他们世界观、人生观初步形成的时期。普通高中的课程要考虑到如下几个方面。首先，要处理好升学和就业的关系。并不是所有的普通高中学生都会进入高等教育机构进行进一步的学习，因此应该在普通高中设置一定的综合实践课程，培养学生的自学能力、社会责任心和创业意识，为他们走向社会做准备。其次，要处理好基础性和选择性的关系，也即共性与个性的关系。普通高中仍然属于基础教育阶段，应该为每个学生打好德智体美全面发展的基础，但每个学生的天赋、能力、兴趣有所不同，因此要减少必修课，增加选修课。再次，要处理好自然科学和人文学科的关系。普通高中不宜分文理科，可以在选修课中侧重学文科或学理科，必修课保证所有高中生在文理科上有基本相同的基础水平，并且要特别重视人文精神的教育。最后，要处理好学科课程和综合课程的关系。由于事物的发展是综合的，因此人对某种事物的认识也是综合的。可以设置综合课程，打破学科的界限，帮助学生理解学科之间的相互联系，更好地发展学生的思维能力。（顾明远，2003b）[3-4] 课程不仅要增加新的知识内容，而且要进行整合。人们观察事物的角度是综合的，新的科学发现和技术发明往往是在交叉学科中发生的。（顾明远，2016）

四、教学的变革

关于教学的变革，除了前面所谈及的关于教学论的思想观念的转变外，顾先生还论及了教学方式的转变、充分调动学生的积极性、改革人才培养模式以及充分发挥现代教育技术在教学活动中的重要作用。

首先，关于教学方式的转变，要逐渐从重视教育结果转变为重视教学过程，启发学生积极主动地思考问题，引导他们参与教学过程，发现问题、提出问题。除此之外，顾先生认为，教师应该更多地运用启发式和参与式教学，不断引导和鼓励学生参与教学过程。教学应该以学生为主体，激发学生的主体性、主动性，让学生主动地建构自己的知识。教师是学生学习的设计者、指导者和学习伙伴。（顾明远，2018e）[328-329]

其次，要充分调动学生的积极性。顾先生认为，只有充分发挥儿童的天性，才能更好地发挥学生的积极性，而好奇心和学习意识都是儿童的天性。教师应该充分抓住这一特点，把学生放在主体位置上，相信他们潜在的能力，引导他们探索未知的世界，让他们发现问题、分析问题、解决问题。教师还应重视发展学生的思维，可以根据学生的差异和兴趣爱好为他们定制个人发展的方案。《教育规划纲要》中提出，激发学生的好奇心，培养学生的兴趣爱好，营造独立思考、自由探索、勇于创新的良好环境。没有兴趣就没有学习，兴趣是最好的老师。所以基础教育最重要的任务就是培养学生的兴趣和爱好，培养学生克服困难的意志和毅力。（顾明远，2018f）[29]顾先生还就如何保持儿童的天性提出了一些建设性的方案，如在幼儿园时期要爱护儿童的好奇心，到小学要培养学生的学习兴趣，到中学就应该培养其专业兴趣和专业志向。（顾明远，2014a）[3]

再次，要改革人才培养模式。顾先生认为，要想真正从根本上进行人才培养模式的变革，第一，要更新人才培养观念，树立全面发展的观念、人人成才的观念、多样化人才的观念、终身教育的观念、系统培养的观念等。教师要相信每个学生，尊重每个学生，相信每个学生都能成才。（顾明远，2018f）[29]第二，要减轻学生过重的学业负担，把时间还给学生，使学生有时间思考，有时间参加社会实践，有时间参加喜爱的科技文体活动。《教育规划纲要》中提出注重知行统一，坚持教育教学与生产劳动、社会实践相结合。要鼓励学生参加社会实践，促进学生了解社会、奉献爱心、增强社会责任感，相应地，学校教育的责任就是办好每一所学校，教好每一个学生。（顾明远，2018f）[29] 第三，要给每个学生提供最适合的教育。要因材施教，重视学生的个性化学习，为每个学生提供适合的教育。学生是有差异的，既有资质的差异，也有环境的差异。因材施教就是要为不同的学生设计个性化学习方案，使每个学生的潜能得到充分的发展。（顾明远，2014a）[3]

最后，充分发挥现代教育技术在教学活动中的重要作用。顾先生认为，现代教育技术对教学活动产生了重要影响。第一，现代教育技术，如电化教育等首先改变了教学活动中学生认识事物的过程，将感知教材、理解教材、巩固知识和运用知识四个环节融合为一体，具有较强的直观性，能够引导学生认识事物的本质和内在的联系，有利于学生思维能力的培养和发展。第二，现代教育技术改变了某些教育原则，把远方的东西放到学生眼前，使复杂的东西变得简单，把抽象的事物化为具体。第三，现代教育技术改变了教学内容和教材形式，将许多过去不容易理解的新科技的内容添加到教学内容中，使教学内容现代化，并且把声、像和文字结合起来，增加了教材的艺术感染力。第四，现代教育技术在教学过程中增加了教学技术手段，改变了教学过程中教师、学生、教育影响三者之间的关系。（顾明远，2018g）[44–45]

五、高考制度的变革

高考是全社会关注的问题。之所以得到全社会的关注，不仅是因为高考关系到人才的选拔，还因为它关系到社会公平、每位家长和学生的切身利益。对国家来讲，从国家的利益出发要求选拔优秀学生，把他们培养成有利于国家发展的人才；对家长来说，家长总希望自己的子女能够考上大学，一方面为国家输送人才，另一方面使子女将来能够获得满意的职业，有更多的发展机会。（顾明远，2007）[4] 顾先生十分关注高考问题，他在发表于2007年的《高考改革之我见》一文中，对当时统一高考存在的缺点和问题进行了分析：第一，由于各地经济发展和教育发展的不均衡，导致了地区间的不公平；第二，现行的高考制度太单一，选拔不出有创新精神、全面发展的人才；第三，通过学业水平测试和综合素质测评的评价方式虽然能够更加全面地反映学生的素质，但是标准如何确定还需要进一步考证；第四，高考改革应该考虑如何有利于中小学推进素质教育的问题。（顾明远，2007）[4-5]

综合来看，顾明远先生认为可以从如下几个方面来进行高考改革。

第一，从思想观念入手，要让全社会认识到，高考是一种选拔人才的考试，不是评价学校的标准。教育主管部门、学校和教师都有责任为国家和社会选拔出真正优秀的人才。只有有了这种对社会、对国家的责任感，上下同心协力，才能做好高考改革工作。（顾明远，2007）[5]

第二，改革考试制度。制度的改革要回应原有制度的缺陷或弊端，同时又要照顾传统，稳步进行，不断完善。顾明远先生认为高考可以分为三个层次：一是基本学业水平考试，考试合格者可以升入高等专科学校；二是高级学业水平考试，考试合格者可以升入所谓的二本院校；三是重点学校的个别考试或复试、口试。（顾明远，2007）[5-6]

第三，改革考试内容。考试内容不仅关系到能否选拔出真正优秀的人才，还关系到中学的课程和内容，并且影响到素质教育的推进。顾明远先生认为高考应该注意到考试内容的综合性、全面性、经常性。（顾明远，2007）[6] 除此之外，考试内容还要符合时代所倡导的精神和内容。（顾明远，2018h）[342] 可以根据前文中所提及的高考的三个不同层次设定相应的考试内容，比如：基本学业水平考试可以将考试内容设定为基础性的、全面性的知识；高级学业水平考试的内容可以更难一些、深一些，要求更高一些。

第四，改革考试次数。顾先生提出可以改变一次考试定终身的状况，考试可在不同时间进行，允许考生多次报考。这不仅可以消除一次考试定终身的弊端，而且可以解决有些学校报到率低的问题。分类考试、多次考试可以给考生多次选择的机会，不仅有利于高等职业教育第一志愿的报考率，而且可以减轻学生的心理压力；中学也可以分类指导，有利于素质教育的推行。（顾明远，2002c）[11]

第五，从高考的组织权来说，可以把高考的权力下放给省、市、自治区，由它们组织考试录取。有的地区如果出题有困难，可以请教育部考试中心帮助出题，或者从题库中组题。各地区根据自身不同的情况进行出题、评分和录取。（顾明远，2002c）[11] 教育部考试中心可以只负责提供指导和服务，必要时起协助的作用，将更多的精力用于研究考试制度的改革。各地方也可以结合本地的实际情况进行改革实验。（顾明远，2018h）[342]

第六，要想让高考改革行之有效，还应该对一些配套制度进行改革。比如：把重学历轻能力的人事制度转变为以能力为主、兼顾学历的用人制度；改变整个教育体系，创办灵活多样的教育体系和结构，把正规教育和非正规教育、正式教育和非正式教育结合起来，给所有希望学习的青年提供各种学习机会，不论从什么渠道获得的知识和能力都能得到承认（顾明远，2018h）[342]；改变教育观念，克服重理论、轻实践，重学术、轻技术的思想，树立行行出状元、人人都能成才的思想（顾明远，2018i）[74]。

六、改革的路径在于创新

教育创新是永恒的话题，是教育改革的重要方面。顾先生多次撰文讨论教育改革与教育创新，如《教育发展在于改革　教育改革在于创新》《基础教育的传统与创新》《试论教育思想和教育制度的创新》等，在他看来，教育改革的各个方面无不需要创新，而教育改革的路径更是在于创新。具体而言，可以包括如下几个方面。

首先，教育创新要在传统教育的基础上进行。传统教育是历史上长期积累而形成的、具有影响的教育思想、制度和方法。对于传统教育，在教育改革中不能简单地一概加以肯定或否定。教育创新就是要继承和发扬优秀的教育思想、制度和方法，改革一切不适应当今时代的教育思想、制度和方法，创造出新的教育传统。

其次，教育创新的首要任务是教育思想的创新。第一，改变狭隘的教育价值观，树立正确全面的教育价值观。第二，改变因循守旧的人才观，树立现代社会的人才观，教育要培养具有开拓精神和创新能力的人。只有不断创造新知识，开拓新领域，才能使国家繁荣、民族昌盛，才能在国际竞争中战胜对手。第三，克服重学术轻技术的观念。这种观念不改变，职业技术教育很难得到发展。第四，树立正确的教学观和教学质量观。在教学中充分调动学生的积极性、主动性，给予学生自主学习的空间，把学生放到教学过程的主体位置上，而高的教学质量则是指现代教育要注重培养学生的能力，包括发现问题、提出问题、分析问题、解决问题、表达、与人相处以及组织的能力等，尤其是学会学习的能力。（顾明远，2002a）[31-32]

总之，“教育创新离不开已有的经验，要认真总结我们自己的经验，发扬我国优秀教育传统，根据新情况不断改进和完善教育内容与方法，创造新的经验。教育创新要吸纳世界一切优秀文化成果，因此要进一步加大对外开放的力度，密切关注世界教育的发展趋势，借鉴世界上先进的办学经验，不断提高办学质量。教育创新要充分利用现代科学技术手段，用教育信息化来带动教育现代化”（顾明远，2002a）[35]。除此之外，教育创新还需要加大对教育研究的重视。

用顾先生最常用的一句话来结束我们关于顾明远教育改革观的探析，那就是：教育的发展在于改革，教育的改革在于创新，教育的创新在于学习！

参考文献

顾明远，1980. 当代工业发达国家的教育改革 [J]. 北京师范大学学报（社会科学版）(4)：11–21.

顾明远，1982. 苏联普通教育的几次改革 [J]. 外国教育动态（2）：1–8.

顾明远，1983. 再论苏联普通教育的改革 [J]. 外国教育动态（5）：7–12，54.

顾明远，1984a. 论苏联的新的教育改革 [J]. 教育研究（12）：32–38.

顾明远，1984b. 巴班斯基谈苏联的教育改革和苏联教育科学院的工作 [J]. 外国教育动态（5）：33–35.

顾明远，1987. 论教育的传统与变革 [J]. 中国社会科学（4）：123–138.

顾明远，1988. 四论苏联普通教育的改革 [J]. 外国教育动态（6）：1–6.

顾明远，1991. 试论课程改革的依据和原则 [J]. 教育学报（2）：1–2.

顾明远，1992. 关于弘扬民族文化与教育改革的几个问题 [J]. 中国教育学刊（1）：2–3.

顾明远，1993. 社会主义市场经济体制与教育改革的几点思考 [J]. 北京师范大学学报（社会科学版）(3)：1–7.

顾明远，1994. 回答时代挑战：面对 21 世纪的教育改革 [J]. 高教探索（1）：4–9.

顾明远，2001a. 民族文化传统与教育的现代转化 [J]. 杭州师范学院学报（人文社会科学版）(6)：1–4.

顾明远，2001b. 课程改革的世纪回顾与瞻望 [J]. 教育研究（7）：15–19.

顾明远，2002a. 试论教育思想和教育制度的创新 [J]. 北京师范大学学报（人文社会科学版）(6)：30–35.

顾明远，2002b. 教育创新是教育工作者的历史使命 [J]. 中国教育学刊（5）：1–2.

顾明远，2002c. 高等教育大众化与高考改革 [J]. 湖北招生考试（4）：5，11.

顾明远，2003a. 课程改革与教师 [N]. 现代教育报，2003–09–26.

顾明远，2003b. 多样化是高中课程改革的必然选择 [J]. 全球教育展望（8）：3–4.

顾明远，2004. 中国教育的文化基础 [M]. 太原：山西教育出版社 .

顾明远，2006. 改革考核评价制度，推进素质教育 [N]. 光明日报，2006–09–27.

顾明远，2007. 高考改革之我见 [J]. 湖北招生考试（4）：4–6.

顾明远，2008a. 继承与创新：中国教育现代化之路 [J]. 基础教育参考（11）：1.

顾明远，2008b. 解放思想是深化教育改革的金钥匙 [J]. 教育学报，4（3）：3–9.

顾明远，2009. 基础教育的传统与创新 [J]. 基础教育参考（11）：1.

顾明远，2014a. 教育改革与发展的战略思想：纪念“三个面向”发表 30 周年 [J]. 教师教育学报，1（1）：1–4.

顾明远，2014b. 教育领域综合改革的宏观视野 [J]. 教育研究（6）：4–9.

顾明远，2014c. 应重视和加强教研队伍建设 [N]，中国教育报，2014–03–05（07）.

顾明远，2015a. 教育改革要改什么？[J]. 基础教育课程（1）：16–17.

顾明远，2015b. 教育改革发展需要双轮驱动 [N]. 人民日报，2015–05–14（07）.

顾明远，2015d. 把课改落实到课堂上 [J]. 中小学教材教学（1）：5–7.

顾明远，2016. 未来教育的变与不变 [N]. 中国教育报，2016–08–11（03）.

顾明远，2017. 习近平教育思想指引中国教育改革和发展前进方向：深入学习习近平总书记教育思想（一）[N]. 中国教育报，2017–07–26（01）.

顾明远，2018a. 成功教育 素质教育 教改形势 [M] // 顾明远 . 顾明远文集第 2 卷：基础教育 . 北京：北京师范大学出版社 .

顾明远，2018b. 教育改革的关键在于教育思想的转变 [M]// 顾明远 . 顾明远文集第 1 卷：教育与教育现代化 . 北京：北京师范大学出版社 .

顾明远，2018c. 教改，重要的是教育观念的改变 [M]// 顾明远 . 顾明远文集第 9 卷：杂草集 野花集 . 北京：北京师范大学出版社 .

顾明远，2018d. 学校管理体制创新是提高教育质量的保证 [M]// 顾明远 . 顾明远文集第 10 卷：绿叶集 站在孩子的视角谈教育 . 北京：北京师范大学出版社 .

顾明远，2018e. 教育创新与国际教育新理念——在山东省青岛市市南区的演讲[M]// 顾明远 . 顾明远文集第 8 卷：顾明远教育口述史　顾明远演讲录 . 北京：北京师范大学出版社 .

顾明远，2018f. 加快人才培养体制改革 [M]// 顾明远 . 顾明远文集第 10 卷：绿叶集　站在孩子的视角谈教育 . 北京：北京师范大学出版社 .

顾明远，2018g. 教育过程的一次革命 [M]// 顾明远 . 顾明远文集第 9 卷：杂草集　野花集 . 北京：北京师范大学出版社 .

顾明远，2018h. 中国考试制度改革的出路何在 [M]// 顾明远 . 顾明远文集第 9 卷：杂草集　野花集 . 北京：北京师范大学出版社 .

顾明远，2018i. 靠高考改革解决教育供求矛盾是缘木求鱼 [M]// 顾明远 . 顾明远文集第 9 卷：杂草集　野花集 . 北京：北京师范大学出版社 .

顾明远，叶澜，钟秉林，等，2009. 教育研究的时代使命："新形势下教育研究创新发展学术研讨会暨《教育研究》杂志创刊 30 周年纪念座谈会"发言摘要[J]. 教育研究（5）：17–27.

刘佛年，王梓坤，顾明远，等，1988. 百年大计　教育为本：学好十三大文件深化教育改革 [J]. 江西教育科研（1）：1–10，14.

滕珺，2015. 教育是人类最幸福的事业：访北京师范大学资深教授顾明远先生 [J]. 北京师范大学学报（社会科学版）（1）：144–157.

袁贵仁，2008. 学术无愧人师　德行堪为世范：在顾明远先生从教 60 周年庆典上的讲话 [J]. 中国教育学刊（12）：1，12.

HAYHOE R，2006. Portraits of influential Chinese educators[M]. Hong Kong：Comparative Education Research Centre，The University of Hong Kong.

第十二章

未来教育思想与未来教育

刘美凤*

* 刘美凤，北京师范大学教育学部教授、博士生导师，北京师范大学教育学部学习与绩效技术研究中心主任。主要研究方向为教育技术基本理论与学科建设、教学设计、人力绩效技术、教育信息化等。本章由刘美凤和王飞参与撰写。

顾明远先生在北京师范大学教育系以及苏联国立莫斯科列宁师范学院教育系的专业学习经历，从小学教师、中学教师到大学教师的职业从教经历，从担任普通教师到担任中学和大学行政职务的行政管理经历，从担任中国教育学会会长等到担任世界比较教育学会联席会长的学术兼职经历，在亚洲、美洲、欧洲等地的学术出访经历，还有从事教育基本理论研究、外国教育研究到国际比较教育研究的学术研究经历，等等，使得顾先生的教育思想涉及教育的各个领域，涵盖教育的各个阶段，触及教育理论和实践的方方面面。他既关注千姿百态的教育现实，也在字里行间勾画着中国教育的未来。

第一节　未来教育思想的基点

如果您邀请顾先生预测未来教育的发展走向，他一定会谦虚地说："……我不是未来学家，对社会的未来以及教育的未来难以预测。……对于我来说，过去的事尚可说几句，……对于未来却很茫然。当然憧憬和期望总是有的。"（顾明远，2013a）然而，您会发现，顾先生对教育的憧憬与期望却实实在在地勾画出了未来教育的一幅幅画面，并且极具预言性。这一幅幅未来教育的画面具体是怎样的，它们如何具有预言性，这些问题我们暂且留在后面来探讨。让我们先来看看，顾先生到底是如何对教育做出这种极具预言性的判断的。

要回答这个问题，首先需要弄清楚顾先生思考未来教育的基点。通过分析顾先生的著述可以发现，其未来教育思想的出发点有以下两个方面。

一、未来教育观

顾先生是如何对未来教育进行界定的呢？让我们先按照时间顺序，看看他在文章或演讲中是如何谈及未来教育的。

1983 年，顾先生在谈及让学生生动活泼地主动地得到发展这一话题时说："教育要面向未来。'十年树木，百年树人'，说明培养人才的周期较长。今天的中小学生，将是本世纪末二十一世纪初我国现代化建设的栋梁之材。为了把他们培养成为能够适应二十一世纪时代需要的人才，我们就应该着眼于未来，切不可只盯着当前鼻子底下的那点点分数和升学率。"（顾明远，1983）[3]

1996 年 4 月，顾先生在为庆祝国家教育发展研究中心成立十周年而召开的"面向 21 世纪教育国际学术报告会"上发言指出："教育是未来的事业，今天在学校里学习的学生，将在二十一世纪走入社会，为未来社会服务。因此教育需要有预见性、超前性。"（顾明远，1996）[7]

2009 年，顾先生在谈及加强中小学人文教育时指出："今天的中小学生是明天的社会主义建设接班人。他们的文化素养、精神面貌关系到民族的未来和国家的兴衰。因此，亟需加强中小学的人文教育。"（顾明远，2009）[1]

2016 年，顾先生在谈到未来社会发展变化之快、未来教育的变与不变的话题时说："教育是未来的事业，教育是为未来社会培养公民。"（顾明远，2016a）同年，在与组织学习大师彼得·圣吉的跨界对话中，顾先生关于"教育是培养未来的人，教育要为未来社会做准备"的观点也得到了圣吉的共鸣。正如先生在与圣吉交流了一段时间后总结所说："我们最主要的一个共识的基础，就是我们都想培养未来的人。我们的教育都是在为未来社会做准备，所以我们的目标都是一致的。"（顾明远 等，2016）[5]

2017 年，未来教育成为热点话题，顾先生在这一年明确提出了他的未来教育观点："大家都在讲未来教育，未来教育是什么？未来教育是为未来社会培养人，教育的事业就是未来的事业，现在中小学的学生十几年后走向社会。十几年以前我们的孩子是生活在什么样的时代？现在的孩子生活在什么样的时代？当年我们能想到一部手机就可以走遍天下吗？完全无法想象。再过 10 年，我们的孩子生活在什么时代我们能预测到吗？”（丁瑞常 等，2017）[5]

从以上所引用的顾先生从早期直到现在关于未来教育的观点中可以看出，顾先生对未来教育的认识自始至终都是一致的，没有发生过改变。在顾先生眼里，未来教育不是什么遥远的若干年之后的教育，而是当下正在进行的为未来社会培养人才的教育，教育本身就应当是面向未来的。这就是顾先生思考未来教育的基本出发点。顾先生说，既然教育本身就是面向未来的，办教育就需要具有前瞻性、超前性，要有未来眼光。

确实，顾先生不仅是这么说的，也是这么做的。他始终立足于中国的教育现实，放眼未来社会的发展，并身体力行倡导教育要为未来社会培养人才。

二、关注社会发展对人才的要求

既然教育要面向未来，为未来社会培养合适的人才，那么我们就需要时刻关注未来社会发展对人才提出的要求，这是顾先生思考未来教育的另一个重要的出发点，也是顾先生所说的“要具有未来的眼光”的含义。

顾先生始终非常关注社会政治、经济、科学与技术等的变迁、发展及其对人才提出的新要求，并以此为出发点来思考学生应具备的能力素质是什么，而我们又应该提供怎样的教育。

他曾多次撰写有关社会发展对人才提出新的要求以及如何改革教育的研究长文，其中比较典型的有《现代生产与现代教育》《新的科技革命和教育的现代化》《市场经济与教育改革》等。这三篇文章的结构基本一致，那就是首先对现代生产、新的科技革命和市场经济进行界定，之后分别阐述它们的特征，在此基础上阐述这些特征对学生提出了哪些新要求，最后分析教育如何应对才能培养出社会发展所需要的人才。（顾明远，1981a）（顾明远，1984）（顾明远，1994a）

顾先生早年研究过教育与经济的关系。1981 年，他撰写了《现代生产与现代教育一文》，首先指出当科学技术的成果应用于生产时便出现了现代生产，即"到了十八世纪中叶，科学技术开始和生产结合，科学技术的发明成果在生产上逐步得到应用，终于在英国爆发了产业革命。从此开始了现代生产的新纪元"（顾明远，1981a）[1]。现代生产需要具备一定科学文化知识和技能的劳动者，并因此与现代教育产生联系。"现代教育是和现代生产联系在一起的。在现代大工业生产之前，……学校教育与生产劳动完全相分离。自从出现了机器生产，即大工业生产之后，才对劳动者提出了具有一定科学文化知识和熟练技能的要求。"（顾明远，1981a）[1]

那么，我们该提供什么样的教育才能培养现代生产所需要的人才呢？为了回答这个问题，顾先生首先揭示了现代生产的特征，比如：科学技术成果迅速运用到生产中；新技术、新产品迅速过时；生产工艺的不断革新造成行业的变换；人在生产中从直接参加生产劳动转到主要负责控制生产，体力劳动的比重减少，脑力劳动的比重增加，生产劳动逐步变为科学劳动，社会劳动不断智力化；等等。（顾明远，1981a）[1-2]

基于现代生产的以上特征，依据马克思的理论，顾先生旗帜鲜明地提出了"人的全面发展"的教育目标。"传统的手工业生产造成人的畸形发展，现代大工业生产则要求人的全面发展。……马克思说：'大工业的本性决定了劳动的变换、职能的更动和工人的全面流动性。'而且认为，这种劳动的变换是大工业生产不可克服的自然规律。"（顾明远，1981a）[2] 为培养全面发展的人，他进一步提出"教育要同生产劳动相结合"的教育命题。他认为，"教育同生产劳动相结合，培养全面发展的人"是现代生产对现代教育提出的普遍要求。

当然，顾先生也指出，现代生产还对教育的发展规模以及教育的组织、内容和方法提出了要求。教育结构多样化，教育内容、教育手段现代化，发展职业教育，倡导终身教育，这些都应当成为现代教育对现代生产要求的回应。（顾明远，1981a）

以“人的全面发展”为教育目的，“教育与生产劳动相结合”等教育命题或教育规律，至今仍普遍适用。可见，顾先生就是从未来社会发展对人才提出的要求出发来反观现实的教育，从而对教育的未来进行规划的。

如果说在《现代生产与现代教育》一文中顾先生重点关注的问题是教育要应对大工业生产时代社会变迁的需求的话，那么，《新的科技革命和教育的现代化》这篇文章则反映出顾先生希望以教育现代化来应对信息社会的到来。也因此，教育现代化成为顾先生教育研究的一个重要议题。

在《新的科技革命和教育的现代化》一文中，顾先生借用1973年美国社会学家丹尼尔·贝尔在《后工业社会的到来——社会预测尝试》一书中提出的后工业社会的五大特征*，总结了信息时代的特点：（1）科学、技术和生产的日益一体化，使科学成为直接的生产力；（2）学科之间相互作用，关于复杂问题的综合研究得到加强；（3）自然科学和社会科学的结合；（4）新的科技成果在生产上的应用使制造业工人的百分比不断下降，第三产业（服务业）的工人和企业管理人员不断增加。（顾明远，1984）[10-12]

新的科技革命的特征，使得“体力劳动的比重在减少，脑力劳动的比重增加”（顾明远，1984）[12]。生产劳动增加了创造性成分，并且逐步变为科学性劳动。这就对教育提出了需要更多智力劳动者的新要求，教育改革

*（1）经济上从制造业为主转向以服务业为主；（2）社会的领导阶层由企业主变为科学研究人员；（3）理论知识成为社会的核心，是社会革新和决策的根据；（4）未来的技术发展是有计划有节制的，技术评价占有重要地位；（5）制定各项政策都需要通过“智能技术”。（顾明远，1984）[8]

成为必然趋势。于是，顾先生提出了关于教育改革的想法：（1）增加智力投资，培养适应新的科技革命的人才；（2）加强教育同现代生产和现实生活的联系，把教育同生产劳动结合起来；（3）教育的概念需要扩大，应包括家庭教育、社会教育的一切方面；（4）继续进行教学改革，进一步实现教育的现代化；（5）重视对学生德智体的全面培养；（6）进一步提高师资水平。（顾明远，1984）[12–18]

从新的科技革命对人才所提出的不断学习的要求出发，顾先生提出了未来教育的“大教育”概念，认为教育概念要扩大至家庭和社会。同时，顾先生也感觉到终身教育和建立学习型社会将成为必然，并以此作为其以后研究教育的思考框架之一。这些都是顾先生从信息社会对人才的新要求出发，对未来教育所做的预测与规划。

第三篇文章《市场经济与教育改革》的写作背景是，顾先生关注到党的十四大提出我国经济体制改革的目标是建立社会主义市场经济体制，认为这是一场深刻的社会变革，必将对我国的经济发展和社会进步带来不可估量的影响，也必然会影响到我国教育事业的改革和发展。由此，他首先深入研究了社会主义市场经济的特点，认为：社会主义市场经济体制必须坚持以公有制为主体，多种经济成分共同发展的方针；社会主义市场经济具有开放性、国际性、竞争性、法制性以及企业管理的科学性等特点，这些特点与教育息息相关。（顾明远，1994a）[3–4]

在这篇文章中，顾先生重点关注的是调整教育的整个机制，以与市场经济体制相适应。他明确指出，要充分认识社会主义市场经济体制的建立和完善对教育改革和发展的促进作用，比如：有利于教育管理体制的改革，加强地方办学的决策权和自主权；有利于教育结构的改革，促进职业教育的发展；等等。教育要主动适应社会主义市场经济体制的建立，培养社会主义市场经济所需要的人才。（顾明远，1994a）[4]

顾先生还及时地发出警示：市场经济也有消极面，比如自发性、盲目性、滞后性等，同时还带来了拜金主义、享乐主义、个人主义等反精神文明的思想和行为，后者的消极影响需要在培养人的过程中加以防范。

关注未来社会的发展，用未来的眼光观照现实的教育，是顾先生的一贯主张。早在1994年先生就提出要关注21世纪的特点，即“教育是未来的事业，今天我们教育的学生将主要在21世纪发挥作用。因此我们首先要认识21世纪的时代特点”（顾明远，1994c）[19]。顾先生也从联合国教科文组织发布的新的研究报告《反思教育：向“全球共同利益”的理念转变？》中敏锐地觉察到未来社会对生命个体的观照与尊重。“总的精神如报告导言中说的：教育应该以人文主义为基础，以尊重生命和人类尊严、权利平等、社会正义、文化多样性、国际团结和为可持续的未来承担共同责任。”（顾明远，2016b）[95]

可见，关注未来社会的发展走向以及未来社会发展对人才提出的要求，是顾先生始终如一地思考未来教育的另一个出发点。

总之，为未来社会培养人才的教育就是未来教育，而关注未来社会的发展走向及其对人才提出的要求，并以此为重要依据反思我们该提供怎样的教育，这就是顾先生畅想未来教育的思想基点。

第二节　开启未来教育之门的钥匙

搞清楚了顾先生对教育极具预言性的判断的出发点，要想理解顾先生如何能够提出极具预言性的教育主张，还需要搞明白顾先生对未来教育发展做出判断的依据。

教育是一个复杂的事物，受社会政治、经济、文化、科技、环境、人等各种因素的影响，同时它也有自己的内部发展规律。因此，预测复杂的教育的未来，并不是一件容易的事情。那么，在变幻莫测的国际、国内环境下，在政治、经济、文化、科技不断发展变化的浪潮中，顾先生是如何为我国教育的未来把脉，引领我国教育的未来发展，并总是能够在众说纷纭的未来教育观点中处乱不惊、拨乱反正的呢？

概而言之，顾先生有三把钥匙，即牢牢把握教育本质，不断探循教育规律，以及积极拓展国际视野。

一、牢牢把握教育本质

把握住事物的本质，才不会被五彩缤纷、眼花缭乱的世间乱象所困扰。顾先生正是牢牢把握住对教育本质的认识，从而探清教育未来发展之路的。

对教育本质的探索与反思贯穿于顾先生教育研究和实践的始终，这一探索和认识过程也是曲折的，更是不断深入的。

顾先生认为“教育的本质往往主要体现在教育目的上”（顾明远，2000）[20]。教育到底是干什么的，在教育发展不太完善的阶段，其实人们并没有搞清楚。顾先生曾说：“‘文革’前和‘文革’中长期把教育视为阶级斗争的工具，‘文革’以后又单纯地强调教育为经济建设服务。经过不断的探索，终于认识到教育是民生之基，强国之本。教育的根本目的是传承民族文化、促进人的全面发展。教育离不开社会，必须为社会的经济、政治建设服务，但教育的服务是通过传承文化、创新知识、提高国民素质和培养人才来实现的。”（顾明远，2012a）

通过发表演讲和文章，顾先生不断宣传这一教育本质观。比如，顾先生在首届全国霍懋征教育思想论坛开幕式上的演讲（2012 年 8 月 18 日）的主题就是“让教育回到原点”，提出教育就是“传承文化，培育人才，促进人类的发展。从个体来讲，促进个体的全面发展；从人类来讲，促进人类的全面发展”（顾明远，2014a）[330]。顾先生也写过多篇以教育本质为标题的文章，如《培养人才是教育的根本》。

就这样，从观照教育外部功能的工具论，到对教育自身职能的反观，顾先生逐渐形成对教育本质的认识，即教育是传承文化、创新知识、促进个人乃至人类的全面发展，并以此来服务社会的。

进而言之，人如何才能够得到发展呢？在《教育要回归“人的发展”原点》这篇文章中，顾先生对人的发展与社会的关系做了更进一步的说明，指出：“通常来说，人的发展受遗传、环境、教育这三个因素的影响，因此教育活动的开展也离不开这三个方面。无论是国家希望培养社会主义事业的建设者、接班人，还是家长希望孩子成才，首先都要尊重人的发展，促进人的发展。人的个性只有得到充分自由的发展，才能成为人才，更好地为社会服务。”（顾明远，2011a）可见，只有尊重人，尊重人的个性，才能促使人得到充分自由的发展。

人的发展的本质又是什么呢？“马克思主义认为：‘人的本质并不是单个人所固有的抽象物。在其现实性上，它是一切社会关系的总和。’教育是人的社会化过程，因此教育必然要反映社会的需要。”（顾明远，2003a）[8-9] “‘教书育人’这四个字就概括了教育活动的本质。教育作为人类社会特有的活动，它的本质就是使一个作为生物个体的自然人变为一个作为社会成员的社会人。也就是说，教育要使一个人获得赖以生存的生产劳动的经验和社会生活的经验，包括一定社会的思想观念、道德准则、行为习惯，从而使人类社会得以生存和发展。所以，教育的本质就是培养一定社会所需要的人。”（顾明远，2013b）[93] 在此，顾先生强调了人的发展的社会性，教育是使人从生物个体发展成社会人的必不可少的重要环节。顾先生正是从对教育本质的这一认识出发来做出“学校不会消亡，教师不会被取代”的诊断的，这是后话。

2015 年 11 月 25 日，联合国教科文组织发布了新的研究报告《反思教育：向“全球共同利益”的理念转变？》，顾先生认真研读了这份报告，认同并解读了报告所提出的对教育本质的新认识，这是他对教育本质认识的进一步丰富与深化。顾先生曾指出教育是要促进人的发展，以前人们往往更多或更重视从人适应社会发展需要的角度谈人的发展，正如顾先生所说，过去人们总是用工具论来解释教育，缺乏对教育作为人的生存和发展的权利、教育对人的本体发展的重要性的认识。“报告强调教育是人的生存和发展的权利，教育要尊重生命、尊重公正、平等，使人们过上有尊严和幸福的生活。”（顾明远，2016b）[95]“教育不仅关系到学习技能，还涉及尊重生命和人格尊严的价值观，而这在多样化世界中是实现社会和谐的必要条件。”（顾明远，2016b）[95]因此，“维护和增强个人在其他人和自然面前的尊严、能力和福祉，应是二十一世纪教育的根本宗旨”（顾明远，2016b）[95]。这是对教育本质更加深刻的认识。教育的目的是促进人的发展；人的发展，既需要适应社会的发展，更需要尊重个体作为人的价值、尊严与幸福。社会越进入发展的高级阶段，人的本体发展就越会得到重视。

综合以上顾先生对教育本质的认识，可以发现其中有三层含义：教育是人生存和发展的权利；教育的目的是促进人的发展；教育通过传承文化、社会交往和创造知识，维护和增强生命个体的尊严与能力，同时使个体社会化，并服务于社会，以此获得有尊严和幸福的生活。

牢牢把握教育本质，是顾先生预测未来教育与判断事物是否符合未来教育发展方向的一把钥匙。任何违背教育本质的教育主张和实践都不会有生命力。

二、不断探循教育规律

顾先生开启未来教育之门的第二把钥匙，就是探循教育规律。探循教育规律是解释教育现象与预测教育未来必不可少的研究工作，也是推动教育学科发展的必由之路。

那么，都有哪些教育规律呢？顾先生指出："通常讲有两大规律：一个是教育的外部规律，即教育同其他社会现象的关系，主要是和政治经济的关系；一个是教育的内部规律，即教育同教育对象的关系。"（顾明远，1981b）[13] 因此，在探循教育规律的过程中，顾先生既特别关注在教育主动应对社会政治、经济、科技等发展要求的过程中所形成的对教育的一般认识，也非常关注对教育自身基本原理的研究，其中特别强调教育要遵循学生的身心发展规律。

首先，顾先生非常关注教育与社会政治、经济、科技等的相互作用关系，在其中发现研究旨趣，形成教育的规律性认识。

教育与社会政治、经济、科技等的相互作用关系，就是顾先生所说的教育的外部规律。顾先生指出："教育不是孤立于社会的活动，恰恰相反，它对社会的依附性很强。"（顾明远，2013c）[3] 因此，一方面，教育是受社会政治、经济、科技等发展的制约；另一方面，教育又通过传承文化、创造知识以及培养人而反作用于社会的政治、经济、科学和技术等的发展，即"教育，仍然是未来社会发展的希望。不论是教育领域内部的问题，还是社会发展中的问题，都需要通过教育的改革和发展来解决"（顾明远，2013c）[6]。

教育要主动适应一定生产的发展，这与社会的经济和科学技术的发展密切相关。顾先生指出："教育同生产劳动相结合是现代教育所必须遵循的普遍规律，因为现代教育本身就是现代生产的产物，它只有适应现代生产的要求并为它服务才有生命力。”（顾明远，1991a）[16] 这就是对教育的规律性认识，即“教育同生产劳动相结合是现代教育的普遍规律”（顾明远，1991a）[11]，教育同生产劳动相结合就成为现代教育的基本原理。如前所述，顾先生的文章（如《新的科技革命和教育的现代化》《市场经济与教育改革》等）促进了教育概念的扩大（从学校扩展至家庭和社会）、教育年限的延长（终身教育理念的确立与学习型社会的建立）、教育体制的重建以及教育现代化等教育基本理论的发展。

一个国家的教育当然要响应国家政治制度的要求。因此，无论作为学者，还是作为国家教育咨询委员会委员，顾先生都非常关注不同时期国家政治对教育的期望和要求。对于邓小平的“三个面向”思想、江泽民的教育创新理论以及习近平教育思想等，顾先生都认真研读、分析，或者转化成对学生相关能力培养的呼吁，比如培养学生的国际能力、创新能力等；或者转化成对教育改革的研究，比如教育创新机制研究、教育现代化理论研究等；或者转化成对教师专业素养的要求与期待，比如“四有”教师（有理想信念，有道德情操，有扎实知识，有仁爱之心）；等等。

教育对社会政治、经济、科技等的反作用，则是通过为响应外部社会需求而进行教育研究并转化成对相应人才的培养来完成的。教育是否提供了社会政治、经济、科技等发展所需要的人才，将直接影响到一个国家的社会发展状况及其政治、经济、科技等的发展水平。

把握好教育与外部社会需求的相互作用关系，关注一定社会政治、经济、科技等发展对人才的要求，并形成相应的研究旨趣，产生一般性的教育认识，提炼出教育规律，遵循这些认识与规律，培养出社会发展所需要的人才，形成教育与社会的良性互动，这本身就是教育的规律。顾先生对这些规律的探索，帮助他解释教育现象并预测教育的未来发展。

其次，遵循学生的身心发展规律。

顾先生所说的教育的内部规律指涉教育与教育对象的关系。他提出了学生既是主体也是客体、教育系统“三要素说”或“四要素说”、人的全面发展的教育目标、教育与生产劳动相结合的基本原理等很多教育基本理论方面的观点与主张。其中对把握未来教育最具重要意义的是，教育一定要遵循学生的身心发展规律。

教育是人的权利，教育的目的是促进人的发展，而人的发展是有规律的，教育必须遵循学生的身心发展规律，维护和增强学生的尊严，真正促进学生的健康发展，让他们过上有尊严的幸福生活。因此，任何违背学生身心发展规律的教育主张和举措都是没有未来的。这也是顾先生判断事物是否符合教育未来发展方向的依据。

家庭、学校和社会共同承担对孩子的教育责任。家庭教育、学校教育和社会教育都需要遵循学生的身心发展规律。

针对家庭教育，顾先生曾说：“家庭教育要符合儿童、青少年年龄发展的特点。教育的目的是促进青少年儿童体力和智力的发展，但它只是发展的不可缺少的外部条件，只有符合儿童、青少年内部发展的规律才能起作用。”（顾明远，1982）[47]

学校教育更要科学、专业，更需要遵循学生的身心发展规律。对此，顾先生写了《只有了解学生，才能教育学生》这篇文章。指出教师作为园丁要精心培养作为幼苗的学生。“要做到精心，就要了解儿童，了解每一个儿童的思想、感情、兴趣、爱好、经历和家庭的文化背景。”“了解了学生的情况，还需要有正确的分析和认识，要懂得学生的年龄特点和个性特点。”（顾明远，2013d）[98]

了解了学生，就会知道学生之间存在很大的不同，因此教学就需要有不同的处理。顾先生指出：“适当降低课程的深度和难度，就是要让胃口小的人吃饱，使他能够把学习的内容消化吸收；让胃口大的人吃好，使他能够有余力去学习他所喜爱的学科，做他所喜爱的事情，充分发挥他的天赋才能。”（顾明远，1998）[181] 他总结道：“教师要面向全体学生，研究学生，了解每个学生的特点和特长，因材施教，扬长避短，充分发挥学生的优势。”（顾明远，2013e）[63]

可见，顾先生非常重视在办教育的过程中遵循学生的身心发展规律。他还提出把“学生身心发展的规律，特别是学生的认知规律和认知水平”同“中等教育的任务”“科学技术文化的发展”“社会的需要和国情”一起作为课程改革的重要依据与原则。（顾明远，1991b）

顾先生借用《道德经》中的说法，指出“一切事物发生发展都有规律，这个规律就是‘道’，所谓‘人法地，地法天，天法道，道法自然’”（顾明远，2014b）。因此，教育也要遵循自然规律，发展人的自然本性，按照人的自然本性去从事教育。凡是违背人的自然本性的教育言论和行为都将违背教育的本质，是反教育的行为。

由此可见，对教育的外部规律和内部规律的不断探寻，贯穿于顾先生教育研究与实践的全过程。“遵循教育规律办教育”成为顾先生开启未来教育之门的第二把钥匙。

三、积极拓展国际视野

每个国家都有基于自身政治、经济、历史、文化等背景的教育特色，但与此同时也存在超越国界、具有一定普遍性的教育信念和规律。顾先生有着非常丰富的国际学习与出访经历。他曾任世界比较教育学会联席会长，在学术交流中与多国学者结下了深厚的友谊，还与一些国际大师频繁对话等。他山之石，可以攻玉。顾先生积极拓展国际视野，放眼世界各国的教育，通过国际比较教育的视角，借鉴它们的经验教训，反思并引导我国教育的发展。这是顾先生能够运筹帷幄、把握未来教育的第三把钥匙。

首先，在苏联的学习与访问经历，为顾先生打下了马列主义与教育学的理论基础，也让先生深入体验了苏联社会的文化与教育实践。（顾明远，2013f）[2]

顾先生在1951年8月至1956年7月，作为新中国成立后第一批留学生，在苏联学习生活了整整五年。在这期间，他学会了俄语，阅读了很多马列主义以及教育学的理论专著，打下了深厚的理论基础；到苏联的小学和中等师范学校见习，令他增长了对苏联教育实践的见识；暑假的夏令营生活，丰富了他对苏联文化生活的理解，也为他进行中苏教育比较研究打下了深厚的文化基础。后来，他又两次访问苏联。1984年初夏，顾先生作为中国高等教育代表团成员，访问了莫斯科大学、莫斯科动力学院、经济学院、列宁格勒大学、基辅综合技术学院及其他几所中等职业技术学校，还访问了苏联教育科学院、苏联高等教育问题研究所等单位，对苏联的传统革命教育和在中学开展校企合作办职业教育有了更为深入的了解。第二次访问是在1991年6月，苏联解体前夕，顾先生作为中国高等教育代表团成员出访苏联，访问的目的主要是进行双边文化教育交流，参加在莫斯科召开的中苏高等教育改革研讨会。这一次，顾先生顺便访问了莫斯科大学、列宁格勒大学、西北函授技术学院、高等教育问题研究所等单位。

这些学习和访问经历对顾先生研究苏联教育、思考我国教育可资借鉴的经验教训提供了很好的现场感受以及文化和理论基础。

其次，日本访问与讲学经历，使顾先生对日本人的性格、习惯、态度、意志品质等所映衬出的日本教育及其综合课程感触颇深。（顾明远，2013g）

顾先生多次访问日本，曾于1997年11月至1998年3月在日本鸣门大学访问讲学。顾先生对日本人讲礼貌、意志坚定、爱干净、服务周到、顾客至上等特点及其所反映出的对教育的作用感触颇深，感受到了日本注重传统教育、民族文化、社区文化。除此之外，他深入日本中小学课堂，对当时的日本教育重视课外活动，关注每一个学生，以及青年人工作不好找进而产生厌学情绪等现象都有实地体验，对当时日本正在进行的、与生活密切联系的教育改革所提倡的综合学习活动（即结合学生所处的地域实际和社会实际，培养学生对自然、对社会、对他人的理解和态度，内容从低年级到高年级逐步加深）深有感触。对日本教育以及当时日本课程改革的体悟，为顾先生思考我国课程改革提供了很好的参考。

再次，欧洲访问经历，使顾先生将终身教育、学习型社会的理念根植于心，同时深入理解了欧洲文化以及芬兰平等、自由的教育理念。（顾明远，2013h）

1974 年，顾先生作为代表团的顾问出席了第 18 届联合国教科文组织大会，在巴黎住了 50 天。当时，在会议上第一次接触“终身教育”的他并不知道什么是终身教育，因而闹出了他后来在演讲中多次提起的“笑话”*。会议结束后，顾先生将终身教育、学习型社会的理念根植于心，并以此作为其对未来教育重要的思考框架。

2015 年 5 月至 6 月，顾先生再次游历欧洲，足迹遍布荷兰、德国、奥地利、意大利、瑞士、法国和卢森堡，成就了一次真正的欧洲文化之旅。

在顾先生访问欧洲期间，应芬兰坦佩雷大学副校长哈里·梅林的邀请，他对芬兰教育进行了为期一周的正式访问考察，参访的学校包括坦佩

* 顾先生当时不知道什么叫终身教育，他说，学习研究了 20 年教育，却不知道什么叫终身教育。问问周围学教育的人，也说不知道。于是就认为，既然都是发达的资本主义国家提出来的，肯定是资产阶级教育思想，我们不能支持。等到表决立项时，凡是扫盲、普及初等教育的项目，我都举手赞成；凡是终身教育的提案，我都投了弃权票。有一次，法国教育部长在凡尔赛宫举行招待会，招待各国代表。聊天交流时有一位澳大利亚的代表问我：“中国是怎样解决青年的失业问题的？”我一句话就把他顶了回去，我说：“中国没有失业问题，中国的中学毕业生全部上山下乡，农村有广阔的天地。”当时觉得立场很坚定，现在想起来都感到脸红。（顾明远，2013h）

雷大学、坦佩雷大学附属学校（1~12 年级）（即坦佩雷教育培训中心）、梅特森尼提幼儿园和坦佩雷职业学校，访问考察涵盖芬兰各级各类教育。芬兰教师的高素质、教育的高动机，以及个性化教育、不让一个孩子掉队等教育平等和学生自由发展的教育现实，给顾先生留下深刻的印象，这也进一步证实并坚定了先生的教育信条。

然后，北美访问经历让顾先生体会到什么是对儿童真正的爱。（顾明远，2013i）

1997 年 10 月 4 日至 11 月 11 日，先生率领一个幼儿教育代表团访问了加拿大、美国六个城市的几十所幼儿园和托儿中心。在幼儿园和托儿中心，老师们通过引导孩子完成一件事来帮助孩子建立自信，让孩子自由画画以培养想象力，与家长一起观察孩子并为孩子制订成长计划，注重发展学生的个性（其中当然也包括智力的发展，但更重要的是情感、意志和性格的培养），让孩子到集体中去体验人际关系以便长大成人后在社会上善于和人打交道，等等。这些让顾先生认识到当时国内在幼儿教育方面与北美的差距，体会到了什么才是对儿童真正的爱。他说，这不只是一个方法问题，而是一个教育观、人才观的问题。

最后，与国际大师对话，令顾先生思想激荡，促进了他对教育国际化与国际理解的认识。

近年来，为促进教育国际化与国际理解，顾先生与国际教育领域的大师们频繁对话。

从 2009 年开始，顾先生与日本创价学会名誉会长、国际创价学会会长池田大作通过书信对话。二人从各自的教育与人生谈起，论及教育与文化、中国与日本的教育、培养“创造性的人”——创价教育与素质教育、教育与和平等主题，内容纵穿历史、横跨东西，涵盖教育与社会，充分展现了两位大家丰富的人生阅历、深厚的学识积淀、宽阔的学术视野、温暖的人文情怀，对话最后形成著作《和平之桥：畅谈人间教育》。2015年5月，顾先生访问欧洲期间，北京师范大学芬兰教育中心和坦佩雷大学中国教育研究与交流中心联合发起并策划了“当东方遇见北方——学习花园之中芬教育大师对话”。对话在苏兰教育与文化部举行，邀请赫尔辛基大学前副校长、芬兰资深教育专家哈内娜·涅米教授与先生，围绕中芬教育的文化基础、社会环境、教育合作前景和中芬教师的使命与专业发展等问题，展开了长达4个小时的“中芬教育大师对话”。2015年10月27日和2016年10月26日，顾先生还两次跨界与国际学习型组织大师彼得·圣吉对话。2016年10月30日，先生与日本教育学会原会长佐藤学进行了主题对话，对终身学习、主动学习、合作学习、深度学习及学习共同体构建等话题展开了深入探讨。

大师与大师的国际对话，使得顾先生的国际交往达到了另一个高峰，这也是我国国际与比较教育研究领域发展的一个高峰。这些对话充分展现了顾先生的国际影响，彰显了中国作为一个大国的发展态势，进一步证实了顾先生的教育理念和信条，加强了国际交流，促进了国际教育理解，也使对话各方就广泛的教育相关议题达成了更深入的共识。

这只是顾先生国际交往的其中一小部分。顾先生及其研究团队对世界很多国家的教育都有很深入的研究，对国际组织也多有深入探讨，同时密切追踪国际组织重要教育报告，始终站在世界教育发展的前沿。

遍览世界教育发展动态，深悟各国国情与文化，使顾先生在心中升华出对教育本质与一般规律的更为深切的认识。把握教育本质、探循教育规律与拓展国际视野，三者交织在一起，成为强大的合力，助力顾先生开启中国未来教育之门，探索中国教育未来发展之路。

第三节 极具预言性的未来教育主张

至此，我们弄清楚了顾先生思考未来教育的出发点，也分析了顾先生开启未来教育之门的三把钥匙。接下来，该是阐述顾先生极具预言性的教育主张的时候了。

顾先生在他从教 70 年的时间里，著作等身，文章演讲无数，对未来教育发展的主张也极为丰富。所以，穷尽其言非我功力所及，在这里也只能略论一二。

一、教育要主动与社会生产相适应

这一教育命题，至今仍是推动教育改革的主要动因，并借此提出了很多极具预言性的教育改革举措。基于教育的外部规律，即教育与社会政治、经济、科技等的相互作用关系，早在 20 世纪 80 年代，针对当时学校教育与生产劳动完全分离，不能培养出现代生产所需要的具有科学技术知识的人才的状况，顾先生就提出“教育要同生产劳动相结合”(顾明远，1991a)(顾明远，1994b)的教育命题，并进一步提出以培养全面发展的人，适应现代生产劳动变换、职能变动与工人的全面流动性作为教育目的。“教育要主动与社会生产相适应”，这是极具前瞻性、普遍性的教育命题，时至今日已经完全得到证实，并成为共识性的教育原理，如今正在进行的第八次课程改革，其主要动因之一就是教育方式与社会生产方式的主动适应。

其实，顾先生的很多极具预言性的教育主张都源自这一教育命题，它们都引领了教育的可持续性发展，极具超前性。

首先，前瞻性地关注学生能力的培养，以适应未来社会发展。这也是顾先生旗帜鲜明地倡导素质教育、反对知识灌输型的应试教育的出发点。

如前所述，社会发展对人才的要求，是顾先生思考未来教育的出发点，因此，不同时期社会发展对人才的能力素质要求，是他特别关注的。

早在20世纪80年代，顾先生就提出以促进人的全面发展为教育目的，注重跨学科能力的培养，使学生具备科学和人文双重素养。

现代生产表现出劳动分工不断变换、工人全面流动的大生产特点，只有具有科学技术知识的人才才能适应大生产的需要。因此，顾先生提出现代教育要与生产劳动相结合，以培养全面发展的人作为教育目的。随着科学、技术与生产的日益一体化，综合性的研究问题越来越多，因此，顾先生提出要关注跨学科的综合能力培养。同时，“新的科技革命所带来的社会问题光靠自然科学是不能解释的，必须运用社会学、政治学、经济学、教育学等社会科学的知识来解释。因此在现时代，不仅学习社会科学的人要懂得自然科学，学习自然科学的人也应该懂得社会科学，预测到自然科学的发展所带来的社会问题，能用正确的观点去解释这些问题，并促进社会的进步”（顾明远，1984）[11]。顾先生指出，科学素养和人文素养都很重要。

顾先生早在20世纪80年代就提出培养跨学科能力。1992年，他还专门撰写了关于STEM（科学、技术、工程和教学）课程的文章，而STEM课程近几年才开始在中国得到大力推广，注重科学与人文双重素养的培养，这些都是时隔近40年的今天教育界正在大力倡导的。可见，顾先生的教育主张极具预言性。

20世纪90年代以来，顾先生提出教育要培养能够主动发展，学会学习，具备无定式思维，具有解决实际问题的能力和合作、创新、国际交往等能力的人才，以适应信息社会的到来。

顾先生指出：“信息社会是一个知识社会。……这些知识不是那些靠传统的传承方式获得的旧知识，而是靠创造性学习获得的新知识，不是那些远离现实的死知识，而是生动地运用于人类生活的活知识。因此，创新无疑是知识社会的一个核心特征。”（顾明远，2001a）

顾先生特别关注国际组织的相关报告，从中悟出国际社会对人才素质的要求，并以此作为对我国教育改革的指导性意见。顾先生指出，2012年经合组织发布的报告《为21世纪培育教师　提高学校领导力：来自世界的经验》提出，“21世纪学生必须掌握以下四方面的技能：（1）思维方式：创造性、批判性思维，问题解决、决策和学习能力；（2）工作方式：沟通和合作能力；（3）工作工具：信息技术和信息处理能力；（4）生活能力：公民、生活和职业，以及个人和社会责任。报告说：‘这些变化对教师的能力要求有深远的影响，教师必须将21世纪的生存技能更有效地教给学生……使他们成为终身学习者，掌握无定式的复杂思维方式和工作方式……’”（顾明远，2012b）[5]。其中，顾先生特别强调了无定式思维的培养：“……科学技术是不断在进步的，我们的思维要不断地跟上这个时代。……我们要培养未来公民不定式的思维方式，就是说遇到不同的情况，我们不能有一种定式的思维方式。因此，彼得·圣吉先生讲教师要学会把不知道的东西教给学生，让学生去探索，这才是我们未来教育的一种方向。”（丁瑞常 等，2017）[5]

在全球化和国际化的今天，顾先生特别强调对国际化人才的培养。他认为未来社会是一个国际交往十分频繁的社会。现代教育本身就是一种国际现象，是互相学习、互相交流的结果。（顾明远，1996）[8] 因此，培养具备国际交往能力的人才也是当务之急。

可见，顾先生与时俱进，领先倡导回应各个社会发展时期对学生能力的不同要求，从而引领教师教学、学校教育乃至教育系统发生相应的变化。只有这样才能使教育培养出来的人才适应未来社会发展的需要。

如此，我们就更加理解了顾先生为什么自20世纪90年代以来就旗帜鲜明地支持素质教育，并反对知识灌输型的应试教育。因为当今和未来社会的发展需要具备各种能力的人才，知识灌输型的应试教育适合工业社会，却不适合信息社会以及之后的社会，培养不出来未来社会所需要的人才，从而背离了顾先生思考未来教育的出发点。

其次，从关注培养具备适应社会发展能力的学生入手，及时反观教育，顾先生前瞻性地提出了教育改革的很多举措。

“教育改革与创新”是顾先生在文章与演讲中涉及非常多的话题。每当社会发生变迁，教育就要面临变革；每当教育频出状况，教育改革就会被提上议事日程。顾先生总是能够敏锐、及时、前瞻性地提出应对社会发展或当前教育问题的教育改革举措。前面提到过的三篇文章，即《现代生产与现代教育》《新的科技革命和教育的现代化》《市场经济与教育改革》，以及《新世纪到来话教改》等，都是很好的例证。

每一个社会发展形态不仅对学生的能力有新要求，同时也对教育的规模、结构、组织、内容和方法等提出新要求。顾先生在各个方面的前瞻性的教育主张，对我国教育发展起到了引领作用。

从教育规模而言，顾先生提倡国家投入，普及义务教育。由于大工业生产需要很多掌握科学技术知识的工人，因此义务教育得到了发展普及。顾先生一向主张，从教育经济学的视角看，教育是国家的事业，国家要投入资金发展教育，普及义务教育。（顾明远，1994a）[11]

从教育结构而言，顾先生从20世纪80年代就开始呼吁重视职业教育。他一贯主张教育的发展要应对社会发展对人才的要求。早在20世纪八九十年代，他就意识到了社会发展对人才结构的要求，呼吁重视职业教育。他说：“社会主义现代化建设不但需要高级科学技术专家，而且迫切需要千百万受过良好职业技术教育的中、初级技术人员、管理人员、技工和其他受过良好职业培训的城乡劳动者。……但是，职业技术教育一直是我国教育事业中薄弱的环节。”（顾明远，1994a）[5-6]

因此，顾先生呼吁改革教育结构，实现教育结构的多样化。“培养掌握技术的熟练工人和为现代化社会服务的各种行业的劳动者，单一的普通教育是不能完成这个任务的，必须设有多种多样的学校，……教育结构的多样化主要是在高中阶段和高等学校阶段。”（顾明远，1981a）[5] “教育结构的多样化是必然的。只有教育结构的多样化才能满足社会生产和社会生活多样化的要求，才能适应不同学生不同的要求。”（顾明远，2013j）[24]

可见，顾先生从 20 世纪 80 年代就开始呼吁重视职业教育，比国家出台系列政策文件，提出大力发展职业教育 * 早了 20 年。

顾先生不仅前瞻性地呼吁重视职业教育，而且很早就指出了职业教育和普通教育互相贯通的问题。“要建立一个多样化的而又互相贯通的教育系统。学校教育结构的多样性不能变成多轨性，互不相通，堵住学生持续发展的出路。例如，我国在中等教育阶段实行普通教育和职业教育的分流来满足社会各行各业的需要和学生升学的要求，就应该同时考虑如何为职业高中毕业生将来继续学习提供教育机会的问题。”（顾明远，1996）[8]

从教育时长和范围而言，顾先生早在 20 世纪 80 年代就提出扩大教育范围，提倡终身教育，建立学习型社会。如前所述，从 1974 年起顾先生就将终身教育的理念根植于心。顾先生指出：“科学技术在生产上的应用，造成职业的变动和失业。实践证明经过一次职业训练已不能保证终生的职业，新的科学技术的发明，使学生在校学到的知识迅速陈旧过时，这就促使人们要不断学习和重新接受训练，为生存而学习，以适应瞬息万变的世界。这就出现了‘终身教育’的思想。”（顾明远，1981a）[7] 终身教育

* 我国在 2002 年左右才开始出台一系列大力发展职业教育的政策文件（如《国务院关于大力推进职业教育改革与发展的决定》《国务院关于大力发展职业教育的决定》）。

使得教育不可能都发生在学校里，因此，“教育的概念需要扩大。教育已经不能限于在学校教育的框框内。它应包括家庭教育、社会教育的一切方面。……学校已经不是获得知识的唯一途径，各种群众性的通讯系统给一个人越来越多的影响”（顾明远，1984）[15]。因此，需要建立一个学习型的社会。

利用终身教育和学习型社会的理念作为框架，重新构建教育系统，这是顾先生为未来教育所做的规划，这项规划工作至今仍在进行。

从教学组织形式而言，顾先生历来倡导育人模式的变革，最近又呼吁“教育的未来是从教到学的转变”。顾先生关注培养适应社会需要的人才。人类社会进入信息时代，需要具有创新能力、批判性思维、无定式的思维、解决问题的能力、合作能力、信息素养、社会伦理和责任感的人才。这是单纯靠教师讲授式的教学模式培养不出来的。因此，顾先生鼓励给学生机会，让他们主动学习，自主、合作、探究式地学习。

他说：“当今时代在不断变革和不断创新，科学技术的发展日新月异，社会发展瞬息万变。如果还是用传统的方式把现成的知识灌输给学生，孩子们将来怎么能走向社会，怎么能适应世界的变化？……要把学生放在主体的地位，相信他们潜在的能力，引导他们探索未知的世界，让他们发现问题、分析问题、解决问题，重视发展学生的思维。……当今时代是变革的时代，只有思维的变革才能适应时代的变革。怎么培养学生的思维，最根本是从教到学的转变。”“今天，特别要改变学生被教育、被学习的局面。要改变成‘我要学、我喜欢学’的局面。”“今天的教育改革就是要把力量放在从教到学的转变上。这种转变符合时代的要求和人才发展的规律。”（顾明远，2016c）

“从教到学的转变”，教学模式多样化，是当今我国教育教学领域的一个必然的发展趋势。顾先生的呼吁，必将对我国教育的未来发展起到引领作用。

二、技术对教育具有革命性作用

顾先生前瞻性地指出技术对教育所具有的革命性作用，提醒人们注意技术可能带来的负面影响，同时，他反对学校教育和教师消亡论，但指出教师的角色要发生改变。

遵循外部教育规律，即教育要应对一定社会发展阶段政治、经济、科技等的发展对人才提出的新要求。因此，顾先生一直特别重视新技术的发展及其在教育中的应用，并身体力行，促进了由技术的教育应用演化而成的教育技术学学科的诞生与发展。

“1977 年 12 月，国家科委编制《1978—1985 全国科学技术发展规划纲要》，教育部要北京师范大学派人参与教育科技方面课题的起草工作。顾老师当时正主持教务处工作，意识到随着电视、卫星和计算机的发展，这些新的技术一定会在教育中发挥重要作用，因而竭力主张开展教育技术方面的研究。于是就派当时学校物理系副主任尹俊华老师去参加那次会议的有关教育科技项目的起草工作。接着尹老师又参加了 1978 年初召开的科技发展规划会议。规划中正式列入了开展现代教育技术手段的研究课题。1979 年，赶上联合国开发计划署给予资金的支持，于是就在北京师范大学和华东师范大学同时成立现代教育技术研究所，开始了电视、计算机和卫星等先进技术在教育中应用的研究。这两所大学的教育技术学本科专业以及后来的教育技术学硕士点和博士点就是在这两个现代教育技术研究所里逐渐发展起来的，这两所大学连同华南师范大学以及河北大学的教育技术学硕士点在一定程度上带领并影响着教育技术学专业在其他学校的诞生与发展。”（刘美凤，2008）[1] 这其中，顾先生起到了非常大的促进作用。

首先，顾先生早在20世纪90年代就旗帜鲜明地、前瞻性地指出技术对教育具有革命性作用。

早在1994年，顾先生就专门论述了电化教育（当时该领域的名称）对教育的革命性作用。他说："电化教育的出现，不能简单地看作是一种教育手段问题、方法问题。它对教育过程的影响是很深刻的，必将引起教育过程的革命。"（顾明远，2013k）[40]

当时的预言在信息技术快速发展并广泛应用于教育的今天得以证实。2010年，《教育规划纲要》第十九章"加快教育信息化进程"中提出"加快教育信息基础设施建设，信息技术对教育发展具有革命性的影响，必须予以高度重视"，又一次证明了先生对未来教育预测的前瞻性和准确性。

那么，电化教育对教育产生了哪些革命性作用呢？顾先生认为：（1）电化教育改变了某些教学原则。传统教育学强调教学要由近及远，由浅入深，由具体到抽象。电化教育可以把远方的东西放到学生的眼前，使复杂的东西变得简单，把抽象的事物化为具体。（2）电化教育改变了教学内容和教材形式。过去许多不容易理解的新科技的内容可以通过电化教育增加到教学内容中，使教学内容现代化。同时电化教材不同于普通的书面教材，电化教材把声、像和文字结合起来，而且以声、像为主，增加了教材的艺术感染力。（3）电化教育使教学过程中由"教师、学生、教育影响（在传统教学中教育影响仅指涉教材）"构成的"三要素说"变成"四要素说"，即电化教育使教育影响中增加了教学技术手段，而且它越来越起到重要的作用。（顾明远，2013k）[39] 也因此，顾先生认为电化教育的一项功能就是"促进教育科学理论的发展"（顾明远，1992a）[4]。

顾先生的"技术对教育具有革命性作用"这一观点，在他的很多不是以教育技术为主题的文章中也不断被提到，而且与时俱进，不断发展。比如，在《教育的文化研究》一文中，顾先生写道："现代科学技术的迅速发展，更是使学校教育的内容、方法和手段发生了很大的变化。当前信息技术正在冲击着课堂，迫使传统教育发生革命性的变革。”（顾明远，2013c）[8]在《教育领域综合改革的宏观视野》一文中，顾先生写道：“教育改革要充分而适当地利用信息技术改变人才培养模式：为学生设计个性化学习平台，通过大数据了解学生的学习和生活，通过互联网与学生沟通及与家长联系。”（顾明远，2014c）[8]在《终身学习与人的全面发展》一文中，顾先生写道：“信息技术的发展及其在教育中的应用，特别是远程教育、互联网的发展，使教育和学习冲破了学校教育的牢笼，使得教育随处都在，随时都是。”（顾明远，2008）[10]以网络教育为主要手段的现代远程教育模式，正逐步成为新世纪实现继续教育和终身教育的新途径。

其实，顾先生对技术的发展及其对教育的革命性作用也是存在一丝敬畏心理的。他说：“我经常讲，信息技术绝对会在教育领域引起一个教育革命。无论是在教育的培养方法上、教育内容上、师生关系上，都会引起很大的革命。信息化的趋势越来越明显，……但是我们对信息化、对互联网的认识，我觉得还有很大的差距。”（顾明远，2012c）[3]可见，顾先生很睿智地表达出对技术发展及其教育应用的未来前景的憧憬。

从过去的技术改变教学原则促进教育科学理论发展，到技术改变教学内容与教材形式、教学方法与手段，再到技术改变人才培养模式，促进个性化学习，使远程学习、继续教育、终身学习得以发生，等等，可以看出，顾先生一直追踪着技术的发展，关注着新技术的教育功能，从教育本质的视角审视技术对教育发挥作用的可能性，敬畏并憧憬着技术及其教育应用的未来。

从当时只起教学辅助作用的电化教育媒体及其教育应用开始，顾先生就预言到技术对教育的革命性作用，而且，这已然成为40年后的现实，再次证明了顾先生对教育未来发展判断的准确性和超前性。

其次，先生及时提醒人们注意技术可能带来的负面影响。

尽管顾先生一直鼓励中小学和高校充分利用信息技术提高教育教学效果、改变育人模式，但他也非常清醒地认识到，技术在给教育带来变革的同时也会带来一些负面影响。

早在 1999 年，顾先生就指出："教育技术，特别是多媒体、互联网的普及，给学习带来方便和丰富多彩。……但是在想到它的好处之余，又不免为之担忧。可以调查统计一下，有电脑的家庭，孩子用于学习的有多少，用于玩游戏的有多少。我常常听到一些父母抱怨孩子迷恋游戏机。更有甚者，有的孩子躲在自己小屋子里玩着不健康的游戏。最近还常常听到报道，某些地方出现宣扬日本军国主义的游戏软件。学生沉溺于电脑游戏，不仅影响学业，而且有害身体健康。遇到黄色、黑色的游戏，还会严重地腐蚀学生的思想，损害他们的心理健康。"（顾明远，2013m）[35]

顾先生引用联合国教科文组织的报告《反思教育：向"全球共同利益"的理念转变？》说："数字技术为表达自由创造了更多机会，但同时也引发了人们关心的重大问题：个人信息涉及隐私和安全等重要问题。""在这个新的网络世界里，教育工作者需要帮助新一代'数字国民'做好更加充分的准备，应对现有数字技术乃至今后更新技术的伦理和社会问题。"（顾明远，2016b）[95]

技术是双刃剑，在给教育带来革命性影响的同时，也会伴有沉迷游戏、接触不健康的内容、缺乏人际交流、隐私与网络安全受到威胁、衍生出相应的伦理和社会问题等负面作用。只有避免技术的负面影响，才能更好地享受技术带给我们的便利。顾先生及时的提醒是对技术给教育带来灾难的提早预防。

随着计算机、网络、远程通信技术、移动技术、人工智能技术的长足发展及其在教育领域的广泛应用，网上的优质资源不断增加，学生可以在任何地方、任何时候自主学习任何内容。因而，社会上出现了一种论调，认为“学校将消亡，课堂将消失，有纸载体将被无纸载体所代替，当然教师也就可有可无了”（顾明远，2013m）[32]。

针对这种认识，顾先生依据他所一贯秉持的教育本质观，在多篇文章和演讲中明确表态：学校教育不会消亡，教师不会被替代。

顾先生认为，学校是不会消亡的。这是因为，教育的本质内涵之一就是促进人的社会化。“学校是人生走出家庭、走向社会的第一个公共场所，是人生社会化的第一步。儿童进入学校不仅学知识，重要的是要学做人，学会与人沟通和交往。……个人的发展不是孤立的，而是在人类社会共同发展进程中发展的。因此，个性化学习并不排斥集体学习，学校则是学生集体学习、共享学习成果的最好场所。”（顾明远，2016a）“学校是一种特别的社会组织，学校的育人环境、文化氛围、文化传统是任何其他社会组织所不能替代的。”（顾明远，2013m）[33]

顾先生指出，教师也不会被机器替代。这是因为，学生的学习不只是知识的获得，更包含态度与人格的养成、人际交往能力的培养。“不仅因为教师有专门的育人知识和能力，而且教师的人格魅力对学生的影响是无可估量的，更何况最优秀的计算机教学软件也必须有教师的参与才能制作出来。”（顾明远，2013m）[33]“……更何况，教育不是单纯地使学生获取知识，教育还要培养学生具有完善的人格，这只有依靠教师的循循善诱才能办到。”（顾明远，2013n）[53]“人是要靠人来培养的，这是所有机器代替不了的。教师的活动蕴涵着人的感情、人文精神，师生的情感交流是一种不可或缺的教育力量。”（顾明远，2016a）“学习不应只是个人的事情，作为一种社会经验，需要与他人共同学习，以及通过与同伴和老师进行讨论及辩论的方式来学习。”（顾明远，2016b）[96]“青少年是长知识的时期，他们尚不成熟，他们处理信息的能力还很差，判断是非的能力还很弱，需要教师指导和帮助。何况教师的身教言传，教师行为风范对学生的潜移默化的影响，是任何事物不可替代的。”（顾明远，2001b）[19]“信息技术只是一种技术、一种手段，而教学仍然要坚持教师与学生的人际交流，教师仍然要用自己的学识魅力和人格魅力陶冶学生。”（顾明远，2015）[7]

可见，孩子处于成长阶段，需要成人引领，学习需要共同讨论交流，学生人格的发展需要心灵的沟通和潜移默化的影响，而学生的各种学习环境也需要懂得教育规律的人来进行设计，因此，教师不会被机器替代。

从20世纪五六十年代计算机应用于教育开始，学校教育和教师将会消亡的言论就没有停止过。对此顾先生从教育本质的视角进行了分析，以正视听，也得到了现实的证明。

尽管顾先生认为在各种信息技术、人工智能技术不断发展的今天，教师仍不能被机器替代，但是他也明确表示，技术的发展确实对教师的权威性提出了挑战。“‘互联网＋教育’必然会引起教育和学习环境的变革。……学习者不再限于学校里、课堂上，而是时时处处可以学习、可以从互联网上获得各种信息。……教师已经不是知识的唯一载体，更不再是知识的权威。”（顾明远，2016d）再加上信息社会对人才的各种能力提出了新要求，使得教师讲授式的教学模式受到了挑战，因此，教师的角色必须发生改变。

顾先生认为，教师应当从知识的传授者转变为“利用互联网的特点为每个学生设计适合他们的学习环境，同时指导学生收集处理信息的正确策略和方法，帮助学生解决学习中的困难，与学生共同学习。因此，教师应该是学生学习的设计者、指导者、帮助者以及和学生共同学习的伙伴”（顾明远，2016d）。“学校教育不可能也没有必要把所有知识教给学生，更重要的是教会学生学习，使他们自己能够获取知识。因此，教师要懂得学生的认知规律，指导学生学习的方法。”（顾明远，2012b）[5]

总之，“在未来教育中教师的角色主要表现在教师是设计者、帮助者、品质的示范者等方面。教师是学生的长者，又是朋友，是学生的引路人”（顾明远，1995）[41]。

最后，顾先生专业地指出“新的媒体也没必要代替旧的媒体，而是提供了更多的选择”，并针对教育信息化提出了“器、技、气”三个字之间的关系。

顾先生认为，不仅信息技术及其教育应用不能代替教师和学校，而且新的媒体也不必代替旧的媒体，事实上，技术的发展提供了更多的选择性。这一思想一针见血、触及要害，提醒得非常及时且必要。

顾先生指出：“有人说，人类的知识载体由无纸载体变为有纸载体，今天又在向无纸载体转化。此种说法不太确切，应该说是向多种载体转化。”（顾明远，1997）[13]“在现代教育过程中，把电化教育说成是文字教学的辅助工具显然是不对的；但是说要用电化教育来代替文字教学，用电化教材来代替文字教材也是不正确的。”（顾明远，1992a）[4]“有些发达地区的学校装备了多媒体教室，教师都自己制作课件，很少使用黑板。那么，是否可以说要告别黑板与粉笔呢？我想也不必这样说。黑板也有它的优越性，黑板简便易用……黑板的成本就低得多。”（顾明远，2013m）[33]

针对物理、化学实验的虚拟化，顾先生也是一针见血。“教育装备不能只重视发展现代信息化仪器设备，常规设备不能少，试管、烧杯这些仪器设备有其不可替代的作用，还要使用。有人讲，化学物理实验可以虚拟化、可以在网上做。这是不行的，这样怎么能培养动手能力和实践能力？任何创造发明都要落实到基本的劳动技能上。如果连烧杯都不会用，钳子都不会用，怎么能培养创新人才？所以，教育装备应该是信息技术与常规技术同时发展，互相补充，取长补短，充分发挥各种教育装备的作用。”（顾明远，2016e）[7]

使用哪种技术，不使用哪种技术，不能以新旧为依据，而应从是否能够促进学生发展的教育本质观和教育规律观出发进行考虑。所以，尽管顾先生不专门研究教育技术，但是，他的关键的三把钥匙（“牢牢把握教育本质”“不断探循教育规律”“积极拓展国际视野”），总是能够让他做出正确的判断和预测，并因此引领教育技术学乃至其他教育学科的发展。

更为精辟的是，顾先生从教育本质和教育规律出发，提出了教育信息化的“器、技、气”三个字之间的关系。“对教育信息化，我提出‘器、技、气’三个字的关系。一是‘器’，即器具，就是信息化装备具有工具属性。……二是‘技’，即技术，就是教师要掌握运用装备的技术。……三是‘气’，即神气，就是信息化装备的配备与使用要有人文精神。”（顾明远，2016e）[6]一言以蔽之，信息技术是手段，目的是促进人的发展，即，教师要学会利用各种信息技术支持教育本质的实现。

三、办适合每个学生的教育

顾先生提倡办适合每个学生的教育，认为这就是最好的、最公平的教育。

顾先生坚持办教育要符合学生的身心发展规律。而根据学生的身心发展规律，每个学生的特点都是不一样的。尽管相同年龄的学生具有相似的生理成长特征，比如思维、语言、心理等生理发展阶段特征，但每个人由于受遗传和环境的影响，其各自的发展状态也不一样；学生在多元智能方面天生的强项和弱项以及后天的发展不一样，使得学生在学习某些科目的能力上不一致；学生的学习基础不一样；学生的学习风格也不一样。因此，如果学校只提供一个教学方案，让这些不一样的学生没有别的选择，显然，这样的学校就会制造出很多所谓的“差生”，也会使在某些方面能力更强一点的学生“平庸化”。这背离了顾先生提倡的教育是促进每个学生的发展的教育本质观。

基于对教育本质的认识，顾先生早在2010年就提出要为每个学生提供最适合的教育。他说："为每个学生提供适合的教育，是尊重教育规律和学生身心发展规律的要求。生理学和心理学告诉我们，人的遗传素质是不同的。……大家都承认人的天赋是有差异的。……如果用一种模式，一种标准去培养学生，很难得到圆满的效果。从教育学来说，教育要遵循儿童身心发展规律，根据不同儿童的特点、特长、爱好来因材施教，才能获得教育成功。……教师对学生要诚心，要了解学生的学习情况，了解他们的优势和劣势，因材施教，否则就达不到育人的目的。"（顾明远，2010）

与上述观点一脉相承，顾先生也因此并不反对英才教育。"关于英才教育……人生来是平等的，但遗传素质是有差异的。如果用一种标准去要求每个人，或者对天赋好的硬不让他发展，恐怕也是一种不公平。同时，英才也是需要的，多几个爱因斯坦，科学技术发展得会更快。问题是不要刻意去追求，不要把儿童从小分成三六九等，不要揠苗助长。"（顾明远，2013o）[256]

如何办适合每个学生的教育呢？

顾先生指出，个性化与多样化是办适合每个学生的教育的重要途径。"个性化教育就是培养学生个性发展的教育。为了使学生个性发展，就要为每个学生提供最适合的教育，使学生的个性特长得到充分发展。""为此，学校要改变原来那种千篇一律的人才培养方式，采用个性化教育的方式。"（顾明远，2011b）[5]"个性化学习，因材施教，分层教学将是新常态。"（顾明远，2016f）[6]分层教学可以让学生差异化发展，让每个学生都在自己的知识与能力基础上获得自身最好的发展。由此，先生刻画出了未来教育的美好景象。

为实现个性化教育，需要学校提供多种选择，如教学模式的多样化，选修课程的多样化，甚至教学资源的多样化，以适合不同学生的需要和喜好。即顾先生所言："进行课程改革，减少必修课，增加选修课，为每个学生提供适合的教育就是最好的教育、最公平的教育。"（顾明远，2011c）[13]"……在高中阶段减少必修课，增加选修课是适宜的。使每个学生有根据自己的兴趣爱好选择课程的可能。这种安排，不仅能够更好地培养人才，也是真正提高学生素质的唯一途径。"（顾明远，2003b）[4]"增设选修课，以适应不同学生的兴趣和能力。实行一套教学计划、一套教学大纲、一套教材的做法，不利于因材施教，不利于发挥学生的不同才能。中学里应开设选修课，使学生能根据自己的爱好和特长有选择的余地。……小学也可以设选修课，如外语、音乐、美术课等，课程不仅要有选修课，教材也应编几套，有人主张编写有弹性的教材，便于不同地区、不同水平的学生使用。"（顾明远，1984）[17]"……为了做到给每个学生提供最适合教育，就要改革培养模式，实现教学的多样化，给学生提供选择，老师帮助学生选择。"（顾明远，2011c）[13]

当然，在为每个学生提供合适的教育时，实现教育的个性化与多样化确实需要信息技术的帮助，充分利用信息技术可以很好地支持个性化教学。"互联网为个性学习提供了有利的条件。学生可以根据自己的爱好、兴趣，设计学习的进程、学习的方案，教师可以根据学生的差异和兴趣爱好为他们定制个人发展的方案、学习的方案。"（顾明远，2016c）

正因为顾先生遵循学生的身心发展规律，懂得每个学生都是不同的，每个人都具有各自的天赋秉性，都有各自不同的发展优势与潜力，因此他极力反对把学生分成三六九等，提出取消三好生评选，反对把奥数作为升学的条件，以防奥数成为没有数学天赋孩子的噩梦，等等。这些教育主张，都正在引领着我国教育改革与实践。

四、反对教育产业化与学校企业化

顾先生不仅手握“牢牢把握教育本质”“不断探循教育规律”“积极拓展国际视野”三把钥匙为我国未来教育把脉，同时也利用它们辨别有关教育言论的真伪，及时拨乱反正，去伪存真。

20 世纪 90 年代，由于市场经济逐步兴起，在我国教育领域产生了一股思潮，那就是教育产业化、学校企业化，这是以营利为办学目的，利用市场手段扩大教育资源，利用市场机制经营教育，变相出售公共产品，追求利益最大化的倾向与行为。

赞成的人认为，教育具有产业性质，在市场经济环境下，教育产业的发展是无可争辩的基本现实。教育改革应走“产业化”“市场化”“商品化”“企业化”的发展之路。一时间，高校和中小学校办企业、集资办学、利用国有资源和名校品牌赚钱、乱收费、腐败、收取高额择校费等不良现象不断出现。

针对这些现象，顾先生在《市场经济与教育改革》一文中依据教育规律，义正词严地指出：“教育要按照自己的规律办事，不能用经济规律代替教育规律。”“教育活动和经济活动是人类不同的社会活动，都有各自不同的规律，互相不能替代。教育只能按照自身的规律办事，才能得到发展。”（顾明远，1994a）[10]

同时，顾先生依据对教育本质的认识指出：教育的本质是促进人的发展，这个发展不仅是适应社会经济的发展，也需要为社会的政治建设和文化建设服务。即教育不仅有经济的功能，教育也需要为政治建设、文化建设等服务，既要抓物质文明，也要抓精神文明。教育是一种复杂的社会活动，对学生的培养也是全方位的，“它不仅提高学生的劳动能力，而且还提高学生的思想品德、身体素质”（顾明远，1994a）[11]。

教育是一项有益于人类福祉的全球公益事业。无论从哪个角度讲，作为国家服务的公益事业，教育绝不能同其他经济活动混为一谈，走向产业化。国家有义务和责任投资教育，发展教育，而不是把教育放到市场上去由市场调节。

针对“为适应市场经济，教育也需要商品化，人才要进入市场”的提法，顾先生指出，教育不仅要培养生产力，而且要育人。他还指出：“教育是一个大概念，教育有不同层次不同类型。不同层次不同类型的教育与经济的关系不尽相同，有些较为直接，有些则只是间接地与经济发生关系。因此，教育适应市场经济方面也要有所区别，不能笼统地提教育要商品化。”（顾明远，1994a）[11] 这样，顾先生就把国家收益高于本人收益的义务教育与本人收益高于国家收益的高等教育区别开来，义务教育国家投入，高等教育学生和家长适当缴费，这符合教育经济学的基本原理。

针对有人认为“教育服务也是一种劳务，也可以在市场上进行交换。这样，学生和家长就是买方，付费上学”的言论，顾先生指出，学生、家长和学校不是简单的买方和卖方的关系，学费也并非教师劳务的价值。

顾先生从国际视野来分析“把教育推向市场来解决教育经费短缺的问题”的说法。他指出：“教育从来就是国家办的重要事业，是国家精神文明建设的一部分，当然也是提高社会生产力，提高综合国力的具有战略意义的事业，教育经费在任何国家都是由政府保证的。特别是义务教育，世界各国都是实行免费的。即使是商品经济很发达的资本主义国家，也从来没有把教育当作商品推向市场。”（顾明远，1994a）[12]

从教育规律出发，先生针对学校办企业、学校企业化的问题，指出“学校办企业和办学校是两回事。校办企业应该和学校分开来。校办产业按照企业发展的规律办事，学校要按照教育规律办事。不能说因为学校办了企业学校就应该企业化”（顾明远，1994a）[12]。

针对“把市场经济中的竞争机制引进学校，学校实行企业化管理”的说法，顾先生认为这是不妥当的。教师的劳动需要有激励机制，但“教师的劳动具有自己的特点，很难用企业管理的办法来要求教师。即使有些制度如目标管理、岗位责任制等可以用于学校管理，但整个学校不能企业化”（顾明远，1994a）[12]。

顾先生不愧是教育大家，不愧为国家教育咨询委员会委员。他成竹在胸，利用“牢牢把握教育本质”“不断探循教育规律”“积极拓展国际视野”这三把钥匙，运筹帷幄，去伪存真，避免了我国教育走上弯路。现实证明，这些观点和认识是正确的，经得起历史的检验。

五、未来教育的逻辑起点是教育本质，不是信息技术

当前，未来教育已经成为各界热议的话题。如果从网站上搜索未来教育，与未来教育连在一起的一定会是教育信息化、虚拟现实、未来教室、高互动空间、智慧学习环境、互联网 + 教育、人工智能、大数据等。猛然间我们可能会觉得，所谓未来教育是与这些新技术相连的，或者没有这些新技术的教育就不是未来教育，又或者新技术的发展与应用就是未来教育的关键特征或出发点，用顾先生的话说就是，“当前对未来教育的议论总是以技术的发展为逻辑起点”（顾明远，2018）。现实也确实是，从事教育技术或信息技术研究的学者最近更多地大谈特谈未来教育。

顾先生指出，这些从技术角度谈论未来教育的学者，“特别是信息技术界对未来教育充满了憧憬。认为信息化、数字化正在改变着教育，但同时又不满意教育变革那么缓慢。有人认为，几个世纪以来，什么都变了，只有教堂和学校没有变”（顾明远，2018）。顾先生也承认，信息技术的快速发展及其广泛应用，让军事、金融、医学等很多领域发生了翻天覆地的变化，但唯独信息技术应用于学校，没有带来人们期望的变革，或者说学

校的变化甚微。人们期待着信息技术的发展，特别是网上优质教育资源的共享，以使学习可以随时随地随需发生。有人甚至认为，借助信息技术为个性化学习创造的条件，班级可以打散，学校应该消亡。但是，事实是直到今天人们也看不到“学校消亡、教师被替代”的蛛丝马迹。

这究竟是为什么呢？

回到顾先生的未来教育观，我们就会恍然大悟。什么是未来教育？所谓未来教育就是为未来社会培养人才的现实社会的教育。无论是现在的教育，还是未来多少年之后的教育，在教育中应用的技术手段及由其带来的环境、教学内容、教学模式等都可以改变，但是，不变的是教育的本质，就是顾先生所说的“教育的育人本质不会变，立德树人这个目标不会变”（顾明远，2018）。因此，在思考未来教育时，顾先生所说的“逻辑起点”应该是教育本质，即为未来社会培养所需要的人才，促进人的全面发展，而不是技术手段。

医院等单位利用信息技术改变的是事或物，而教育利用信息技术的目的是育人。改变事或物容易，而育人就要复杂很多。教育的育人本质要求信息技术的应用符合教育的育人本质和规律。教育是教师对学生产生积极影响的过程，“教室是塑造人的心灵的地方。人的心灵是要靠人的心灵来培养的，要靠文化的积淀。学校是文化的殿堂，是一个民族传承文化最集中的地方。教师是一个人从蹒跚学步到独立生活的引路人。人是要靠人来培养的，技术是替代不了的，技术只是手段而已”（顾明远，2018）。从教育的育人本质出发，顾先生指出“师生的群体组织颠覆不掉”。

教育是一个系统，教育变革的发生或者是因为受到教育系统外部环境的影响，或者是由于构成教育系统的要素之间发生了结构性的变化。无论是外部的原因还是内部的原因，必须是构成教育系统的各个要素同时发生变革才可能导致整个教育系统发生变革。构成教育系统的要素包括教师、学生、教育管理人员、教育过程（目的、内容、策略、评价）、包含技术在内的学校环境等。技术只是其中的一个要素，它可以引起变革，但是，它自身作为一个要素还不能决定变革的发生。顾先生认为，教育系统中教师观念的转变非常困难和缓慢，这也是教育系统没有发生人们预期的变革的另外一个原因。

因此，顾先生说："考虑未来教育不能只从技术着眼，而要从未来时代的发展着眼，为人类未来发展着眼。"这和先生的未来教育观是一致的。人类未来的方向是什么？教育如何为这样的人类发展方向准备适合的人才？这是先生思考未来教育的逻辑起点。因此，顾先生指出："教育应该以人文主义为基础，以尊重生命和人类尊严、权利平等、社会正义、文化多样性、国际团结和为可持续的未来承担共同责任。在教育和学习方面，要超越狭隘的功利主义和经济主义，将人类生存的多个方面融合起来，采取开放的灵活的全方位的学习方法，为所有人提供发挥自身潜能的机会，以实现可持续的未来，过上有尊严的生活。这才是讨论未来教育的逻辑起点，只有在这个教育本质的基础上去考虑信息技术如何有益于人的发展。"（顾明远，2018）

如前所述，顾先生高度重视技术对教育的革命性作用，甚至对技术的发展及其教育应用心存一丝敬畏。但是，顾先生一贯从教育本质出发思考问题。不管技术多么先进，它都只是手段，教育本质才是目的，不能本末倒置。技术只有服务于教育本质，才会促进教育的发展，才会使教育走向未来。正如顾先生所说："我们也相信，随着技术的发展、数字化的发展，一定会有利于人的全面发展和个性发展，教育必须改革。"（顾明远，2018）

顾先生是教育大家，是我国教育的规划者、领路人。因此，他以为未来规划现实的教育为己任。正如先生所说，教育是未来的事业，必须具有未来的眼光（顾明远，1996）[7]。应当说"牢牢把握教育本质""不断探循教育规律”“积极拓展国际视野”这三把钥匙为顾先生开启了这样的未来视野，让他能够在“万物皆变”中找到“不变”，即教育本质不变，在所有“不确定”中找到“确定”，即由一定时期世界范围内的教育共同体的认识所形成的相对确定的教育规律。这让他总是能够处乱不惊，及时拨乱反正，正本清源；同时也让他能够独上高楼，望尽天涯路。

参考文献

丁瑞常，顾明远，圣吉，等，2017. 面向未来的教育如何定位教师角色与价值：顾明远与彼得·圣吉凝聚东西方智慧的再次跨界对话 [J]. 比较教育研究，39（2）：3–8.

顾明远，1981a. 现代生产与现代教育 [J]. 外国教育动态（1）：1–8.

顾明远，1981b. 总结历史经验　认识教育规律 [J]. 北京成人教育通讯（1）：13–25，5.

顾明远，1982. 家庭教育要符合孩子的特点 [J]. 山西教育（3）：47–48.

顾明远，1983. 让学生生动活泼地主动地得到发展：纪念毛泽东同志诞辰九十周年 [J]. 天津教育（12）：2–3.

顾明远，1984. 新的科技革命和教育的现代化 [J]. 北京师范大学学报（5）：8–18.

顾明远，1991a. 论在社会主义条件下教育同生产劳动结合的必要性和可能性 [J]. 高等教育学报（1）：11–16.

顾明远，1991b. 试论课程改革的依据和原则 [J]. 学科教育（2）：1–2.

顾明远，1992a. 我对电化教育的认识 [J]. 电化教育研究（2）：3–6.

顾明远，1994a. 市场经济与教育改革 [J]. 高等师范教育研究（4）：3–12.

顾明远，1994b. 教育必须为社会主义现代化服务，必须与生产劳动相结合 [J]. 中国高等教育（5）：28–29.

顾明远，1994c. 时代·期望·教育和教师 [J]. 教育研究（3）：18–21.

顾明远，1995. 教育技术学和二十一世纪的教育 [J]. 电化教育（8）：38–41.

顾明远，1996. 为了未来的教育 [J]. 辽宁高等教育研究（3）：7–8

顾明远，1997. 关于教育现代化的几个问题 [J]. 中国教育学刊（3）：10–15.

顾明远，1998. 让胃口小的吃饱胃口大的吃好 [J]. 教育参考（3）：181.

顾明远，2000. 也谈“教育是什么”[J]. 小学语文教学（10）：20.

顾明远，2001a. 新世纪呼唤创新人才 [N]. 北京师范大学校报，2001–09–14（03）.

顾明远，2001b. 课程改革的世纪回顾与瞻望 [J]. 教育研究（7）：15–19.

顾明远，2003a. 对教育定义的思考 [J]. 北京大学教育评论，1（1）：5–9.

顾明远，2003b. 多样化是高中课程改革的必然选择 [J]. 全球教育展望（8）：3–4.

顾明远，2008. 终身学习与人的全面发展 [J]. 北京师范大学学报（社会科学版）（6）：5–12.

顾明远，2009. 亟需加强中小学的人文教育 [J]. 基础教育参考（3）：1.

顾明远，2010. 为每个学生提供最适合的教育 [N]. 中国教育报，2010–04–19（2）.

顾明远，2011a. 教育要回归“人的发展”原点 [N]. 中国教育报，2011–07–11（02）.

顾明远，2011b. 个性化教育与人才培养模式创新 [J]. 中国教育学刊（10）：5–8.

顾明远，2011c. 培养人才是教育的根本 [J]. 今日教育（4）：12–13.

顾明远，2012a. 教育发展的关键在于对教育的深刻认识 [N]. 光明日报，2012–11–15（15）.

顾明远，2012b. 信息化条件下的教师角色的变化 [J]. 新教师（5）：5–6.

顾明远，2012c. 战后世界教育发展的历程和中外教育的比较 [J]. 外国中小学教育（2）：1–5，55.

顾明远，2013a. 新世纪到来话教改 [M]// 顾明远 . 野花集：顾明远教育随笔（二）. 福州：福建教育出版社 .

顾明远，2013b.“教书育人”析 [M]// 顾明远 . 杂草集：顾明远教育随笔（一）[M]. 福州：福建教育出版社 .

顾明远，2013c. 教育：未来社会的希望 [M]// 顾明远 . 野花集：顾明远教育随笔（二）. 福州：福建教育出版社 .

顾明远，2013d. 只有了解学生，才能教育学生 [M]// 顾明远 . 杂草集：顾明远教育随笔（一）. 福州：福建教育出版社 .
顾明远，2013e. 为每个学生提供适合的教育就是最好的教育 [M]// 顾明远 . 绿叶集：顾明远教育随笔（三）. 福州：福建教育出版社 .
顾明远，2013f. 旅苏追记 [M]// 顾明远 . 杂草集：顾明远教育随笔（一）. 福州：福建教育出版社 .
顾明远，2013g. 旅日随感 [M]// 顾明远 . 杂草集：顾明远教育随笔（一）. 福州：福建教育出版社 .
顾明远，2013h. 访欧琐记 [M]// 顾明远 . 杂草集：顾明远教育随笔（一）. 福州：福建教育出版社 .
顾明远，2013i. 北美见闻 [M]// 顾明远 . 杂草集：顾明远教育随笔（一）. 福州：福建教育出版社 .
顾明远，2013j. 知识经济与终身教育 [M]// 顾明远 . 杂草集：顾明远教育随笔（一）. 福州：福建教育出版社 .
顾明远，2013k. 教育过程的又一次革命 [M]// 顾明远 . 杂草集：顾明远教育随笔（一）. 福州：福建教育出版社 .
顾明远，2013l. 教育的文化研究 [J]. 中国教育科学（2）：8.
顾明远，2013m. 三言两语（三）[M]// 顾明远 . 杂草集：顾明远教育随笔（一）. 福州：福建教育出版社 .
顾明远，2013n. 时代、期望、教育与教师 [M]// 顾明远 . 杂草集：顾明远教育随笔（一）. 福州：福建教育出版社 .
顾明远，2013o. 韩国纪行 [M]// 顾明远 . 杂草集：顾明远教育随笔（一）. 福州：福建教育出版社 .
顾明远，2014a. 让教育回到原点——在首届全国霍懋征教育思想论坛开幕式上的演讲（2012 年 8 月 18 日）[M]// 顾明远 . 顾明远教育演讲录. 北京：人民教育出版社 .
顾明远，2014b. 不言之教：读《道德经》有感 [J]. 基础教育论坛（2）：4.
顾明远，2014c. 教育领域综合改革的宏观视野 [J]. 教育研究（6）：4–9.
顾明远，2015. 把课改落实到课堂上 [J]. 中小学教材教学（1）：5–7.
顾明远，2016a. 未来教育的变与不变 [N]. 中国教育报，2016–08–11（03）.

顾明远，2016b. 对教育本质的新认识 [J]. 江西科技学院学报，11（2）：95–96.
顾明远，2016c. 教育的未来是从教到学的转变 [N]. 现代教育报，2016–12–16（05）.
顾明远，2016d. 教育观念现代化是教育现代化的灵魂 [N]. 人民日报，2016–01–31（05）.
顾明远，2016e. 教育装备要始终坚持为育人服务 [J]. 教育与装备研究（3）：4–7.
顾明远，2016f. 新常态　新教育 [J]. 新教师（1）：5–7.
顾明远，2017. 习近平教育思想指引中国教育改革和发展前进方向 [N]. 中国教育报，2017–07–26（01）.
顾明远，2018. 谈谈未来教育的逻辑起点 [N]. 中国教育报，2018–03–03（02）.
顾明远，圣吉，周作宇，等，2016. 未来的教育：我们如何迈向新的时代：顾明远与彼得·圣吉凝聚东西方智慧的跨界对话 [J]. 比较教育研究，38（1）：1–6.
刘美凤，2008. 顾明远先生与教育技术 [J]. 中国电化教育（6）：1.

出 版 人　李　东
责任编辑　张叶青　张　璞
版式设计　宗沅书装　沈晓萌
责任校对　贾静芳
责任印制　叶小峰

图书在版编目（CIP）数据

顾明远教育思想研究／王英杰主编．—北京：教育科学出版社，2018.10（2018.11 重印）

ISBN 978-7-5191-1701-6

Ⅰ．①顾…　Ⅱ．①王…　Ⅲ．①顾明远—教育思想—研究　Ⅳ．①G40-092.7

中国版本图书馆 CIP 数据核字（2018）第 218809 号

顾明远教育思想研究
GU MINGYUAN JIAOYU SIXIANG YANJIU

出版发行	教育科学出版社		
社　　址	北京・朝阳区安慧北里安园甲 9 号	**市场部电话**	010-64989009
邮　　编	100101	**编辑部电话**	010-64989011
传　　真	010-64891796	**网　　址**	http://www.esph.com.cn
经　　销	各地新华书店		
制　　作	宗沅书装		
印　　刷	保定市中画美凯印刷有限公司		
开　　本	169 毫米 ×239 毫米　16 开	**版　　次**	2018 年 10 月第 1 版
印　　张	26.75	**印　　次**	2018 年 11 月第 2 次印刷
字　　数	322 千	**定　　价**	75.00 元